Milton Keynes UK
Ingram Content Group UK Ltd.
UKHW041045201123
432906UK00001B/31

9 781912 411375

الثَّقَافَةُ العَرَبِيَّةُ

وَرُوَّادُهَا فِي الصُّومَال

الثقافة العربية

وروادها في الصومال

دراسة تاريخية حضارية

الدكتور محمد حسين معلم علي

لوح برس للطباعة والنشر والتوزيع
Looh Press | Publishing & Distribution

Looh Press | 2021

LOOH PRESS LTD.

Second Edition, First print, October 2021

First Edition 2011

"الثَّقَافَة الْعَرَبِيَّة وَرُوَّادُهَا فِي الصَّوْمَال"

Dar al-Fikr al-Arabi,
Cairo, Egypt.

Second Edition 2021
"الثَّقَافَة الْعَرَبِيَّة وَرُوَّادُهَا فِي الصَّوْمَال"
Looh Press Ltd.
Leicester, England, UK

Printed & Distributed by
Looh Press
56 Lethbridge Close
Leicester, LE1 2EB,
England, UK
www.LoohPress.com
admin@LoohPress.com

Printed & bounded by: TJ Books. Cornwall, England.
Waxaa Daabacay:

ISBN: 978-1-912411-37-5

المقدمة

كانت العلاقة بين بلاد الصومال والجزيرة العربية - ولاسيما جزأها الجنوبي - قديمة تمتد إلى ما قبل بعثة النبيّ ﷺ لأن الصومال كانت تمثل بعدا تاريخيا وحضاريا لسكان الجزيرة العربية، وحينما وصل الإسلام إلى الصومال في وقت مبكر استطاع المسلمون - وأغلبهم من العرب - الوصول إلى مناطق عديدة من شرق أفريقيا عن طريق الدعاة والتجار بوسائل سلمية حتى انتشر الإسلام في المنطقة، وخاصة المناطق الساحلية. وحينما وصل العرب وغيرهم من المسلمين أقاموا بمدن ومراكز جديدة على السواحل، مثل: مدن مقدشو، مركة، وبرواة، وكلوة، وممباسة، ومالندى، ولاموه، وزنجبار.

وهذه المدن ازدهرت بمرور الزمن ازدهارا كبيرا، بل صاروت مراكز تشع نور العلم والحضارة، كما نمت هذه المدن وترعرعت، بل وأخذت بزمام الحضارة الإسلامية في منطقة شرق أفريقيا ومنها اتنشرت تعاليم الإسلام وحضارته العظيمة في غياهب أفريقيا والجيوب المحيطة بها.

ويعتبر المؤرخون أن العصور الوسطى هي العصور الزاهرة في التاريخ القومي لساحل شرقي أفريقيا حيث تمت هجرة جماعات إسلامية وعربية وفارسية أسست دولاً وحكومات إسلامية ساهمت إسهاما إيجابيا في نقل الفكر والتراث الإسلامي إلى هذا الساحل، ومن ثمّ إلى الداخل. والحق أن العرب كانوا عنصرا فعالا لنقل الحضارة ورفع المستوى الثقافي لهذه المناطق، حيث تركوا آثارا جليلة على أنماط الحياة الثقافية.

وقد نالت بلاد الصومال حظا أوفر من ذلك التأثير الثقافي في شتى مظاهر الحياة، واستوعب الصوماليون الثقافة الإسلامية وأخذوا بها شاملة، خلافا لما ذهب إليه بعض المستشرقين.

وقد انتعشت الحركة الثقافية والعلمية في بلاد الصومال انتعاشا كبيرا حتى صارت الصومال دار حكم واستقرار وموطن كرماء وأحرار، ومقر علماء وعباد، ومركز جهاد وانطلاق ينطلق منه الدعاة والمجاهدون حتى وصفت في فترة من الفترات بأنها قبلة الإسلام وملجأ العلماء.

ولا عجب في ذلك إذ صارت بعض مدنها مثل: مقدشو مع براوة وزيلع كعبة العلم والمعرفة في الصومال و مركزاً لإشعاع العلوم والحضارة الإسلامية في منطقة شرق أفريقيا ومأوى للعلماء يفد إليها الناس من المنطقة ومن الجزيرة العربية في وقت من الأوقات طلبا للعلم والمعرفة وحبا للدين وأهله، حتى استحقت أن تأخذ وصف دار الإسلام من قبل المؤرخين في فترة مبكرة.

ولا غرو في أن يكون حال بلاد الصومال بتلك الصورة المشرقة الناصعة وأن ينطوي تحت لوائها عديد من العلماء والحكماء الذين أثروا الحياة الثقافية فيها حتى ازدهرت الحركة العلمية والحضارة الإسلامية التي تفتخر بها الأمة من الآثار والمكتبات والمتاحف التي كانت تعبق بشذاها أجواء حضارة

زاهية، لقد ظلت الصومال ذات صلة قوية مع العالم العربي على مدى قرون طويلة من النواحي الثقافية السياسية والتجارية، إذاً فما هي تأثير هذه الصلة على الجوانب الثقافية والعلمية؟ وما هو حجم هذا التراث؟ وهل هناك أنشطة ثقافية ذات طابع عربي.

ويتعرض الكتاب للإجابة عن هذه التساؤلات ويلقي الضوء على موضوع الثقافة العربية الإسلامية في الصومال حيث يتناول في الفصل الأول: خلفية تاريخية وجغرافية عن بلاد الصومال. ويتناول الفصل الثاني: الحياة الثقافية في الصومال

في العصور الإسلامية. ويتناول الفصل الثالث: هجر العلم ومعاقله في الصومال ويتناول الفصل الرابع: أهم رواد الثقافة العربية والإسلامية في الصومال عبر العصور. ويتناول الفصل الخامس: النتاج العلمي والثقافي في الصومال.

وتكمن أهمية هذا الكتاب في كونه أول دراسة تاريخية حضارية تكشف الوضع الثقافي والعلمي في الصومال من خلال تتبع قادة الحركة الثقافية المرموقة في حس تاريخي يبرز المستوى الذي وصلت إليه الثقافة العربية لبلاد الصومال في تلك الفترة ومحصولها العلمي والمتعدد لذلك فإن الحاجة العلمية تدعو إلى مثل هذا البحث لملئ الفراغ الثقافي في المكتبة العربية وبالذات المكتبة الصومالية بعد انهيار المؤسسات الثقافية والعلمية للصومال نتيجة الحروب الأهلية التي أتت على الأخضر واليابس، وجعلت الأمة شذراً مذراً،كما أنه يملؤ الفراغ التاريخي لتلك الحقبة إذ يجلي البحث الغموض الثقافي عنها ويؤرخ لها.

وأخيراً فإني أرجو من الله أن يكون هذا الكتاب عوناً للباحثين في الميدان، وزاداً للقراء وإضافة للمكتبة، وأسأله تعالى أن يكون جهدنا خالصاً لوجه الله تعالى وأن ينفع الناس بما أنعم علينا من نعمة العلم، وعلى الله قصد السبيل.

د. محمد حسين معلم علي

أسلو _ مملكة النرويج

مايو ٢٠١٠م

الفصل الأول
خلفية تاريخية وجغرافية
عن بلاد الصومال

المبحث الأول: الموقع الجغرافي.

المبحث الثاني: اسم بلاد الصومال.

المبحث الثالث: السكان

المبحث الرابع: الهجرات العربية إلى الصومال.

المبحث الخامس: السلطنات الإسلامية في الصومال.

الفصل الأول

خلفية تاريخية وجغرافية عن بلاد الصومال

المبحث الأول: الموقع الجغرافي:

يقصد ببلاد الصومال: الصومال الكبير والأراضي التي يقطنها الشعب الصومالي قبل تفكيك وحدته، وهذا يشمل جمهوريتي الصومال وجيبوتي، إضافة إلى منطقتي الصومال الغربي (أغادين) المحتل من قبل الحبشة، ومنطقة الحدود الشمالية الشرقية Northern Forntiers Distric (N.F.D.) الواقعة تحت سيطرة دولة كينيا. وبهذا فإن الصومال عبارة عن شبه جزيرة مثلثة الشكل في منطقة شرق أفريقية.

كما أنها عبارة عن هضبة قليلة الارتفاع لا يزيد علوها عن ٩٠٠م، غير أن هذا الارتفاع والعلو يقل كلما اتجهنا نحو الشرق والجنوب.

ويمكن تحديد هذه الأراضي بخط يمتد من خليج تاجورة متجهاً نحو الشرق بحذاء الساحل الجنوبي لخليج عدن إلى «رأس جواردفور» Cape of Guardaful، وينحدر انحداراً فجائياً نحو الجنوب بمحاذاة ساحل المحيط الهندي حتى «رأس كياموني» Cape of Chiampone ثم يتجه نحو الشمال ماراً بشرقي بحيرة «رودلف» Rodolf ثم يتجه مرة أخرى إلى الشرق ماراً بالمجاري العليا لنهري «شبيلي Shabelle وجوبا Juba» وبمرتفعات الحبشة إلى الحدود الجنوبية لجيبوتي)[1].

ويحد الصومال من الشمال خليج عدن والبحر الأحمر، ومن الجنوب الغربي كينيا ومن الشرق المحيط الهندي، ومن الغرب الحبشة. وتبلغ المسافة الكلية لهذه الأراضي حوالي ستمائة كيلو متر مربع، حيث تبلغ مساحة جمهورية الصومال وحدها

---

(١) محمد حاج مختار حسن: تاريخ الاستعمار الإيطالي في الصومال حتى عام ١٩٠٨م، رسالة ماجستير (غير منشورة) فيس قسم التاريخ والحضارة/ كلية اللغة العربية بجامعة الأزهر عام ١٩٧٣م/ ص ١؛ وانظر أيضاً عبد الرحمن النجار: الإسلام في الصومال/ مطابع الأهرام التجارية/ القاهرة سنة ١٩٧٣م/ ص ٢٣.

٢٦٢ ميل مربع، وجمهورية جيبوتي ثمانية آلاف وأربعمائة وأربع وتسعين ميلا مربع، (٢٣ ألف كلم)، والمنطقة الجنوبية الشرقية لأثيوبيا ٢٥ألف ميل مربع (٦٢٧ ألف كلم. م)، والمنطقة الشمالية الشرقية تعادل ١٠٢ ألف ميل مربع[١].

وتقع بلاد الصومال فيما بين خطي عرض ٣° جنوباً، و١٢° شمالاً بالنسبة لخط الاستواء، ويتميز القسم الجنوبي بأنه يمر به خط الاستواء إضافة إلى أنه يضم مجري نهري شبيلي وجوبا، ويعد هذا القسم من أخصب الأقسام وأغزرها مطراً، إذ يسود فيها نطاق المطر الأكثر من ٥٠٠ ملم. وتضم نسبة كبيرة من أراضي جمهورية الصومال القابلة للزراعة تصل إلى نحو٩٢٪ من جملة الأراضي المزروعة في الجمهورية[٢].

لذا، يُعّد هذا القسم - إضافة إلى القسم الغربي - من أخصب الأراضي الصومالية علي الإطلاق من حيث الثروة الزراعية والغابية وكذا الثروة المعدنية مما جعلها مركزاً لتجمع السكان بسبب غنى مواردها الطبيعية والاقتصادية بالنسبة لجهات جمهورية الصومال الأخرى.

وتمتلك بلاد الصومال سواحل عدة مثل ساحل المحيط الهندي الذي يبلغ طوله ١٣٠٠ ميل، كما يبلغ طول السواحل الشمالية ٦٥٠ ميلاً على البحر الأحمر وخليج عدن. وتضم هذه السواحل عدداً من المواني والمرافئ القديمة مثل:

أبوك Obokh، جيبوتي، زيلع، بربرا، بريدة Bereed، بوساسو، بَيلَ Beyla، حافون، هردية Hurdia، هوبيا، مريغ Mareeg، أيل، عطلة Adale، ورشيخ، مقدشو، مركة، براوة، كسمايو وغير ذلك، كما تضم عدداً من الجزر على امتداد السواحل للأراضي الصومالية سواءً على الساحل الشمالي أو على السواحل الشرقي في القسم

---

(١) د/ حسن مكي: السياسات الثقافية في الصومال الكبير (١٨٨٦م - ١٩٨٦م)، المركز الإسلامي الأفريقي، الطبعة الأولي، الخرطوم، ١٤١٠هـ١٩٩٠م.

(٢) مجيب ناهي النجم، الصومال الجنوبي (دراسة في الجغرافية الإقليمية) من منشورات وزارة الثقافة والإعلام لجمهورية العراقية، سنة ١٩٨٢م، ص٧.

الجنوبي، ومن هذه الجزر في الساحل الشرقي: جزيرة كوياما Kooyaama وإنغومي Inguumi (Vumi) وجواي Jawaay وكفومبي Kufuumbi وجولَ Juula[١].

إضافة إلى جزر نجوى وتشاى وتشاندارا وفوما العليا والسفلي وشقيا، وتسمى مجموعة هذه الجزر جزر الباجون نسبة إلى قبائل باجون التي تنتشر على طول سواحل شرق أفريقية من الصومال وكينيا وتنزانيا وتمتد هذه الجزر من ساحل كسمايو حتى بور حافون. أما الجزر على الساحل الشمالي فهناك مجموعة صغيرة منها مثل: جزر باب عند مدخل خليج تاجورة، وجزيرة «ميت» قرب ميناء بربرا، وجزر بهاما والكوى وسو قطرة في مواجهة منطقة غردفوي[٢].

وقد أشار بعض الباحثين إلى مجموعة جزر تقع على ساحل الصومال مثل جزيرة عبدو الكوري ودراسة وسمخه وسمبويا وسبعة طيور أو جبال وبريلان وعيتات... الخ[٣] ومن أهم هذه الجزر، جزيرة سقطرة*[٤] التي تقع في نهاية محيط مقدشو وبداية خليج بربرا في شرق ساحل الصومال المقابل لرأس حافون بين خطي عرض ١٩ʻ١٢-٤٢ʻ ١٢ درجة شمالاً، وخطي طول ٢٥ʻ٥٣-٣٠ʻ٣٤ شرقاً[٥]. على بعد ٢٥٠ كيلو متر من ساحل الصومال الشمالي، بينما تبعد عن السواحل اليمنية ٤٠٠ كيلو متر، وهذه الجزيرة وغيرها من الجزر الصغرى تشكل امتداداً جغرافياً وجيولوجياً لساحل الصومال الشمالي[٦].

---

(1) Muhamed Ibrahim Muhamed: Taariikhda Soomaaliya (Dalkii Filka Weynaa ee Punt), Muqdisho, Feb/2000, p 4.

(٢) حمدي السيد سالم: الصومال قديماً وحديثاً، الدار القومية للطباعة والنشر، مقدشيو، ١٩٦٣م، ص ١/ ٣١.

(٣) أحمد برخت ماح: وثائق عن الصومال، الحبشة، إرتريا، مكتبة الطوبجي، القاهرة، ١٩٨٢م، ص ١٩-٢٠، وانظر د/ محمد على البار: سقطري الجزيرة السحرية، الطبعة الأولى، مكتبة المركز العربي، ١٩٩٦م، ص ١٣١.

(٤) الجدير بالذكر أن بريطانيا أعلنت أن الجزيرة وتوابعها هي جزر صومالية إلا أنها لم تف بوعدها للصومال المستقل، انظر أحمد برخت: المرجع السابق، ص ١٩.

(٥) أحمد برخت: المرجع السابق، ص ١٦.

(٦) محمد علي البار: مرجع سابق، ص ١٢٩

أما سكان جزيرة سقطرة فهم خليط بين المهريين والصوماليين وعناصر أخرى، ولغتهم مزيج من اللغة الصومالية والمهرية - وهما من أصل واحد - وتنتشر اللغة العربية في الجزيرة انتشاراً واسعاً[1].

وعلاقة الصومال بالجزيرة ترجع إلى أزمنة بعيدة، ولا تزال هذه العلاقة مستمرة حتى مطلع القرن الماضي، تاريخياً وسياسياً واجتماعياً، حيث إن الجزيرة كانت تابعة إلى عهد قريب لحاكم سلطنة بوساسو الصومالية قبل أن يتنازل عنها السلطان عثمان بن محمود إلى سلطان مهرة.

وقد مرت الجزيرة بمراحل حكم مختلفة، حيث كانت تابعةً لسلطان عمان، الذي ضمّ الجزيرة إلى حوزته في ٢٣ تشرين الثاني سنة ١٨٨٦م ثمّ ضمّ الجزيرة معتمد إنكلترا السياسي بعدن إلى الأملاك الإنكليزية، حيث أصبحت تابعةً لحكومة بمباي الهندية. لأنه لما احتلت بريطانيا الهند أصبحت كل السواحل من الخليج إلى سواحل الصومال في المحيط الهندي تتبع حاكم بومباي الإنجليزي، وبهذا الموقع الجغرافي الفريد تمثل بلاد الصومال همزة وصل بين القارة الأفريقية والجزيرة العربية ومنطقة غرب آسيا. كما تمثل الصومال بالإضافة إلى عموم منطقة شرق أفريقية همزة وصل بين عالم المحيط الهندي من ناحية وقلب أفريقيا من ناحية أخرى.

المبحث الثاني: سكان الصومال:

قبل عشرة آلاف سنة كان يعيش حول جبال القوقاز - التي يعتقد بأنها شمال أرض العراق «Pershia» عناصر حامية - نزحت فيما بعد إلى الغرب، وهؤلاء كانوا ثلاث عشائر: مصر، وكوش وبوث (قوت). ولم يذكر الباحثون سبب هذا الترحال الكبير، ولعل ذلك يكون بسبب دفع أوضغط أتى من قبل عناصر أخرى - جاءت من الشرق الأقصى -، وأجبرتهم على الرحيل إلى جهة الغرب، لأن التدافع شيء وارد من خلال - المجتمعات والكيانات الإنسانية عبر العصور.

(١) أحمد برخت: مرجع سابق ص ١٨.

وهذه العشائر الثلاث هاجرت إلى شمال أفريقيا وبالتحديد إلى أرض مصر، وفي ذلك الزمن السحيق لم يكن هناك فاصل مائي بين شمال أفريقيا والشرق الأوسط، وبذلك تمكنوا من العبور بكل سهولة واستطاعوا الوصول إلى أفريقيا، واستراحوا حول ضفاف نهر النيل، ومكثوا هناك سنين طويلة أو عدة أجيال متعاقبة.

ولا غرابة في ذلك، لأن القارة الأفريقية كانت تتصل بالعالم القديم عبر ثلاثة مداخل مختلفة وهي: مدخل مضيق جبل طارق، ومدخل شبه جزيرة سيناء، ومدخل مضيق باب المندب. ولا شك أن هذه الطرق والمداخل كانت تمثل جسر الاتصال بين القارة والعالم القديم، ولاسيما مدخل باب المندب، وبعد فترة طويلة هاجرت إلى منطقة القرن الأفريقي، عشيرتان من العناصر الحامية كوش وبوث (بونت) فيما بقيت عشيرة واحدة حول ضفاف نهر النيل.

وقد تفرعت عشيرة «بوث» إلى مجموعة عشائر فرعية كان منها: الصوماليون، وأورما (الغالا)، وسدامو. أما عشيرة «كوشن» فقد تفرعت عنها مجموعة أخرى من العشائر وهي: أمهرة (أغو)، والبجة، وماي (كوشتا – نلوتيه)[1].

ولم تكن هذه الهجرة هي الوحيدة التي وصلت إلى بلاد الصومال وإنما كانت هناك هجرات حامية توالت واحدة تلو الأخرى على الصومال، واختلطت هذه العناصر الحامية بالسكان الأصليين في المنطقة مثل العنصر الزنجي القديم الذي سبق إلى المنطقة؛ ومن البديهي أن يدفع كل جنس جديد يفد إلى منطقة القرن الأفريقي العناصر الأخرى الموجودة قديماً إلى داخل القارة، وبذلك صارت المنطقة للصوماليين وحدهم حينما خلصت لهم بعد أن طردوا الأقوام الأخرين الذين سبقوهم.

يهمناهنا دراسة أصل أهل الصومال وأصلهم الذي ينحدرون منه، ولاسيما الحديث عن الحاميين الشرقيين لوجود الصوماليين ضمن هذه المجموعة.

وينتمي الصوماليون إلى الحاميين الشرقيين، وتحديداً العنصر الكوشي والذي يشمل أيضاً كلاً من المصريين القدماء والبجة والبربر والنوبيين والغالا (الجالا)

(1) Muhamed Ibrahim: op.cit , p10-15.

والدناكل (العفر)[١]. والحاميون جماعة ذات أصول متحدة في اللغة والمنبع والثقافة، وينتشرون على رقعة واسعة من منطقة شمال شرق أفريقيا، غير أن أقرب جماعة عرقية للصوماليين هم شعوب أرمو (الغالا) والعفر، ويذهب بعض الباحثين إلى أن الصوماليين ينحدرون مباشرة من الغالا، ولكن مثل البجة فإن أهل الصومال والعفر لا توجد عندهم أثار للتأثر بالملامح الزنجية.[٢]

ولسوء الحظ لا توجد كتابات قديمة وآثار تدل على ما ذكرنا سابقاً، لأن الصوماليين لم يكونوا يهتمون بالكتابة على الأبنية التاريخية والآثار الأخرى، لذلك فإن المعلومات التي لدينا تعتمد على النتائج التي توصل إليها علم اللغة وعلم الأنثروبولوجي، إضافة إلى كتابات أجنبية سابقة، حيث أثبتت تلك النتائج أن أهل الصومال ليسوا من جنس وأصل واحد أو من أب واحد؛ وإنما ينحدرون من أصول مختلفة.

وعموماً فإن الصوماليين تكونوا من ثلاث فئات جاءت من ثلاث جهات:

أولاً: فئة البانتو: أصلهم من البانتو وجاءوا من جهة الجنوب - كينيا وتنزانيا - وهم من المزارعين الذين يسكنون حول ضفاف الأنهار.

ثانياً: فئة آسيا: وهذا الجنس من القارة الآسيوية وأكثرهم من العرب وبعضهم إيرانيون، ويسكن هؤلاء المدن الساحلية.

ثالثاً: فئة الحامي: وهؤلاء من الحاميين «Hamitic» وأكثرهم رعاة أو كانوا سابقا رعاة، وكانوا يشتركون جنسيا مع أناس في أثيوبيا، وكذا المصريون القدماء وأهل البربر في شمال أفريقيا. وهذه الشعوب - أي الجماعة الحامية - يطلق عليهم شعوب إفروآسوية، وينقسمون إلى أربعة أقسام: مصريين قدماء، وبربر، وكوشيون

---

(١) عبد المنعم عبد الحليم: الجمهورية لصومالية « الإقليم الجنوبي وصوماليا، مكتبة الشرق، القاهرة، ١٩٦٠م، ص ١٧٢.

(٢) علي أحمد نور (طرابلسي): ملامح صومالية قديمة، من منشورات سلسلة البونت، القاهرة، ٢١ - ٢٣.

(Kushitic)، وساميون (Semitic). ويشير بعض الباحثين إلى أن الغالا، والعفر والصومال ليست عبارة عن ثلاث قبائل، وإنما هي عبارة عن ثلاث جماعات رئيسية كل منها يشمل مجموعة من القبائل والعشائر[١]، ويعتقد أن الأقسام الأربعة كانوا عشيرة واحدة.

وأهل الصومال من أقسام كوشتيك ثم غرب كوشتيك. وكوشتيك أنفسهم ينقسمون - إلى العشائر التالية:

عشائر عفر وساهو (Saho)، عشائر أرومو، وثماني عشائر أخرى، الصوماليون وريندينلي (Reendiinle) في شمال كينيا، وعشيرة صغيرة تسكن في جنوب اثيوبيا وهي بيسو (Bayso). وعشائر أخرى.

وهذه الأقسام الأربعة موجودة عند ملتقى أثيوبيا وكينيا، وخرج منهم سبعة عناصر، أما الآخرون فبقوا في أماكنهم، وأول من خرج منهم هم: عفر وساهو ثم الصومال وريندينلي فبقت بيسو في مكانها ثم أرومو فيما بعد. وخلاصة القول، أن الصوماليين يدخلون ضمن الشعوب الأفرواسيوية، ومن ثمّ كوشيتك ثم غرب كوشيتك وهم ٢٤ عشيرة يكونون قسما ثالثاً (الصومال وريندينلي وباسو).

وعلى الرغم من أن مؤرخي العرب يميزون بين سكان الصومال وبين الشعوب الزنجية التي تسكن ساحل أفريقيا الشرقي الممتد جنوب صوماليا، إلا أن بعض الباحثين يرون أن عناصر حامية استقرت في منطقة القرن الأفريقي وامتزجت بالعناصر الزنجية القديمة التي سبقتها إلى المنطقة، ونتيجة لهذا التصاهر ظهر جيل جديد يحمل سمات الاختلاط بين الجانبين ونشأ جيل أطلق عليه «البانتو» أي الخليط بين الجنسين[٢].

ورغم إشارات الباحثين والكتّاب إلى العناصر السكانية الأولى لمنطقة القرن الأفريقي، إلا أنه لا يوجد من يعرف على وجه التحديد السكان الأصليين أو الذين

---

(١) المرجع السابق ص ٢٥.

(٢) حمدي السيد سالم: مرجع سابق ١/ ٢٧٤؛ وانظر أيضاً مجيب ناهي النجم: مرجع سابق ص ١٣٧.

سبقوا المجموعات الحامية في المنطقة[١]. وإن كان هناك من يرى أن أرض المهد والمكان الأساسي للحاميين هي القرن الأفريقي نفسه[٢] غير أنه من المشهور تتبع الموجات الحامية المهاجرة من آسيا إلى منطقة قرن أفريقيا الشرقي، التي كانت كل موجة تدفع الموجة السابقة عنها نحو الداخل. أما العنصر الصومالي فيعدّ من أواخر العناصر الحامية المهاجرة إلى منطقة شرق أفريقية[٣]؛ بيد أنهم وصلوا كموجات متعددة، ولم يكن إتيانهم مرة واحدة، كما أسلفنا سابقاً، بل إنهم حينما وصلوا إلى المنطقة وجدوا أنها محتلة من قبل إخوانهم الغالا، فأخذوا يدفعونهم بدورهم إلى الداخل، ومن ناحية أخرى احتفظوا بملامحهم القوقازية إذ لم يحتك هؤلاء بالعنصر الزنجي والعناصر غير الحامية المتوغلة في الداخل[٤].

ورغم الهجرات الحامية للمنطقة وتتبعها إلا أنها لم تكن الهجرة الوحيدة التي وصلت إلى المنطقة، وإنما هناك هجرات سامية قدمت من جنوب الجزيرة العربية في القرن السابع قبل الميلاد، ولما وصلوا إلى منطقة قرن أفريقيا وجدوها مسكونة من قبل الحاميين، حيث كان الحاميون منتشرين في جميع مناطق القرن الأفريقي.

١- *الأصول العرقية للصومال وتسميتهم:*

ند التعرض لموضوع نسب الصوماليين وتقسيماتهم العرقية والقبلية، وما يتفرع عنها من عشائر وبطون، ينبغي أن يشمل الحديث عن الجذور والأصول التي ينحدر

(١) الجدير بالذكر أنه لا أحد يعرف بالدقة السكان الأصليين في المنطقة، وحين وصل الرعاة إلى الصومال كان هناك أقوام أخرين وصل قبلهم من خلال الحكايات الشفهية وما وصلنا من الأحاديث الاجتماعية، لذا هناك قوم يسمون بني تيري (reer tiir) وهم قوم طوال ذات بنية قوية، لأن هناك رمح تيري وحوال (قبور) تيري (Xawaaltiir) وهؤلاء هم حكام المنطقة، و كان يسمى عند الصوماليين أج (Aji) وهم رعاة تيري وهذا الأمر نجد عند أحاديث اجتماعية وحكايات أسطورية عند الصوماليين.

(٢) حمدي السيد سالم: الصومال قديما وحديثا، مرجع سبق ذكره، ١/ ٢٩٥

(٣) عبد المنعم عبدا لحليم: المرجع السابق، ص١٧٥؛ وانظر أيضا علي أحمد نور: ملامح صومالية قديمة، مرجع سبق ذكره، ص٢٤.

(٤) علي أحمد نور: المرجع السابق، ص ٢٤؛ وانظر أيضا جامعة الدول العربية: المسح الشامل لجمهورية الصومال الديمقراطية، بغداد، ١٩٨٢م ص٢٨٤

منها الشعب الصومالي تاريخياً، وهذه المسألة قد كثر فيها الحديث واختلفت الآراء حولها، بل لا يزال الباحثون متباينين فيها، وذلك لغموضها ولعدم وجود أدلة قاطعة فهيا، إضافة إلى تباين النصوص والدلائل التي وردت في ذلك، والتي تم الاعتماد عليها من قبل الباحثين.

لذا، فمن العسير تحديد أصل أهل الصومال وموطنهم الأصلي، حيث إن العنصر الصومالي المعروف حالياً لا ينحدر من أصل واحد أو أب واحد، وإنما ينتمي إلى سلالات حامية وسامية وزنجية، وإن كانت غالبيتهم تنحدر من عائلة واحدة، وعلى هذا الأساس فإن من البديهي أن يختلف أصل موطنهم حسب انتماءاتهم الجذرية والعرقية، وهذا ينطبق على شعوب العالم كله، إذ لا توجد أمة أو شعب في العالم ينتمي إلى سلالة واحدة، فكل الأمم والشعوب تتكون من مزيج من سلالات وجنسيات مختلفة، ولها خصائص مشتركة تجعلها تعيش في مجتمع واحد بانسجام، وليس الشعب الصومالي بعيداً عن هذه القاعدة،[1] وفي الحقيقة فإن قضية نسب الصومال وجذورهم العرقية قد اختلف النسابون والأثريون والمتخصصون في علم اللغات، وبعض المؤرخين حولها، وذهبوا إلى عدة نظريات مختلفة، ومن هذه النظريات:

النظرية الأولى: نظرية الأصل الحاميّ للصوماليين:

ذهب أصحابها إلى أن أصل الصوماليين من الحاميين وكانوا يسكنون في الشمال والشمال الشرقي في منطقتهم الحالية سنة ٣٦٠٠ ق.م. ويعتمدون القائلون بهذه النظرية على ما وجد من شواهد وآثار ترجع إلى القرن الثاني عشر قبل الميلاد، نتيجة بعض الحفريات التي أجريت[2]. وكذلك العلاقات التاريخية بين بلاد بونت (الصومال) والمصريين القدامى ولاسيما في عهد الملكة حتسبشوت ورحلتها للمنطقة في القرن ١٥ قزم، وما خلفته هذه الرحلة من النتائج والتقارير المصورة على جنبات

---

(١) على إسماعيل محمد: الصومال والحركات الوطنية والأطماع الدولية وأهمية وحدة الصف الوطني، مطابع سجل العرب، القاهرة، ١٩٩٦م، ص ٥٦.

(2) Muhamed Ibrahim: Op.Cit p 16.

وانظر أيضا مجيب ناهي النجم: مرجع سابق ص١٣٧.

حوائط تذكار فرعون أمون في الدير البحري، وعلى جدران جناح كامل من معبد الملكة بالقرب من مدينة الأقصر، ويعرف ذلك «بجناح بونت». ومن أهم نتائج هذه الرحلة، صلة القرابة والأصل المشترك، بين المصريين والصوماليين الأوائل بحيث ينتمون إلى أصل واحد، وأن كليهما من الجنس الحامي الذي قدم من آسيا منذ عقود، حتى وصلوا إلى منطقة القرن الأفريقي، ثم هاجر البعض منهم نحو الشمال واستقر في مصر[(١)]. إضافة إلى العلاقات الفسيولوجية والعنصر الآدمي بين الجنسين، وكذا العلاقات الثقافية واللغوية بين هذه الشعوب. ومن الدلائل أيضاً التي تؤيد أن الجنس الصومالي ينحدر من العنصر الحامي، بعض الآثار التي وجدت في مناطق ميت (Meydh) وبربرا (Berbera)، وأماكن كثيرة في بلاد الوصومال، وهذه النظرية ترى أن المجتمع لم يتغير، وإنما تغيرت أسماء السكان الأصليين[(٢)].

النظرية الثانية: نظرية الأصل العربي لصوماليين:

يرى أصحابها أن اسم الصومال الذي يعرف الآن جنساً وأرضاً هو من أصل عربي، وهذه النظرية تستند إلى ما يلي:

أ- أثار وجدت من مدن ينادر و زيلع، وهي مدن أسسها وسكنها العرب.

ب- أحاديث شفهية غير مؤكدة رويت عن بعض الصوماليين، وهذه الأحاديث توحي بأن أصل الصومال من العرب[(٣)].

وهذه النظرية لها صداها عند الباحثين وعند المجتمع الصومالي، حيث لا تجد قبيلة أو فئة إلا وتزعم بأنها تنحدر من أصل عربي قرشي، ومن الآراء من أرجعهم

---

(1) Muhamed Ibrahim: Ibid.

وانظر:

أ- محمد عبد الفتاح هندي: الصومال، دار المعارف، بمصر، سنة ١٩٦١م، ص ١٣، ٢٠.

ب- أحمد شلبي: موسوعة التاريخ الإسلامي والحضارة الإسلامية مكتبة النهضة المصرية، القاهرة، الطبعة الرابعة، ١٩٨٣م، ٦/ ٦٥٨-٦٥٩

(2) Muhamed Ibrahim: Ibid.

(3) Muhamed Ibrahaim: Ibid.

إلى سكان شبه الجزيرة العربية. ويؤكد هذا الزعم روايات عربية وصومالية ترجع أصل الصومال إلى أشراف العرب الذين هاجروا من شبه الجزيرة العربية والتجأوا إلى الصومال.

ومن أهم هذه الروايات العربية، الرواية التي وردت في مخطوط قديم بعنوان «هجرة الجزيرة في فجر الإسلام وضحاه» للمؤرخ اليمني يدعى محمد النجدي، وخلاصة هذه الرواية أن الصوماليين ينتسبون إلى عثمان بن محمد بن حنبل، الذي ينحدر من محمد بن عقيل بن أبي طالب العربي القرشي الذي هاجر إلى منطقة شرق أفريقيا في القرن الثالث الهجري(١). ومن المسلمات عند أهل الصومال أنهم ينحدرون من سلالة عربية عريقة تنتسب إلى بيت الرسول ﷺ، وهو خبر تناقلته الأجيال عبر التاريخ، وإن كان لا يوجد دليل يثبت هذا الإدعاء الشائع حتى صار من المسلّمات التاريخية التي توارثتها الأمة.

ومن القبائل الصومالية التي تنتمي إلى سلالة عربية صريحة النسب قبائل سمالي(٢) وهي تسعة فروع كبيرة، وهذا الأمر يطابق ما أورده المؤرخ اليمني محمد النجدي المشار إليه آنفاً، من أن عثمان بن محمد عندما استقر في الصومال تزوج فتاة حامية وأنجب منها تسعة أولاد تسلسلت منهم القبائل الصومالية(٣).

(١) راجع في ذلك:
أ - عبد المنعم عبد الحكيم: مرجع سابق ص ١٧١.
ب- الشريف علي العيدروس النضيري العلوي: بغية الآمال في تاريخ الصومال، مطبعة الإدارة الوصية علي صوماليا، مقدشو، الطبعة الأولى، سنة ١٣٧٤هـ - ١٩٥٤م ص ٢٧٩- ٢٨٠؛
جـ- الشيخ أحمد عبد الله ريراش: كشف السدول عن تاريخ الصومال وممالكهم السبعة، طبع بمطابع الدولة للطباعة بمقدشو ١٩٧٤م ص ١٢-١٤؛
د - محمد حاج مختار: تاريخ الإستعمار الإيطالي في الصومال ص٣.

(٢) يذكر المتخصصون في علم الأنساب الصومالية بأن هذا الشخص تفرع منه تسع عشائر وهم: إرر (Irir)، مقر (Maqarre)، غرطيري (Gardheere)، ميل (Mayle)، كرور (Kuruurre)، غرير (Gariirre)، حمر (Hamarre)، حرير (Hariirre)، و يابور (Yaabuur). الجدير بالذكر أن كرور، وحرير انقرضوا ولا يعرف أين انتهى فروعهم. انظر الشريف العيدروس: المرجع السابق ص ٢٨٨.

(٣) عبد المنعم عبد الحكيم: مرجع سابق ص ١٧١؛ وانظر أيضا: الشريف العيدروس: المرجع السابق ص ٢٧٩ - ٢٨٠

ومن أهم قبائل سمالي قبيلة الإسحاق (إساق)، وهؤلاء ينتسبون إلى الشيخ إسحاق بن أحمد الذي نزح من الجزيرة العربية إلى زيلع في القرن السابع الهجري، وسكن منطقة ميط (Meydh)، ودفن فيها.[١] ويقال أن الشيخ اسحق بن أحمد جد قبيلة الإسحاق كان أحد أشراف حضرموت، ولما جاء إلى بلاد الصومال في القرن الثالث عشر كان معه أربعون نفراً من قومه - أي من جماعة الشيخ إسحاق بن أحمد - مما طاب له العيش فيها، واتخذها وطناً ثانياً له.[٢]

وتقول بعض الروايات بأن قبائل الإسحاق والدير من مجموعة سمالي هم أول مجموعة من الصومال هاجرت إلى منطقة القرن الأفريقي.«[٣]» وهذه القبائل ترى أنها من أصل عربي.[٤]

أما أشراف سرمان[٥] - التي تقطن في أقاليم باي وبكول - هم من الأشراف الحسنيين من ذرية السيد يحيى بن الشيخ عبد القادر الجيلاني (الولد الأصغر للسيد عبد القادر) وكانت أمه حبشية. وهؤلاء - كما يذكر الشريف العيدروس - زحفوا إلى الحبشة، ثم إلى أذري(Adari) [٦] واتصلوا بإخوانهم الحبشيين وصاهروهم، ومنها زحفوا إلى صوماليا حتى وصلوا إلى أرض سرمان عند قبائل رحنوين وصاهروهم أيضاً، غير أنه بعد مضي فترة من الزمن تغيرت طباعهم العربية ولون بشرتهم،[٧] على الرغم من أن بعضهم مازال يحتفظ بملامحه العربية والسامية، وربما بعضهم ينتسب إلى هذا النسب الشريف الطاهر حلفاً وولاءً وحباً لآل بيت النبي ﷺ وليس نسباً.

---

(١) الشريف العيدروس: المرجع السابق ص ٢٤٠ وانظر:

Muhamed Ibrahim:op. cit , p. 18

(٢) الشريف العيدروس: مرجع نفسه ص ٢٨٨

(٣) أحمد الشنتناوي وآخرون: دائرة المعارف الإسلامية ص ٤٤١.

(٤) حسن حسين الخولي: أنماط تحركات السكان في الصومال، المهاجرون واللاجئون، ص ٢٩٤ (ضمن بحوث كتاب المسح الشامل لجمهورية الصومال).

(٥) سرمان: منطقة تقع في إقليم بكول ضمن محافظات جوبا العليا ويسكن فيها قبائل أشراف وليسان من مجموعة ما يعرف بقبائل رحنوين.

(٦) أذري: هو اسم آخر لمدينة الهرر العريقة في غرب الصومال.

(٧) الشريف العيدروس: المرجع السابق ص ٢٨٢.

وأما قبائل داروت (طاروت) الجبرتية، فلا زالت تنتسب إلى جذور عربية قرشية، بكونها تنحدر من سلالة الشيخ عبد الرحمن بن إسماعيل بن الجبرتي المكنى بطاروت المتوفى سنة ٨٩٧هـ[١]، وكان الشيخ عبد الرحمن يعيش في اليمن بمدينة زبيد في أواخر القرن التاسع الهجري غرب حضرموت بجوار الحبشة - أي الصومال - وكان في الأحباش قوم من المسلمين وبينهم حروب مع الأحباش، فلما اجتمع بهم عبد الرحمن بن إسماعيل الجبرتي انتصروا على الكفار حيث قتلوهم وأخرجوهم من أطراف البلاد، وتنسل هناك الشيخ [٢]، وهناك من الباحثين من لا يشك في عروبة قبائل الداروت، بل ويعلل سبب تسمية جدهم عبد الرحمن بن إسماعيل بالداروط أو الطارود، كونه طرد من جنوب الجزيرة العربية (بلاده الأصلية) في العصور الوسطى ثم هاجر إلى بلاد الصومال، حيث استقر هناك وتزوج وتفرعت عنه وعن ذريته القبيلة المذكورة [٣].

وهناك من يخالف هذا التفسير بالنسبة لهذا الاسم حيث يرى أن أصل الكلمة هي داوود، فحرفت إلى دارود وهو أحد القادمين من اليمن إلى الصومال في العصور الوسطى، وهو إسماعيل بن إبراهيم الجبرتي [٤] المدفون في زبيد باليمن، وهو من سلالة عبد الله محمد عقيل ابن أبي طالب. وكلا الروايتين تنصبان على عروبة هذه القبيلة وانحدارها من أصل قرشي.

---

(١) عبد الرحمن بن رضاء الدين إسماعيل الجبرتي، كان من أكابر العلماء في زمانه، وكان والده أيضاً من أجلّ علماء عصره.
ارجع إلى الشيخ أحمد بن حسين بن محمد: مناقب العارف بالله والدال عليه إمام الشريعة وفخر الحقيقة الأستاذ الشيخ إسماعيل الجبرتي، مكتبة ومطبعة مصطفى البابي الحلبي وأولاده، سنة ١٩٤٥م، ص ٦

(٢) الشيخ احمد بن حسين بن محمد: مرجع سابق ص ٦

(٣) أحمد صوار: الصومال الكبير، القاهرة ص ٨- ٩، بغض النظر عن صحة هذه القصة أو عدمها لم يذكر سبب طرد عبد الرحمن بن إسماعيل المكنى بطاروت. وانظر حسن حسين الخولي: مرجع سابق ص٢٩٣

(٤) حسن حسين الخولي: مرجع سابق ص ٢٩٣.

ومهما كان فإن ما ذكرناه من الآراء، يوحي بأن أصل الصومال ينحدر من عنصر سامي عربي قرشي، غير أن كثيراً من الباحثين لا يرون صحة تلك النظرية القائلة بالأصل السامي والجذور العربية للصوماليين، وأن بعض المتخصصين في علم الأجناس والاجتماع يخالفون هذه الفكرة، بل ويتشككون فيها، وقد أشار بعضهم إلى أن الصوماليين من الناحية العرقية والثقافية ينتمون إلى المجموعة العرقية الحامية(١).

أما زعم انتساب بعض القبائل الصومالية إلى أصول عربية، إنما يعود إلى حب الصوماليين للنبي ﷺ وذريته البررة، وتمسكهم العميق بالدين الإسلامي، بدليل أن القبائل لا تنتمي إلا لآل بيت النبي ﷺ، ويضاف إلى ذلك العلاقات التاريخية بين الصومال والجزيرة العربية التي ساعدت على انتشار الدين الإسلامي وثقافته في الصومال(٢). لذلك فإنه من الصعوبة تصديق تلك الروايات الشفهية التي تتحدث عن الأصل العربي للصوماليين، لأنها تحتوي على القليل جداً من المادة التاريخية التي يمكن الاعتماد عليها، كما ذكر ذلك بعض العلماء المتخصصين في علم الأجناس(٣).

النظرية الثالثة: نظرية الأصل الأفريقي للصوماليين:

يشير أصحاب النظرية الثالثة إلى أن أصل الصومال يرجع إلى أفريقيا(٤). وتحديداً من جنوب إثيوبيا، مثل أروميين (الغالا) الذين هاجروا معاً إلى موطنهم الحالي. ولكن هذه النظرية لاتلقى قبولاً واسعاً، وتواجه بعض الاعتراضات لعل أبرزها الغموض الذي يكتنف المسألة، وكذا التساؤل عن دوافع ترك العنصر الصومالي بيئته الأصلية إلى موطن غريب عنه والحياة صعبة فيه، وأيضاً كيف اكتسب الصومالي في بيئته الجديدة مهارة الرعي من دون الأنماط الاقتصادية الأخرى(٥).

---

(١) محاسن عبد القادر حاج الصافي: المسألة الصومالية في كينيا، دار هايل للطباعة والنشر، سنة ١٩٩٨م. ص ٤، ٦

(٢) المرجع السابق، ص٤.

(٣) المرجع السابق، ص ٤ - ٥.

(٤) أحمد برخت ماح: مرجع سابق، ص ٢٣؛ وانظر أيضا: حسن حسين الخولي: مرجع سابق ص ٢٨٤.

(٥) حسن حسين الخولي: مرجع سابق ص٢٨٤

والحقيقة أنه يترجح لدينا أن الصوماليين حاميوا الأصل، وإن كانت قد دخلتهم كثير من الدماء العربية نتيجة الهجرات العربية والعلاقة المتينة التي كانت بين أهل الصومال السكان الأصليين للمنطقة وبين العرب الذين هاجروا إلى المنطقة بالعوامل الدينية والسياسية والاقتصادية، حيث ترك العرب منذ وقت مبكر أثراً بالغاً على جميع أنماط الحياة الصومالية عبر العصور ولاسيما بعد دخول الإسلام في المنطقة ووصوله إليها. وهذا الأمر ساعد على امتزاج العنصرين امتزاجاً قوياً حتى نتج عنه بمرور الزمن الجنس الصومالي على الرغم من أن الاختلاط والامتزاج لم يكن بدرجة واحدة في كافة المناطق أو على وتيرة واحدة، ومع ذلك فهناك من يقلل هذا التأثير والاختلاط، ويرى أنه بدأ في الاختفاء في الوقت الحاضر، وليس هناك أي أثر يدل عليه الآن.

وليس معنى ذلك أنه لا يوجد في الصومال أسر وقبائل ومجموعات ترجع جذورها إلى أصول عربية قدمت إلى الصومال منذ زمن سحيق، ومن بين هذه القبائل، قبائل رير حمر (كتلة حمراويين Reer xamar) التي تقطن في المدن الساحلية فقط مثل: مقدشو، مركة، وبرواة... وهذه القبائل قد تصوملت وإن كانت لم تندمج اندماجا ًحقيقياً مع أهل الصومال الأصليين بسبب حرصهم على المحافظة على أصالتهم العربية السامية، والمتمعن فيهم يستطيع أن يميز بينهم وبين الصوماليين الأصليين رغم قدوم الأوائل قبل قرون عديدة لا تقل عن سبعة قرون. وكل من يدخل في أحياء حمروين وشنغاني في مدينة مقدشو وكذا مدن مركة وبراوة يلاحظ أصالة عروبة هؤلاء وملامحهم العربية السامية كما يلاحظ البنايات الطويلة المبنية على الطراز العربي الإسلامي الأصيل.

ويؤكد هذا الرأي وجود هجرات جماعية لبعض القبائل العربية إلى المنطقة ومنها: هجرة تسع وثلاثين قبيلة، منها اثنتا عشرة من الجدعني (الزهريون الشاشيون من ذرية زهرة بن كلاب) وست من الإسماعيلي (الشائخ الكندرشيون) من بني يحي بن كلاب بن مرة، وست من العقبي (درقبية) ذرية عقبة بن عامر من بني تيم بن مرة،

وثلاثة من العفيفي (جدمني) من بني مالك بن مدركة بن إلياس، اثنتا عشرة من القحطانيين (من بلد المقري بصنعاء) من بني وائل بن حجر. وآتت بعد ذلك قبيلة آل المخزومي ذرية الشيخ عبد العزيز محمد بن أبو بكر المخزومي (صاحب المنارة الكائنة بقرب ميناء مقدشو القديم، ومن بعد أتى السادة من حضرموت واليمن منهم آل أهدل وآل جمل الليل وآل النضير (نسبة إلى محمد بن النضير)، وأتت أيضاً قبائل أخرى مثل آل العمودي وآل با صديق وآل با مختار وآل با حميش وآل فخر الدين وآل شمس الدين وآل وائلي وآل با جمال وآل الأموي وآل الحاتمي وآل شاوس بن على[1].

٢- أهم القبائل الصومالية:

كان أهل الصومال - ومازالوا - يعنون عناية فائقة بالسلسلة النسبية التي ينحدرون منها حسب رأيهم، ويهتم هؤلاء بقضية النسب إلى درجة أنهم يحفظونها عن ظهر قلب، ويتناقلونها جيلاً بعد جيل، ولا شك أن ذلك من تأثيرات القبائل العربية التي وفدت إلى الصومال من الأقطار العربية الأخرى. غير أننا يعنينا الآن أن نذكر المجموعات القبلية الرئيسية في الصومال وأهم فروعها وبطونها بشكل موجز:

أ- مجموعة داروت (الجبرتيين): وتنتسب هذه المجموعة - كما ذكرنا سابقاً - إلى الشيخ عبد الرحمن بن إسماعيل الجبرتي، من سلالة محمد بن عقيل ابن أبي طالب، وتنتشر فروعها في جميع أرجاء الصومال الكبير، وإن كانت قليلة جداً في جيبوتي، ولا يوجد أثراً يذكر لهم.

وتنقسم هذه المجموعة إلى خمسة فروع رئيسية:

الأول: كبللح (Kablalax)، وينضوي تحت هذا الفرع قبائل أبسمي (Absame) وهرتي (Harti).

---

(١) الشيخ محمد أحمد محمود (الشيخ أبا): مجموعة من أسئلة وأجوبتها حول تاريخ الصومال الجنوبي، (مخطوط)، غير منشور. يوجد، ص ٣، ص ٤، وانظر أيضا: الشريف العيدروس: مرجع سبق ذكره ص ٤٢ - ٤٣.

الثاني: سدو (Sade)، ويأتي تحت هذا الفرع قبائل مريحان (Mariixaan) وفاهية (Faahiye).

الثالث: تندي (Tanade)، وهم قبائل: ليلكسي (Leelkase) وكورشي (Korshe).

الرابع: يوسف ويكنى بأورتبلي (Ortable).

الخامس: عيسى، ويعتبر هذا الفرع من أصغر فروع دارود عدداً، وما زال أفرادها يحتفظون باسم جدهم الأعلي عيسى دارود، وهذه القبيلة تسكن في شما ل شرقي جمهورية الصومال فقط.

ب- **مجموعة الدر الكبرى**: كما يبدو من هذا الاسم فإنه ينطوي تحت لوائها العديد من القبائل والبطون، غير أننا نذكر هنا ما نراه من أبرز القبائل الرئيسية في مجموعة الدر الكبرى. ولاشك أنه يأتي في مقدمة هؤلاء، القبيلة التي ما زالت تحمل اسم جدهم الأول وهي قبيلة الدر (Dir) مثل قبائل بيمال (Biyamaal)، غادسن (Gadsan) وفقه عمر، وفقه محمد وغيرهم. ومن هذه المجموعة أيضاً قبائل غدبيرسي (Gudabiirsi) وعيسى وغير ذلك. وإذا ذكرت مجموعة الدر الكبرى، فلا يمكن نسيان القبيلة الكبيرة المتمركز في شمال الصومال وفي المناطق الغربية وهي قبيلة بني إسحاق (إساق) التي تنتسب إلى الشيخ إسحاق بن أحمد الذي نزح من الجزيرة العربية إلى زيلع في القرن السابع الهجري، وهذه القبيلة تقطن في القسم الشمالي من الصومال، وكذا في بعض الأقاليم الأخرى من الصومال الكبير.

ومن بين فروع بني إسحاق: تلجعلي (Toljecle)، أيوب، أول، أرب، غرحجس (Garxajis) ويأتي تحت هذا الفرع عيد غلي (Ciida gale) وهبر يونس، سنبور (Sanbuur)، سمن (Samane)، عمران.

ج- **قبائل ديغل (Digil)**: ومن فروع هذه المجموعة، مرفلي (Mirifle)، واسمه محمد بن دغل، علماً أن ديغل ينتسبب إلى رجل يسمى سب بن هيل (Hiil)

ابن أبرون (Abrone) الذي تزوج فتاة أصغر منه بكثير فولدت له «سب»، ثم سمالي، ثم انتقل سب إلى جهة الغرب. وهذه المجموعة تقطن غالبية الجزء الجنوبي للبلاد وبالذات مناطق بين نهري جوبا وشبيلي، وهي أخصب المناطق الصومالية وأكثرها كثافة. وأبناء ديغل هم: علي؛ وهو ما يعرف اليوم بقبيلة جيدو (Jiido)، عيسى؛ المنسوبة إليه قبيلة تني (Tuni)، عمر؛ المنسوبة إليه قبيلة دبري (Dabare)، و دوبطيري (Duubdheere)، ودغني (Digane)، دوبوين (Duubweyne) ومحمد (مرفلي) الذي يلقب أيضاً بالرحنوين.

والأخير - أي قبائل مريفلي - وإن كان أصلهم تفرع من نسل محمد بن دغل، إلا أنهم عملوا تحالفات كبيرة مع قبائل صومالية أخرى، حتى كثر نسلهم، وبالتالي صاروا أكثر عدداً من إخوانهم من أبناء ديغل. وعُرِف فيما بعد مرفلي وحلفاؤه قبائل رحنوين (Rahanweyn)، مما جعل يقوم بذاته. لذا فمريفلي أحد أبناء ديغل. ومن فروع مريفلي أو ما يسمى رحنوين وأشهرها قبائل:

بقل هري (Boqol hore) وهم مجموعة قبائل [دسو (Dusoow)، قومال (Qoomaal)، أيمد (Aymad) ويلالي (Yalaale)]، إيلاي (Eelaay)، جرون (Jiroon)، هرين (Hariin)، هراو (Haraaw) الذي تفرع منه أيضاً كثير من قبيلة ليسان (Laysan)، غروالي (Garawaale) معلمويني، أيلي (Ayle)، جلبلي (Jilible)، غيلدلي (Geeledle)، لوّاي (Lawaay)، هدمو (Hadamo) هلدي (Heledi)، وانجيل (Waanjeel)، ينتار (Yantaar)[1].

د- **مجموعة هوية (Hawiye)**: وهم قبائل تسكن في جنوب البلاد والمقاطعتين الصوماليتين اللتين تقعان تحت الاحتلال الحبشي و الكيني، وينقسم هؤلاء إلى كتل رئيسية مثل: كرنلة (Karanle)، حسكل (Xaskul)، غغنطبة (Gugundhabe)، جنبيلة (Janbeele)، وغرغاتي (Gorgaate)، والأخير يُعدّ من أهم قبائل هوية من حيث

---

(١) الشريف العيدروس: مرجع سابق ص ٢٨٢ - ٢٨٤؛ وانظر أيضا:
Muhamed Ibrahim: Ibid p 194 - 195

العدد والعدة بحيث تنسل منه قبائل هيراب (Hirab) من مدلود (Mudulood) ومدر كعس (Madarkicis).

ومجموعتا الدر والهوية يكونان قبائل سمالي إضافة إلى قبائل أخرى، مثل حوادلي، وكرورّي، غريري، وغير ذلك[١]، كما أن مجموعة سمالي وسب إخوة ينحدرون من سلالة هيل بن أبروني. ويحكى أن كتابات قديمة تؤمن بأن الدر والداروت إخوة من فروع أج (Eji) إرر (Irir) سمالي، غير أن ذلك من المصعب تصديقه، بالإضافة إلى أن ادعاءات بعض القبائل الصومالية منهم إلى أصول متغايرة تجعل الموقف صعبًا[٢].

المبحث الثالث: الأصول التاريخية لتسمية الصومال:

وردت أخبار بلاد الصومال في كتب القدامى، وأشار الكتّاب من الرّحالة والجغرافيين العرب إلى الصومال في ثنايا كتبهم ذاكرين أحوال العباد والبلاد سواء في النواحي السياسية أوالاجتماعية أوالاقتصادية أوالثقافية، غير أنه ينبغي أن نعرف أن المعلومات التي نقلها هؤلاء ليست غزيرة وكافية، بل من الصعب أن تكون تلك المعلومات كافية ويمكن الاعتماد عليها لإبراز حقيقة أوضاع البلاد وأحوالها التاريخية والحضارية، دون الرجوع إلي ما تنقله المصادر الأخرى، حيث أن الرحالة والجغرافيين لم يتوسعوا في نقل الأخبار والمعلومات التاريخية والحضارية، بل إنّ أخبارهم كانت تنحصر فقط في جوانب ضيقة لا تشمل تلك المعلومات التي نقلوها من الأقطار الإسلامية الأخرى، كاليمن والحجار العراق والشام ومصر وبلاد المغرب الإسلامي، وحتى بلاد الأندلس. كما أنّه ينبغي أن نعرف أن المصادر القديمة لم تذكر الصومال باسمها الحالي المعروف، رغم الحديث عنها والإشارة إليها، وإنما بأسماء أخرى.

ومن بين الأسماء التي كانت تطلق على البلاد والعباد اسم «بربارووي» وقد أطلق عليهم هذا الاسم مؤرخو اليونان والرومان في العصور القديمة، وإن كان هذا الاسم تغير إلى البربر من قبل مؤرخي العرب في العصور الوسطى، ثم تحول الاسم

(1) Muhamed Ibrahim: op.cit. p: 17.

(2) Muhamed Ibrahim: op.cit. p. 18.

إلى بربر نسبة إلى مدينة بربرة الواقعة على الساحل الصومالي الشمالي مقابل خليج عدن.[١]

ومن الأسماء أيضاً «بلاد بونت»، وقد كان المصريون القدامى يعرفونها بهذا الاسم دون غيرهم ولاسيما في فترة الملكة حتشبسوت وبعثتها المشهورة إلى الصومال، وقد دون المصريون القدامى أخبار هذه الرحلة على الجدران والمعابد في مدينة الأقصر[٢].

كما أن اسم «أزانيا» قد استعمله الكُتّاب الجغرافيون الإغريق والرومان القدامى للدلالة على بعض الأجزاء الجنوبية من الصومال[٣]. وعرفت البلاد أيضاً في عهد الأسرة الأولى من العصر الفرعوني (الأراضي المقدسة)، حيث كانوا يعتقدون بأن إلها لهم يظهر في كل يوم على أرض بلاد الصومال. وعرفت أيضاً بأنها بلاد البخور والعطور والأشجار الكريمة[٤].

وكانوا يعرفون أيضاً بلاد الذهب والعطور[٥]. وثمة اسم آخر كان يطلق على بلاد الصومال من قبل الفينيقيين وهو اسم «إقليم البخور»[٦] نسبة إلى البخور والعطور التي كانت الصومال مشهورة في تلك التاريخ. ويطلق على المناطق الشمالية

---

(١) عبد المنعم عبد الحليم: مرجع سابق ص ١٦٨؛ وانظر أيضا: محمد حاج مختار: مرجع سابق ص ١ - ٢.

(٢) أ- محمد عبد الفتاح الهندي: مرجع سابق ص ١٣.
ب- فوزي مكاوي: الصومال في العصور الوسطى، ضمن بحوث كتاب المسح الشامل لجمهورية الصومال ص ٣١، ٤٣.
جـ- عبد الفتاح مقلد الغنيمي: الإسلام والمسلمون في شرق أفريقيا، عالم الكتب، القاهرة، الطبعة الأولى، ١٤١٨هـ- ١٩٩٨م، ص ٢٠.

(٣) على أحمد نور: مرجع سابق ص ٦٨.

(٤) حمدي السيد سالم: مرجع سابق ١/ ٣١٢؛ وانظر أيضا محمد على عبد الكريم وأخرين: تاريخ التعليم في الصومال، مقدشو ١٩٧٨م، من مطبوعات وزارة التربية والتعليم ص٢.

(٥) حمدي السيد سالم: مرجع سابق ١/ ٣١٢

(٦) المرجع السابق ١/ ٣٢٢؛ وانظر أيضاً: عبد الرزاق حسين حسن: المسح اللغوي في الصومال وتأثير اللغة الصومالية، الدوحة، جامعة قطر، ١٩٩م ص ١١.

الشرقية للصومال المتأخمة للساحل باسم «برعجم»، وقد حرفه الصوماليون إلى «برعجن»، وظهرت هذه التسمية على بعض الخرائط القديمة للصومال[1].

ولم تخل المصادر الإسلامية في العصور الوسطى من ذكر الصومال حيث ورد ذكرها في هذه المصادر في عدة جوانب مختلفة تتعلق بتاريخ الصومال وحضارته.

فأبو الحسن المسعودى (٣٤٥هـ)[2] الرّحالة الجغرافي عرف الصومال بأرض الحبشة [3]، وفي مكان آخر أطلق عليها - أي الصومال - بلاد حافون. أما ساحل الصومال فسماها ببحر الزنج، وتارة بخليج البربري.

ومن الجدير بالذكر أن المسعودى أول من فرّق وميّز بين أهل بربر في الصومال وبين البرابرة في شمال أفريقيا [4].

أما الإدريسي (٥٦٠هـ / ١٠٦٥م) فقد أطلق اسم أرض بربرة على بعض مدن الصومال مثل: مركة، وبراوة[5]. وأطلق عليها في مواضع أخرى من كتاب

---

(١) شريف صالح محمد علي: أصول اللغة الصومالية في العربية، مكتبة النهضة المصرية، القاهرة، الطبعة الأولى عام ١٩٩٣م ص ١.

(٢) أبو الحسن على بن الحسين المسعودى، المتوفى سنة ٣٤٥هـ كان إخبارياً، صاحب ملح وغرائب وفنون، وكان معتزلا تتلمذ على أيدي مشآئخ عدة أمثال أبي خليفة الجمحي، ونفطويه، مات في جمادى الآخرة سنة خمس وأربعين وثلاث مائة هجرية، وله تصانيف عدّة مثل: مروج الذهب ومعادن الجوهر، التنبيه والأشراف، التاريخ في أخبار الأمم من العرب، وأخبار الزمان، وغيرهم. [انظر الذهبي، شمس الدين أبو عبد الله: سير أعلام النبلاء، مؤسسة الرسالة، الطبعة الخامسة، بيروت، ١٥/ ٥٦٩؛ وأيضا: عمر رضا كحالة: معجم المؤلفين، دمشق، ٢/ ٤٣٣- ٤٣٤]

(٣) المسعودى، أبو الحسن علي بن الحسين: مروج الذهب ومعادن الجوهر، تحقيق محمد محي الدين عبد الحميد، مكتبة الرياض الحديث، البطحاء - الرياض ١/ ١٠٧. الجدير بالذكر أن اسم الحبشة كان لا يشير إلى الحبشة بمفهومها الحالي، وإنما كان يشمل أرضاً أوسع مما هو مشهور، كما تدل على ذلك المعاجم اللغوية والجغرافية، وهي جنس من السودان كانت تضمّ أقواماً عديدة مختلفة الأعراق والأصول.

(٤) المصدر نفسه.

(٥) الإدريسي، أبو الحسن محمد بن إدريس الحموي، المعروف بالشريف الإدريسي: نزهة المشتاق في احتراق الآفاق، دمشق - سوريا ١/ ٤٨

«أرض الحبشة»[1]، وأطلق في مواضع أخرى على بعض أجزاء من الصومال اسم «الهاوية»[2].

والجغرافي ياقوت الحموي[3] يسمي أرض الصومال باسم: «بلاد الزنج»[4]، وفي موضع آخر قال: «ويقال لبلاد هؤلاء سواحل بربرة»[5].

الجدير بالذكر أن ياقوت الحموي يذكر منطقة اسمها: «سمالي» - بفتح أوله وآخره لام - دون أن يحدد في أي بقعة كانت من العالم، وإنما يكتفي بأنها اسم موضع فقط [6].

والدمشقي شيخ الربوة[7] يسمى الصومال بأرض الزيلع، وتارة أرض أوقل، نسبة إلى امبراطورية «أوقل» الصومالية القديمة، كما أن الدمشقي يطلق على بعض أجزاء من الصومال بأرض الهاوية[8]، مثله مثل الإدريسي.

ورغم أن الرحالة المغربي أبا عبد الله ابن بطوطة (٧٧٩هـ/ ١٣٧٧م) من الرحالة المتأخرين الذين زاروا بلاد الصومال إلا أنه لم يذكر اسم الصومال مع أنه طاف القطر الصومالي شمالاً وجنوباً، وإنما اقتصر على ذكر بعض مدنها الساحلية

---

(١) المصدر نفسه ١/ ٤٣- ٤٤.

(٢) المصدر نفسه ١/ ٤٤، ولعله يقصد بتلك القبيلة الصومالية الكبيرة التي مازالت تسمى الهوية حتى الآن، والتي تقطن غالبيتها في جنوب الصومال.

(٣) أبو عبد الله ياقوت بن عبد الله الرومي الحموي الملقب بشهاب الدين، الأديب الأوحد السفّار النحوي الأخباري المؤرخ الجغرافي، وكان شاعراً متقناً جيد الإنشاء، توفي في العشرين من رمضان سنة ست وعشرين وستمائة، عن عمر يناهز نيفا وخمسين سنة، وصنّف عدة كتب أمها: معجم البلدان، معجم الأدباء، المشترك وضعاً والمختلف صعقاً وغير ذلك. [انظر: الذهبي: مصدر سابق ٢/ ٣١٢؛ فريد عبد العزيز الجندي: مقدمة معجم البلدان ص ٧].

(٤) ياقوت الحموي: معجم البلدان، دار إحياء التراث العربي، بيروت – لبنان، ٥ / ١٧٣

(٥) المصدر نفسه.

(٦) المصدر نفسه ٣/ ٢٧٨.

(٧) وهو شمس الدين عبد الله محمد بن أبي طالب الأنصاري الدمشقي المعروف بشيخ الربوة.

(٨) الدمشقي (شيخ الربوة): تحفة الدهر في عجائب البر والبحر، دار إحياء التراث العربي، الطبعة الاولى، ١٤٠٨هـ - ١٩٨٨م، ص ٢١٨ - ٢١٩.

والتاريخية، كما اقتصر على وصف أهل البلاد بأنهم برابرة من طوائف السودان[1].

ويتضح مما سبق أن اسم «الصومال» المعروف حالياً بجمهورية الصومال لم يرد ذكرها على ألسنة الأمم والطوائف السابقة، كما أنه لم تذكر المصادر العربية في العصور الوسطى والتي نقلت إلينا معلومات مهمة تتعلق بتاريخ الصومال السياسي والحضاري والثقافي والاقتصادي... رغم أن هذه المصادر ذكرت بإسهاب أخبار بعض المدن والموانئ الصومالية مثل زيلع، بربره، حافون، مقدشو، مركة و برواة، ولعلنا نستشف من ذلك بأن اسم الصومال لم يكن معروفاً في تلك الأزمة رغم شهرة المدن الساحلية التي ذكرناها آنفاً.

إذاً متى ظهر اسم الصومال كمصطلح جغرافي يدل على الموقع الحالي للمنطقة، أو يدل على القاطنين من بني الإنسان في هذا الموقع؟. بعد تتبع عدد من المصادر العربية - ولا سيما الجغرافية منها - نجد أن اسم الصومال ورد لأول مرة في أواخر القرن التاسع الهجري، الخامس عشر الميلادي، ففي كتاب «ثلاث أزهار في معرفة البحار» لشهاب الدين أحمد بن ماجد النجدي[2]، (كان حياً في سنة ٨٩٥هـ/ ١٤٩٠هـ)، نجد اسم السومال - بالسين - مذكوراً في أرجوزته قائلاً[3]:

والحقيقة أن أحمد بن ماجد[4] لم يقتصر في ذلك وإنما أورد في خريطة العالم التي

---

(١) ابن بطوطة، أبو عبد الله محمد بن عبد الله بن إبراهيم اللواتي الطنجي: تحفة النظار في غرائب الأمصار وعجائب الأسفار، دار إحياء العلوم، تحقيق الشيخ محمد عبد المنعم العريان، راجعه وقدم له فهارسه مصطفى القصّاص ١/ ٢٦١

(٢) شهاب الدين أحمد بن محمد السعدي النجدي، أشهر ربان في زمانه، وأهدى الناس في البحار وطرقها بين الهندي وجزيرة العرب وأفريقية، وكان مع ذلك صاحب تآليف متعددة في طرق البحار والأمور الملاحية نثراً ونظماً. وله حاوية الاختصار في أصول علم البحار ألفها ٨٦هـ/ ١٤٤٢م. انظر: ترجمته عمر رضا كحالة: مصدر سابق ١/ ٢٣٤

(٣) سفالة: آخر مدينة تعرف بأرض الزنج. انظر ياقوت الحموي: المصدر السابق ٣/ ٢٥٣

(٤) أحمد بن ماجد: ثلاثة أزهار في معرفة البحار ص ٤٢، تحقيق ونشر تيودور شوموفسكي، ترجمة وتعليق د/ محمد منير مرسي، عالم الكتب، القاهرة. وانظر: تعليق المترجم لهذا البيت من الأرجوزة حيث قال: سمالي: الصومال وهي المنطقة الشرقية للساحل الأفريقي للمحيط الهندي، وتعرف أيضاً ببر العجم تمييزاً لها عن بر الزنج، وهي كينيا وتنجانيقا وموزمبيق. ص ١٦٢، من الكتاب.

رسمها وخططها بنفسه اسم سمالي فيها[١].

وقد استخدم أحمد بن ماجد اسم السومال - بالسين - بكثرة في كتابه: «الفوائد في أصول علم البحر والقواعد والفصول»[٢]، كما أنه أورد أغلب المدن الصومالية الساحلية الواقعة على البحر الأحمر أو المطلة على المحيط الهندي.

وقد جاء بعد ابن ماجد بحار ماهر يطلق عليه سليمان بن أحمد[٣] المهري (٩١٧هـ / ١٥١١م) الذي أكثر من استخدام اسم السومال - بالسين - ولاسيما في كتابه «العمدة المهرية في ضبط العلوم البحرية»[٤]، و « شرح تحفة الفحول في تمهيد الأصول في أصول علم البحر»[٥].

ويشير بعض الباحثين إلى أن اسم الصومال ظهر في القرن الخامس عشر الميلادي على لسان أحد الشعراء الإثيوبيين في أنشودة حبشية تخلد انتصارات النجاشي إسحاق (١٤١٤ - ١٤٢٩م) على إحدى السلطنات الإسلامية في منطقة القرن الأفريقي وهي سلطنة أفات؛ ثم ترددت كلمة الصومال بعد ذلك كثيراً في كتابات المؤرخين الذين جاءوا بعد تلك الفترة ولاسيما في كتاب المؤرخ الشهير عرب فقيه.

---

(١) راجع الخريطة من الملحق العاشر من كتاب ثلاثة أزهار في معرفة البحار.

(٢) الفوائد في أصول علم البحر والقواعد والفصول، تحقيق وتحليل إبراهيم خوري، بغداد، سنة ١٩٨٩م، وانظر الصفحات التالية: ١١٩، ١٢٣، ١٧٥، ١٧٦، ١٨٧، ٢١٠، ٢١٨، ٢٢٩.

(٣) سليمان بن أحمد بن سليمان المهري، فلكي، ربان بحري، ويدل اسمه على أصله، وينتمي إلى الفرقة المحمدية المعروفة، كما أشار بنفسه وهو من المدرسة البحرية الجنوبية، وله مصنفات عديدة، ومن مؤلفاته النثرية: العمدة المهرية في ضبط العلوم البحرية، ب - المنهاج الفاخر في علم البحر الزاخر، رسالة قلادة الشموس واستخراج قواعد الأسوس، تحفة الفحول في تمهيد الأصول في أصول علم البحر، كتاب شرح تحفة الفحول في تمهيد الأصول في أصول علم البحر.
وسليمان المهري لا يعرف سنة وفاته ولكن من المؤكد أنه كان حياً عام ٩١٧هـ الموافق عام ١٥١١م، انظر ترجمته الوافية في: إبراهيم الخوري: في مقدمة الكتاب العمدة المهرية، بغداد ص ٧ - ٨؛ عمر رضا كحالة: مصدر سابق ١/ ٧٨٥.

(٤) سليمان المهري: العمدة المهرية، ضمن موسوعة (العلوم البحرية عند العرب) صفحات: ٤٨، ٨٦، ٨٧، ٨٨.

(٥) سليمان المهري: شرح تحفة الفحول في تمهيد الأصول في أصول علم البحر، تحقيق إبراهيم خوري ن بغداد، ص ٩٥، انظر شروح وتعليقات المحقق في صفحات التالية: ٥٦١، ٥٦٤، ٥٦٨، ٥٦٩.

ومهما كان الأمر فإن الباحثين اختلفوا حول مدلولة كلمة الصومال ومؤدّاها الحقيقي، كما أنهم اختلفوا في أصل الكلمة. فمنهم من ذهب إلى أن الكلمة مأخوذة من كلمة «سمل» العربية، وكانت تطلق على أحد زعماء القبائل الصومالية لأن سمل[١] «فقأ» عين أخيه[٢]. وهذا بعيد الاحتمال والظاهر أنه نوع من التفسيرات اللغوية التي يلجأ إليها الناس عادة لتفسير ما غمض عليهم من الأشياء، وأن الغموض من الشائع في تاريخ أية مسألة صومالية ما أعطى الفرصة لجميع المغرضين أن يمدوا أيديهم ويدخلوا فيه ما يشاءون[٣].

وهناك من يرجع أصل الكلمة إلى أحد مصدرين، أو إلى الاثنين معاً، وهما وادي شمايل الموجود في عمان في جنوب شرق الجزيرة العربية أو وادي صومل الموجود في اليمن على مسافة من صنعاء، وفي هذه الحالة يكون هذا الاسم في صورته المحرفة قليلاً، قد جاء مع جماعات عربية جاءت إلى الإقليم[٤]. ولكن ما أشار إليه المصدر الأول بأن كلمة الصومال جاءت نسبة إلى وادي شمايل الموجود في عمان هو بعيد الاحتمال لعدم وجود توافق أو تقارب بين الكلمتين، ولا يوجد أحد ذكر ذلك من الرحالة والجغرافيين، كما أنه لم ينقل هذا الأمر أحد من أهل عمان أو الصومال رغم العلاقات التاريخية القديمة بين البلدين، وتبادل الهجرات عبر التاريخ ولاسيما الشق الجنوبي من البلاد الذي استمرت فيه هذه العلاقات حتى العصر الحديث.

أما الاحتمال الثاني (المصدر الثاني) الذي يرجع اسم الصومال إلى وادي صومل الموجود في اليمن، فأول من ذكر ذلك فهو الكاتب عبد المنعم عبد الحليم حيث قال: «تبين لي عند ما كنت أعمل ببلاد اليمن أنه يوجد فعلاً واد يسميه اليمنيون وادي «صومال» أو بالأصح وادي «صومل» وهو واد صغير يقع عند خط عرض

---

(١) ابن منظور: لسان العرب ١١/ ٣٤٦، في مادة «سمل»، دار صادر، بيروت، الطبعة الثالثة، ١٤١٤هـ - ١٩٩٤م.

(٢) محمد مختار: مرجع سابق ص٢، نقلاً عن:

R. Burton: First Footsteps in Africa. p,87

(٣) محمد مختار: مرجع سابق، ص٢.

(٤) عبد الفتاح مقلد الغنيمي: الإسلام والمسلمون في شرق أفريقيا، مرجع سابق ص ٢٠

١٦ درجة شمالاً تقريباً، على مسيرة ثلاثة أيام شمال غرب صنعاء عاصمة اليمن، وبالقرب من بلدة تسمى «شهارة» في لواء (مديرية) حجة. ويروى أن وادي صومل هذا نبع صغير أو «غيل» كتعبير اليمنيين، يبلغ طوله خمسة كيلو مترات تقريباً. ويقول سكان وادي صومل إن اسمه يرجع إلى أيام دولة حِمْيَر، وهي دولة قديمة حكمت اليمن من القرن الثاني قبل الميلاد إلى القرن السادس بعد الميلاد. أما أن هذا الوادي هو موطن صومال جد الصوماليين فهذا ما لم أعثر في اليمن على دليل قاطع يثبته»(١). والحقيقة أنه لا يوجد دليل قاطع حول المسألة، ولاسيما أن المصادر العربية أوردت كلمة السومال – بالسين – وليس بالصاد (الصومال) (٢).

أما ما أورده ياقوت الحموي في معجمه من لفظ «سمال» فذكر أنه اسم موضع دون أن يحدد أو يشير إلى موقعها. والأرجح أنها في بلاد العرب، لأنها وردت في شعر ذي الرّمة كما ذكر ذلك ياقوت نفسه (٣).

وهناك إقليم كردي يقع في بلاد الفرس قرب الحدود التركية يسمى «صوماى» ومعناه في الكردية المنظر، ومعنى صوما في الفارسية: (النهاية، الآخر، الطرف)(٤)، وعلى الرغم من أن هجرة حامية كبيرة حدثت حول جبال القوقاز في شمال العراق قبل عشرة آلاف سنة(٥) – وفي القرون الوسطى – إلا أنه لم يثبت أنهم نقلوا أسماء بلدانهم إلى منطقة الصومال، على غرار ما حدث في أسماء بعض المدن والقرى الصومالية التي ترجع أصولها ونسبتها إلى شبه الجزيرة العربية والعراق والشام(٦).

---

(١) عبد المنعم عبد الحليم: الصومال الجنوبي، مرجع سابق ص ١٧١

(٢) راجع في ذلك:

أ – أحمد بن ماجد: الفوائد في علم البحر والقواعد والفصول، مصدر سابق صفحات ١١٩، ١٢٣، ١٧٥، ١٧٦، ١٨٧، ٢١٠، ٢١٨، ٢٢٩.

ب– سليمان المهري: مصدر سابق، صفحات: ٤٨، ٨٦، ٨٧، ٨٨.

(٣) ياقوت الحموي: مصدر سابق ٣/ ٢٧٨.

(٤) انظر أحمد الشناوي: دائرة المعارف الإسلامية، القاهرة – مصر ١٤/ ٤٥٤.

(5) Muhamed Ibrahim: op.cit ,p. 10.

(٦) مثل القرى الصومالية: بغداد، بصرة، مصر، البلد الأمين، وغير ذلك في أقاليم شبيلي السفلى.

ويحاول البعض تفسير كلمة الصومال بأنها محرفة عن كلمة حبشية هي كلمة «سوماهة» أي الكفار، وهي التسمية التي أطلقها الأحباش على الصوماليين إبان الصراع الإسلامي المسيحي بقيادة الإمام أحمد بن إبراهيم جران، ولا شك أن هذه الرواية تحمل بين طيّاتها ما يهدمها لأن كلمة الصومال عرفت قبل زمن الإمام أحمد جران(١).

وقد تواترت عدة تفسيرات لكلمة الصومال بين الكُتّاب، ومن بين هذه التفسيرات، أن الكلمة صومالية ومكونة من مقطعين هما: «سما» أو «سمى» بمعنى الرمح، و «ل» ومعناه «ذو» أي صاحب، ومعنى اللفظ كله ذو الرمح أو صاحب الرمح إشارة إلى السلاح الغالب عند الصوماليين في تلك الأزمة السحيقة.

وهنالك تفسير آخر لكلمة الصومال حيث تقول بعض الروايات بأن «صومال» هو الجد الأكبر للصوماليين.

غير أن بعض الباحثين يذهبون إلى ما تناقله الصوماليون عبر الأجيال من أن كلمة الصومال مركبة ومكوّنة من كلمتين صوماليتين هما: «سو» بالسين بمعنى «اذهب» وكلمة «مال» أي احلب، إذاً فيكون المعنى «اذهب وأحلب المواشي» ولعل هذا التفسير يكون أصح و أقرب التفاسير إلى الصواب، وخاصة أن المجتمع الصومالي كان مجتمعاً ريفياً رعوياً يعتمد في حياته على هذه الحرفة، وأن الحليب هو الغذاء الرئيسي لهم وأفضل ما يقدم للضيف(٢).

وهناك من لا يوافق على ما سبق ذكره، بل ويرى أن الكلمة - سواءً كانت اسماً أو لقباً - لفظ من ألفاظ العرب، وليس فعلاً ولا عجمياً كما يفهم البعض. بل ويفترض بعض هؤلاء بأن جذور الكلمة ترجع إلى سمال Samaale الذي يطلق على ذكور الصوماليين ولاسيما في القرى والأرياف حتى الآن، وأنها جاءت من (سمان Samaan) أي بمعنى الطيبة والحسنى، ومثل ذلك من الألفاظ في الصومالية كثيرة كما يلي:

---

(١) محمد مختار: مرجع سابق ص ٢- ٣.

(٢) المرجع السابق، ص٤.

[سمنتر Samatar، سمود Samawade، سموله Samalaho، سمال Samaale][1].

وعلى الرغم من أنه لا أحد يستطيع تحديد الفترة الزمنية التي أطلقت فيها هذه الكلمة على البلاد والعباد القاطنين فيها، إلا أنه من المتفق عليه علمياً أن كتابتها الصحيحة هي «السومال» بالسين، وليست «الصومال» بالصاد، نظراً لعدم وجود حرف الصاد في الأبجدية الصومالية حتى الآن، قبل تدوين اللغة الصومالية أو بعدها، إضافة إلى أن المصادر العربية التي ذكرت اسم البلاد أوردته السومال[2]، وبذلك يكون الاسم الحقيقي لهذا الشعب الذي يقطن في منطقة القرن الأفريقي «سمالي» واسم بلاده «سماليا»، واسم «الصومال» دخيل غير أصيل ولاوجود له في التاريخ[3].

المبحث الرابع: الهجرات العربية إلى الصومال

كانت منطقة الجزيرة العربية وغيرها من المناطق العربية الأخرى لها صلات قوية مع الشعوب القاطنة لمنطقة القرن الأفريقي الشرقي منذ أمد بعيد، حيث كانت سواحل المنطقة تعتبر نقطة مهمة للاتصال حتى شوهدت في السواحل الصومالية سفن عربية كثيرة في القرن الأول الميلادي[4]، وكان أهل اليمن يعدُّون من أوائل النازحين إلى بلاد الصومال حين تصدع سد مأرب وانهار في مطلع القرن الثاني الميلادي، والمعلوم تاريخياً أن سد مأرب في هذه الفترة كان بمثابة شريان الحياة الاقتصادية وعمودها الفقري، ولا شك أن انهياره كان يعني انهيار اقتصاديات البلاد

---

(١) الشيخ أحمد عبد الله ريراش: مرجع سابق ص ١٥؛ وانظر أيضا:
Ahmed hange: Dhulkii Udgoonaa , Muqdisho – Somalia , P.13.

(٢) ارجع إلى ما سبق ذكر من ذلك.

(٣) عبد القادر علسو عسبو (دنان): مقالات عن التاريخ السمالي، (غير منشور) وانظر أيضا محمد مختار: مرجع سابق ص٤.

(٤) المسعودي: مروج الذهب: مصدر سابق ٣/ ١٨ - ١٩، وقبل المسعودي نقل هذه المعلومة الملاح الإغريقي في كتابه: الطواف حول البحر الأرتيري، انظر الترجمة الأنجليزية المسماة:
(Periplus Maris Erythaei)

كاملة، ولأجل هذا الظرف المعيشي الصعب اضطر السكان للنزوح إلى نواحي كثيرة «فاتجه معظمهم إلى منطقة القرن الأفريقي حيث الأرض الفسيحة الصالحة للسكنى، والتي رحبت بمقدمهم منذ أول وهلة...»[١].

وقد ازداد حجم الهجرات العربية إلى شرق أفريقية بعد ظهور الإسلام وذلك بسبب حدوث عوامل جديدة. وإذا كان العامل الاقتصادي هو الدافع الرئيسي قبل الإسلام، فقد أصبح لدى العرب دوافع جديدة غير العامل التجاري أو الاقتصادي وأبرزها دوافع دينية وسياسية طرأت في العهدين الأموي والعباسي، وكان العرب يحاولون إيجاد أماكن استقرار دائم في سواحل أفريقيا الشرقية، وإقامة كيانات سياسية إسلامية، و من هنا ارتفع مستوى العلاقات بين الجانبين وازدادت الروابط بين الشعبين [٢]. وبتزايد الهجرات العربية ازداد الاستيطان العربي على سواحل القرن الأفريقي وانتشرت هذه المستوطنات على طول السواحل الصومالية المطلة على البحر الأحمر، والمشرفة على المحيط الهندي، ومهما كانت دواعي ودوافع هذه الهجرات إلا أن تأثيرها وتأثرها بالمجتمع الصومالي كان ملموساً[٣]. وقد أشار المؤرخون إلى مستوى ما وصلت إليه علاقة العرب بالقرن الأفريقي، وأكدوا أن العرب المسلمين كانوا يسيطرون على زمام أمور الملاحة والتجارة في المحيط الهندي[٤].

---

(١) غيثان بن على بن جريس: الهجرات العربية إلى ساحل سرقي أفريقية في العصور الوسطى، وأثارها الاجتماعية والثقافية والتجارية حتى القرن الرابع الهجري، من منشورات جامعة الملك سعود، فرع أبها، ١٤١٦هـ - ١٩٩٥م ص ١١

(٢) راجع في ذلك:

أ- محمد محمد أمين: الصومال في العصور الوسطى الإسلامية، ضمن بحوث كتاب (المسح الشامل لجمهورية الصومال الديمقرايطية)ص ٦٢.

ب- سليمان بن عبد الغني مالكي: سلطنة كلوة الإسلامية، دار النهضة العربية، الطبعة الأولى، ١٤٠٦هـ - ١٩٨٦م ص ١٣.

(٣) غيثان بن على جريس: المرجع السابق ص ١١.

(٤) راجع في ذلك:

أ - المسعودي: مرودج الذهب، مصدر سابق ٣/ ١٨؛

ب- فاطمة السيد علي الزين: التاريخ السياسي لسلطنة زنجبار الإسلامية، من مطبوعات نادي مكة الثقافي والأدبي، الطبعة الأولى، ١٤١٦هـ - ١٩٩٦ ص ٣٥

١- بداية الهجرات العربية إلى الصومال:

أ- هجرة العمانيين:

ويرجح البعض أن أول هجرة إلى ساحل شرق أفريقية بعد ظهور الإسلام، ترجع إلى عشرين عاماً من وفاة الرسول ﷺ عندما توجهت مجموعة من عرب عمان نحو منطقة شرق أفريقية، وقد ساعدهم على ذلك عدة عوامل منها: سهولة الاتصال بها وقربها جغرافياً [(١)] إضافة إلى تفوق العمانيين في العلوم البحرية وصناعة السفن؛ وكل هذه العوامل جعلتهم يتجهون صوب البحر ويجوبون سواحل المنطقة.

ب- هجرة المخزوميين:

هناك هجرة عربية أخرى كان قائدها ود بن هشام المخزومي، وذلك في الربع الأول من القرن الأول حيث استقرو من معه في منطقة «شوا» الحبشية، ونشروا العقيدة الإسلامية في قطاع واسع من هذه المنطقة، بل وقد استطاع هؤلاء الانصهار مع السكان الأصليين وذلك بعد التزاوج بينهم، ومن ثم كونوا مملكة «شوا» الإسلامية ضمن الممالك الإسلامية في المنطقة، وقد استمرت هذه المملكة فترة طويلة فيما بين (٢٨٣ / ٦٨٨هـ - ٨٨٤/ ١٢٨٨م)[(٢)].

ومن الجدير بالذكر أن المخزوميين كان لديهم معرفة سابقة بالمنطقة، حيث سبق أن هاجر مخزوميان إلى الحبشة ضمن وفد مع عمرو بن العاص أثناء هجرة المسلمين الأوائل، مما يوحي بأن لهذه الأسرة معرفة وإلمام واسع بالمنطقة أكثر من غيرها من القبائل العربية الأخرى[(٣)].

---

(١) محمود الحويري: ساحل شرق أفريقيا منذ فجر الإسلام حتى الغزو البرتغالي، القاهرة ص ١٨

(٢) انظر محمد حاج عمر شيخ محمد: الحضارة الإسلامية في شرق أفريقية، رسالة قدمت لنيل درجة ماجستير في التاريخ من جامعة الخرطوم، جمادى الأولى ١٤٠١هـ - مارس ١٩٨١م ص ٧١.

(٣) وانظر غيثان بن علي جريس: الهجرات العربية إلى ساحل سرقي أفريقية ن مرجع سابق ص ١٥.

ج- هجرة الجلنديين:

ومن الهجرات العربية إلى المنطقة في العصور الوسطى هجرة قام بها آل الجلندي في القرن السابع الميلادي. وكان الجلنديون يحكمون أرض عمان في فترة الخلافة الأموية، حيث كانوا يتمتعون باستقلال تام وبحكم ذاتي منذ صدر الإسلام، بل وكانوا يسيرون أمر عمان دون الرجوع إلى مقر الخلافة رغم أن إقليم عمان كان تابعاً لولاية العراق، ومع ذلك فإن الجلنديين لم يقوموا بأعمال تظهر معارضتهم للخلافة الأموية أو خروجهم عليها رغم ما كانوا يتمتعون به من نفوذ واسع، وفي الوقت نفسه لم يكن هؤلاء يظهرون الولاء والطاعة لها أو يبعثون الخراج إليها، بدليل أن عمان خلت من قائمة الولاة والعمال التي كانت عادة تعين من قبل الخلفاء أو نوابهم[١].

ومن ناحية أخرى فإن الخلافة الأموية لم تحاول ضم هذا الإقليم إلى حوزة الدولة، لأنها كانت غنية عن تأديبهم وإخضاعهم ولاسيما بعد وفاة يزيد بن معاوية حيث أصبحت الخلافة مشغولة بالقلاقل والثورات والصراعات الداخلية، وخاصة صراعهم مع حركة - والصحيح أنها كانت خلافة وليست حركة - عبد الله بن الزبير بن العوام[٢] - رضي الله عنه - وحينما استتب الأمر كلية للأمويين وأخمدوا الثورات وسيطروا على الأوضاع في العراق والحجاز - عقب مقتل عبد الله بن الزبير - اتجهت عنايتهم نحو عمان التي كانت في هذه الفترة ملاذاً آمناً ومأوى للثوار[٣]، المعارضين

---

(١) يؤكد على ذلك عند رجوع إلى المصادر مثل: تاريخ خليفة بن خياط للخليفة بن خياط (٢٤٠هـ) ولا تجد ذكر أي وال على عمان أو تعين قاض أو عامل آخر وأول ذكر لتعيين وال أو عامل كان حينما سيطر الحجاج على أمرها حيث بعث الحجاج إليها موسى بن سنان بن سلمة ثم طفيل بن حصين البهراني الذي استخلف حاجب بن شيبة... (انظر خليفة بن خياط: تاريخ خليفة بن خياط، تحقيق الدكتور أكرم ضياء العمري، ص ٢٩٧).

(٢) محمد حسين معلم: الروايات التاريخية في كتاب العقد الفريد لابن عبد ربه الأندلسي، المتعلقة بالخلفاء الأمويين، دراسة نقدية، رسالة ماجستير غير منشورة بجامعة أم القرى، قسم الدراسات العليا التارخية والحضارية، سنة ١٤١٨هـ - ١٩٩٨م.

(٣) مثل الخوارج بقيادة نجدة بن عامر بن عبد الله بن ساد بن المفرج الحنفي، وهؤلاء قد استولوا على عمان خلال حكم الجلنديين بعد طردهم، غير أن الأمر لم يطل حيث استطاع آل الجلنديين إخراج الخوارج من عمان واستعادوا ملكهم بمساعدة أهل البلاد، انظر ابن الأثير: الكامل في التاريخ، مصدر سابق ٤/ ٢٠٣.

للحكم الأموي[١]، علماً بأن إقليم عمان كان تابعاً لولاية العراق تحت إمرة الحجاج بن يوسف الثقفي، وقد بعث الحجاج جيشاً جراراً لتأديب الخارجين على سلطته وإعادة الأقاليم إلى طاعة الخلافة، وهذا الجيش استطاع أن ينزل هزيمة ساحقة بالمتمردين من أتباع الجلنديين[٢]. ويقال إن الأمويين أضعفوا صفوف خصومهم حيث فرقوهم وشتتوا شملهم حينما استعانوا ببعض القبائل عليهم[٣]. بل إن الخليفة عين رجلاً مخلصاً له فيما أبعد الجلنديين عن الحكم، مما أدى إلى عصيانهم وتمردهم[٤].

ومهما يكن فإن جيش الحجاج بن يوسف احتلّ عمان فاضطر سعيد وسليمان ابنا عباد بن عبد الجلندي إلى الفرار إلى منطقة شرق أفريقية في نهاية القرن السابع الميلادي (عام ٦٩٥م)، وقد اشترك في هذا النزوح الإجباري عدد كبير من قبيلة الأزد العمانية[٥]. ومع أن هذه الهجرة شملت مجموعة كبيرة من أتباع آل الجلندي وأنصارهم إلا أن هجرة الأميرين سعيد وسليمان ضمن المهاجرين تبرهن على مدى معرفة القوم بأحوال منطقة شرق أفريقية، وأقل شيء كان لديهم معرفة وجود عماني سابق إذ أنه لا يستقيم في العقل أن يلجأ سلطانا عمان: سليمان وسعيد - وهما ليسا فردين عاديين - فراراً بنفسيهما وبأهلهما ومن تبعهما من قومهما إلى أرض وبلاد فارغة من الوجود العماني. والفرد العادي لا يمكن أن يلجأ إلا إلى مكان يثق به، فضلاً عن أمير أو سلطان الذي لا يتصل غالباً إلا يملك أو بأمير مثله. ومن المحتمل أن تكون هناك إمارات أو دويلات عربية في المنطقة، وأن أبناء الجلندي نزلوا ضيوفاً عليها[٦].

---

(١) محمد حاج عمر: مرجع سابق ص ٨٢.

(٢) خليفة بن خياط: مصدر سابق ص ٢٩٧؛ وانظر محمد حاج عمر: مرجع سابق ص ٨١ - ٨٢؛ الشيخ جامع عمر عيسى: تطور التاريخ في قرن أفريقيا عبر العصور (مخطوط)، الفصل السابع « أهم الهجرات العربية إلى الشرق أفريقية ص ٤٠.

(٣) محمود محمد الحويري: شرق أفريقيا منذ فجر الإسلام، مرجع سابق ص ٢١؛

(٤) حمدي السيد سالم:، مرجع سابق ١/ ٣٥٠؛ غيثان بن علي جريس: الهجرات العربية إلى ساحل الشرق الأفريقي، مرجع سابق ص ١٧

(٥) انظر محمود محمد الحويري: المرجع السابق ص ٢١؛ الشيخ جامع عمر عيسى: المرجع السابق ص ٤٠ - ٤١

(٦) محمد حاج عمر: مرجع سابق ص ٨٢؛ وانظر محمود محمد الحويري: مرجع سابق ص ٢١

ورغم أن المصادر الأولية لم تحدد مكان نزول الجلنديين في شرق أفريقيا، إلا أن بعض الباحثين يرون أنهم نزلوا على الساحل الجنوبي الصومالي، وقيل في جزيرة مافيا[1] أو لامو[2]، غير أننا نستطيع القول بأنهم انتشروا في أغلب أراضي شرق أفريقيا، ولم يستقروا في مكان محدد، ويدل على ذلك انتساب بعض القبائل والجماعات إلى الجلنديين في كل من الصومال وكينيا وتنزانيا.

ويعتبر بعض الباحثين أن العرب العمانيين الذين يقطنون مدينة ممباسا الساحلية من بقايا أبناء آل الجلندي الذين نزحوا إلى المنطقة في القرن السابع الميلادي. وكذلك زعماء السكان الأصليين في مدينة (تانغة) بتنزانيا يزعمون أنهم من قبيلة الجلنديين وإن كانوا ينطقونا بالكاف (الكلنديين) كما يوجد في مدينة مالندي الساحلية من ينتسب إلى نفس هذه القبيلة (كلنديين) [3]. ويقال أيضاً أن قبيلة (جلدي)[4] في جنوب الصومال ينحدرون من أولاد الجلنديين، وهذه القبيلة كان لها شأن كبير في الحياة السياسية لبلاد الصومال وخاصة مقر مملكتهم في مدينة (أفجوي) كما كان لهم دور فعّال في نشر الإسلام وعقيدته[5]، وحسب النصوص الواردة وخلال تتبع حركات المهاجرة يرى بعض الباحثين أن أبناء الجلندي جماعة عربية وفدت إلى منطقة شرق أفريقيا لأسباب ودوافع سياسية، أما الهجرات الأخرى فقد وصلت إلى المنطقة عقب الجلنديين، وكان لهم دور كبير في نشر الإسلام في أوساط السكان الأصليين الوثنيين[6]. كما كان لهم تأثير كبير في النواحي الحضارية والثقافية بل يقال إنهم أسسوا

---

(1) R. Reuach: Hiatory of East Africa (London , 1895) pp. 73-77.

(٢) جمال زكريا قاسم: الأصول التاريخية للعلاقات العربية الأفريقية، دار الفكر العربي، القاهرة، ١٤١٦هـ - ١٩٩٦م ص ٦٨؛ سيد حامد حريز: المؤثرات العربية في الثقافة السواحلية في شرق أفريقيا، دار الجيل / بيروت، ١٩٩٨م ص ١٢

(٣) سعيد بن على المغيري: جهينة الأخبار في تاريخ الزنجبار، القاهرة، ١٩٧٩، ص ٣٧ - ٣٨.
Cerulli Enrico: Somali Vari Screeti editi ed enediti , Roma 1957 p. 298

(٤) قبيلة جلدي الصومالية من مجموعة دغل ومرفلي التي تقطن في جنوب الصومال ولاسيما في أقاليم شبيلي السفلى من أخصب الأراضي الصومالية على ضفاف نهر شبيلي، وكانت لها سلطنة سياسية على أراض متسعة وما زال سلاطينها تتوارث القيادة بين أبنائها حتى الآن.

(٥) الشيخ جامع عمر عيسى: تطور تاريخ القرن الأفريقي (مخطوط)، مرجع سابق، ص ٤١.

(٦) حمدي السيد سالم: مرجع سابق ١/ ٣٥٠؛ محمد حاج عمر: مرجع سابق ص ٨٣.

مدن براوة ومركة ومقدشو [1].

د- بعوث عبد اللملك بن مروان الأموي إلى الصومال:

وكان من طبيعة الخلافة الأموية إرسال الجيوش والبعوث إلى أطراف مختلفة من دولة الخلافة لاستمرار نشر الإسلام واستتاب الأمن والاستقرار في كيان الدولة، لذلك بعث الخليفة الأموي عبد الملك بن مروان جيشاً كبيراً إلى منطقة الصومال بقيادة أمير يدعى موسى بن زبير بن ختعم الكندي في سنة (٧٥هـ) بهدف تثبيت أركان دولته ومد سيطرتها إلى أنحاء الصومال؛ ولاسيما أن الخلافة كانت مدركة وجود مناوئين ومعارضين لها في المنطقة، كما أن هذا البعث لم يخل من هدف دعوي لنشر الإسلام وبسط نفوذه في أنحاء كثيرة من المنطقة، ومن هنا أسسوا مراكز دينية لنشر تعاليم الإسلام. وتعزيزاً لهذا الأمر فقد بعث الخليفة إلى المنطقة أيضاً جماعة من أهل الشام وذلك في سنة (٧٧هـ). وبفضل هذه الجهود دخل أهالي المنطقة في دين الله أفواجاً والتزموا تعاليم الدين الجديد[2].

وقد تمكن هؤلاء المهاجرون من الاندماج مع السكان الأصليين حتى نجحت دعوتهم، وأسسوا مراكز ومدناً إسلامية ليس على السواحل الصومالية فحسب وإنما على طول الساحل الشرقي الأفريقي، ولشد اهتمام الخليفة عبد الملك بن مروان بالمنطقة عين أخاه حمزة على رأس بعثة دينية إلى شرق أفريقية - وقيل عين ابنه جعفر بن عبد الملك - ومهما يكن فإن الدولة الإسلامية كانت تعطي اهتماماً كبيراً لنشر الإسلام في بلاد الصومال خاصة وساحل الشرق الأفريقي عامة[3].

---

(١) علي الشيخ عبد الله يلحو: الأدب الصومالي المعاصر، من منشورات منظمة التربية والتعليم، اليسكو، الرباط - المغرب، سنة ١٤٠١هـ - ١٩٨١م ص ١٧

(٢) انظر:
أ - غيثان بن علي جريس: مرجع سابق ص ١٧ - ١٨.
ب- محمود محمد الحويري: مرجع سابق ص ١٩.

(٣) راجع في ذلك:
أ - محمد محمد أمين: مرجع سابق ص ٦٣ - ٦٤.
ب- غيثان بن علي: الهجرات العربية، مرجع سابق ص ١٨.

هـ- هجرة الزيديين:

هاجرت مجموعة من الزيديين إلى سواحل بنادر (جنوب الصومال) في الربع الأول من القرن الثاني الهجري. والزيديون أتباع زيد بن على زين العابدين، والمعروف أن زيد بن على قد خرج على الخليفة هشام بن عبد الملك، غير أنه قتل في سنة ١٢٢هـ وفرَّ أصحابه إلى أصقاع مختلفة[١]، ومن بين البلدان التي التجأوا إليها بلاد الصومال وخاصة المناطق الساحلية من سواحل بنادر، وبعد استقرار هؤلاء بالمنطقة الجديدة استطاعوا الاختلاط بالسكان بل واندماجهم اندماجاً كاملاً، وقد تأقلموا مع الحياة العادية الجديدة واعتادوها حتى استطاعوا أن يحققوا خلال مدة قصيرة تقدماً في النواحي التجارية والسياسية، كما أصبحوا يزاولون الحياة الزراعية في الأراضي الخصبة في جنوب مقدشو وضواحيها، وبالتحديد حول ضفاف نهر شبيلي[٢].

ويرى بعض الباحثين أن تأسيس مدينة مقدشو وإنشاءها قد تمّ على أيدي الزيديين، وأن مقدشو أصبحت فيما بعد أهم مركز سياسي وتجاري وديني لساحل شرقي أفريقية في العصور الوسطى[٣]. ولكن من الصعب التصديق على هذا القول، كما سنناقش ذلك فيما بعد.

والحقيقة أن الزيديين بسطوا نفوذهم على طول ساحل بنادر واستمر نفوذهم وسيطرتهم على المنطقة بالتدرج فترة من الزمن، وكان لهم فضل كبير في نشر الإسلام

---

(١) انظر مناقشة مستفيضة حول ثورة زيد بن على وأسباب قيامها ونتائجها محمد حسين معلم: الروايات التاريخية في كتاب العقد الفريد المتعلقة بالخلفاء الأمويين.

(٢) راجع في ذلك:
أ- حمدي السيد سالم: مرجع سابق ١/ ٣٥٠.
ب- محمد حاج عمر: الحضارة الإسلامية، مرجع سابق ص٨٣ -٨٤.
ج- غيثان بن علي جريس: المرجع السابق ص ١٨ - ١٩

(٣) غيثان بن على: المرجع السابق ص ١٩

في ربوع بلاد الصومال[1]. وخاصة بعد هجرة جماعة الأحساء من قبيلة الحارث العربية إلى مقدشو حيث اضطر الزيديون إلى للتحرك نحو الداخل خوفاً من أن يصطدموا معهم، حتى اختاروا بعيداً عنهم، ومن ثم اختلطوا بالسكان الأصليين، وكونوا علاقات قوية معهم[2].

و- وصول الوفد العباسي:

وفي عهد بني العباس ولاسيما أيام الخليفة أبي جعفر المنصور وصل وفد كبير بقيادة يحي بن عمر العنزي إلى مقدشو سنة ١٤٩هـ من قبل الخليفة العباسي، وكان هدف الوفد تفقد أحوال المنطقة وإرساء قواعد أركان الخلافة وبسط سيطرتها على المنطقة، وهو ما تحقق بعد مجيء الوفد من النتائج الاقتصادية والسياسية حيث كان حكام الصومال يبعثون الخراج إلى الخلافة، و يدعون للخليفة على المنابر[3]. وعلى الرغم من أن هذا الوفد العباسي لم يكن هدفه الهجرة والنزوح إلى بلاد الصومال، إلا أنّهم بعد وصولهم إلى المنطقة زاولوا نشاطهم السياسي والديني حتى تركوا بصمات إيجابية على المجتمع وبقي أثرهم في البلاد.

ز- هجرة آل حمر:

وفي عصر الخلافة العباسية أيضاً تدفق المهاجرون العرب والمسلمون إلى سواحل الصومال لعوامل سياسية واقتصادية ودينية واجتماعية..، حيث وصلت طلائع المهاجرين في سنة ١٤٩هـ إلى مقدشو، وهؤلاء يطلق عليهم قبائل بنادر أو قبائل آل حمر (Reer Hamar)[4] منهم هجرة اثنتي عشرة قبيلة من القحطانيين (آل فقيه) من بلد المقري بصنعاء، واثنتي عشرة قبيلة من الجدعني (الشاشيين)، وست

---

(١) محمد عبد الله النقيرة:: انتشار الإسلام في شرقي أفريقية ومناهضة الغرب له، دار المريخ للنشر، الرياض ن طبعة ١٤٠٢هـ -١٩٨٢م، ص ٨٦؛ غيثان بن على: المرجع السابق ص ١٩

(٢) محمود محمدالحويري: مرجع سابق ص ٢٤

(٣) غيثان بن على: مرجع سابق ص ٢١

(٤) حمر: اسم آخر لمدينة مقدشو الساحلية، كما سيأتي في الفصل الرابع، وخاصة عند حديثنا عن مدينة مقدشو وريادتها التاريخية والحضارية.

من العقبي (الدرقبة)، وثلاث من العفيفي، وست من الإسماعيلي. وهذه القبائل (آل بنادر) توصلو إلى اتفاق فحواه بأن يتولى آل الفقيه القضاء وتوثيق النكاح[1].

ح- هجرة بني عقيل:

وهناك هجرة بني عقيل الذين نزحوا من شبه الجزيرة العربية ونزلوا في منطقة غرب الصومال يقال لها « جبرة «[2] أو» جبرت»ونُسب هؤلاء المهاجرون أبناء عقيل إلى تلك المنطقة وأصبحوا يعرفون بالجبرتية، وكان لبني عقيل فيما بعد دور كبير في نشر رسالة الإسلام في منطقة القرن الأفريقي حتى اتسعت رقعة الإسلام، وكسبوا ودّ السكان ومن ثم تمكنوا من تأسيس دولة إسلامية عرفت بمملكة (أيفات) وهي من دول الإمارات السبع المشهورة التي عرفت بدول الطراز الإسلامي السبع[3]. ومن الجدير ذكره أن هذه الفئة الجبرتية ينسب إليها عدد من علماء الإسلام الكبار الذين ينحدرون من سلالة هؤلاء العقيليين مثل: الشيخ إسماعيل بن إبراهيم عبد الصمد الجبرتي[4] المتوفي سنة ٨٠هـ

والشيخ أحمد بن أويس بن عبد الله الجبرتي (٧٩٣هـ)[5] وإبراهيم بن أحمد الجبرتي (١١٥٦هـ)[6] وغيرهم كثير[7]. ومن بين هؤلاء الجبرتيين المؤرخ المصري

---

(١) انظر:
أ- الشيخ محمد أحمد محمود المعروف ب(الشيخ أبا): أسئلة وأجوبة حول تاريخ مقدشو ومركة وبرواه، (مخطوط)، مرجع سابق،
ب- غيثان بن علي: الهجرات العربية، مرجع سابق ص ٢٠.

(٢) أحمد شلبي: مرجع سابق ٦/ ١٨٧

(٣) وانظر محمد حاج عمر: مرجع سابق ص ٧٠

(٤) ابن حجر العسقلاني: أنباء الغمر بأبناء العمر، تحقيق حسن حبشي، المجلس الأعلى للشئون الإسلامية، لجنة إحياء التراث الإسلامي، القاهرة، ١٤١٨هـ - ١٩٩٨م ٢/ ٢٧٢

(٥) السخاوي، شمس الدين محمد بن عبدالرحمن: الضوء اللامع لأهل القرن التاسع، دار مكتبة الحياة ن بيروت - لبنان، ١/ ٢٤٥؛ الشوكان، محمد بن علي: بدر الطالع بما حسن من جاء بعد القرن التاسع، مؤسسة السعادة، القاهرة ١٣٤٨ ص ١٥٥ - ١٥٦.

(٦) السخاوي: المصدر السابق ١/ ٣٠.

(٧) انظر نبذة عن هؤلاء في: محمد الطيب بن محمد يوسف اليوسف: إيثوبيا والعروبة والإسلام عبر التاريخ، المكتبة المكية، الطبعة الأولى، ١٤١٦هـ - ١٩٩٦م ٢/ ٢٨٦ وما بعده.

الكبير عبد الرحمن الجبرتي. وقد ذكرنا في الفصل الأول أن بعض القبائل في الصومال تنتسب إلى أبناء عقيل بن أبي طالب القرشي.

ط- هجرة الإخوة السبعة:

أما هجرة أصحاب الإخوة السبعة الذين هاجروا من منطقة الأحساء في الخليج العربي فقد تمّت في بداية القرن الرابع الهجري، النصف الأول من القرن العاشر الميلادي وبالذات عام ٣٠١هـ/ ٩١٣م، واستطاع هؤلاء أن يفلتوا من قبضة حاكمهم الذي كان يمارس ضدهم الجور والتعذيب، لذلك فروا إلى بلاد الصومال بواسطة ثلاث سفن، ومن الجدير بالذكر أن هؤلاء الإخوة وأتباعهم ينتمون إلى قبيلة الحارث العربية، وكانوا سنيين على مذهب الشافعي، وعلى الرغم من أن هجرة الأخوة السبعة كان سببها الرئيسي سياسي إلا أنه من المحتمل أن يكون دينياً حيث إن هؤلاء كانوا سنيين فيما كان سلاطين منطقة الأحساء[١] قرامطة، وقد رست سفن هؤلاء المهاجرين في أول الأمر عند شواطئ بنادر في بلاد الصومال ثم امتد نفوذهم فيما بعد حتى جنوبي ممبسة في كينيا[٢].

هذه الجماعة بقيادة الأخوة السبعة لعبوا دوراً مهماً في نشر الإسلام والمحافظة على الهوية الإسلامية في الصومال، ولا شك أن لهجرتهم إلى منطقة شرق أفريقيا نتائج بعيدة الأثر في تاريخ المنطقة عموماً على مدى قرنين من الزمن. وبفضلهم تحول سكان المنطقة إلى المذهب الشافعي، واستطاع هؤلاء بسط سيطرتهم على المنطقة سيطرة تامة حتى علا شأنهم وازداد نشاطهم الحضاري والاجتماعي في المنطقة حيث أسسوا عدة مدن مثل: مقدشو وبراوة[٣]، أو على الأقل أنهم قاموا بتجديد هذه المدن. وهؤلاء

(١) انظر:
أ- محمد حاج عمر: مرجع سابق ص ٨٤ - ٨٥.
ب- غيثان بن علي جريس: الهجرات العربية، مرجع سابق ص ٢.
(٢) سليمان عبد الغني مالكي: مرجع سابق، ص ١٥.
(٣) انظر:
أ- محمد حاج عمر: المرجع السابق ص ٨٥.
ب- غيثان بن علي جريس: المرجع السابق ص ٢. =

المهاجرون من قبيلة الحارث وأتباعهم انصهروا في سكان الصومال حيث اختلطوا معهم وتزوجوا، بل وتطبعوا بطباعهم، وتخلقوا بأخلاقهم. وقد كان لهجرتهم إلى الصومال أثر كبير في نشر الإسلام ولم يأت من فراغ أن خرج من بين أهل الصومال فقهاء، ووعاظ ودعاة إلى الله، وفي عهدهم أصبحت الصومال ولاسيما بعض مدنها الساحلية مثل مقدشو مركزاً ومنارةً لنشر الدعوة الإسلامية مدة سبعين عاماً [(١)].

ي- هجرة الشيرازيين:

من الهجرات التي وصلت إلى الصومال هجرة شيرازيين - نسبة إلى مدينة شيراز الواقعة في غرب إيران، وعلى الرغم من أن هذه الهجرة ليست عربية إلا أنها كانت تحمل طابعاً إسلامياً. وكان قائد هذه الهجرة علي بن حسن الشيرازي (ابن حاكم شيراز حسن بن على الذي قتله السلاجقة) وكان من ضمن المهاجرين أبناؤه الستة.

أما دافع هجرتهم فلعلها كانت نتيجة لما كان يلقاه من الإهانة والاستهزاء من قبل إخوته وأسرته بسبب سواد لونه، لأن أمه كانت زنجية (حبشية) [(٢)]، لذلك عيّروه لأنهم من أم فارسية [(٣)]. غير أن بعض المؤرخين يرون بأن دافع هجرة علي بن حسن كانت من أجل الذهب الذي كانت المنطقة غنية به [(٤)]. وهناك رأي آخر يقول بأن علي بن حسن وأولاده هاجروا على أثر فرار الشيعة الشيرازيين من وجه السلاجقة[(٥)].

= ج- جمال زكريا قاسم: الأصول التاريخية، مرجع سابق ص ٦٩.
د- أحمد شلبي: مرجع سابق ص ١٥.

(١) حمدي السيد سالم: مرجع سابق ١/ ٣٥١.

(٢) وهناك سبب آخر يذكره الباحثون وهو أن حسن بن علي رأى في المنام رؤية نفاذها خراب مملكته وذهابها، ومن هنا خاف حتى خرج هو وأتباعه إلى أرض الزنج. سعيد بن علي المغيري: جهينة الأخبار في تاريخ زنحبار، مصدر سابق، ص؛ محمد حاج عمر: المرجع السابق ص ٨٥.

(٣) فاطمة السيد بن علي الزين: مرجع سابق ص ٣٦.

(٤) فاطمة السيد بن علي: المرجع نفسه ص ٣٦.

(٥) الميسوجان: وثائق تاريخية جغرافية تجارية عن شرق أفريقية، ترجمه ولخصه الأمير يوسف كامل، سنة ١٩٢٧م ص ٤٨٢؛ فاطمة السيد بن علي: المرجع السابق ص ٣٦.

ولعل هذا الرأي الأخير هو الراجح، وهو ما يرجحه أيضاً بعض الباحثين [١]، لأن صاحب السلطان لا يمكن أن يتخلى عن سلطته بسهولة وذكروا أن هذه الهجرة كانت تتألف من نحو ألف رجل وقد وصلوا إلى المنطقة بواسطة سبع سفن، حيث نزلوا في عدة أماكن على الشاطئ [٢].

وعلى أية حال فقد تمت هذه الهجرة حوالي ٣٧٠هـ/ ٩٧٥م، في زمن سلجوق وأبنائه، وهو جد طغرل بيك، وليس في عام ١٠٥٥م، كما ذهب إليه بعض الباحثين، لأن طغرل بيك دخل بغداد عام ٤٤٧هـ/ ١٠٥٥م.

وعلى العموم فإن هذه الهجرة تعتبر هجرة فارسية جاءت إلى مدينة مقدشو وبراوة بالصومال في بداية الأمر وبعد فترة وجيزة تفرقوا واستقروا في أماكن مختلفة في المنطقة [٣]. وعلى الرغم من أن هؤلاء الشيرازيين كانت عاصمتهم «كلوة» إلا أنهم كانوا يشكلون مع المدن الأخرى في شرق أفريقيا مثل مقدشو وسوفالا وممباسا حزاماً حضارياً يحيط المنطقة كالسياج، يشع منه نور يضيء في أنحاء المنطقة من مقدشو إلى سفالة حيث استكملت هذه المدن مقوماتها وسماتها الإسلامية [٤]، وكان هؤلاء رواد الحضارة الإسلامية وقد لعبوا دوراً كبيراً في نشر الإسلام وبسط حضارته وثقافته، بل وكان لهم تأثير كبير في الفن المعماري وفي الأدب وفي مظاهر الحضارة المختلفة عموماً [٥]. وقد استمر حكمهم في ساحل شرقي أفريقية قرابة أربعة قرون حتى جاء البرتغاليون عام ١٤٩٧م [٦].

وقد بذل الشيرازيون جهوداً جبارة في نشر الإسلام في بعض أماكن جنوب الصومال، وكذلك نشر حضارتهم الفارسية حيث نقلوا بعض مظاهر حضارتهم

---

(١) انظر جمال زكريا قاسم: مرجع سابق ص ٦٦ - ٦٧؛ محمد حاج عمر: مرجع سابق ص ٨٦.

(٢) سليمان عبد الغني مالكي: المرجع السابق ص ١٦

(٣) سيد حامد حريز: مرجع سابق ص ١٣؛ محمد بن عبد الله النقيرة: مرجع سابق ص ٩١

(٤) سليمان بن عبد الغني مالكي: المرجع السابق ص ١٦

(٥) جمال زكريا قاسم: المرجع السابق ص ٧٨

(٦) غيثان بن علي: المرجع السابق ص ٢٣

وبعض أساليب الفن المعماري والهندسي، وقد امتاز الشيرازيون بأنهم شيدوا عدة مساجد ومبان تم إنجازها في العصور الوسطى، عرف الصوماليون الفن الفارسي وحضارته [1]. ورغم فترة حكم الشيرازيين الطويل واتساع نفوذهم على أغلب بقاع الساحل الشرقي الأفريقي إلا أنه في بعض الفترات كان ينقص هذه الدولة الارتباط والتماسك بين أجزائها. بل كانت أحياناً شبه دويلات مستقلة لا رابط بينها بسبب النزاعات الداخلية [2]، والحقيقة التي لا مراء فيها أن الهجرات العربية قد لعبت دوراً كبيراً في تغيير حركة تاريخ المنطقة دينياً وثقافياً واجتماعياً وسياسياً واقتصادياً وحضارياً، وغير ذلك من العوامل المرتبطة بالأصول التاريخية سلباً وإيجابا ليس على الصومال فحسب وإنما على منطقة شرق أفريقيا عموماً عبر العصور التاريخية المختلفة وإن كانت العصور الإسلامية الزاهية أكثر حجماً في التأثير من غيرها.

ك- هجرات النبهانيين:

وفي بداية القرن السابع الهجري قدمت هجرة عربية كبيرة من أرض عمان، وهم النبهانيون الذين كانوا حكاماً على عمان غير أنه لما تدهورت سلطتهم نزحوا إلى منطقة شرق أفريقيا، وبالتحديد جزيرة بات الواقعة في المحيط الهندي، وبعد استقرار الأسرة النبهانية في الجزيرة استطاعوا أن يندمجوا مع المجتمع السواحلي، وقد ساعدهم على ذلك ترحيب العناصر العربية والفارسية التي سبقتهم إلي المنطقة إضافة إلى كونهم كانوا ملوكاً على عمان، لذلك استقبلهم الناس استقبالاً طيباً رغم أن ملكهم في عمان قد أنهار وصاروا مهاجرين، إلا أن الناس قدّروا تاريخهم الماضي ومجدهم السابق، ومن هنا كان من السهولة أن يختلطوا المجتمع الجديد، بل استطاع الملك النبهاني سليمان ابن مظفر النبهاني أن يتزوج من ابنة حاكم الجزيرة السواحلي المدعو إسحاق الذي تنازل بدوره لابنته ولصهره عن حكم الجزيرة. ومن هنا بدأت للنبهانيين حياة جديدة ودور آخر يواصل حياتهم السياسية وريادتهم القيادية، ولكن

(١) حمدي السيد السالم: المرجع السابق ١/ ٣٥١
(٢) جمال زكريا قاسم: المرجع سابق ص ٧٥

في هذه المرة بالقارة الأفريقية[1]. وعلي الرغم من أن النبهانيين أقاموا دولة كبيرة مركزها جزيرة بات إلا أنهم استطاعوا أن يبسطوا سيطرتهم وسلطانهم على مواقع أخرى من الساحل الشرقي لأفريقيا، وذلك في أوج عزها وعنفوانها حتى وصل حكمهم إلى بعض المناطق الجنوبية لبلاد الصومال مثل مدن كسمايو وبراوة ومقدشو، وذلك في القرن الثالث عشر الميلادي[2].

وعلى كل حال فقد أقام النبهانيون دولة في ساحل الشرق الأفريقي ومرت هذه الدولة بمراحل متتالية من القوة والضعف، و في حالة قوتها انتعش الوضع الاقتصادي بسبب ما كانت تتمتع به المنطقة من الثروات حتى كان يفد إليها تجار عالميون أثروا على الحركة التجارية والاقتصادية[3]. وكان لهم دور متعاظم في نشر الحضارة العربية والإسلامية في المنطقة، ويرى بعض الباحثين أن بعض أفراد هذه الأسرة شاركوا في بعث ونشر التراث العربي والإسلامي لقرون عديدة واستمر هذا الدور حتى بعد انتهاء نفوذهم السياسي[4].

٢- *طبيعة ودوافع الهجرات العربية*

والحقيقة أن التدفق العربي الهائل نحو شرقي القارة بشكله الكبير والمتتابع وبحلقاته المتواصلة كان يختلف بعض الاختلاف عن حركة الفتوح و الجهاد الإسلامي إذ إنه كان يتسم بطابع سلمي ولم يكن نتيجة عمل من قبل الخلافة الإسلامية، كما لم يكن نتيجة نشاط للإمارات العربية والإسلامية على السواحل المقابلة للصومال من

---

(١) انظر:
أ- سيد حامد حريز: المرجع السابق ص ١٥.
ب- جمال زكريا قاسم: المرجع السابق ص ٧٠ - ٧١.
ج- محمد عبد الله النقيرة: المرجع السابق ص ١٠٣.

(٢) انظر:
أ- سيد حامد حريز: المرجع السابق ص ١٥.
ب- جمال زكريا قاسم: المرجع السابق ص ٧٠ - ٧١

(٣) جمال زكريا قاسم: مرجع سابق ص ٧١

(٤) سيد حامد حريز: المرجع السابق ص ١٥

عمان واليمن والحجاز - خلافاً لما ذهب إليه بعض الباحثين - وإنما كان يرجع الفضل فيه إلى لتلك المجموعات التي كانت قد وفدت إلى المنطقة بدوافع دينية وسياسية واقتصادية، وأحياناً أخرى بقصد الاستقرار والاندماج.

وبمرور الزمن تحول الساحل الشرقي لأفريقيا إلى مستوطنات عربية ومن ثم توثقت الروابط بين العرب وسكان شرق أفريقيا وازدادت العلاقة بينهما[١]. «ومع ذلك فإن الساحل الشرقي لأفريقيا لم يصطبغ اصطباغاً تاماً بالصبغة العربية، ويرجع ذلك إلى اختلاف السكان وتباين أجناسهم وتعدد عناصرهم ما بين عرب وفرس وهنود وبانتو وبوشمن وزنوج»[٢]، إضافة إلى أن هذه الهجرات لم تشمل نزوح قبائل عربية كبيرة بأكملها أو أغلبها على غرار ماحدث من نزوح قبائل بني سليم وبني هلال في المغرب العربي، ابتداء من مصر إلى بلاد الشنقيط. وليس معنى ذلك أن هذه الهجرات العربية والإسلامية لم يكن لها أثر بالغ في نشر الإسلام وحركة التعريب، بل إنها أحدثت أثراً بالغاً في جميع نواحي الحياة، ولعبت دوراً بارزاً في عملية التعريب ونشر الثقافة العربية في المنطقة. بل ويرجِّح بعض الباحثين أن الصومال قد عرفت الإسلام في أوائل البعثة المحمدية، وخاصة حينما هاجر جعفر بن أبي طالب وزمرته من مكة إلى الحبشة لنشر الإسلام، وفي طريقه أسس مراكز للدعوة في الصومال، بمساعدة الجاليات العربية المستوطنة[٣]. «ومن هنا وليس غريباً إذا وجدنا أن الصوماليين قد صاروا فيما بعد من أكبر المتحمسين لنشر الإسلام، وصارت البلاد إسلامية خالصة»[٤].

---

(١) عبد الفتاح مقلد الغنيمي: الإسلام و المسلمون في شرق أفريقيا، مرجع سابق ص ٤٧.

(٢) عبد الفتاح مقلد الغنيمي: المرجع نفسه ص ٥٦.

(٣) انظر:

أ- إبراهيم علي طرخان: الإسلام والممالِيك الإسلامية بالحبشة في العصور الإسلامية (المجلة التاريخية الخصرية) القاهرة ١٩٥٩م المجلد الثامن، ص ٥ - ٦.

ب- غيثان بن علي: الهجرات العربية ص ١٤.

(٤) انظر:

أ- محمد محمد أمين: تطور العلاقات العربية الأفريقية في العصور الوسطى، مرجع سابق، القاهرة عام ١٩٧٠م، ص ٣٣.

ب- إبراهيم علي طرخان: المرجع السابق ص٥ - ٦.

٣- لأسباب الهجرات العربية والعوامل التي أثرت فيها:

أما العوامل والأسباب التي أدت إلى الهجرات العربية والإسلامية والنزوح الجماعي إلى منطقة شرق أفريقيا عامة ومنطقة القرن الأفريقي خاصة فقد كانت تختلف باختلاف الأزمنة والأمكنة، فمثلاً كانت أغلب الهجرات التي تمت قبل بزوغ نور النبوة كان معظمها يقصد المنطقة لأهداف اقتصادية و تجارية حيث كانوا يطلبون كسب العيش والربح وما يتعلق بالشئون الاقتصادية، ولكن بعد ظهور الإسلام فقد تغير الأمر ووجدت عوامل أخري لم تقتصر على العامل الاقتصادي فقط، وذلك أن بعض هذه الهجرات كان سبب بعضها دينياً وأخرى سياسياً وغير ذلك. ولما انتشرت الفوضى والقلاقل في بعض المناطق للدولة الإسلامية قرر الأمويون إخماد هذه الفتن والاضطرابات، وفي سبيل إسكات هذه الأصوات المرتفعة وإخماد نار الفتنة تم توجيه هجرات متعددة إلى سواحل شرقي أفريقية(١).

وكانت بلاد الصومال ملجئاً حصيناً للمهاجرين والهاربين من الأذى والضغط السياسي عبر العصور الإسلامية سواء كانوا أفراداً أو جماعات ومعظم هذه الهجرات حدثت في عهدي الخلافة الأموية والعباسية وإن كانت بداياتها عقب فتنة مقتل الخليفة عثمان بن عفان - رضي الله عنه - على يد الثوار، ومن الملاحظ أن التغييرات السياسية التي حدثت في المشرق الإسلامي كان لها أثرها البالغ في نزوح المهاجرين إلى منطقة شرق أفريقيا، مثل الغزو المغولي على مقر الخلافة العباسية عام ٦٥٦هـ، وكذا الغزو التيمورلنكي على بلاد فارس، وكان من نتيجة هذه الأحداث ارتفاع زيادة موجات المهاجرين العرب المسلمين إلى شرق أفريقيا (٢).

---

(١) راجع ذلك في:

أ - المقريزي: الإلمام بأخبار من بأرض الحبشة من ملوك الإسلام، الطبعة المصرية، ١٩٠٨م، ص ٢٢.

ب- أحمد الحفني القنائي: الجواهر الحسان في تاريخ الحبشان، الطبعة الأولى، القاهرة، ص ١٥-١٦.

جـ- أحمد شلبي: موسوعة التاريخ والحضارة الإسلامية، مرجع سابق ٦/ ٦٦٣.

د- غيثان بن علي: الهجرات العربية إلى ساحل شرقي أفريقية في العصور الوسطى، مرجع سابق ص ١٦

(٢) جمال زكريا قاسم: الأصول التاريخية، مرجع سابق ص ٦٦

ولما تطور النشاط البحري عند العرب والفرس توافدت على سواحل القرن الأفريقي مجموعات ضخمة لدوافع دينية، ولإنشاء مراكز ثابتة لا تتحرك لنشر الدعوة، ونشر تعاليم الدين الإسلامي في تلك البلاد، كما أن هؤلاء المهاجرين كانوا يزاولون أنشطة تجارية بجانب نشاطهم الدعوى مما جعل الإسلام ينتشر بين الأهالي بطابع سلمي. وكلما كانت الحركة التجارية تنتعش كانت حركة الاستيطان تكثر وتنشط بل وكانت هذه المستوطنات تزداد بصورة مكثفة، وقد تحولت بعض هذه المستوطنات إلى مراكز تجارية دائمة استمرت قروناً عديدةً. وقد اندمج المهاجرون مع الأهالي من خلال تصاهر العرب مع السكان المحليين، وقد نتج عن ذلك دماء جديدة تحمل الطابع العربي والثقافة الإسلامية، وعلى الرغم من أن معظم هؤلاء التجار جاءوا من أرض اليمن وحضرموت وعمان، إلا أن التجار العرب الآخرين كان لهم دور أيضاً في هذا المجال، وقد انتشر الإسلام مع وفود التجار العرب المسلمين الذين كانوا يجوبون بقاع العالم المختلفة، وهؤلاء التجار كان ينتقل الإسلام معهم أينما رحلوا ونزلوا، حيث كانوا يؤسسون مراكز خاصة لتجارتهم، وكلما استقرت مجموعة من التجار في مكان معين كانت تفد إليهم مجموعات أخرى من المهاجرين، وكان أحياناً يتسع نطاق المهاجرين كما حدث ذلك في السواحل الأفريقية الشرقية ولاسيما في بلاد الصومال لأنها كانت تتمتع بموانئ ومرافئ عديدة منتشرة على طول السواحل منذ قدم التاريخ، إضافة إلى توافر السلع والمنتجات المحلية التي لم يكن التجار العرب يستغنون عنها، والمعروف أن العرب كانوا يوزّعون هذه المنتجات إلى بلدانهم وبلدان العالم الأخرى[1].

وهناك نوع أخر من المهاجرين العرب تختلف دوافع هجرتهم إلى شرق أفريقيا عن الدوافع والأسباب السابقة للمهاجرين الذين نزحوا من الجزيرة العربية، وقد اندفع بعض الجماعات العربية من بلدانهم إلى المنطقة بهدف الاستيطان والإقامة الدائمة[2]، ولعل هؤلاء كانوا يبحثون عن حياة أفضل من الحياة التي كانوا يعيشونها

(١) محمد حاج عمر: مرجع سابق ص ٨٩.

(٢) جمال زكريا قاسم: المرجع السابق ص ٨٨.

حيث كانوا يجدون في الصومال مكاناً رحباً لتحقيق أغراضهم وأهدافهم، كما أنها كانت مناسبة من حيث المناخ والظروف الطبيعية.

وهذه العوامل والدوافع التي ذكرناها جعلت العرب يتجهون صوب البحر، وأصبحوا من أوائل الأمم التي وصلت إلى سواحل الصومال ولاسيما عرب الجنوب الذين امتطوا صهوة البحر حتى أصبحوا بحارة مهرة وتجاراً حاذقين، وأسسوا مراكز تجارية واسعة، وبعض هذه المراكز تحولت إلى مستوطنات كبيرة على طول السواحل الصومالية خاصة والساحل الشرقية لأفريقية بصورة عامة.

٤- أثر الهجرات في انتشار الإسلام في المنطقة:

ولا شك أن الهجرات الإسلامية ولاسيما العربية منها إلى منطقة القرن الأفريقي قد أدت دوراً مهماً في نشر الإسلام ليس في منطقة القرن الأفريقي فحسب وإنما في منطقة شرق أفريقيا والمناطق المجاورة الأخرى كلها. وقد لعبت هذه الهجرات دوراً فعّالاً في ربط العلاقة المتينة بين سكان المنطقتين العربية والأفريقية، واستمرت هذه العلاقة عبر العصور، وكانت هجرة الصحابة إلى أرض الحبشة أكبر هجرة دينية أثرت في المنطقة(١).

كما أن الجيش الإسلامي في عهد الخلافة الأموية الذي أتى إلى المنطقة كان له أثره الطيب من حيث نشر الإسلام وترسيخ قواعده في المنطقة، حين أرسل الخليفة عبد الملك بن مروان جيشاً كبيراً إلى منطقة شرق أفريقيا ضمن جيوش الخلافة التي كان يبعثها الخليفة عادة إلى أطراف الدنيا لأجل نشر الإسلام واتساع أراضيه والدفاع عن الثغور وذلك في سنة ٧٥هـ، وفعلاً فقد وصل الأسطول الأموي إلى سواحل المنطقة وخاصة سواحل الصومال - سواحل مقدشو - بقيادة موسى بن عمر بن الجشعمي من بني جشعم، ولم يلق هذا الجيش مقاومة تذكر، بل وجدوا وضعاً مناسباً وقابلاً للدعوة وإرساء قواعد الحضارة الإسلامية ومعالمها في هذه الربوع. وقد بذل هؤلاء الأمراء الأمويون أقصى ما لديهم من الجهد لنشر الإسلام واستتباب الأمن

(١) كما تحدثنا في ذلك بالمبحث الأول من الفصل الثاني.

في المنطقة وكان آخرهم الأمير محمد بن عبد الرحمن. ثم بعد ذلك سقطت الخلافة على يد بني العباس في عام ١٣٢هـ، ودخل الناس في دين الله طواعية ومن بينهم الجاليات العربية المستوطنة في مقدشو والمناطق الأخرى[١]. ومما يدل على تبعية بلاد الصومال الكاملة للخلافة الأموية أن الأمراء كانوا يجمعون الخراج من أهل البلاد ثم يرسلونه إلى مقر الخلافة، أسوة بالولايات والأمصار الإسلامية الأخرى[٢]. وذكر بعض الباحثين أن بدايات إنتشار الإسلام في منطقة شرق أفريقيا كان على يد حمزة بن عبد الملك في عهد خلافة والده، على الرغم من أننا لا نجد ما يقوي هذا الزعم إلا أن ذلك يدل على مدى العلاقة الأموية بهذه البلاد في تلك الفترة المتقدمة[٣].

كما كان خلفاء الدولة الإسلامية من قبل يرسلون البعوث والوفود إلى المناطق الإسلامية لجمع الخراج وللحصول على التأييد والطاعة للخلافة لتوطيد أركانها وفرض هيمنتها على الجميع.

وقد نقل المهاجرون العرب عاداتهم وتقاليدهم وثقافتهم إلى مواطن هجرتهم ومن خلال احتكاكهم مع السكان الأصليين أثروا وتأثروا، وهذا التأثير شمل جميع نواحي الحياة. وينبغي هنا أن نشير إلى أن أسماء المدن والقرى في المنطقة يرجع أصلها إلى جذور عربية حيث أطلق العرب على هذه المدن والقرى أسماءً على غرار مدنهم وبلدانهم تذكيراً لهم بوطنهم الأصلي أو إلى أسماء قبائل عربية مثل: المدن والقرى الصومالية كقرية حيس الساحلية التي تقع في منطقة الشمال المطلة على المحيط الهندي، نسبة إلى مدينة حيس اليمنية[٤]، وكذلك القرى في جنوب الصومال مثل مصر وبغداد

---

(١) انظر شروللي: تاريخ صوماليا، مصدر سابق، ص ٢٣٨.
(٢) المصدر نفسه
(٣) انظر:
أ- جيان: لسيوجيان شارل الفرنسي: وثائق تاريخية وجغرافية وتجارية عن شرق أفريقيا، ترجمه ملخصاً يوسف كمال الأمير، القاهرة، ١٩٢٧م.ص ٧٢.
ب- محمد حاج عمر: الحضارة الإسلامية، مرجع سابق ص ٧٣.
(٤) مدينة حيس اليمنية وموقعها ونشأتها، انظر عبد الله عبد السلام الحداد: مدينة حيس اليمنية تاريخها وآثارها الدينية ص ٣٧- ٤٠.

والبلد الأمين والقاهرة، الأول في ضواحي مدينة دينسور من إقليم باي، والباقي قرى تقع في إقليم شبيلي السفلى. أما مدينة براوة المشرفة على ساحل المحيط الهندي فيقال إنها نسبة إلى قرية بن على براوي المصرية(١)، أما حي حمر جبجب - احدى أحياء مقدشو القديم - فلعلها تكون نسبة إلى قرية الجبجب اليمنية المشهورة(٢). واسم حمر - إحدى أسماء لمدينة مقدشو - يقال إنها نسبة إلى مؤسسها أسعد الحميري(٣). ومهما يكن فإن هذا التأثير واقتباس أسماء المدن والبقاع لم يقتصر على الصومال فقط وإنما أيضاً شمل مناطق أخرى من شرق أفريقيا مثل مدينة ممباسة في كينيا، وهو اسم قديم لقبيلة عربية اسمها بسباسة، أما أيومب فأصلها يومب اسم لمدينة في اليمن، ومدينة كلف أيضاً اسم لقبيلة عربية، ومدينة طاق أصلها من طاقة اسم لقرية فوق جدة. وهذه الظاهرة - أي ظاهرة تسمية المهاجرين مدنهم الجديدة بأسماء مدن في الموطن الأم - مازالت موجودة عبر العصور إلى يومنا هذا(٤).

وفي عصر الخلافة العباسية وبالتحديد سنة ١٦٩هـ(٥) بعث رسول من قبل الخلافة إلى سواحل أفريقيا الشرقية مثل: مقدشو، مركة، براوة، فازة، سيوى، باتا، آم، بمباسة، أوزى، كلفي، طاق، أيوب وغيرها من المدن الساحلية، علماً بأن أغلب هذه المدن قد أسسها مهاجروا العرب في فترات مختلفة. وهذا المرسل هو الأمير يحي بن عمر العنزي من أهل العراق وكانت مهمته أن يوصل بريداً من الخلافة إلى كل

---

(١) الشيخ محمد محمود أحمد (الشيخ أبا): أسئلة و أجوبة (مخطوط)، مرجع سابق

(٢) والجبجب: قرية عامرة في العبديين في الضاحية الجنوبية لمدينة صعدة، أو هي أيضاً قرية عامرة في مخلاف الجبل من قضاء أنس، ولعل بعض المهاجرين اليمن أتوا هذا الاسم إلى الصومال، وأن تأسيس بعض المدن ينسب إلى العرب، ويؤيد ذلك أن قرية جبجب قد حدثت فيها فتنة في سنة ٣٢٢هـ إلى سنة ٣٣٠هـ وإن بعض من أهلها هربوا إلى الروس، وكان من الأولى أن يذهبوا إلى بلاد الصومال، انظر (القاضي إسماعيل بن علي الأكوع: هجر العلم ومعاقله في اليمن، دار الفكر المعاصر، بيروت، ط/ ١ ١٩٩٥م. ١/ ٣٠٢)

(٣) كما يذكر ذلك بعض الباحثين مثل:

أ- الشريف العيدروس: بغية الآمال في تاريخ الصومال، مرجع سابق ص.

ب- جامع عمر عيسى: مقدشو ماضيها وحاضرها، مطبعة الحكومة، مقدشو، سنة ١٩٧٩م، ص ١٦

(٤) محمد حاج عمر: المرجع السابق ص ٧٣

(٥) وفي بعض الكتب سنة ١٤٩هـ

المناطق في شرق أفريقيا [١]. ومن جانب آخر فإن التجار المسلمين الذين يجولون ويصولون في المناطق المختلفة من العالم ولاسيما منطقة شرق أفريقيا أيضاً كان لهم دور قوي في نشر الإسلام في إرجاء تلك المجتمعات الأفريقية، ولاسيما أن بعض التجار كان قد يتخلف ويمكث في بعض المناطق مدة طويلة أو إلى الأبد، لأن التاجر المسلم يحمل مع سلعته إسلامه الذي هذب خلقه، وصقله، مما يجعله مثار إعجاب الناس في كل مكان، كما أن طبيعة عمله جعلت اتصاله بجميع الناس مستمراً، ولفت أنظار الناس إلي كثرة وضوئه وصلاته في أوقات منتظمة.

وتأثير التجار العرب والمسلمين لم يقتصر على الحياة الاقتصادية في شرق أفريقية فحسب وإنما أيضاً أثر في الحياة الاجتماعية تأثيراً واسعاً حيث كان التجار والمهاجرون عموماً قد امتزجوا بالقبائل المحلية، وتزوجوا منهم لعدم وجود نساء معهم في الفترات الأولى مما نتج عنه مجتمع جديد قد امتزج وانصهر في بوتقة الإسلام، وظهرت تلك المجتمعات على بعض الجزر والمدن الساحلية وكان لذلك دور كبير في نشر الإسلام وثقافته في المنطقة.

وكان زعماء المسلمين عبر العصور يهتمون بتنشيط حركة التجارة وتطويرها من تأمين أرواحهم وحماية متاجرهم بهدف تنمية موارد الدولة الإسلامية واتساع حركة التجارة نفسها، كما أن التجار المسلمين بدلوا جهوداً جبارة لإنجاح تجارتهم حتى راجت رواجاً منقطع النظير بين السواحل العالمية وبالذات سواحل شرق أفريقية. ومن هنا فلا غرو أن صارت أغلبية سكان تلك التجمعات الأفريقية الهائلة التي تجمعت في المنطقة، مثل جزيرة قنبلو (مدغشقر) كما أشار إلى ذلك المسعودي[٢]. ومن هنا فلا عجب إذا رأينا أن التجار العرب يتدفقون إلى منطقة القرن الأفريقي لتنشيط تجارتهم[٣].

---

(١) محمد حاج عمر: المرجع السابق ص ٧٣- ٧٤

(٢) المسعودي: مروج الذهب في معادن الجوهر، مصدر سابق ١/ ٩٨؛ وانظر محمد عبد الله النقير: المرجع السابق ص ٦٧

(٣) اليعقوبي، أحمد بن أبي يعقوب: تاريخ اليعقوبي، دار بيروت للطباعة والنشر ن طبع عام ١٤٠٠هـ- ١٩٨٠م ٣/ ٢١٨

ويؤكد تلك الغلبة أن المسلمين قد سيطروا على الحياة السياسية في الجزيرة وغيرها حتى قاموا بأسر ملك سفالة ونفيه إلى عمان وبيعه في أسواقها ثم تناقلوه في الأسواق الأخرى حتى استقر في مدينة البصرة التي أسلم فيها وكان ذلك في أوائل القرن الرابع الهجري [١]. واستوطن العرب منطقة القرن الأفريقي واشتركوا مع أهل البلاد في أغلب نشاطاتهم ولاسيما فيما يتعلق بالنواحي التجارية، وقد جلبوا إلى المنطقة سلعاً جديدةً مثل: السمسم والقطن وبعض أشجار الفاكهة، كما أنهم روجوا التجارة والمنتجات المحلية في الأسواق العالمية وخاصة إذا عرفنا أن الصومال كانت تنتج سلعاً جذبت أنظار التجار قديماً وفي العصور الإسلامية الزاهية كالتوابل والجلود والأخشاب والعاج والبن وغير ذلك.

وكان التجار العرب يمزجون تجارتهم بالدعوة إلى الإسلام، وأحياناً كثيرة كان يكفي مظهرهم الحسن للتأثير في الآخرين لأنهم كانوا يتصفون بصفات حميدة وبأخلاق فاضلة، ومن هنا جذبوا كثيراً من السكان إضافة إلى أنهم قد أسسوا مدناً ومراكز تجاريةً لهم على الساحل، فضلاً عن أنهم قد دعموا تطوير المدن القديمة بعد ترميمها وتجديدها[٢]. وقد لعب التجار العرب - الذين لم يستوطنوا الصومال - دوراً كبيراً في نشر الإسلام في المنطقة حيث كانوا يمكثون في البلاد فترة من الزمن إبان انتظارهم تغيير الرياح الموسمية اتجاهها. وقد كان بعض منهم يبقى فترة أطول من غيرهم في مراكز التجارة لتجهيز سلع الموسم القادم، وخلال هذه المدة كانوا يقومون بنشاطات دعوية بين المجتمع حيث كانوا يعرضون الإسلام على الأهالي وكانوا يمدون يد المساعدة لإخوانهم العرب الذين استوطنوا واستقروا بصفة دائمة في المنطقة وفي سبيل أداء مهمتهم الدعوية.

وقد صاحب حركة التجارة العربية في الصومال نشاط ديني و دعوي واسع النطاق، إذ إن توسع التجار الكبير وتنقلهم في أوساط المجتمعات المحلية أدى إلى

(١) الرامهرمزي: عجائب الهند، بره وبحره وجزا يره ص ٥٠ - ٦٠، ويقال أن الملك بعد أن أسلم عاد إلى منطقة حيث نشر الإسلام بين رعيته.

(٢) البلاذري: أنساب الأشراف ١/ ٨٨ (تحقيق محمد حميد الله، القاهرة)؛ سبنسر ترمنجهام: الإسلام في شرق أفريقيا ترجمه محمد عاطف النواوي، القاهرة ١٩٧٣م، ص ٣٧.

انتشار الإسلام السريع في بلاد الصومال خلال وجودهم في المنطقة، لذا فلا غرابة إذاً رأينا سرعة تأثر الصوماليين بالدعوة الإسلامية وقبولها منهجاً لحياتهم[1].

٥- عوامل انتشار الإسلام في الصومال:

هناك عدة عوامل ساعدت على انتشار الإسلام في منطقة القرن الأفريقي ونحن لسنا هنا بصدد سرد تلك العوامل جميعاً أو تتبعها، ولكننا نشير إلى أهمّ تلك العوامل وأبرزها، ومن أهمها، الدعاة والعلماء المسلمون الذين كانوا في السابق يجوبون آفاق العالم الإسلامي. وقد انتشر الإسلام في كثير من بقاع العالم بتبليغ الرسالة المحمدية من قبل العلماء العاملين الذين نذروا أنفسهم لخدمة هذا الدين إضافة إلى تطبيقهم العملي للدّين، ومظهرهم الحسن وبذلك اجتذبوا كثيراً من السكان الذين دخلوا في دين الله سلماً بدون سيف حين فتح الله قلوبهم لنور الإسلام، وقد ساعد هؤلاء العلماء أنهم لم يكن لديهم همّ غير نشر الدّين وعقيدته السمحة فقط.

وانتشار الإسلام في منطقة شرق أفريقيا عموماً أتخذ طابع سلمي[2]، يقوم بالإقناع لذلك كان الدعاة إلى الله ورجالات الإسلام يتحملون مسئولية أداء هذه المهمة، وقد نجحوا في ذلك، أما السكان الأصليون و قد رحبوا بالمهاجرين ودين الإسلام الذي كان يوافق فطرتهم السليمة، فكان إذا ما اعتنقه بعض الرجال تبعهم أفراد قبيلتهم، وكان العرب من أوائل العناصر الوافدة إلى منطقة شرق أفريقيا عامة،

---

(١) انظر:
أ- إبراهيم طرخان: الإسلام والممالك الإسلامية في الحبشة في العصور الوسطى، ضمن البحوث المجلة التاريخية المصرية، المجلد الثامن، سنة ١٩٥٩م،
ب- تو ماس أرنولد: الدعوة إلى الإسلام، ترجمه حسن إبراهيم حسن وعبد المجيد عابدين، القاهرة ١٩٤٧م ص ٣٨٠.
ج- حمدي السيد سالم: مرجع سابق، ١/ ٤٠٢

(٢) انظر:
أ- الشيخ جامع عمر عيسى: تاريخ الصومال في العصور الوسطى والحديثة، مطبع الإمام، القاهرة، ١٣٨٥هـ - ١٩٦٥م، ص ٧٨.
ب- غيثان بن علي: الهجرات العربية، مرجع سابق ص ٢٨

وخلال معايشتهم ووجودهم في المنطقة أثروا في المجتمع بل إنك لا تجد جانباً من جوانب الحياة إلا وكان للعرب المسلمين تأثير كبير ودور ملموس فيه من خلال اختلاطهم وانسجامهم مع شعوب المنطقة.

وهذا الاندماج والتناغم كان ظاهراً وملموساً، ليس في بلاد الصومال فحسب وإنما في مستوى الساحل الشرقي الأفريقي عقب استقرار العرب فيه، لذلك فلا عجب إذا وصف الرحالة البرتغاليين - الذين وصلوا المنطقة في القرن الخامس عشر - سكان الساحل الشرقي الأفريقي بأنهم «مرابطون» Moors أو عرب «مرابطون»[1]، تعبيراً عن مستوى تأثير العرب المسلمين واختلاطهم بالمجتمع. ومن الجدير بالذكر أن العلاقات التجارية بين الأقطار العربية وبلاد الصومال لم تبدأ في العصور الإسلامية الزاهية فقط وإنما كانت بداياتها قديمة، أما في العصور الوسطى فقد تطورت هذه العلاقة وكانت المنتجات الزراعية والحيوانية والمعادن الثمينة من الذهب والفضة واللؤلؤ وعاج الفيل وريش النعام، والجلود والصمغ واللبان تشحن من منطقة شرق أفريقيا، وتنقل عبر المحيطات والتجار العرب، على حين كانت المنتجات العربية تصل عبر الموانئ الصومالية لتعرض في الأسواق التجارية الصومالية المتوافرة آنذاك[2].

ورغم اتساع رقعة الإسلام ولاسيما بعد توسعه جهة العراق والشام بعد الفتوح الإسلامية انضواء سكان هذه المناطق تحت راية الإسلام، بل وازدياد القوافل التجارية في سيرها نحو هذه البلدان وغيرها، إلا أن السفن العربية ما زالت تجوب سواحل المحيط الهندي وخلجانه والبحر الأحمر لأداء وظيفتها التجارية السابقة، لأن العرب ما زالوا سادة التجارة والملاحة وخاصة عرب عمان وجنوب شبه الجزيرة، كما أن مراكزهم التجارية - والتي أصبحت فيما بعد شبه مستوطنات عربية ما زالت موجودة على امتداد الساحل الشرقي لأفريقية والجيوب المحيطة به[3].

---

(١) سيد حمد حريز: مرجع سابق ص ١٧

(٢) علي الشيخ عبد الله يلحو: مرجع سابق ص ١٥

(٣) محمد عبد الله النقيرة: مرجع سابق ص ٦٣

ومن الجدير بالذكر أن العرب المقيمين في منطقة القرن الأفريقي أو المترددين عليها قبل بعثة نبينا محمد ﷺ كان غالبيتهم قد أسلموا ودخلوا في دين الله، ثم تلا إسلامهم إسلام كثير من السكان الأصليين الذين كانوا يقيمون معهم في مكان واحد بحكم الجوار والاحتكاك المستمر بينهم في المعاملات اليومية.

ولم يكتف التجار العرب في عملية الإنشاء والتأسيس بالمراكز والمدن التجارية الجديدة في شرق أفريقية عامة وبلاد الصومال خاصة، بل إنهم قد أعطوا جل اهتمامهم وعنايتهم لتنشيط هذه المراكز والمدن لِكي تلعب دوراً رائداً في الحركة التجارية ونموها. والمراكز أو المدن التي أنشأها العرب والمسلمون تتفاوت من حيث الريادة والتقدم مثل مدينة مقدشو «التي ظهرت كمركز تجاري هام مزدهر ينبض بالحياة ويعج بالحركة، وأضحت صاحبة السيادة على مدن الساحل جميعاً زهاء سبعين عاماً، حتى أنشئت إمارة كلوة جنوبها فنافستها السيادة»[١].

المبحث الخامس: السلطنات الإسلامية في الصومال:

وإذا تتبعنا الظروف التي قامت فيها هذه الدول نستطيع القول بأن تكوين هذه السلطنات أو الممالك كان يتسم بالطابع السلمي المتمثل في العامل التجاري أو الاقتصادي بعيداً عن أي دافع عسكري أو جهادي، إذ إن المسلمين لم يحاولوا فتح منطقة القرن الأفريقي (بلاد الحبشة) عن طريق القوة لأنها كانت مهجر صحابة رسول الله ﷺ الأولى إضافة إلى امتثال أوامر النبيّ حيث قال: « دعوا الحبشة ما ودعوكم، واتركوا الترك ما تركوكم»[٢].

والحقيقة أن قيام هذه الدويلات والممالك الإسلامية لم تكن إلا من نتائج الهجرات العربية والإسلامية التي وفدت إلى المنطقة رغم أن تلك الممالك أو السلطات لم تكن موحدة ومرتبطة بعضها ببعض، وكان يحدث بين فينة وأخرى علاقات واحتكاكات بين هذه السلطنات ومركز الخلافة الإسلامية.

---

(١) محمد عبد الله النقيرة: المرجع السابق ص ٨٩

(٢) أخرجه الألباني في السلسلة الصحيحة. ٢/ ٤٠٣.

وفي سنة ١٨٩هـ في عهد أمير المؤمنين هارون الرشيد حدّثت حركة التمرد والعصيان من قبل أمراء منطقة الساحل الأفريقي الشرقي على الخليفة، وقد شمل عصيانهم عدم إرسال الخراج - الذي كان بمثابة رمز للولاء والطاعة - لذلك بعث الخليفة جيشاً جراراً لإخماد هذه الفتنة وتأديب العصاة وعزلهم، وتمّ ذلك حين عيّن أمراء آخرين وهم من الفرس خلافاً لمن سبقهم من الذين كانوا من العرب، و قد شمل ذلك الأمراء الجدد علي جميع المدن الساحلية من مقدشو إلى كلوة، وعادت هيبة الخلافة من جديد وقويت شوكتها حتى استقرت المنطقة وانتعشت الحركة الإسلامية، غير أن هذا الهدوء والاستقرار لم يدم طويلا حتى انقلب الولاة الأعاجم على الخليفة هارون الرشيد من جديد، ومن ثمّ لم يبعثوا الخراج إلى بغداد حاضرة الخلافة. ولعل هذا الانقلاب الذي طرأ على سياسة الأمراء يرجع إلى ما حدث من النكبة على البرامكة الذين كان لهم دور كبير في الوصول إلى مناصبهم في السلطة(١).

ومهما كان الأمر فقد قامت عدة دول أو إمارات إسلامية في منطقة القرن الأفريقي، وأغلب هذه الدول كانت على السواحل سواء تلك التي كانت مشرفة على البحر الأحمر مثل: «دول الطراز الإسلامي» وهي: أوفات، دوارو، أرابيتي، هدية، شرخا، بالي وداء أو السلطنات الإسلامية الأخري مثل سلطنة عدل وشوا، أو تلك السلطنات المطلة على المحيط الهندي وأبرزها مشيخات مقدشو التي طلت فترة طويلة في حكم مقدشو.

١- سلطنة عدل الإسلامية:

بعد انتهاء حكم سلطنة إفات وانتهاء أركان دولتهم حاول أولاد سعد الدين إعادة ملك أبيهم، ومن هنا استطاعوا تأسيس دولة أطلق عليها سلطنة عدل الإسلامية، بعد أن وجدوا يداً من اليمن(٢). وقد تولى قيادة هذه السلطنة في أول الأمر

---

(١) محمد حاج عمر: المرجع السابق ص ٧٥

(٢) رجب محمد عبد الحليم: المرجع السابق ص ١٥٢

علي بن سعد الدين[1]، أكبر أولاد سعد الدين، في عام ٨١٨هـ/ ١٤١٥م، عقب انهيار إفات كبرى السلطنات الإسلامية في المنطقة، علماً بأن عدل كان يطلق فيما سبق على بعض الأجزاء من سلطنة إفات، وكان يعرف بعدل الأمراء من حيث إن الأمراء المعينين من قبل مملكة إفات كانوا يتولون حكمها، وكانت تضم جيبوتي وزيلع حتى مدينة بربرة جنوباً.

ويقال أن كلمة عدل نفسها مأخوذة من ميناء كان يسمى بهذا الاسم وكان يقع على رأس خليج (تاجورا) قرب جيبوتي الحالية[2].

ويذكر بعض الباحثين بأن لفظة عدل هي عدال[3] أو عادل[4]، ومهما يكن فما زال هناك حتى الآن منطقة تحمل اسم أودل في بلاد الصومال وعاصمتها زيلع وهي تحريف عدل. ويشير بعض الباحثين إلى اختلاف المؤرخين حول تحديد عاصمة سلطنة عدل التي اتخذها أولاد سعد الدين مقراً لهم، فذهب البعض إلى أنهم اتخذوا من مدينة زيلع عاصمة لهم[5]. بينما ذهب آخرون إلى أنهم اتخذوا من مدينة يقال لها (دكر) عاصمة لهم[6]. والأخيرة أي - مدينة دكر - تقع شرق مدينة هرجيسا على بعد(٣٦كم)[7] وقيل إنها تقع جنوب شرق مدينة هرر وهو القول الراجح عند كثير من الباحثين[8].

---

(١) انظر:
أ- المقريزي: مصدر سابق، ص ١٥.
ب- رجب محمد عبد الحليم: المرجع السابق ص ١٥٣.

(٢) انظر بشير أحمد صلاد: التاريخ السياسي، مرجع سابق ص ٨٤ - ٨٥، وهذا البحث تناول في سلطنة عدل الإسلامية لذا، فإننا نعتمد جل دراستنا لهذه السلطنة عليه، مستعينين ببعض المصادر المهمة التي لا غنى عنها.

(٣) جامع عمر عيسى: تاريخ الصومال في العصور الوسطى والحديثة، مرجع سابق ص ١٩٠

(٤) جيان: لسيوجيان شارل الفرنسي: وثائق تاريخية وجغرافية وتجارية عن شرق أفريقيا، مرجع سابق ص ٤٩

(٥) جامع عمر عيسى: المرجع السابق ص ١٩١؛ بشير أحمد صلاد: مرجع سابق ص ٨٦

(٦) رجب محمد عبد الحليم: مرجع سابق ص ١٥٣؛ وانظر بشير أحمد صلاد: المرجع السابق ص ٨٦

(٧) أحمد ريراش: كشف السدول، مرجع سابق ص ٢٦

(٨) انظر بشير أحمد صلاد: المرجع السابق ص ٨٦

وفور قيام سلطنة عدل دخلت سباقاً جهادياً مع مملكة الأمهرة ولا عجب في أن ترث سلطنة عدل عن الممالك الإسلامية من قبلها هذا النهج الجهادي ولاسيما بعد سقوط سلطنة إفات على يد الأحباش، الذين خلت لهم المنطقة بدون مقاومة، فلما قامت سلطنة عدل استأنفت حركة الجهاد الإسلامي ضد أعداء الإسلام والمسلمين في منطقة القرن الأفريقي، ورفعت راية المقاومة والجهاد ضد الأحباش، بل ونستطيع القول بأن التاريخ السياسي لسلطنة عدل انصب على حركة الجهاد والصراع مع الأحباش، بل هو «عبارة عن سلسلة من الجهاد خاضها سلاطينها تجاه مملكة الأمهرة المسيحية التي كانت الطرف الثاني في أحداث المنطقة»[1].

أما الطرف الأمهري فحينما ظن أن الميدان تدخلا ممّن ينافسهم ويقاومهم؛ عاثوا في الأرض فساد ومارسوا الاضطهاد والتنكيل بالمسلمين. فلما قامت سلطنة عدل الإسلامية شرعوا في محاربتها رغم حداثة عمرها بل إن أحد ملوك الأمهرة وهو إسحاق بن داود (٨١٧ - ٨٣٣ هـ/ ١٤١٤ - ١٤٢٩م) حاول أن يشن حرباً شعواء عليها في مهدها بجيوش قوية مدربة على الوسائل الحربية الحديثة آنذاك بمساعدة من خبراء عسكريين من المماليك الجراكسة المصرية الذين لجئوا إلى الحبشة[2].

وحينما تسلم الحكم السلطان صبر الدين الثاني واصل سياسة سلفه في مواصلة حركة الجهاد والدفاع عن الأراضي الإسلامية والتفت حوله جموع من المسلمين، ورغم أن صبر الدين شن غارات خاطفة وحقق انتصارات على جيوش الأمهرة أدت إلى إجلائهم عن مواقعهم التي احتلوها سابقاً إلا أنه لم يستطع إنهاء الاحتلال كلية وإخراج هذه الجيوش لقدرته العسكرية المحدودة، حتى اضطر إلى انتهاج أسلوب حرب العصابات [3]. غير أن ملك الأمهرة إسحاق المعاصر لصبر الدين الثاني قضى على النشاطات العسكرية لسلطنة عدل وأضعف القوة الحربية للسلطنة حتى اضطر إلى أن يستغيث ويطلب المدد والعون من ملك اليمن الناصر أحمد الرسولي الذي أرسل

---

(١) بشير أحمد صلاد: المرجع السابق ص ٨٩

(٢) المقريزي: إلمام، مصدر سابق ص ٤؛ انظر بشير أحمد صلاد: المرجع السابق ص ٩٠ - ٩١

(٣) بشير أحمد صلاد: المرجع السابق ص ٩٣

بدوره مدداً عسكرياً إلى زيلع وذلك في شهر رجب سنة ٨٢٢هـ / ١٤١٩م، وقد تضاعفت جهود الرسوليين في مساعدة إخوانهم المسلمين في منطقة القرن الأفريقي، واستمر الكفاح ضد الأمهرة بقيادة أولاد سعد الدين الذين تولوا أمر سلطنة عدل واحداً تلو الآخر، والهدف من ذلك إعادة هيبة المسلمين والوجود الإسلامي إلى المنطقة. وفي سبيل تحقيق ذلك دفعت السلطنة ثمناً باهظاً وراح ضحيته خلق كثير من بينهم عدد من السلاطين بين قتيل وجريح وأسير، ولحق عموم المسلمين خسائر جسيمة من جراء صراعهم مع الأمهرة [١].

٢- سلطنة مقدشو:

مدينة مقدشو من المدن الساحلية المشهورة في منطقة شرق أفريقيا المطلة على المحيط الهندي، وقد أخذت هذه المدينة دوراً ريادياً في الحضارة العربية الإسلامية عبر العصور الإسلامية الزاهية، غير أن المؤرخين القدامى لم يدوّنوا تاريخاً محدداً في تأسيس هذه المدينة رغم ورود اسمها في كتاباتهم، ولكن بعض الباحثين ينسبون تأسيس مدينة مقدشو إلى جماعة عربية مهاجرة من شرق الجزيرة العربية (ساحل الخليج العربي) وبالذات ولاية الأحساء بقيادة الأخوة السبعة من قبيلة الحارث العربية في القرن الثالث الهجري، العاشر الميلادي [٢].

على حين يذكر بعض المؤرخين أن تأسيسها يرجع إلى عام ٩٢٠م على يد قرامطة البحرين الذين نزحوا إلى منطقة سواحل شرق أفريقية التي كان ويسكنها قديماً بعض العناصر الحامية [٣]، وقد وصل هؤلاء إلى المنطقة في ثلاث سفن محملة بالرجال والعتاد الحربي فراراً من ظلم حاكمهم واضطهاده السياسي. وبعد وصول هؤلاء إلى المنطقة اصطدموا بجماعة الزيدية الذين سبقوهم إلى المكان حتى اضطر الزيدية للنزوح نحو الداخل والاندماج مع السكان الأصليين في المنطقة [٤]. وطبقاً

---

(١) انظر تفاصيل ذلك في: بشير أحمد صلاد: المرجع السابق ص ٩٤ وما بعدها.

(٢) محمد حاج عمر: مرجع سابق ص ١٩١

(٣) توماس أرنولد: الدعوة إلى الإسلام ص ١٣٩ ترجمة حسن إبراهيم وآخرون، ط٣ ص ٢٨٧

(٤) غيثان بن علي بن جريس: العرب في مقدشو وأثرهم في الحياتين السياسية والثقافية في ظل الإسلام (ضمن كتاب: بحوث في التاريخ الحضارة الإسلامية) الجزء الأول ص ٢٦٢

لهذا الرأي يظهر أن الزيديين كانوا في مدينة مقدشو أو منطقة بنادر قبل مجيء قبيلة الحارث بقيادة الإخوة السبعة وأن مقدشو كانت كغيرها من المدن الساحلية في منطقة القرن الأفريقي، مما يضعف القول القائل بأن الإخوة السبعة هم الذين أسسوا المدينة. وهناك من ينسب تأسيس المدينة إلى جماعة من الشيرازيين وصلوا إلى المنطقة في القرن العاشر الميلادي [(١)].

ومع كل هذه الآراء يظهر لنا أنه من الصعوبة بمكان تحديد فترة زمنية معينة لتاريخ تأسيس مدينة مقدشو، ولاسيما إذا عرفنا أن هناك من يذكر بأن مدينة مقدشو كانت موجودة قبل تلك الفترات المشار إليها آنفاً، بل هناك من يشير إلى حكومة مقرها مقدشو كان يحكمها أسعد الحميري قبل ظهور الإسلام [(٢)]، وهو تاريخ أقدم بكثير بما أشرنا إليه سابقاً.

ومما يؤكد أقدمية وجود مقدشو عن كل التواريخ التي أشير إليها، أن اسمها ورد في الوثائق التاريخية والحضارية التي تناولت المنطقة في العصور القديمة قبل ظهور الإسلام مثل كتاب: «Periplus Maris Erythreei» ومعناه «دليل البحر الإريتري» أو «الطواف حول البحر الإريتري» لمؤلف مجهول يرجح أنه ملاح يوناني سكندري في القرن الأول الميلادي، وهذا الكتاب عبارة عن مذكرات وتقارير دوّنها صاحبها خلال تجواله في سواحل البحر الأحمر والمحيط الهندي حتى ساحل أفريقيا الشرقي، وتعتبر هذه الوثيقة من أقدم ما وصل إلينا من الكتب عن المنطقة، وقد وصف الموانئ والمتاجر والشعوب القاطنة في تلك الجهات... ومن بين ما ورد ممّا سجله مواني أزانيا (Azania) المشهورة باسم سيربيون (Serapion) مقدشو الحالية، كما ذكر نيكون (Nikon) براوة الحالية، أواليتس (Aualites)، زيلع الحالية وكذا مدينة حافون [(٣)]. وأن الإغريق كانوا يعرفون مقدشو باسم سيرابيون وذلك منذ ألفي عام [(٤)].

---

(١) أحمد شلبي: مرجع سابق ٦/ ٦٦٥

(٢) الشريف العيدروس: مرجع سابق ص ٣٥٦؛ الشيخ جامع عمر عيسى: مقدشو ماضيها وحاضرها، مرجع سابق ص ٥٠ - ٥١

(٣) حمدي السيد سالم: مرجع سابق ١/ ٣٣٠ - ٣٣٢؛ محمد حاج عمر: مرجع سابق ص ١٩٠ - ١٩٦

(٤) حمدي السيد سالم: المرجع السابق ١/ ٣٥٥؛ غيثان بن علي بن جريس: المرجع السابق ١/ ٢٦٤

ولا غرابة إذا وردت أسماء أخرى لمقدشو مثل «سيرابيون» و«حمر» وغير ذلك[١].

وهناك دليل آخر يدل على أن مقدشو قديمة، وكانت قبل ظهور الإسلام، وهذا الدليل عبارة عن أثر حضاري وجد في مقدشو، وهو مشهد من الحجر أو جزء من قبر مكتوب عليه[٢]: «فاطمة بنت محمد عبد الصمد بن ياقوت، توفيت سنة ١١١هـ»[٣]. ومعنى ذلك أن صاحبة القبر المسماة فاطمة كانت تعيش في المدينة قبل وفاتها فترة من الزمن، مع عائلتها المهاجرة إلى المنطقة، ولم يكن من الممكن أن تسافر المرأة وحدها لمسافة طويلة أو قصيرة فضلاً عن عبور البحار والمحيطات وفي بيئة تختلف تماماً عن بيئتها ديناً ونسباً، ولاسيما إذا كانت عربية، لذا فمما لا شك فيه أن التحرك الجماعي واستيطانهم ثم تعايشهم مع بيئة جديدة كان يأخذ وقتاً طويلاً حتى كان بعضهم ينسب إلى المدينة، كما بينت وثيقة نسب أوردت اسم رجل يسمى عقب بن محمد بن إبراهيم الشيرازي المقدشي، من قبيلة كنانة ومن مدينة مكة[٤].

وثمة وثيقة تاريخية أخرى تؤكد أقدمية مدينة مقدشو وهذه الوثيقة ورد فيها نسب رجل يسمى «إسماعيل بن عمر بن محمد» كما ورد فيها: «أن هذا الرجل من بني عفان، وأنه نزل في مقدشو سنة ١٤٩هـ»[٥] مما يدل على أنه قبل هذه الفترة كانت المدينة مزدهرة حتى قصد إليها القاصدون حينما داع صيدها وانتشر خبرها حتى جاء ذكرها في كتابات العرب والمسلمين الأوائل[٦]، رغم أن الماء يحجز بينها وبين بلاد العرب، وتقع في الجزء الجنوبي للبلاد.

---

(١) ارجع إلى ما سيأتي في مناقشة أسماء مقدشو

(٢) كانت هذه القطعة الأثرية ضمن الآثار والوثائق والمخطوطات الموجودة في المتحف الوطني والمكتبة الوطنية.

(٣) الشيخ جامع عمر عيسى: المرجع السابق ص ٢١

(٤) الشيخ جامع عمر عيسى: المرجع السابق ص ٢١

(٥) الشيخ جامع عمر عيسى: المرجع نفسه والصفحة.

(٦) انظر على سبيل مثال: ياقوت الحموي في معجم بلدانه؛ ابن سعيد المغربي: كتاب جغرافيا؛ أبو الفداء: البلدان.

وهناك من الباحثين من يرجح على أن مدينة مقدشو تمّ تأسيسها قبل مولد النبي ﷺ بمائتي عام(١).

الحكومات والمشيخات التي قامت على مقدشو:

يعتبر الباحثون مدينة مقدشو من أقدم المدن في الساحل الشرقي لأفريقيا وأعرقها حضارة، وقد كان أهل الأمم السابقة يعرفها بأنها ذات حضارات عريقة، حيث اتجهوا إليها بواسطة سفنهم، لأن موقعها كان من أصلح مواقع الساحل لرسو السفن لذلك تدفقت الهجرات العربية وغير العربية إليها بغض النظر عن دوافع هذه الهجرات وأسبابها، وكانت السفن المحملة بالمنتجات والسلع ترد إليها كما أن هذه السفن hkj؛ تنقل المنتجات الوطنية إلى أصقاع مختلفة عبر المحيط الهندي والبحر الأحمر.

حكومة الحارثين من أهل الأحساء:

ومن بين المهاجرين الذي فروا من سوء الأوضاع الاخلية في موطنهم الأصلي هجرة الإخوة السبعة من قبيلة الحارث الذين أتوا على ثلاث سفن ومعهم خلق كثير من منطقتهم الأحساء (الخليج العربي)، وعندما وصل هؤلاء إلى مقدشو وجدوا أرضية صالحة لهم، كما وجدوا مهاجرين من العرب وصلوا قبلهم مثل الزيديين وذلك في القرن الرابع الهجري، العاشر الميلادي.

وعلى الرغم من وجود مثل هذه الحكومة إلا أن حكمها على مدينة مقدشو لم يكن حكماً موحداً يأتي تحت سلطان أو ملك واحد بسط نفوذه على جميع أرجاء المدينة ليس في فترة حكم قبيلة الحارث فحسب وإنما خلال القرون الأولى للهجرة، حيث كان الناس ينقسمون إلى طوائف وقبائل، لا ملك لهم - كما عبر عن ذلك الرحالة والجغرافي المسلم ياقوت الحموي - «لا ملك لهم إنما يدبّر أمرهم المتقدمون على اصلاح لهم»(٢). وعلى الرغم من ذلك فإن هناك من يشير إلى وجود حكومة ائتلافية

---

(١) عبد الفتاح مقلد الغنيمي: الإسلام والمسلمون في شرق إفريقيا، مرجع سابق ص ١٣٨

(٢) ياقوت الحموي: مصدر سابق ٥/ ١٧٣، وانظر:

أ- حمدي السيد سالم: مرجع سابق ١/ ٣٥٦.

ب- محمد حاج عمر: مرجع سابق ص ٢٩٧.

تجمع رؤساء القبائل فيها على شكل ما يشبه حكومة الشورى [1].

وقد أوردت وثيقة عربية عثر عليها البرتغاليون في مدينة كلوة أن المهاجرين من قبيلة الحارث المشار إليها سابقاً بقيادة الإخوة السبعة قد أقاموا حكماً على مقدشو، وكان طابع هذه الحكومة شورى بين مجلسها الذي كان يتكون من اثني عشر رئيساً من ذرية اثنى عشر أخاً. وهذه الحكومة قد امتد نفوذها على طول ساحل بنادر [2]، كما امتدت فترة لا تقل عن السبعين عاماً، وخلال هذه الفترة قام القائمون على هذه الحكومة بترميم مدينة مقدشو وتجديد بنيانها مرة أخرى، حتى اعتقد بعض الباحثين أن قبيلة الحارث بقيادة الإخوة السبعة هم الذين أسسوا مقدشو.

ومهما يكن فإن هؤلاء استطاعوا أن ينجزوا انجازات حضارية عديدة خلال حكمهم للمدينة من تأسيس وتجديد مدن ومراكز في المنطقة وتطوير حركة التجارة. وقد وصل بعض أهل مقدشو إلى طول الساحل جنوباً حتى سفالة في موزمبيق كما ورد ذلك في الوثيقة العربية، علماً بأن بلاد سفالة كانت غنية بالذهب بعد اكتشاف مناجم الذهب، وقد أراد تجار مقدشو في هذه الفترة أن يستغلوا هذه التجارة [3].

ولاشك أن هذا التقدم والازدهار قد أنجزه الإخوة السبعة بعد هيمنتهم على مقدشو، وتخليص منافسيهم من الزيدية الذين سبقوهم وبعد كفاح مرير أصبح النصر حليفاً لهم في النهاية وذلك في عام ٣٣٠هـ/ ٩٤٨م [4].

وبمرور الزمن طور الإخوة السبعة التنظيم الإداري لدولتهم، ووضعوا الأسس والتشريعات المختلفة التي تكفل لهم الاستقرار والحياة الكريمة، فكان مجلس المدينة يمثل المجلس الأعلى للحكومة فيما كانت هناك مجالس فرعية أخرى في كل حي من أحياء المدينة، دون المجلس الأول، بيد أنه كان لكل مجلس خصوصياته، وصلاحياته

(١) الشريف العيدروس: مرجع سابق ص ٥٦
(٢) حمدي السيد سالم: مرجع سابق ١/ ٣٥٥
(٣) حمدي السيد سالم: مرجع سابق ١/ ٣٥٥
(٤) غيثان بن علي بن جريس: العرب في مقدشو، مرجع سابق ١/ ٢٦٥ - ٢٦٦

الخاصة، فكان مجلس المدينة عبارة عن اثنى عشر عضواً مختارين من المجتمع العربي الموجود في المدينة يرأسهم شيخ لا يحمل لقب سلطان أو ملك، وهذا المجلس كان يتمتع بكل الصلاحيات المخولة له، ومن النظر في القضايا المدنية والجنائية وفض النزاعات. أما المجلس الفرعي فكان يقوم بأمور داخلية دون مجلس المدينة مثل إكرام الضيوف والغرباء وسدّ احتياجاتهم(١).

أما من ناحية رئاسة المجلس فقد كان العامل السن دور مهم(٢)، وأعضاء هذا المجلس كانوا مزيجاً من العلماء والتجار من أعيان المدينة، وأغلب الأحايين كان يقود المجلس ويرأسه أحد علماء المدينة العارفين بشريعة الله، علماً بأن عملية تنظيم هذه الإمارة أو السلطة كان يتم عن طريق مجلس الشورى، بحيث لم يكن الحاكم يجد فرصة ليستأثر به أو ينفرد بالحكم (٣).

وبمرور الزمن اتسعت سلطنة مقدشو في ظل حكم الإخوة السبعة من قبيلة الحارث العربية وشمل نفوذهم المناطق المحيطة بالمدينة والمدن الأخرى مثل براوة ومركة وورشيخ وعظلة، وأصبحت مقدشو عاصمة لدولتهم، كما شمل الحكم العناصر العربية والفارسية، إضافة إلى بعض القبائل الصومالية، وبذلك تغير نوع الحكم في البلاد عندما تمّ تكوين دولة ذات قاعدة عريضة أشمل من ذي قبل حيث حوت أغلب أعيان القبائل والأشراف، فكانت بمثابة اتحاد فيدرالي يقوم على أساس العدل والتشاور(٤)، لأن قرارات هذه الحكومة كانت تنبثق من البرلمان (المجلس) الذي كان شغله الشاغل تحقيق المساواة والعدالة في المجتمع، كما أن هذا المجلس كان يضع حداً لهجمات بعض القبائل الرعوية الصومالية على مصالح البلاد وهجمات الغزاة الأجانب من الخارج بغية تحقيق الأمن والاستقرار لهذه السلطنة (٥).

---

(١) المرجع السابق، ١/ ٢٦٦.

(٢) شوقي عبد القوى عثمان: مرجع سابق ص ١٦

(٣) عبد الفتاح مقلد الغنيمي: مرجع سابق ص ١٤٠

(٤) حمدي السيد سالم: مرجع سابق ١/ ٣٥٦؛ وانظر غيثان بن علي بن جريس: العرب في مقدشو، مرجع سابق ١/ ٢٦٦

(٥) غيثان بن علي بن جريس: المرجع السابق ١/ ٢٦٦

والحقيقة أن سلطنة مقدشو نجحت في إدارة المنطقة الشاسعة التي امتدت على طول ساحل البنادر. وقد انضوى تحت لوائها عدة إمارات صغيرة مثل إمارة مركة وبراوة. واستمر مجلسها يقود السلطنة بشكل رائع ومزدهر قرابة مائتي عام حتى اعتلى عرشها السلطان أبو بكر فخر الدين سنة ١١٠٠م حاكماً على جميع أراضي السلطنة (١).

عندما تولى السلطان أبو بكر فخر الدين زمام أمور سلطنة مقدشو حول نظام الحكم من شكل فيدرالي تشاوري إلى شكل وراثي ملكي، وقد ساعدت بعض القبائل ولاسيما قبيلتي قحطان ومكري في سبيل تنفيذ خطة السلطان وإثبات أركان دولته الوراثية في مقدشو، وبذلك توطدت علاقة السلطان بهذه القبائل حتى كافأهم بالاعتراف والإقرار بامتيازاتهم السابقة التي كانوا يتمتعون بها وهي الاحتفاظ بالسلطة القضائية الدينية، وكانت سلطنة مقدشو في عهد السلطان أبي بكر فخر الدين عموماً قوية واستمرت حتى وفاته عام ١١١٧م (٢).

وقد استطاع بنو الحارث خلال حكمهم البلاد تحقيق تقدم ملموس في النواحي الإدارية وتسييس البلاد على الرغم من أن حكمهم لم يشمل جميع السكان باختلاف عناصرهم بل كان يحصر إدارة البلاد في بعض أفراد الأسرة، ومع هذا كله فقد طوروا نظام الحكم في سلطنة مقدشو وملحقاتها حتى أضحت مقدشو سلطنة ذات نظامي سياسي محكم. وهذا التطور والتنظيم الإداري الرائع انعكس على الحالة الأمنية حيث نعمت السلطنة باستتاب الأمن والاستقرار ولا شك أن هذا الأمر قد أثر في الحياة الاقتصادية تأثيراً بالغا حيث تطورت عجلة الحياة الاقتصادية نتيجة نمو ثروة السلطنة وحركة تجارتها، حيث ازدهرت ازدهاراً منقطع النظير، وأصبحت مقدشو بمثابة عاصمة لجميع المنطقة (٣).

---

(1) Cerulli , Enrico: Somalia , ScrittVari Editi Ed Inedit , Vol III. ,Roma , 1957.

(2) Cerulli: ; op.cit , p. 165.

وانظر أيضا: غيثان بن علي بن حريس: المرجع السابق ١/ ٢٦٧.

(٣) محمد عبد الله النقيرة: مرجع سابق ص ١٨٣.

وحين أتى بنو الحارث أدخلوا إلى البلاد مراكب شراعية متطورة على طراز هندسي رفيع حتى تطورت الحركة الملاحية ذات الأنظمة العربية واستطاع السكان التجول والأبحار عبر البحار، ووصلت سفنهم بلاد سفالة في الساحل الشرقي لأفريقيا محتكرين تجارة الذهب[1].

أما من حيث العمائر والبنايات فقد طور جماعة الأخوة السبعة نظام التعمير والبناء ونجحوا في توسيع المدن والمراكز مثل مقدشو وبراوة ومركة وذلك حين طوروا البنايات والعمائر بشكل راق وواسع من ذي قبل، وأصبحت في منتهى الجمال والهندسة على طراز عربي بديع، وقد وصلت مقدشو في عهدهم ما لم تصل إليه من قبل من حيث العمارة، وشيدوا مساجد ومراكز، لذا فلا غرابة أن يعتبر بنو الحارث أنهم فعلاً مؤسسون حقيقيون لأن العمران في عهدهم كان عظيماً «ويشهد بذلك ما بقي من أثارها التي تدل على ما كانت عليه قديماً من الجلال والجمال، ومن مساجدها التي أصبحت أطلالاً دارسة ولم يبق منها سوى مآذنها القائمة وسط الرمال والأطلال»[2].

ولم تقتصر تأثيرات بني الحارث خلال حكمهم على ما ذكرنا سابقاً فقط، فقد كان لهؤلاء أيضاً دور مهم في الحركة الفكرية بصفتهم مسلمين سنيين، ونشروا في المنطقة المذهب الشافعي، واستطاعوا طرد جماعة الزيدية الذين سبقوهم من المناطق الساحلية[3]. واضطر الزيديون إلى النزوح والتوغل في المناطق الداخلية والأدغال، واختلطوا بالسكان الأصليين (الصوماليين) ورغم أن الزيديين شيعة إلا أنه لا يرى أثر يذكر لهذا المذهب في البلاد[4]، ولعل سبب ذلك أن المنطقة لم تكن أرضية صالحة لمذهبهم وأن السكان لم يستوعبوا أفكارهم الشيعية نتيجة تدفق المهاجرين السنيين إلى

---

(١) انظر:

أ- غيثان بن علي بن جريس: المرجع السابق ١/ ٢٦٨.

ب- محمد عبد الله النقيرة: مرجع سابق ص ١٨٤.

(٢) محمد عبد الله النقيرة: المرجع السابق ص ١٨٣

(٣) ذكر بعض الباحثين أن الزيدية كانوا من الشيعة المتعصبة.

(٤) غيثان بن علي: المرجع سابق ١/ ٢٦٥

المنطقة إضافة إلى أسبقية السنة في الميدان منذ هجرة الصحابة إلى المنطقة والهجرات العربية الإسلامية فيما بعد.

وعقب حكم الحارثيين أتت حكومات عديدة ومختلفة أخرى قامت في مقدشو وملحقاتها عبر العصور الإسلامية المختلفة مما يدل مدى العمق الحضاري والسياسي الذي مرت به السلطنة ولاسيما إذا عرفنا أن أغلب عناصر هذه الحكومات وقياداتهم قد أتوا من البلدان العربية الإسلامية.

وقد ذكر بعض الباحثين[1] بعض هذه الحكومات مثل: دولة أطلق عليها دولة حلوان التي قامت في مقدشو في أوائل القرن الخامس الهجري الموافق أوائل القرن الثاني عشر، وذلك عقب انتهاء حكومة أبي بكر فخر الدين في مقدشو.

والقائمون على هذه الدولة كانوا قد أتوا من العراق وبالذات من منطقة حلوان، وكان لهم علاقة قوية مع موطنهم الأصلي، ولاسيما الزعيم محمد شاه الحلواني.

ورغم أن الحلوانيين ينحدرون من أصول عربية عراقية قليلة العدد في المنطقة إلا أنهم استطاعوا أن يقودوا البلاد ويتحكموا في السلطنة زهاء خمسين عاماً، ولا غرابة في ذلك لأن الهجرات العربية قد وصلت إلى سواحل الصومال قبلهم في وقت مبكر، بل إن مؤسسي بعض المدن الساحلية في منطقة بنادر من المهاجرين العرب. لذا من البديهي أن يجدوا أرضية صالحية يعملون فيها، فضلاً عن أن المنطقة لم تكن تعرف جنساً وافداً غير العربي.

ومهما كان، فإن الحكومة الحلوانية نجحت في سير سياساتها لإدارة البلاد وتوحيدها في منطقة بنادر الشاسعة الممتدة من مدينة عظلة الساحلية إلى منطقة

(١) الشريف العيدروس: مرجع سابق ص ٨٣، نقلاً عن مخطوطة قديمة بخط الشيخ محي الدين معلم مكرم مفتي الديار البنادرية الموجودة في مكتبة ولده العلامة أبو بكر. وانظر الشيخ جامع عمر عيسى: مقدشو ماضيها وحاضرها، مرجع سابق، ص ٥٢، غير أنه يخالف تاريخ قيام هذه الدولة حيث يرى أنها قامت في أوائل القرن السادس الهجري، وبين التاريخين بون شاسع، الأول راجح لأنه اعتمد على مخطوطة، في حين أن الشيخ جامع عمر لم يقدم أي دليل على معلومته.

براوة وضواحيها رغم الظروف والصعوبات التي واجهت البلاد وخاصة في الظروف المعيشية التي حدثت في عهدهم من الجدب ويقال إن البلاد لم تشهد مثل هذا القحط حتى شبه بعض المؤوخين ما حدث بسنين يوسف [١]، وقد تعب الناس من شدة هذه المصيبة التي سببت مجاعة كبيرة في المجتمع حتى أدى الأمر إلى أكل الناس بعضهم لبعض، حيث هلكت معظم الحيوانات[٢]، كالقحط الذي حدث في الديار المصرية إبان حكم العبيديين (الفاطميين) في عهد الحاكم بأمر الله حين أكل الناس بعضهم ببعضاً. ورغم بُعد المدة الزمنية لهذا الحدث وما أعقبه من المصائب إلا أن أخبار أكل لحوم بني آدم بعضهم ببعض ما زالت موجودة في الأدب الصومالي والقصص المحلية للأطفال وخاصة المنظومة القصصية المعروفة «Dad qalato» بمعنى: ذبح الناس وأكل لحومهم[٣]. ومع هذه الظروف فقد كان قادة الحلوانيين حكماء في تعاملهم مع هذه الأزمة حيث وضعوا خطة محكمة للخروج منها، وهي الادخار وعدم الإسراف والالتزام بالتقشف في المعيشة، كما تعامل عزيز مصر في مملكته حين أصاب البلاد والعباد قحط عظيم بفضل نصيحة نبي الله يوسف بن يعقوب عليهما السلام.

وطالما لم يسجل لنا التاريخ أعمالاً تخريبيةً وثورة شعبية قامت في البلاد في عهد الحلوانيين رغم الأوضاع المعيشية وانهيار الاقتصادي يتبين لنا مدى الحنكة السياسية وعقلية السلاطين الفذة التي كانوا يتمتعون بها، وإصرارهم العميق في سبيل معالجتهم للأزمة الطارئة إضافة إلى إخلاصهم وإحساسهم بالمسئولية الملقاة على عواتقهم، وخير دليل على ذلك أن سلاطين آل الحلوان وأسرهم قد التزموا بالخطة التي رسموها للخروج من المحنة العارضة، بتطبيق التقشف، حيث كانوا " يقتاتون الخبز اليابس ويلبسون الثياب الخشنة، وقد يمضي الواحد منهم يومه على

---

(١) الشريف العيدروس: المرجع السابق ص ٨٤

(٢) جامع عمر عيسي: المرجع السابق ص ٥٢

(3) Ahmed Hange Arte: Sheeko Xariireeyin Soomaaliyeed.p. Swiden 1993

الجدير بالذكر أن بعض الباحثين يرون أن هذه القصص ليست إلا أساطير لا أصل لها في العالم الواقع وما هي إلا خيالات القصاص والروائيين.

وجبة واحدة... »[1]، وبفضل هذا التصرف الحكيم تجاوزت البلاد المجاعة والجفاف واستمرت دولتهم قرابة نصف قرن.

ومن النواحي السياسية فإن حكم دولة حلوان كان يشمل جميع أصقاع الدولة بحيث لم يحدث إهمال في منطقة من المناطق، وعلى الرغم من أن مقدشو كانت مقر إقامة قائد الدولة، وبالتالي كانت تقام خطبة الجمعة والدعاء للسلطان فيها فإن مدينة «مركة» جعلوها عاصمة دولتهم، أما الوزراء فكانوا يتوزعون على المناطق مثلما كان أحد الوزراء يقيم في منطقة «كندرشاه»[2].

أما مقدشو فكانت العاصمة الدينية والروحية إلى درجة أن رعايا منطقة بنادر كانوا يأتون إليها لإقامة صلاة الجمعة، بواسطة عربات تجرها خيول رغم المسافة الشاسعة بينها وبين مركة وما جاورها من المناطق[3]، بفضل وجود المساجد والجوامع فيها، كما أن مقدشو كانت العاصمة التجارية بفضل مينائها وموقعها الفريد، إضافة إلى أنها كانت مقر رأس الدولة والأسرة الحاكمة[4].

وبعد حكومة حلوان تولى عرش سلطنة مقدشو حكومة زوزن أو زوزان نسبة إلى مؤسسها زوزن في منتصف القرن الخامس الهجري[5]. ويقال إن حاكم هذه الحكومة كان جائراً جباراً لا يراعى مصلحة رعيته، ولا مصالح البلاد حتى كرهه الناس، وقد أثرت سياسته المعوجة في النواحي الأمنية والاقتصادية، حيث قلّ الإنتاج، ولاسيما

(١) الشريف العيدروس: المرجع السابق ص ٨٣ - ٨٤، والإجراءات التي اتخذها الحلوانيون من الحياة التقشفية قد فسرها بعض الباحثين بالبخل، بل وقالوا إن صفة البخل اشتهر بها هؤلاء. غير أن هذا القول يصعب التصديق عليه لأن أغلب الملوك وأسرهم عبر العصور يعيشون حياة البذخ والترف والرفاهية، وحتى لو بخلوا لم يكونوا يبخلون على أنفسهم وذراريهم.

(٢) كندرشاه: منطقة تقع بين مركة ومقدشو وهي قريبة بمركة.

(٣) منطقة مركة وحدها كان يأتي مجموعات كبيرة من الناس بواسطة عربات تجره سبعة أو تسعة خيول.

(٤) الشريف العيدروس: مرجع سابق ص ٨٣

(٥) هذا ما ذكر الشريف العيدروس في كتابه ص ٨٤، أما جامع عمر عيسى يخالف هذا التحديد التاريخي حيث أنها قامت في أوائل النصف الثاني من القرن السادس الهجري، دون أن نقدم مصدر معلوماته. انظر كتابه مقدشو ماضيها وحاضرها ص ٥٢، ذكرنا سابقاً.

الإنتاج الزراعي المعتمد الرئيسي للناس في حياتهم المعيشية، وبالتالي تدهورت حياة الناس بسبب سوء الحالة الاقتصادية فحدث قحط طال أمده، كما حدثت القلاقل والاضطرابات وعدم الاستقرار بسبب سوء إدارة النخبة الحاكمة حتى زال ملكهم(١)، وتدهور الوضع العسكري واضمحلت شوكته نتيجة ضعف الروح العسكرية وتفكك القوات، « حتى إذا جاء الشيرازيون الفرس إلى الساحل لم يجدوا سوى قوة عسكرية ضعيفة، ومشيخة تمزقها الخلافات، فضلاً عن عدم اتحاد إمارات المشيخة ووقوفها قوة واحدة ضد الشيرازيين الفرس الذين وصلوا إلى مقدشو ومركة وبراوة(٢). ثم بعد ذلك جاءت حكومة الشيرازي التي قامت بقيادة علي بن حسن الشيرازي في أواخر القرن الخامس الهجري، واستطاعوا السيطرة على سلطنة مقدشو وملحقاتها بدون مقاومة، وبعد تمكنهم من الاستيلاء عليها أصبحوا الجهاز العسكري حيث طوروا ووضعوا حاميات عسكرية قوية(٣).

وقد كان هؤلاء الحكام الجدد يمتازون بأنهم حافظوا على الإنجازات التي تحققت في البلاد على أيدي من كان قبلهم في النواحي السياسية والتنظيمية حيث أبقوها وتركوها على حالها(٤).

وعلى الرغم من ذلك لم يكن زعيم حكومة الشيراز أحسن ممن كان قبله من حكام دولة زوزن، وخاصة فيما يتعلق بسياساته الاقتصادية الظالمة من تطبيق نظام الاحتكار، حيث كان يشتري القوت الضروري من الأسواق في أوقات توفره بثمن بخس زهيد ثم يدخره ويحتكره، حتى إذا ما نفذ من الأسواق وارتفع ثمنه عرض ما عنده في الأسواق بثمن مرتفع جداً، ومن هنا كان الناس يعجزون عن

---

(١) الشريف العيدروسي: المرجع السابق، ص ٨٤.

(٢) غيثان بن علي بن جريس: العرب في مقدشو وأثرهم في الحياتين السياسية والثقافية، مرجع سابق ص ٢٧٠

(٣) المرجع السابق، وانظر أيضاً:

R.Reush, History of East Africa (New York, 1961) p.185 ff; Ceruli: op. cit, P. 165.

(٤) غيثان بن على: المرجع سابق ١/ ٢٧٠، وانظر:

Reusch: op. cit , p 18; Ceruli: op.cit , p.165

شرائه. وبهذه السياسة الاقتصادية غير الشريفة أصيبت البلاد بقحط شديد مما أدى إلى هلاك عدد كبير من السكان بالجوع وكثرة الأمراض [1]، إضافة إلى أن هؤلاء الحكام فرضوا على جميع أهالي السلطنة وملحقاتها الجزية على رقابهم التي تدفع سنوياً [2].

وليس معنى ذلك أن حاكم شيراز لم يكن إيجابياً في جميع نواحي الحياة، فقد ذكر الباحثون أنه كانت له بعض المزايا والحسنات، ولاسيما فيما يتعلق بالنواحي الدينية، حيث كان له فضل في بناء المساجد مثل بنائه مسجداً في مقدشو وخاصة في حي شنغاني يعرف بمسجد الأحناف [3]. مما يوضح أنهم كانوا شغوفين ببناء بعض المساجد، كما أنهم - أي الطبقة الحاكمة الشيرازيين - كانوا أحنافاً في المذهب، كما يظهر من اسم مسجدهم وإن لم يتركوا أثراً في ذلك، لأن المذهب الشافعي كان مسيطراً وسائداً في سواحل شرقي أفريقيا منذ وقت مبكر.

ومن الأسر التي تولت حكم مقدشو أسرة المظفر من قبيلة نبهان العربية، وذلك حينما بسطت هذه الأسرة نفوذها على إمارة مقدشو في عام ٧٤٠هـ الموافق ١٣٣١م، حيث كانت قبل ذلك قد أسست إمارة عربية في الساحل الشرقي الأفريقي وعاصمتها مدينة بيت Pate عام ٦٠١هـ/ ١٢٠٣م، بقيادة سليمان بن المظفر.

وقد كانت مقدشو قبل ذلك تخضع لحكم الشيرازيين، ورغم أن حكم آل المظفر لم ينطلق من مقدشو وإنما كانت مقدشو ضاحية قد امتد إليها نفوذهم السياسي الذي اتسع نحوها، ورغم ذلك كله استطاعت هذه الأسرة الحاكمة أن تطور القضايا السياسية والاقتصادية في السلطنة، ويعد عهد أبي بكر بن الشيخ عمر المظفر من

(١) انظر:
أ- الشريف العيدروس: مرجع سابق، ص ٨٤ - ٨٥.
ب- جامع عمر عيسى: مرجع سابق، ص ٥٣.
(٢) غيثان بن علي: المرجع السابق ١/ ٢٧٠
(٣) انظر:
أ- الشريف العيدروس: المرجع السابق.
ب- جامع عمر عيسى: المرجع السابق والصفحة.

أزهى عهود السلطنة حيث بلغت مقدشو في عهده ذروة مجدها في النواحي السياسية والاقتصادية [١].

ولا غرابة في ذلك، لأن أسرة المظفر كان لها أصالة في قيادة المجتمع وتسييسه، حيث كانوا قادة وحكاماً في موطنهم الأصلي بعمان قبل نزوحهم إلى ساحل شرقي أفريقية مدفوعين بعوامل داخلية حينما حدث نزاع مرير وتنافس شديد بينهم وبين بعض القبائل العربية الأخرى في عمان، وبسبب هذا النزاع اضطر المظفريون إلى الفرار إلى منطقة شرقي أفريقية ونجحوا في تأسيس إمارة عربية وعاصمتها بيت Pate كما ذكرنا آنفاً، ومن الجدير بالذكر أنه في عهد المظفريين زار مقدشو الرحالة المسلم أبو عبد الله محمد بن عبد الله اللواتي الطنجي المعروف بابن بطوطة حيث وصف نشاطها السياسي والاجتماعي والاقتصادي في رحلته المسماة: «تحفة النظار في غرائب الأمصار وعجائب الأسفار»، وقد نقل إلينا معلومات مفيدة عن النواحي السياسية والاقتصادية والحضارية. وقد بسطت سلطنة مقدشو نفوذها وسيادتها على مناطق أخرى في فترة من الفترات وإن كانت هذه السيادة مؤقتة عبر قنوات مختلفة عن طريق عسكري مرة أو عن طريق سلمي تارة أو عن طريق اجتماعي طوراً، وأن هذه السلطنة استطاعت أن تحكم عدداً من المدن الأخرى، على غرار السلطنات الأخرى في المنطقة حيث كان بعضها يبسط نفوذه وسيطرته على المدن الأخرى مثل ما صنعت مشيخات ممباسة وكلوة وزنزبار [٢].

---

(١) غيثان بن علي: المرجع السابق ١/ ٢٧٠

(٢) ابن بطوطة: تحفة النظار، مصدر سابق ١/ ١٦١-١٦٤؛ إبراهيم طرخان: الإسلام والممالك الإسلامية، مرجع سابق ص ٤٣ - ٤٤

الفصل الثاني
الحياة الثقافية في الصومال
في العصور الوسطى

المبحث الأول: الوضع الثقافي في بلاد الصومال

المبحث الثاني: العلاقات الثقافية بين بلاد الصومال والعالم العربي

لمبحث االثالث: اللغة العربية في الصومال

المبحث الرابع: أبرز العلماء الصوماليين

المبحث الخامس: الحضارة الإسلامية في الصومال

الفصل الثاني

الحياة الثقافية في الصومال

في العصور الوسطى

المبحث الأول: الوضع الثقافي في البلاد:

من الصعوبة بمكان أن نكشف اللثام ونجلي الغموض عن الخلفيات التاريخية المتعلقة بالجوانب الثقافية والعلمية في بلاد الصومال عبر العصور الماضية ولاسيما تلك العصور الغابرة المتوغلة في القدم، بيد أننا إذا تتبعنا العلاقات المتنوعة الحميمة التي كانت تتمتع بها بلاد الصومال مع العالم القديم وما تمخض عن تلك العلاقات يتجلى لنا أن الصومال كانت لها حضارة عريقة وتاريخ تليد ومدنية مزدهرة، وأن هذه الحضارة وتلك المدنية كانت مبنية على أسس علمية وثقافية متينة [١].

وتتجلى حقيقة ما ذكرناه إذا عرفنا أن الأطراف الخارجية التي احتكت بها الصومال كانت أمماً وشعوباً تتمتع بمستوى حضاري رفيع، ولاشك أنه قد حصل بين الجانبين تبادل سياسي واقتصادي وثقافي[٢].

والتعليم الذي كان سائداً في القطر الصومالي خلال العصور الوسطى كان تعليماً غير منتظم بحيث لم يكن هناك منهج محدد حسب ما نعرفه من المناهج العصرية الحديثة، من حيث وجود فصول دراسية ومراحل تعليمية منتظمة، كما أنه لم يكن هناك امتحان يعقد لطلبة العلم بعد انتهاء الفترة الدراسية فترة الدراسة وكذلك لم يكن هناك شهادات علمية تمنح لهم في النهاية، ومن الطبيعي أن يكون الوضع الثقافي على هذا النحو إذ لم تكن هناك هيئة تشرف عليه وتنظمه وتموله[٣].

---

(١) محمد على عبد الكريم و آخرون: مرجع سابق ص ٣

(٢) انظر تفاصيل أكثر عن هذه العلاقات في الفصل الأول.

(٣) محمد علي عبد الكريم المرجع يفسه ص ٦

مجالات التعليم وعوامل انتشارها في الصومال:

ومجالات التعليم في بلاد الصومال لا تختلف عن مجالاته التي كانت موجودة في البلاد العربية وخصوصاً تلك التي كانت موجودة في بلاد اليمن، لأن اليمن تُعدُّ من أهم الروافد الثقافية للصومال.

ومما لاشك فيه أن مجال التعليم الديني قد أخذ حيزاً كبيراً وحظاً أوفر من غيره في المجالات التعليمية الأخرى، إذ كانت الأروقة والمراكز الثقافية حكراً على العلوم الشرعية مثل: علوم القرآن الكريم وعلومه والحديث النبويّ الشريف، والفقه الإسلامي وأصوله - ولاسيما الفقه الشافعي - وكذا ما كان يطلق عليه علم الآلة؛ وهي علوم اللغة العربية وما يتعلق بها، ويؤكد ذلك أن أغلب النابغين في الصومال عبر العصور كانوا من العلماء الذين برعوا في المجال الديني، وليس في الصومال فحسب وإنما في منطقتي القرن الأفريقي والشرق الأفريقي.

وقد انتشر هذا النوع من التعليم - التعليم الديني - على يد علماء أكفاء كرسوا وقتهم لتعليم الطلاب مجاناً ولم يكونوا يتقاضون أجوراً مقابل هذا العمل وإنما كان عملهم فقط ابتغاء وجه الله تعالى[1]، ولعل هذا الأمر هو سر الانتشار الواسع للدين الإسلامي وتعاليمه في القطر الصومالي.

والتعليم الديني وحده لم يكن موجوداً في الساحة الصومالية، وإنما كان يوجد إلى جانبه بعض العلوم الأخرى، سواء العلوم النظرية أو التطبيقية، مثل: العلوم الطبية بفروعها المختلفة سواء الطب البشري أو الطب البيطري، وكذا علوم الحدادة والنجارة والحياكة، وفي البناء والصناعة مثل صناعة الأحذية والأسلحة بفروعها المتنوعة التي كان الصوماليون يستخدمونها في القتال وفي الدفاع عن النفس، جميع الصناعات التي كانت تفي باحتياجات المجتمع سواء الأشياء الضرورية أو غير الضرورية مما كان له علاقة بالحياة اليومية[2].

---

(١) عبد الرحمن النجار: رحلة دينية إلى أفريقيا، دار المعارف، ١٩٨٥م ص ١١٤

(٢) انظر محمد علي عبد الكريم وآخرون: مرجع سابق ص ٧٦

غير أننا نلاحظ أن التعليم الديني يتقدم على المجالات العلمية الأخرى كماً وكيفاً، حتى أحرز تعليم الشريعة وعلوم الدين تقدماً كبيراً منذ قدوم أوائل الدعاة إلى الله إلى منطقة القرن الأفريقي ابتداء من الهجرات الأولى في المنطقة، والأمة بعد دخولها في دين الله أفواجاً سلمياً كانت تحرص على معرفة هذا المبدأ الذي اعتنقته منذ وصوله إليها رغم تعميم التعليم الديني في أغلب المناطق الصومالية من المدن والقرى، وفي الحضر والبوادي، إلا أن هناك مدناً ومراكز رئيسية اشتهرت بنشر نور العلم والمعرفة وارتفاع المستوى الحضاري في أنحاء المنطقة، وكانت هذه المراكز بمثابة مناهل أساسية لنشر العلم والثقافة ويفد إليها الراغبون في العلم والمعرفة - ولاسيما العلوم الشرعية وما يتعلق بها من علوم الآلة - وكذا رواد المعرفة من أقصى البلاد، ويشدون إليها الرحال ليغترفوا من مناهلها العذبة، ويرتووا من منابعها الفياضة الأصيلة [1]، بل ونالت بعض المراكز والمدن أن ذاع صيدها حتى أمتها كوكبة من أهل العلم من حواضر العالم الإسلامي، مثل الحجاز واليمن ومصر ومن الصومال خرجت نخبة من العلماء والأساتذة صاروا قبلة للعلم يشد إليها الرحال.

وعلى الرغم من أن التعليم الديني في الصومال في العصور الوسطى لم يصل إلى مستوى التعليم الحالي ولم يتقدم إلى الأمام بل ظل على المنوال التقليدي الذي لم يطرأ عليه أي تقدم إلا أن ذلك ليس معناه أن هذا النوع من التعليم الذي كان يزاول في الزوايا والأروقة وفي المساجد لم يكن منظماً في المنهج أو في طريقة تحليمه، أو منح إجازات أو شهادات للطلبة؛ بل كان شيوخ هذه الحلقات يمنحون إجازات أو إجادات[2] لمن يستحق من طلبة العلم على غرار ما كان يجري في العالم الإسلامي في تلك الفترة ولاسيما في اليمن ومصر والحجاز.

وهناك عدة عوامل ساعدت على تفوق التعلم الديني في المجالات العلمية الأخرى في الصومال مثل: أن الرواد الأوائل كان همهم الرئيسي نشر الديني الإسلامي

---

(١) محمد علي عبد الكريم وآخرون: لمرجع سابق، ص ٢٨.

(٢) الإجازة: كانت تمنح لمن يزاول حضور حلقة الشيخ العلمية وينال رضا شيخه في النواحي العلمية والسلوكية ويجتاز أداء المهمة، والإجادة: بواسطة رسالة دون الحضور في الحلقات.

وعقيدته السمحة في ربوع الصومال ومنطقة الشرق الأفريقي أكثر من نشر الثقافة الإسلامية العربية إذ إن هؤلاء العلماء كانت تدفعهم النصوص التي وردت في هذا الشأن والتي بشرت الدعاة إلى الله بالأجر العظيم[(١)].

وقد استطاع هؤلاء العلماء تحقيق أهدافهم الدينية التي كان يمكن من خلالها نشر مبادئ الدين الإسلامي بين أفراد المجتمع ليكون الدين كله لله، وتعليم أحكامه وترسيخ عقيدة التوحيد وتثبيتها في أذهان الأفراد وعقولهم[(٢)].

وقد كان هذا كله على حساب أنواع التعليم الأخرى التي لم تصل إلى مستوى التعليم الديني، رغم وجودها ومكانتها بين صفوف الطبقة المثقفة والعلماء ومن هنا فلا غرابة إذا صار الدين الإسلامي متعلقاً في نفوس أفراد المجتمع الصومالي منذ وقت مبكر لأن توجهه في البلاد كان توجهاً فطرياً لا تكلف فيه.

والحقيقة إن التعليم الديني مازال يتفوق على غيره رغم تعلق الرواد الأوائل والدعاة إلى الله بالمراكز والمنابر الثقافية التي ما فتئت تشع نور الإسلام وحضارته العريقة في تلك العصور من مكة والمدينة وبغداد ودمشق وصنعاء وعدن وكذا الأزهر الشريف.

وهذا الانتشار منقطع النظير في أوساط المجتمع الصومالي كان له مردوده الإيجابي، وقد أثر تأثيراً واضحاً في حياة الأمة بمختلف أنماط حياتها السياسية والثقافية والاجتماعية من عادات وتقاليد...[(٣)].

٢- انتشار الفقه الشافعي في الصومال:

من المعلوم أن من أهم العلوم الدينية التي اشتهرت بالحلقات العلمية في الصومال الفقه الإسلامي ولاسيما الفقه الشافعي الذي وفد إلى الصومال عن طريق

---

(١) مثل حديث: «... لأن يهدي الله بك رجلاً واحداً خير لله من أن يكون لك حمر النعم..» حديث صحيح رواه البخاري، وحديث: «بلغوا عني ولو بآية..» حديث صحيح رواه البخاري.

(٢) أحمد جمعالة محمد: التعليم الإسلامي في الصومال، ندوة التعليم في الصومال (الماضي، الحاضر، المستقبل)، ١٥- ١٦/ ٥/ ١٩٩٧م تنظيم: مركز السلام الثقافي، لجنة مسلمي أفريقيا، مقدشو - مكتب الصومال، ص ٣.

(٣) محمد علي عبد الكريم: مرجع سابق ص ٤٦- ٥٠

اليمن.. وجلّ العلماء والفقهاء الذين كان لهم نشاط دعوي وسياحة دينية إلى الصومال كانوا شافعية، بل إن نبغاء هذا المذهب في القطر اليمني كان لهم جولات وصولات في هذا الميدان، وحينما زاروا منطقة القرن الأفريقي بما فيها إثيوبيا وإرتريا وجيبوتي والصومال نشروا المذهب وأرسوا قواعده في المنطقة، بل وأسسوا مدارس فقهية لها مكانتها، ومن هنا أصبح الفقه الشافعي مذهباً سائداً لا يضاهيه أي مذهب آخر ليس في منطقة القرن الأفريقي فحسب وإنما في عموم منطقة شرقي أفريقية.

ولا غرابة في ذلك لأن المذهب قد انتشر في اليمن انتشاراً واسعاً في فترة مبكرة قبل وصوله إلى الصومال حيث «كان أهل اليمن في المائة الخامسة ولا يكتفون بكتاب المزني وفي أصول الفقه بكتاب الرسالة للشافعي وبمصنفات القاضي أبي الطيب، والشيخ حامد[1] وكتب أبي علي الطبري[2] وكذا ابن القطان [3] ومصنف المحاملي [4] وشروح المدني المشهور، وبالفروع لسليم بن أيوب الرازي...»[5].

(١) أبو حامد أحمد بن محمد بن أحمد الأسفراييني ولد عام ٣٤٤ وتوفي في سنة ٢٠٤ هـ. (السبكي، تاج الدين أبو نصر عبدالوهاب بن علي الكافي (ت٧٧١هـ): طبقات الشافعية الكبرى، الطبعة الثانية، دار المعرفة للطباعة، بيروت - لبنان ٣/ ٢٤

(٢) هو أبو علي الحسن بن القاسم الطبري، وله مصنفات عديدة مثل: كتاب «الإفصاح» وهو ما اشتهر به كما ذكر ذلك الجعدي، عمر بن سمرة: طبقات فقهاء اليمن، تحقيق فؤاد سيد، دار العلم، بيروت ١٩٥٧هـ ص ١١١، توفي سنة ٣٥٠هـ؛ وحاجي خليفة في كتابه كشف الظنون يذكره في سنة ٣٠٥هـ، وهذا خطأ لأنه تتلمذ على يد علي بن أبي هريرة المتوفى سنة ٣٤٥هـ (على الأرجح) كما ذكر السبكي: المصدر السابق ٢/ ٢١٧؛ وانظر أيضاً محقق كتاب طبقات فقهاء اليمن للجعدي ص ١١١ هامش رقم (٨)

(٣) وهو أبو عبدالله محمد بن أحمد بن شاكر المعروف بابن القطان المصري المتوفى عام ٤٠٧هـ وانظر السبكي: المصدر السابق ٣/ ٣٨.

(٤) المحاملي: هو أبو الحسن أحمد بن محمد بن أحمد بن القاسم بن إسماعيل الضبي المعروف بالمحاملي، كان من كبار فقهاء الشافعية في عصره، ومن أشهر مصنفاته: المجموع، المقنع، اللباب، المجرد، وغيرها من الكتب، وتوفي سنة ٤١٥هـ. وانظر الشيرازي: ص ١٠٨؛ السبكي: المصدر السابق ٣/ ٢٠؛ وانظر أيضاً محقق كتاب الطبقات للجعدي ص ١٠٣ هامش رقم (٢).

(٥) هو الإمام أبو الفتح سليم بن أيوب بن سليم الرازي، تفقه على الشيخ أبي حامد الأسفراييني، وأخذ مكانه في الدرس بعد وفاته. له مصنفات كثيرة منها: «تقريب الغريبين» منه نسخة في دار الكتب المصرية، وكتاب « سليم « بالتصغير كما ضبطها بالعبارة أبي بكر المصنف صاحب طبقات الشافعية. انظر؛ السبكي: المصدر السابق ٣/ ١٩٨؛ والمصنق ص ٥٠.

وهذه المصادر لا شك أنها كتب أصولية وفقهية على المذهب الشافعي مما يدل على مستوى عناية أهل اليمن وحرصهم على هذا المذهب في تلك الفترة غير أننا ربما نتساءل عن عدم اشتمال تلك القائمة من أسماء المصادر والكتب على كتاب المهذب الذي يعدّ من أجلّ الكتب الشافعية وأهمها لدى أهل العلم وأكثرها تداولاً هجر العلم ومعاقله في القطر اليمني.

والحقيقة أن سبب ذلك جاء على لسان العلامة الجعدي صاحب كتاب طبقات فقهاء اليمن حيث علل ذلك بأن كتاب المهذب وصل إلى اليمن في وقت متأخر حيث لم يصل إلا في آخر المائة الخامسة من الهجرة النبوية الشريفة [١].

ومهما كان فقد أثبت الفقه الشافعي وجوده في اليمن بل وبرزت في الساحة اليمنية العلمية شريحة كبيرة من العلماء والفقهاء تخصصوا في الفقه الشافعي وكان لهم شهرة واسعة في هذا المضمار بل وسطع نجمهم في الأفاق.

ومن بين هؤلاء العلماء الإجلاء العلامة الفقيه الحافظ موسى بن عمران المعافريّ الذي يعدّ من أوائل الشيوخ المتخصصين في الفقه الشافعي في اليمن، والشيخ المعافريّ هو الذي روى كتاب «المنتقى في السنن» عن مؤلفه أبي الوليد موسى بن أبي الجارود المكيّ [٢] أحد أصحاب الإمام الشافعي وثقاته ورواته [٣].

ومن هؤلاء العلماء الأوائل في اليمن أيضاً الشيخ الفقيه عبد العزيز بن يحيى من حُرازة، سكن المعافر، وكان من طلبة العلم من مجالس المعافريّ السابق ذكره [٤].

وقد أسرد العلامة الجعدي في طبقاته أسماء كثيرة من العلماء والفقهاء الشافعية في اليمن، مما يدل على أن اليمن كان لها نصيب كبير في المذهب الشافعي لكثرة علمائها ووفرة مدارسها العلمية والفقهية بالإضافة إلى كثرة الإنتاج العلمي لعلمائها من الكتب والرسائل الفقهية النفيسة.

---

(١) الجعدي: المصدر السابق ص ١١٨

(٢) وقد روى كتاب الأمالي عن الإمام الشافعي، وكان أحد أصحابه وثقاته.

(٣) حيث روى بن أبي الجارود عن الإمام الشافعي كتاب الأمالي انظر السبكي: المصدر السابق ١/ ٢٧٤

(٤) الجعدي: المصدر السابق ص ٨٠ - ٨١

وقد اشتهر أهل اليمن بنشر دين الإسلام في العالم المختلفة، حيث دأب بعض علمائها على الشروع في نشر العلم والخروج إلى أماكن بعيدة عن موطنهم الأصلي، وكان لبلاد الصومال حظ كبير من ذلك لقرب موقعها الجغرافي وسهولة الوصول إليها فضلاً عن معرفة أهل اليمن بالمنطقة وعلاقتهم القديمة بها، لذا فمن البديهي أن يصل بعض العلماء إلى بلاد الصومال لغرض نشر الإسلام والعلوم الشرعية.

وعلى الرغم من أن الأعلام اليمنيين كانوا موسوعيين - كما كانت عادة العلماء في العصور الذهبية الأولى - غير أن أغلب هؤلاء الذين وصلوا إلى الصومال كانوا بارعين في الفقه والأحكام الشرعية التي كانت الأمة في حاجة ماسة إليها لكي تعرف دينها وسبل تطبيقه في حياتها. وإذا تتبعنا سيرة العلماء الذين أتوا إلى الصومال نرى أنهم كانوا متبحرين في الفقه وأصوله ولديهم معرفة قوية في بالأحكام الشرعية ومنهم: الشيخ الفقيه أبو بكر - الذي كان ينحدر من نسل الفقيه إسماعيل جده العاشر - في القرن الخامس الهجري، وكان الفقيه أبو بكر من بلدة تريم بحضرموت وزار الجزء الجنوبي من الصومال وخاصة مدينة مقدشو في ظل حكم دولة الحلوان[١].

ومن العلماء الذين زاروا بلاد الصومال الفقيه أبو عبد الرحمن الحسين بن خلف بن حسين المقيبعيّ، أحد فقهاء تهامة في اليمن المشهورين في القرن السادس الهجري[٢].

ومن بين الفقهاء اليمنيين الذين كان لهم نشاط علمي في منطقة القرن الأفريقي الفقيه السيد يوسف بن عبد الله المُزكيّ، وكان هذا الفقيه البارع يسكن منطقة شوائط اليمنية وأصله من صنعاء، وقد مكث في منطقة القرن الأفريقي فترة طويلة، وكان له دور كبير في نشر العلم والمعرفة حيث كان معلماً في كلجور[٣]، وقد

---

(١) الشريف العيدروس: مرجع سابق ص ٢٨٤

(٢) انظر أبو مخرمة: تغر عدن ص ٩١، الجدير بالذكر أن أبا مخرمة ذكر أن هذا العالم سافر إلى بلاد السودان غير محدّد لمنطقة بعينها، ولكن في صفحة ٢٥٨ من المصدر نفسه يحدد البلد بأنها ناحية زيلع.

(٣) كَاجُور: لم أعثر عليها.

نفع الله به المسلمين وكل من تحدث عنه أثنى عليه وأشار إلى جهوده العلمية في المنطقة[1].

ومنهم الشيخ أبو بكر بن عبد الله العيدروسي، الذي زار زيلع عام ٩١٤هـ، وقد تلقى العيدروسي علوماً كثيرة ومتنوعة غير أن أغلب شيوخه كانوا متفوقين في الفقه ومنهم الحافظ السخاوي والفقيه محمد بن أحمد بافضل بالإضافة إلى الشيخ الفقيه علي، عم العيدروسي، أما من حيث الإنتاج فكان للعيدروسي مصنفات عديدة مثل كتاب: «الجزء اللطيف في علم التحكيم الشريف»[2].

ولاشك أن وجود مثل هؤلاء على أرض الصومال وترددهم في الساحات العلمية كان له مردوده الإيجابي وأثره الطيب في الحياة العلمية والثقافية بالصومال، وخاصة فيما يتعلق بالنواحي الفقهية والأحكام الشرعية، ومن هنا فلا يستغرب إذا صار المذهب الشافعي مهيمناً على الصومال، كما ذكر ذلك الرحالة ابن بطوطة[3].

٣- وصول المذهب الحنفي إلي الصومال:

لا يعني ما سبق ذكره أن بلاد الصومال لم تعرف غير المذهب الشافعي، وإنما هناك أيضاً مذهب آخر كان له حضوره في الأروقة العلمية، وهو المذهب الحنفي الذي كان منتشراً في شمال الصومال ولاسيما في مدينة زيلع الساحلية ونواحيها[4].

وقد وفد المذهب الحنفي من جهة اليمن أيضاً وبالذات بلدة السلامة إذ إن أغلب طلبة العلم الزيالعة كانوا يترددون على بلدة السلامة طلباً للعلم، وقد ساعد

---

(١) انظر الجعدي: مصدر سابق ص ٢٠٩ - ٢١٠

(٢) العيدروسي، شمس الشموس محي الدين عبد القادر بن شيخ بن عبد الله: تاريخ النور السافر، تحقيق محمد رشيد الصفار، بغداد، ١٩٣٤، ص ٨١ - ٨٩

(٣) ابن بطوطة: تحفة النظار، مصدر سابق ١/ ٢٦١

(٤) المقريزي: إلمام، مصدر سابق ص ٧؛ القلقشندي: مصدر سابق ٥/ ٣٢٤؛ الشيخ أحمد ريراش: كشف السدول، مرجع سابق ص ١٧٢

على ذلك قربها من زيلع أكثر من أي منطقة علمية أخرى في اليمن، ومن هنا ظهر وجود زيلعي كبيرفيها بل إن بعضهم استوطنوها وصاروا مشهورين فيها [1].

ولا شك أن عودة هؤلاء الطلبة إلى موطنهم الأصلي بعد تحصيلهم العلم وتأثرهم بالبيئة التي استقوا منها العلوم الشرعية والأحكام الفقهية كان سبباً رئيسياً في انتشار المذهب الحنفي في زيلع دون ما عداها من المدن المجاورة فضلاً عن غيرها من الأماكن النائية في المنطقة، إذ إنهم انحصروا في زيلع دون غيرها.

لذلك فقد ظهر من بين الزيالعة علماء إجلاء برزوا في الفقه الحنفي بل كانت لهم شهرة واسعة في العالم الإسلامي، مثل العلامة المحدث أبو محمد جمال الدين عبد الله بن يوسف الزيلعي، صاحب كتاب نصب الراية في تخريج الهداية [2].

ومن هؤلاء أيضاً الفقيه الحنفي الإمام فخر الدين بن عثمان بن على الزيلعي، أبو عمر، وكان فقيهاً بارعاً، وكان يعدّ من أقطاب المذهب الحنفي بل ووضع كتباً في الفقه الحنفي مثل كتاب: «تبيين الحقائق في شرح كنز الدقائق»، وهو كتاب من أهم كتب المذهب الحنفي [3].

ومنهم الشيخ عبد الله الزيلعي، الفقيه الحنفي وراوية أخبار جهاد المسلمين مع الأحباش [4].

وعلى الرغم من أن المذهب الشافعي كان منتشراً في القطر الجنوبي من الصومال وسائداً في جميع أرجاء الساحل الشرفي الأفريقي، ولم يكن المذهب الحنفي معروفاً إلا

---

(١) الجندي أبو عبد الله بهاء الدين محمد بن يوسف: السلوك في تاريخ طبقات الملوك، تحقيق القاضي محمد بن علي الأكوع، الطبعة الأول، ى وزارة الأعلام والثقافة، صنعاء، ١٩٨٣م، ٢/ ٣٨٣؛ وانظر الأكوع: هجر العلم ومعاقله في اليمن، مرجع سابق ٢/ ٩٤٤؛ وفيه تفصيلاً أكثر مما ذكر.

(٢) ابن حجر العسقلاني: الدرر الكامنة في أعيان المائة الثامنة، دار الجيل، بيروت ٢/ ٣١٠، وسوف تأتي ترجمته.

(٣) السيوطي، جلال الدين عبدالرحمن (ت ٩١١هـ): حسن المحاضرة، القاهرة ١/ ٤٧٠، وسوف تأتي ترجمته.

(٤) الشيخ أحمد ريراش: المرجع السابق ص ٧٨.

أنه وجد في مدينة مقدشو مسجداً يحمل اسم «مسجد الأحناف» بحارة شنغاني في مقدشو، وهذا المسجد أسسته حكومة الشيرازي في مقدشو في أواخر القرن الخامس الهجري [١]، مما يدل على وجود الأحناف في المدينة ولو الطبقة الحاكمة الشيرازيين، وإن لم نجد أثراً ظاهراً لذلك على الساحة العلمية والثقافية في الصومال، كما أنه لم يوجد في أروقة المراكز والمدارس العلمية والثقافية في البلاد لمسات من ذلك، سواء في المنهج الدراسي المتمثل في المصادر ونوعية الدراسة، أو أعلام وعلماء تخصصوا في المذهب الحنفي، كما يتضح من دراستنا حول العلماء وحلقاتهم العلمية وهو ما سوف يأتي ذكره لاحقاً.

ولم نجد ذكراً لمذهب آخر غير المذهبين الحنفي والشافعي في الصومال على الرغم من مجيء بعض المالكية إلى الصومال ومنهم الشيخ محمد بن محمد بن عبد الرحمن بن جلال أباد، وقد درس المذهب الشافعي من خلال مجالس الشافعية كحلقة الحافظ السخاوي إلا أنه كان مالكي المذهب ودرس الموطأ في مكة على يد شيخه السخاوي وغير ذلك من الكتب [٢].

٤- المذهب الرافضي في الصومال:

وقد تفرد أبو عبد الله ابن بطوطة بذكر وجود المذهب الرافضي في زيلع عشية وصوله إليها، إلا أن ذلك لا يعتبر دليلا قويا وواضحا في ذلك إذ إنه لا يوجد رافضة من مذهب الشيعة في أرض الصومال عبر العصور فضلاً عن الزيلع.

أما ما ذهب إليه الرحالة ابن بطوطة من أن أكثرية أهل زيلع روافض فذلك يحتاج إلى تمعن وترو ولاسيما إذا عرفنا أن الرحالة لم يمكث طويلاً في أرض الزيلع بل نام ليلته في البحر لفساد هواء المدينة لكثرة أسماكها وعدم نظافتها – على حد قوله[٣] – ومن هنا فإن من الصعوبة الاطمئنان إلى تلك المعلومة من قبل رحالة منهمك في أسفاره الكثيرة قضى أكثروقته في البحر.

---

(١) الشريف العيدروسي: مرجع سابق ص ٨٥.

(٢) العيدروسي: المصدر نفسه ص ١٠٢ - ١٠٣

(٣) ابن بطوطة: المصدر السابق ١/ ٢٦١

ومن الثابت تاريخياً أن المذاهب السنية سادت في جميع ساحل شرقي أفريقية في عصر مبكر رغم وصول بعض الفرس الشيعة إلى المنطقة(١) إلا أن مذهبهم لم ينتشر، وظلت الحضارة في المنطقة عربية الطابع إسلامية المنحى، وأن أهلها سنيون شافعية(٢).

المبحث الثاني: العلاقات الثقافية بين بلاد الصومال والعالم العربي الرحلات العلمية إلى خارج البلاد:

حينما انتشر الإسلام في جميع مدن الساحل الصومالي ومنطقة القرن الأفريقي، احتاج الناس لمعرفة تعاليم دينهم الحنيف الذي اعتنقوه طوعاً بواسطة الدعاة والتجار العرب الذين كانوا دوماً يلجئون إلى المنطقة لأغراض متنوعة، حتى عمّ الإسلام وتعاليمه في الصومال والحبشة في بداية الأمر.

أما في منتصف العصور الوسطى فقد شعر الناس أن الحالة العلمية التي كانت سائدة في المنطقة لا تفي باحتياجاتهم احتياجاتهم الدينية والعلمية، ومن هنا شرع مسلمو هذه المناطق «يلتمسون المزيد من المعرفة الإسلامية والتعمق في علوم الإسلام والإلمام بشرائعه والتفقه في أحكامه»(٣).

وقد حققت المراكز الدعوية التي تأسست على أيدي الدعاة والتجار الأوائل - التي كانت تتزايد يوماً بعد يوم -نجاحاً كبيراً، حتى عمّ الدين الإسلامي جميع المجتمعات في المدن الساحلية الصومالية، ومن جنوب البحر الأحمر حتى هضبة الحبشة، وهؤلاء العلماء والتجار المسلمون كانوا يبذلون قصارى جهدهم في سبيل تحقيق رسالة الإسلام حسب قدراتهم الإنسانية والمعرفية، حتى كثر المعتنقين للإسلام اقتناعاً ورغبة فيه، وتعلموا على أيدي هؤلاء العلماء غير أن الرغبة في استزادة من

---

(١) ارجع إلى مناقشة ذلك حول الهجرات العربية والإسلامية في الصومال، سبق ذكره.

(٢) محمد النقيرة: انتشار الإسلام في شرق أفريقيا، مرجع سابق ص ٣١٢

(٣) زين العابدين السراج: الحياة الثقافية بالصومال في العصور الوسطى ص ٣٢٠، مجلة البحوث والدراسات العربية، العدد ١٣، ١٤، ١٩٨٧

العلم دفعت طلاب العلم وعلماؤه إلى الرحلة للخارج في المنطقة العربية «ينهلون من مصادر المعرفة الدينية الصافية حيث مدارسها ومعاهدها وجامعاتها العريقة، والتي حفلت بعلماء وفقهاء إجلاء من الثقاة»(١).

ومن هنا كانت الرحلة العلمية إلى خارج الوطن ليست لشيء إلا طلباً للمعرفة لذا فقد شدّ الرحال عدد كبير من أبناء الصومال وغيرهم من منطقة القرن الأفريقي إلى شتى المراكز العلمية في ربوع البلدان العربية عبر العصور الإسلامية الماضية رغم ما لاقوا من معاناة ومتاعب في الطريق حتى الوصول إلى الهدف. واتجهت الرحلات الصومالية العلمية إلى بلاد الحجاز والشام واليمن ومصر والعراق وتونس وغيرها من بلاد المسلمين.

٢- الرحلات العلمية إلى الحجاز:

أما بلاد الحجاز، حيث مكة المكرمة والمدينة النبوية، فقد كان الناس يأتون إلى تلك الأماكن المقدسة لأداء فريضة الحج والعمرة ومع ذلك فإنّ كثيراً منهم كانوا يبقون في المنطقة بعد انتهاء مهمتهم لأهداف منها طلب العلم أو المجاورة.

ومن هنا فقد ظهرت نخبة من العلماء الأجّلاء برزوا في الساحة العلمية وصاروا أقطاباً ورواداً في مجالات كثيرة من الفقه وأصوله والحديث وعلومه، فاشتهر هؤلاء العلماء في الحجاز وكثر عددهم حتى وجد رواق (٢) بالمدينة النبوية وآخر بمكة المكرمة (٣)، على غرار أروقة العلم للطلبة الصوماليين بكل من الجامع الأزهر في القاهرة والأموي في دمشق (كما سيأتي ذكره).

ومن هؤلاء العلماء في الحجاز وخاصة في مكة أبو محمد عبد الله الجبرتي المقرئ المؤدب، نزيل مكة، وكان يحرص على لزوم أهل العلم والاحتكاك بهم، وفي مكة تلقى

---

(١) زين العابدين السراج: المرجع نفسه ص ٣٢٠

(٢) الرواق: مصطلح حضاري، وهو المكان المحصور بين صفين من البوائك في المسجد.

(٣) عبد المجيد عابدين: مرجع سابق ص ٢٤٥؛ وانظر زين العابدين السراج: مرجع سابق ص ٣٢١ هامش رقم(٢٦)؛ ص ٢١٣ هامش رقم (٢)

العلم وسمع من الوادي آشي [1] والزين الطبري وغيرهم، أما حينما زار الشام سمع من الحافظ المزي، وقد استفاد من مجالس الجبرتي وسمع منه أبو حامد بن ظهيرة، وتوفي سنة ٧٧٣هـ [2].

ومن بين هؤلاء شيخ الجبرتيين بمكة الشيخ أيوب بن إبراهيم الجبرتي، أحد العلماء البارزين في أوساط أهل العلم، وبالذات طلبة العلم الذين كانوا يلتفون حوله في رباط ربيع بمكة حتى أطلق عليه شيخ رباط ربيع، وإلى جانب علمه الغزيز وذاكرته القوية اشتهر بالصلاح التقوى، وكان للناس فيه اعتقاد، ولم تنحصر شهرته بمنطقة الحجاز وما حولها فحسب، وإنما ذاع صيته في الديار المصرية، حيث دخل القاهرة مراراً للاسترزاق، وقررت له صرف من أوقاف الحرمين، والجدير بالذكر أن الشيخ أيوب الجبرتي[3] قاد مشيخة رباط ربيع سنين عديدة إلى أن مات، وقد تتلمذ على يديه عدد من أهل العمل أمثال: الحافظ بن حجر العسقلاني - صاحب المصنفات العديدة - والحافظ السخاوي [4].

ومن ذلك أيضاً الشيخ عبد الله بن محمد بن علي بن سليمان الرازابي الجبرتي ثم المكي نزيل رباط ابن الزمن، كان يحضر الحلقات العلمية في مكة مثل حلقة السخاوي والشريف عبد الحق السنباطي، وكان صالحاً خيراً، توفي في رجب سنة ٩٨٦هـ ودفن بالمعلاة مثل سلفه[5].

ومنهم محمد بن بهاء الدين حجاج الجبرتي، أحد العلماء الذين كانوا يواظبون على الحلقات العلمية التي كانت تعقد بالحرم المكي، ولاسيما حلقة العلامة السخاوي[6].

---

(١) ابن حجر العسقلاني: الدرر الكامنة، مصدر سابق ١ / ٤٧١

(٢) انظر ابن حجر العسقلاني: انباء الغمر في أبناء العمر، مصدر سابق ١/ ٢٥- ٢٦

(٣) كان من أعلام القرن التاسع، ترجم له المؤرخون مثل ابن حجر العسقلاني والفاسي والسخاوي، انشغل بنشر العلم إلى أن مات في رمضان سنة سبع وعشرين بعد سثمانمائة، ودفن بالمعلاة، وقد حاز الستين ظنا

(٤) السخاوي، شمس الدين محمد بن عبد الرحمن: مصدر سابق، ٢/ ٣٣٠ - ٣١

(٥) السخاوي: مصدر نفسه ٥/ ٥٨ - ٥٩

(٦) السخاوي: المصدر السابق ٧/ ٢٠٦

ومنهم الشيخ محمد بن عثمان الجبرتي شيخ الجبرت ونزيل مكة، كان شافعياً ذا فضل مجتهداً قريباً بالعلماء وخاصة أنه كان يلزم حلقات البرهان ابن ظهيرة، وقرأ عليه تقاسيمه وأدب ولده أبا السعود، توفي في رجب سنة ثلاث وسبعين وتسعمائة، وترجم له محمد بن فهد وغيره (١).

ومنهم أبو بكر بن محمد الجبرتي العابد كان يلقب بالمعتمر لكثرة اعتماره، حيث كان لا يترك الاعتمار كل يوم إلا إن كان مريضاً أو في أيام الحج، جاور بمكة ثلاثين سنة، ذكر المؤرخون أنه كان يعرف علم الحرف وكان له علاقات واسعة مع مجتمعه وامتدت هذه العلاقة إلى قاضي مكة المحب النويري فاغتبط به وشهره بحيث اشتهر ذكره وشاع خبره، كما امتد إلى أمير مكة الشريف حسن بن عجلان. وهذه الشهرة امتدت إلى خارج حدود الحجاز، حيث وصلت إلى الديار اليمنية بل ودخلها قبل موته بنحو خمس سنين فأكرم مورده ونال بها ديناً ورفعة، وكان الجبرتي سليم الصدر قويّ الذاكرة، حتى كان في دهنه فوائد، وللناس فيه اعتقاد، وكان في مبدأ أمره فقيراً جداً ثم فتح الله عليه بدنيا طائلة غير أنه كان زاهداً كثير العبادة، وتوفي في المحرم سنة عشرين بعد تسعمائة، ودفن بالمعلاة وكثر الازدحام على حمل نعشه (٢).

ومنهم فرج الزيلعي الصحراوي وكان من الصالحين كثير العبادة (٣)، ومن النساء خديجة ابنة فرج الزيلعية؛ كانت تجاور الحرم كما أنها كانت تهتم بالعلوم الإسلامية حيث سمعت من الجمال الحنبلي، وأجاز لها عائشة ابنة ابن عبد الهادي وآخرون، كما أنها قامت بنشر العلم، وكان من بين طلابها العلامة السخاوي، وإلى جانب علمها كانت صالحة عابدة مديمة الأوراد وتلاوة القرآن، مثل أبيها (٤).

---

(١) السخاوي: المصدر السابق ١٠/ ١٢٠

(٢) السخاوي: المصدر السابق ١١/ ١٧٠

(٣) السخاوي: المصدر السابق٦/ ١٧٠

(٤) قال السخاوي: الزيلعية الأصل الصخراوية، ولدت تقريباً سنة ٨٠٥هـ، كانت زوجة محمد بن علي بن محمد بن عبد القليوبي الحفار، وأم محمد التاجر الخير بسوق الشرب، حجت وجاورت وزارت بيت المقدس. انظر السخاوي: المصدر السابق ١٢/ ١٨

ومنهن فاطمة الجبرتية، وهي جوهرة مستولدة النوري بن الشيخة أم ولده محمد المدني، كانت تقول: «إن اسمها فاطمة وهي جبرتية لا حبشية»، وكانت تقيم في مكة حتى ماتت في الليلة الرابعة عشر من شعبان سنة ثلاث وتسعين بعد ثمانمائة[1].

ومنهن زيلعية زاهرة ابنة فرج وكان الناس يقدرونها ويحبونها حتى أطلق عليها معشوقة أهل مكة، ماتت سنة تسع وأربعين في القرن التاسع[2].

ومنهن أيضاً زيليعية ابنة فرج أخت زاهرة السابقة، وماتت سنة تسع وأربعين بعد ثمانمائة أيضاً[3].

وهذا غيض من فيض من مجموعات الزيالعة و الجبرتيين التي كان الحرم لمكي يعج بهم طلباً للعلم ومجاورة لبيت الله الحرام.

أما في المدينة والحرم النبوي الشريف فلم يكن يقل أهمية عن الحرم المكي الشريف لذا كان الجبرتيون والزيالعة من سكان منطقة القرن الأفريقي، حيث سجل المؤرخون وجوداً كبيراً لهؤلاء مثل: إسماعيل بن محمد بن عبد اللطيف الجبرتي الحنفي. وكان من فضلاء عصره ومن أهل الخير، وشهد له بالأدب، وكان من الذين يحرصون على طلب العلم، ومن شيوخه الذين سمع عنهم السخاوي[4].

ومنهم أيضاً أبو بكر بن أحمد بن عثمان الفخر الجبرتي الشافعي نزيل مكة، وكان يستفيد من حلقات السخاوي التي كان يعقدها في المدينة النبوية [5].

ومنهم أيضاً يحيى بن محمد الجبرتي الجوزي، من فقراء الشيخ حسين الجوزي، فكان يحضر مجلس السخاوي للاستماع [6].

---

(١) السخاوي: المصدر نفسه ١٢/ ١٨
(٢) المصدر السابق ١٢/ ٣٧
(٣) المصدر السابق ١٢/ ٣٨
(٤) السخاوي: المصدر السابق ١/ ٣٠٦ - ٣٠٧
(٥) السخاوي: المصدر السابق ١١/ ٢٠
(٦) السخاوي: المصدر السابق ١٠/ ٢٦٢

ولم تكن بلاد الحجاز المقصد الأول والأخير لوجهة هؤلاء، فقد شد طلبة العلم أيضاً رحالهم كما أشرنا سابقاً إلى حضرموت وعدن وزبيد ودمشق والقاهرة، والقيروان وغير ذلك من منابع العلم فظهر تكتل كبير من العلماء وطلبة العلم الصوماليين في تلك البلاد، فنبغ جهابذة العلم والمعرفة في زمانهم كأبي عبد الله محمد بن علي بن أبي بكر المقدشي معيد مدرسة البادرائية في بلاد الشام [١].

ومن الذين سطع نجمهم في سماء الشام الشيخ محمد الشمس الزيلعي الذي اشتهر بين الشاميين بحسن الخط وتميزه المتميز، إذ كان عارفاً بالخط وبالميقات، وقد تعلم الناس منه وتأثروا به حتى أخذ عنه غالب أهل الشام.

ومن الذين استفادوا من مدرسة الزيلعي وخطه الجميل، الشيخ محمد بن محمد الشمس الحبشي [٢] الدمشقي الكاتب، وليس الدمشقي وحده ممن استفاد من مجالس الزيلعي، وإنما غالب الشاميين انتفعوا به، وتعلموا منه، وليس هذا غريباً على الزيلعي، إذ إليه انتهت رياسة الفن بدمشق، وكان كاتباً مجوداً، وقد كتب مصاحف كثيرةً جداً وغير ذلك وكان يعتمد على هذه الحرفة ويترزق فيها، بالإضافة إلى تميز الزيلعي في الفن وتفوقه فيه فإنه كان أيضاً ملماً بعلم الأعشاب عارفاً به حتى تفوق على شيخه ابن القماح الذي أخذ عنه بل إن شيخه هذا كان يفضله على نفسه فيه، وقد توفي الزيلعي في شعبان سنة ٨٦٣هـ، وقد جاوزسبعين سنة.

ومهما كان فإن محمد الشمس الزيلعي كان رجلاً صالحاً خيراً، وترجم له الحافظ بن حجر العسقلاني في كتابه أنباء الغمر في أبناء العمر، كما ترجم عنه الحافظ السخاوي ناقلاً عن شيخه العسقلاني [٣].

والحقيقة أن بلاد الشام كانت موطناً يشد إليها طلاب العلم الرحال من جميع أصقاع المعمورة، إذ إنها كانت ملجأ للعلماء والفقهاء الذين كانوا موسوعيين

---

(١) الزبيدي، السيد مرتضى الحسيني: تاج العروس من جواهر القاموس، تحقيق مصطفى حجازي، مطبعة حكومة الكويتية ١٣٧٩هـ/ ١٩٧٧م، مادة (م ق د ش)

(٢) نسبة لقرية من قرى الشام يقال لها الحبش.

(٣) السخاوي: مصدر سابق ١٠/ ٣٨، ١١١

ومتخصصين في المعارف والتخصصات العلمية للدين الإسلامي وغيره من العلوم... لذا، فلا غرابة أن تتجه أنظار أبناء الصومال إلى تلك البقعة الغنية بالمواهب والخيرات.

ومن بين الذين تلقوا العلم في بلاد الشام أبو محمد عبد الرحمن بن عبد الله الجبرتي، المقرئ المؤدب، وقد نهل من دروس المزيّ، عندما زار دمشق، ولا شك أن حلقات الحافظ المزيّ كانت تتميز بعلم الحديث وفنونه (١). والظاهر أن هذا التوجه والاهتمام كان يشمل أيضاً أبناء منطقة القرن الأفريقي، وليست الصومال فحسب، إذ أن المسلمين في المنطقة كانوا في وضع واحد نسبة للاحتياجات العلمية والثقافية. ومن هؤلاء الذين رحلوا إلى منطقة بلاد الشام وقطعوا مسافات طويلة، ثم استوطنوا فيها عائلة محمد بن أبي بكر بن محمد بن أبي بكر قوام الدين أبو يزيد بن الشرف الحبشي، حيث إن هذه العائلة استقرت في مدينة حلب، وقد ترجم السخاوي(٢) لصاحب الترجمة وأبيه وجده، وكان الحبشي هذا أكبر إخوته، وقد تلقى العلم على يد علماء إجلاء في حلب(٣) وغيرها في داخل بلاد الشام حينما زار بيت المقدس وجاور به سنتين(٤).

وعند مجاورته ببيت المقدس التقى إمام المسجد الأقصى عبد الكريم بن أبي الوفاء وكان معه أبوه، كما أنه خلال وجوده هناك اشتغل بها يسيراً، غير أن جلّ فترة وجوده قضاها في طلب العلم مع أبيه، ومن بين شيوخه، القاضي الحنبلي السيد محي الدين، والحافظ السخاوي؛ وقد أصبح محمد الحبشي إماماً بالجامع الكبير نيابة، كما سافر مع عائلته إلي مكة(٥). وعلى الرغم من أن المصادر لم تنقل إلينا أخباره في الحجاز فترة وجوده فيها إلا أنه ربما التقى بعلماء المنطقة واستفاد من حلقاتهم العلمية، إذ إن

(١) ابن حجر العسقلاني: أنباء الغمر في أبناء العمر، مصدر سابق ١/ ٢٥ - ٢٦
(٢) وصفه السخاوي بأنه الحبشي الأصل ثم الحلبي
(٣) وكان ذلك في سنة ثلاث وثمانين و ثمانمائة
(٤) وتمت هذه الرحلة جمادي الأولى سنة خمس وثمانين وثمانمائة.
(٥) السخاوي: مصدر سابق ٧/ ١٩١

الحبشي كان مهتماً بالعلم وأهله، وعلى كل حال فقد تلقى علوماً كثيرةً وحفظ الشاطبية بأكملها وعرضها بحلب في سنة ثلاث وثمانين وثمانمائة قبل سفره إلى الحجاز وبيت المقدس. ومن هنا فلا غرابة أن تجد رواقاً خاصاً لأهل زيلع أقيم في دمشق، وكان هذا الرواق ملحقاً بالمسجد الأموي الذي بناه الخليفة الوليد بن عبد الملك، علماً بأن هذا الرواق كان عبارة عن مقصورة كبيرة تقع شرق الجامع، وكان هؤلاء الزيالعة يسكنون هذا الرواق ويلازمون فيه طلباً للعلم ولاسيما العلوم الشرعية، وقد ذكر ابن بطوطة أنهم كانوا يحرصون على العبادة من الصلاة والذكر وقراءة القرآن، وقد كان بهذا الرواق صهريج ماء لا نظير له ليستخدمه هؤلاء [1].

ومهما كان، فإن الزيالعة كرسوا وقتهم لينهلوا من العلوم الشرعية في الجامع الأموي حتى أظهروا كفاءة وفهماً أعانهم كثيراً في معرفة شرع الله [2].

٣- الرحلات العلمية إلى بلاد اليمن:

كما توجهت أنظار طلاب العلم إلى بلاد اليمن التي كانت مكتظة بالعلماء الإجلاء الذين برعوا في جميع فنون العلم وضروبه المعروفة في تلك العصور ولاسيما فيما يتعلق بالعلوم الشرعية واللغة العربية وأدابها، ولا أدل على كثرة المقدشاويين والزيالعة والجبرتيين وكذا الأحباش الذين ملئوا المدن والمراكز العلمية في اليمن بعد مجيئهم من مناطق مختلفة في القرن الأفريقي، والحقيقة أنه لم يخل ذكر هؤلاء في المدن العلمية الكبيرة مما يصعب حصرهم.

غير أن بعض المدن والقرى كانت أكثر استحواذاً من غيرها لهؤلاء، كبلدة بيت الفقيه في تهامة [3] التي تميزت علمياً في القرن السابع الهجري ونمت وازدهرت بالعلم

---

(١) ابن بطوطة: تحفة النظار، مصدر سابق ١/ ٧٣

(٢) زين العابدين بن سراج: الحياة الثقافية بالصومال في العصور الوسطى ضمن مجلة البحوث والدراسات العربية، العدد ١٣، ١٤، ١٩٨٧، ص ٢١٦

(٣) بيت الفقيه: بلدة عامرة في تهامة، تعرف ببيت الفقيه بن عُجيل نسبة إلى الفقيه عمر بن محمد بن حامد بن عُجيل، وهي اليوم مركز ناحية بيت الفقيه من أعمال الحديدة. انظر الأكوع: مرجع سابق مرجع سابق ١/ ٢٢١

والعلماء حتى قصدها طلبة العلم من عدة جهات ليس من القطر اليمني فحسب، وإنما من مناطق مختلفة. وكان الصوماليون من زيلع وجبرت ومقدشو أبرز طلبة العلم الذين توجهت عيونهم إلى تلك البقعة(١).

والحياة الثقافية والعلمية في بيت الفقيه كانت منتعشة ورائدة في لفترة طويلة، وقد حافظت على هذه الحالة في المئة السابعة للهجرة، ولاسيما في عهد العالم المحقق في الفقه أحمد بن أبي بكر بن أحمد بن موسى بن عُجيل إذ قصد إليها مجموعات كبيرة من كل صوب وناحية أكثر من أي وقت مضى، وكان الشيخ أحمد بن أبي بكر عجيل يقدم لطلبة العلم مساعدات عينية ولاسيما المنقطعين منهم، لهم من العلم أو من الكتب والرسائل النفيسة، إذ كانت لديه مكتبة علمية ضخمة، كما كان حال طلبة العلم الذين قدموا من زيلع وجبرت ومقدشو في عصر أحمد بن أبي بكر عجيل الذي كان يتصدر القافلة للحج.ويحج سنة بعد سنة، وقد توفي سنةهـ(٢).

ومن الذين أتوا إلى بيت الفقيه من الزيالعة الفقيه أبو الحسن علي بن نوح الأبوي٣*، وقد توقف عند بلدة السّلامة المكتظة ببني قومه من الزيالعة، والتقى هناك الفقيه أبا بكر الزيلعي (٤)، ثم استأنف رحلته العلمية إلى بلدة بيت الفقيه التي كانت تعج بالعلماء. ومن المدن والقرى التي كثر فيها وجود الزيالعة والجبرتيين بلدة السّلامة(٥)، ولعل قربها للقطر الصومالي سهل لطلبة العلم الوصول إليها، والاستقرار فيها، وأغلب من كان يفد إليها من أهل الصومال كانوا يأتون من مدينة الزيلع الساحلية وإن كان هناك من أتى من مناطق أخرى في القرن الأفريقي. وبعد توافد هؤلاء إلى منطقة السلامة لم يكتفوا بطلب العلم فحسب، وإنما استوطنوا فيها

(١) الأكوع:المرجع نفسه.

(٢) الجندي: مصدر سابق ١/ ٤٨٨؛ وانظر الأكوع: المرجع السابق ص١/ ٢٢٧

(٣) الأبوي: بضم الهمزة وفتح الباء وكسر الواو نسبة إلى أبي بكر بن كعب الأنصاري الصحابي الجليل.

(٤) الخزرجي: العقود اللؤلؤية في الدولة الرسولية، عنى بتصحيحه محمد بن علي الأكوع الحوالي، مركز الدراسات والبحوث اليمني، بصنعاء ١٩٨٣م، بيروت - لبنان ٢/ ٥٣ - ٥٤

(٥) السّلامة: بلدة خرب في وادي نخلة في الشرق من بلدة حيس... وكان غالب أهل السلامة أحنافاً. (الأكوع: المرجع السابق ٢/ ٩٤٤)

حتى كثرت فيها أعداد كبيرة من الزيالعة، غير أنه ينبغي أن نشير إلى أن أول من سكن من آل العقيلي هو الشيخ محمد بن إبراهيم الزيلعي [١] العقيلي الذي قدم من الحبشة من بلدته بطة فتزوج فيها، فأصبح أبناؤه وأحفاده من جهابذة العلم ليس في بلدة السلامة فقط وإنما من يقصد إليها مثل حفيده علي بن أبي بكر بن محمد الزيلعي، أحد الأعلام الفضلاء المولودين في السلامة، وكان له جهود جبارة في نشر العلم والإعمار، حيث عمّرت البلدة في أيامه بفضل وجوده فيها وصارت مدينة كبيرة، لم يكن لها في مدن تهامة نظير، توفي بمكة المكرمة في آخر ذي الحجة سنة ٧٢٩هـ. ومن أثاره العلمية كتابه: «الجواهر البهية في مدح خير البرية»[٢].

ومن الزيالعة في السلامة أيضاً الفقيه العارف الشيخ محمد بن المقبول بن أبي بكر الزيلعي، المتوفي في ذي العقدة، وقيل ذي الحجة سنة ٩٠٢هـ [٣].

ومنهم العالم الفاضل أحمد بن نقبول الزيلعي، ولد في اللحية من منطقة السلامة، وتوفي في شهر ربيع الأول سنة ١٠١٢هـ [٤].

ومنهم عيسى بن أحمد الزيلعي، عالم فاضل زاهد توفي في اللحية من منطقة السلامة في حدود سنة ١٠٤٠هـ [٥].

ومنهم محمد بن المقبول بن عثمان بن موسى، أحد العلماء المحققين في الفقه، وكان تابعاً بارعاً في الفقه وأصوله حتى أسند إليه رئاسة الفتوى في البلاد، ولد في قرية اللحية سنة ٩٥٩هـ، وتوفي بها في اليوم الثاني من رمضان سنة ١٠٤٨هـ [٦].

---

(١) الزيلعي: نسبة إلى زيلع، جزيرة ومرفأ في بلاد الصومال، وكانت فترة من الفترات تابعة لليمن وإحدى جزرها وكان أئمة اليمن يسجنون فيها حتى استولت بريطانيا على عدن ١٢٥٥هـ/ ١٨٣٥م

(٢) الجندي: المصدر السابق ٢/ ٣٨٣؛ الخرجي: المصدر السابق ٢/ ٥٤؛ وانظر الأكوع: المرجع السابق ٢/ ٩٤٤ - ٩٤٧

(٣) العيدروسي: تاريخ النور السافر، مصدر سابق ص ٢٣؛ وانظر الأكوع: المرجع السابق ٤/ ١٩٣١.

(٤) انظر ملحق من كتاب البدر الطالع للشوكاني ص ٤٤؛ وانظر الأكوع: المرجع السابق ٤/ ١٩٣١

(٥) وانظر الأكوع: المرجع السابق ٤/ ١٩٣٢

(٦) الأكوع: المرجع السابق ٤/ ١٩٣٢

ومنهم أحمد بن محمد بن أبي بكر بن محمد بن عمر بن أحمد بن موسى الزيلعي، من مواليد اللحية وبها توفي ليلة الجمعة ١٥ رجب سنة ١٠٦٥هـ، وكان فقيهاً، له باع طويل في هذا المجال، وأصبح قاضياً على البلدة ومن أثاره العلمية منظومة أسماء الصحابة الذين روى عنهم البخاري تسمى منظومة في الحساب[١].

ومن الفقهاء في اللحية الفقيه موسى بن أحمد المحجب بن عيسى بن أحمد بن عبد الغفار الزيلعي، كان له مشاركات في الفقه كان مولده سنة ٩٩٠هـ، ووفاته في اللحية سنة ١٠٧٢هـ[٢].

ومن الفقهاء أيضاً الفقيه أبو بكر بن محمد بن سّرين بن المقبول بن عثمان ابن أحمد بن موسى الزيلعي، فقيه عارف، ولد باللحية سنة ١٠٢٨هـ وتوفي بها سنة ١٠٩هـ[٣].

ومن الزيالعة في اللحية العالم الفقيه صاحب الرحلات العلمية العديدة الشيخ علي بن أبي بكر بن المقبول الزيلعي، عالم مشارك، هاجر إلى مصر فأقام بها مدة تصل إلى ثلاثين عاماً ثم رجع إلى الحجاز، فأقام فيه مدة، ثم عاد إلى اليمن التي رحل عنها في البداية سنة ١٠٩٤هـ، ولكنه ما لبث أن عاد إلى الحجاز وخاصة مكة في العام نفسه، حيث أقام بها حتى رحل إلى الرفيق الأعلى، كان مولده في اللحية سنة ١٠٢٤هـ، ومات في ذي العقدة سنة ١٠٩٥هـ[٤].

وتوجهت أيضاً أنظار طلاب العلم من بلاد الصومال إلى أنحاء كثيرة أخرى من بلاد اليمن حيث لما كانت تتمتع به من حالة علمية تفوق الكثير من المدن والمراكز العلمية المختلفة.

والحقيقة أنه قد وجد في مراكز العلم وأروقته في اليمن العديد من طلاب العلم والعلماء من بلاد الصومال شماله وجنوبه، وكان لهؤلاء حضور قوي في الميادين

---

(١) الأكوع: المرجع السابق ٤/ ١٩٣١

(٢) الأكوع: المرجع السابق ٤/ ١٩٣٢

(٣) ملحق البدر الطالع للشوكاني ص ١٧؛ وانظر الأكوع: المرجع السابق ٤/ ١٩٣٢

(٤) انظر ملحق البدر الطالع ص ١٥٤؛ الأكوع: المرجع السابق ٤/ ١٩٣٢

العلمية، ومن بين هؤلاء في القرن السادس الهجري الشيوخ: موسى بن يوسف[(١)] وأبو القاسم بن عبد الله، وإبراهيم بن محمد المثنى، وعبد الله بن عبده، وأحمد بن المزكبان؛ والجدير بالذكر أن هؤلاء الشيوخ أتوا من مقديشو[(٢)]، من أقصى الطرف الجنوبي من الصومال، وكان هؤلاء المقدشاويين الزيلعيون من أقران الشيخ زكي بن عبد الله الحبشي[(٣)].

ومن أولئك الأعلام العالم الفقيه الفاضل أحمد بن عبد الله الجبرتي الذي قدم إلى القطر اليمني من جبرت من منطقة القرن الأفريقي، ثم عهد إليه بإمامة قبّة فيها جُعلت مسجداً؛ وقد كان هذا الفقيه الجبرتي زاهداً عن الخلافات يبتعد عن كل ما يؤدي إليها، ولما نشب الخلاف الذي أدى إلى نكبة القضاة بني عمران من قبل سلاطين بني رسول خرج الجبرتي إلى منطقة الدنبتين حيث أقام فيها إلى أن توفي بها سنة ٧٠٩هـ[(٤)].

ومن الجبرتيين الذين تميزوا في الساحة الثقافية في اليمن و لاسيما في مدينة تعز العالم الفاضل الفقيه المحقق أبو بكر بن أدم بن إبراهيم الجبرتي بلداً، الزيلعي[(٥)]

---

(١) موسى بن يوسف: أخو أحمد بن يوسف من منطقة وصاب في اليمن، وكان يدرس في وصاب مع أخيه، كما أنه عاصر الجعدي، وكان أبوه من مواليد ثلاث وخمسمائة. انظر الجعدي: طبقات فقهاء اليمن، مصدر سابق ص ١٩٨

(٢) مقديشو: يطلق الجعدي على مقديشو بأنها جزيرة رغم أن الماء يحيط من جهة واحدة وهو جانب الشرقي حيث تظل على المحيط الهندي، كما أن الجعدي يصف بأن مقديشومن بلاد السودان، لأن اسم الصومال لم يظهر إلا في القرن التاسع الهجري، الخامس عشر الميلادي، وأن سماء بعض المدن الصومالية كانت أشهر من اسم الصومال حيث ورد في المصادر الأولية خلافاً باسم الصومال، كما سبقت مناقشة ذلك في الفصل الأول من هذا البحث.

(٣) انظر الجعدي: المصدر نفسه ص ٢٠٩، والجعدي يطلق على هلؤلاء الشيوخ بأنهم من الزيالعة رغم أنهم جاءوا من مقديشو، وهذا دليل واضح بأن كل من أتى من جهة الصومال من المسلمين كان يطلق إما زيلعي أو جبرتي أو حبشي.

(٤) انظر الجندي: مصدر سابق ٢/ ٨٣؛ الخزرجي، مصدر سابق ١/ ٣٧٤

(٥) كان أهل اليمن يلقبون بهذا اللقب من يأتي إليهم من بلاد الحبشة (منطقة القرن الأفريقي) ولا سيما من لم يكن رقيقاً إذ يسمونه حبشياً ومن عداه يسمونه زيلعياً نسبة إلى زيلع، جزيرة في ساحل الصومال على مسافة ٤٠ كيلو متر جنوباً من جيبوتي. انظر (الأكوع: مرجع سابق ٤/ ٢١٥٣)

لقباً، وبعد أن نال قدراً كبيراً من العلم وصار متفوقاً في عدد من الفنون وبالأخص الفقه وأصوله، وأسندت إليه دار الإفتاء في مدينة تعز حيث تصدر لها، بل وكان يرأس علماء الإفتاء في بلدته، إلى جانب ذلك كان الجبرتي يقوم بالتدريس ونشر العلم واعتبر رائد المدرسين في عصره في تعز، حيث كان يعمل (في المدرسة العليا) المعروفة بمدرسة (أم السلطان) في مغربية تعز، كما كان مدرساً (في مدرسة الشمسية). ومن هنا فقد استحق أن يرأس المدرسين في تعز، ويكون رائدهم، وقد استفاد من حلقاته أو دروسه الفقهية جمع كثير ليس في مدينته تعز فحسب بل فإن الذين تتلمذوا عليه يديه حدود تعز.

وكان لأبي بكر بن أدم الجبرتي علاقات واسعة بأقرانه العلماء حيث إن بعضهم كانوا يتذكرون فيما بينهم أمثال محمد بن سالم بن علي القنسي المعروف بابن البانة، وقد كان الرجلان يجيدان علم الكلام ومتبحران فيه حتى اتهما بالزندقة والكفر، أما علاقته بصديقه الحميم الفقيه سليمان الفرساني كانت قوية ليس في الفقه فحسب وإنما مع أبناء الفرساني، ولما شعر الجبرتي قرب أجله في مرض أصابه رحل إلى ناحية موزع التي كان يقيم فيها الفقيه الفرساني، غير أنه وجده قد توفي، مما يدل على أن اتصالاتهم لم تكن مستمرة ومتتالية، ومع ذلك فقد أقام عند أبناء سليمان الفرساني بقريتهم (القحقح) واستمر فيها حتى جاءه الأجل سنة ٦٧٦هـ.

ومهما كان فقد كان الجبرتي فقيهاً بارعاً وأصولياً حاذقاً ومنطقياً مفوهاً، كما كان محبوباً لدى الناس، وكان من عادته يوم العيد أن يصنع فيه طعاماً، و مع هذا فإن المؤرخين أشاروا أنه رحل إلى موزع في آخر عمره بعد أن ضاق من الإقامة في تعز، ولكن المؤرخين لم يوضحوا نوعية الضيق الذي لقيه بها، ولعلها كانت فيما يتعلق بالحالة الاقتصادية إذ من عادة العلماء أن يعيشوا في حياة الكفاف والتعفف، لا يتعرضون إلى مسائل السلاطين فضلاً عن غيرهم، بل الزهد كان يغلب على طابعهم وخلقهم (١).

---

(١) الجندي: مصدر سابق ٢/ ١١١؛ وانظر الأكوع: المرجع السابق ٤/ ٢١٥٣ - ٢١٥٥

ومن العلماء البارزين الذين نبغوا في اليمن أيضاً عثمان بن إبراهيم بن أحمد الزيلعي، وقد ولد في جزيرة عيسى [1] تجاه شاطئ اللحية، وكان عالماً له نشاط علمي حتى وصفه بعض المؤرخين بأنه عالم مشارك، وتوفي في نفس الجزيرة في العقد الرابع بعد الألف [2].

ومن الجبرتيين الزيلعيين في اليمن محمد بن عمر بن محمد بن موسى بن عبد الله الجبرتي الزيلعي القرشي، أحد الفقهاء الفضلاء العارفين المشهورين في زمانه، اخذ العلم عن جماعة من العلماء مثل: إبراهيم القرطبيّ، وعبد الله بن عبد الرحمن السفاليّ، وكان يلزم حلقات مسجد السنة بذي جبلة مدة طويلة وتفقه عليه جماعة وانتقل الفقه الجبرتي من جبلة إلى الحمراء ثم إلى قرية الظفر حتى توفي بها سنة ٦٣٥هـ.

وكان الجبرتي يبذل جهوداً حثيثة في نشر العلوم حتى أخرج نتاجاً طيباً، ومن بين ما أخرجه الفقيه عمر بن سعيد العقيبي، ويقال إن هذا الفقيه لم يأخذ الفقه عن الجبرتي [3].

ومن فقهاء الزيالعة في زبيد في القرن الثامن الهجري الفقيه عيسى بن موسى الزيلعي، وتوفي ليلة الخميس التاسع والعشرين شهر رجب سنة اثنتين وثمانمائة عن عمر يناهز نيفاً وتسعين سنة، واشترك في دفنه كافة أعيان الدولة مما يدل على أنه كان محبوباً لديهم مقرباً إليهم [4].

ومن العلماء الزهاد محمد بن عيسى الزيلعي العقيلي صاحب اللحية، كان أورع أهل عصره وأشدهم خوفاً لله تعالى، وفي نفس الوقت كان من فقهاء عصره الصالحين، وقد نعته الخزرجي: «الفقيه الصالح» وقال موضحاً زهده وورعه: «قلَّ أن يأتي الزمان بمثله رحمه الله تعالى» [5].

---

(١) جزيرة عيسى تنسب إلى عيسى بن أحمد أحد الصلحاء. انظر الأكوع: المرجع السابق ٤/ ١٩٣٣

(٢) ملحق البدر الطالع ص ١٤٤، (وانظر الأكوع: المرجع السابق ٤/ ١٩٣٣)

(٣) با مخرمة، أبو محمد عبد الله الطيب: ثغر عدن، دار التنوير للطباعة، بيروت ١٩٨٦م ص ٢٥٦

(٤) الخزرجي: المصدر السابق ٢/ ٢٥٤

(٥) الخزرجي: المصدر السابق ١/ ١٦٢

ومن علماء عدينة في اليمن أبو بكر بن موسى الزيلعي فقيه فاضل وسمع الفقيه الصالح علي بن أحمد بالجند، وقرأ على الجنديّ المقامات والدريدية [1]، كما أنه تذاكر مع الجندي تاريخ المولد في سنة سبعين وستمائة، والشيخ أبو بكر الزيلعي درس بعدد من المدارس مثل: المدرسة النجاحية ثم خودع ثم نقل إلى مدرسة المظفرية بقرية الحاريب، وقد برع في الفقه، وكان ذا فضل وعليه سيماء الصلاح والشرف والمروءة، وكان لتدريسه أثر عظيم حتى ذكر ببركة التدريس.

والشيخ أبو بكر الزيلعي لم يشتهر بالعلم والصلاح فحسب، وإنما عرف أيضاً بالنواحي السياسية حيث كان نائب حاكم بذي عدينة، وربما اختير لهذا المنصب لأجل صلاحه وورعه وعلمه [2].

ومن أشهر العلماء الجبرتيين في اليمن الفقيه أبو المعروف إسماعيل بن إبراهيم عبد الصمد الجبرتي، أحد أعلام زمانه علماً وعبادةً، وقد تربى على مائدة العلماء منذ صغره وتلقى علوماً كثيرةً على يد كبار شيوخ عصره حتى تفوق عليهم وعلى غيرهم من الذين أتوا من بعده، ولما استوى ساعده واستقر أمره شرع في نشر العلوم التى تلقاها، حتى التف حوله كثير من طلبة العلم، الذين انتفعوا بغزير علمه وحسن قدرته، وكان له علاقات واسعة مع مجتمعه سواء كانوا ساسة أو عامة، أو علماء، من خلال دروسه وفتاواه.

والحق أن شهرة الجبرتي اتسعت وانتشرت بسيرته الحسنة، وقد اهتم بعض طلبته بسيرة شيخهم واستطاعوا جمع مناقبه في مجلد، وذلك بعد وفاته في سنة ست وثمانمائة هجرية، ويظهر أن أبا المعروف رغم انتمائه إلى الطريقة الزبيدية وتصوفه وتأثره بالزهد والبعد عن الدنيا وملذاتها إلا أن ذلك لم يمنعه من الانشغال والانصراف لنشر

---

(١) الدريدية: هي مقصورة محمد بن الحسين بن دريد الأزدي المتوفي سنة ٣٢٠هـ وتسمى مقصورة ابن دريد وهي مشهورة متداولة ومنشورة عدة طبعات ومشروحة بعدة شروح أيضاً. الجندي: مصدر سابق ٢/ ١٥٠

(٢) المصدر نفسه.

العلم، والعمل في خدمة الدين، بل وصرف جل وقته في سبيل ذلك وهذا الأمر قد طغى على آثاره العلمية حيث لم يُسجّل له مؤلف[1].

ومن الزيالعة أيضاً أحد الفقهاء المحدثين بزبيد الفقيه الفاضل جمال الدين محمد بن منير الزيلعي، وتوفي في اليوم السادس عشر من شهر ربيع الأول من سنة تسع وأربعين وسبعمائة [2].

والعلماء الجبرتية لم يكونوا منعزلين عن مجتمعهم اليمني الذي كانوا يعيشون فيه وخاصة أقرانهم العلماء، بل كانت تجمع بين الطرفين أحياناً علاقات حميدة وصداقات قوية مثال ذلك: الشيخ الصالح إسماعيل بن إبراهيم الجبرتي [3]، حيث كان من أصحابه الشيخ الفقيه محمد بن شافع [4] المتوفى في يوم الاثنين السادس عشر من شوال سنة خمس وتسعين وسبعمائة [5].

وكان للشيخ إسماعيل بن إبراهيم الجبرتي أيضاً علاقات حميدة وصداقة قوية مع ولاة الأمر في عصره بل إن السلطان الأشرف - صاحب اليمن - قد اعتقد فيه[6] وعظمه بسبب مناصرته والوقوف معه عند حصار الإمام صلاح الدين الهروي الزيدي بزبيد، والحقيقة أن علاقات الشيخ لم تكن تقتصر علي العلماء والأمراء فقط، وإنما كان الشيخ محبوباً لديالعامة والخاصة، وكان المجتمع اليمني يكنّ له كل التقدير والتبجيل بل وقد وصل الأمر أن «صار أهل زبيد يذكرون له كرامات»[7].

(١) الشرخي أبو العباس أحمد بن أحمد عبد اللطيف: طبقات الخواص أهل الصدق والإخلاص، القاهرة، ١٣٠٦هـ، ص ٣٧ -٣٩؛ وانظر زين العابدين بن السراج: مرجع سابق ص ٣٢٨

(٢) الخزرجي: مصدر سابق ٢/ ٧٥

(٣) الشيخ إسماعيل بن إبراهيم الجبرتي ثم الزبيدي، كان من مواليد سنة سبعمائة واثنين وعشرين على ما ذكر. انظر ابن حجر العسقلاني: أنباء الغمر في أبناء العمر مصدر سابق ٢/ ٢٧٢ - ٢٧٣

(٤) الفقيه محمد بن شافع، كان رجلاً كثير السعي في قضاء حوائج الناس يحب إدخال السرور والبهجة عليهم، حتى أصبح بيته مأوى للفقراء وغيرهم من أصحابه، ليس له ولد ولا زوجة، دفن بعد وفاته بيوم، وهو يوم الثلاثاء السابع عشر من شوال. انظر الخزرجي: مصدر سابق ٢/ ٢٠٦ - ٢٠٧

(٥) الخزرجي: المصدر السابق والصفحة

(٦) وذلك أنه بشر السلطان الأشرف بالنصر وبهزيمة الإمام الهروي هذا.

(٧) ابن حجر العسقلاني: أنباء الغمر في أبناء العمر، مصدر سابق ٢/ ٢٧٢ - ٢٧٣

على الرغم من أن الجبرتي هذا كان مغرى بالسماع غير أنه كان مع ذلك متصوفاً خيراً عابداً حسن السمّت والملبس، يداوم على قراءة القرأن ولاسيما سورة يس في كل حالة لاعتماده فيها حديثاً ضعيفاً، وقد أشار بعض من عاصره من العلماء إلى أنه كان مُجداً في مقالة ابن عربي، بل وناصراً الفرقتة حيث كان يدعو لفكرة الاتحاد والحلول ويقرها، بل كان لا يلتفت إليه من لا يحصّل كتاب « الفصوص لابن عربي « من أصحابه. وقد سببت له هذه الفكرة معارضة من قبل بعض العلماء أمثال الشيخ صالح المصري والفقيه أحمد الناشري[1] عالم زبيد، كما كان دأب العلماء لأداء رسالتهم بالأمر بالمعروف والنهي عن المنكر، غير أن هذين العالمين وأتباعهما لم يقدرا علي شيء من تغيير فكرة الشيخ ومعتقده لميل السلطان إليه ومناصرته له، بل تلقى من قام على وجه الشيخ الجبرتي النفي والتضييق[2]. ومما يؤكد من أن الشيخ إسماعيل الجبرتي كان رجلاً ذا كلمة مسموعة عند سلطان زمانه أنه - أي الشيخ - قد طلب من السلطان إنزال عقوبة الضرب بالسوط على الشيخ صالح المكي، فضرب بالسوط ضرباً مبرحاً بأمر من الشيخ إسماعيل بن إبراهيم الجبرتي، لعلّة لا نعرفها ولكن ربما أن الشيخ صالح اغترف دنياً ومخالفة للشرع أدت إلى ضربه، وإلا لم يكن الشيخ إسماعيل يتجرأ علي ضربه، كما أن السلطان لم يكن يوافق على ذلك لو لم يكن الشيخ إسماعيل محقاً في ذلك وراعياً لمصالح الدين والدينا، ويؤكد ذلك أن العقوبة لم تقتصر على عقوبة الضرب والجلد، وإنما اضطر الشيخ إسماعيل لإخراج الرجل من اليمن كليةً ونفيه إلى بلاد الصومال (بر العجم) بعد موافقة السلطان على ذلك، ووكل أمر ذلك إلى أمير البلد فأرسله الوالي إلى البحر وأمر نوابه أن يرسلوه إلى الصومال، غير أنهم لما صاروا به في البحر جاءت الرياح من حيث لا تشتهي السفن وصرفتهم عن مقصدهم، لأنه كان يوماً شديد الرياح، وألقتها في ساحل الحديدة، فأقام هناك متستراً مخافة من الشيخ إسماعيل والوالي[3].

---

(١) هو أحمد بن أبي بكر بن علي الزبيدي، وكان شديد الحط على ابن تيمية في اليمن...(انظر ترجمته كل من بن حجر العسقلاني: المصدر نفسه والصحفة؛ السخاوي: ضوء اللامع، مصدر سابق ١/ ٢٠٧ - ٢٥٨)

(٢) ابن حجر العسقلاني: المصدر السابق.

(٣) الخزرجي: مصدر سابق ٢/ ٢٢٥

وعلى كل حال فإن الشيخ إسماعيل كان من أهل العلم في زمانه وحدّثه بالإجازة عن القاسم بن عساكر وبخاصة عن أبي بكر بن المحبّ، وقد توفي الشيخ إسماعيل بن إبراهيم الجبرتي في نصف رجب سنة ٨٠٦هـ وله بضع وثمانون سنة[١].

وقد ترك الجبرتي بيت علم وصلاح وكان ابنه معروفاً من قبل العلماء المشهورين في زمانه، وتوفي في ليلة الأربعاء السابع من شهر ربيع الآخر سنة سبع و تسعين وسبعمائة [٢]. كما أن حفيده جمال الدين محمد المعروف بابن إسماعيل الصوفي من العلماء النابغين في عصره حتى أطلق عليه لقب شيخ الشيوخ[٣].

ومن العلماء الذين وفدوا إلى بلاد اليمن وأثروا في الحياة الثقافية، الفقيه البارع أبو الحسن علي بن نوح الأبوي - بضم الهمزة وفتح الباء وكسر الواو نسبة إلى أبي بن كعب الأنصاري الصحابي - وعلى الرغم من أن الشيخ ينتسب إلى سلالة الصحابي العربي إلا أن أصل بلده الذي جاء منه كان من منطقة القرن الأفريقي، وأشار الخزرجي إلى أن أصل بلاده بلاد السودان مما وراء البحر، ومهما يكن فإن الشيخ علي بن نوح الزيلعي كان محدثاً نقالاً للحديث حافظاً، حتى إنه كان ينقل الهداية عن ظهر الغيب، وكان له علاقة مع الفقيه أبي بكر الزيلعي - كما سبق ذكره - حيث أول ما وصل إلى قرية السلامة في مدينة حيس توقف عندها، ثم بعد ذلك واصل رحلته العلمية ودخل مدينة زبيد وأصبح مدرساً في المنصورية الحنفية فيها، واستمر في ذلك مدة، ولم تقتصر جهود الشيخ العلمية ونشر الثقافة العربية في القطر اليمني على المدارس، وإنما أيضاً اتبع طرقاً أخرى حتى أخذ عنه العلم جمع كثير حيث كان مشهوراً بالفقه والصلاح، وكانت وفاته في منتصف سنة إحدى وخمسين وسبعمائة رحمة الله تعالى عليه [٤].

---

(١) ابن حجر العسقلاني: المصدر السابق.

(٢) الخزرجي: المصدر السابق ٢/ ٢٢٣

(٣) كان من الشيوخ: الصالحين وتوفي يوم الاثنين الثالث والعشرين من شهر شوال سنة خمس بعد التسعمائة ودفن في قبر والده داخل قبة جده الشيخ إسماعيل الجبرتي، وكان له مشهد عظيم لم تر العيون مثله. انظر (العيدروسي: مصدر سابق ص ٤٢).

(٤) الخزرجي: المصدر السابق ٢/ ٧٧

٤- الرحلة العلمية إلى مصر والعلاقات الثقافية بين القطرين:

على الرغم من شهرة العلاقات الاقتصادية والسياسية بين بلاد الصومال ومصر في العصور القديمة، ولاسيما عصر المصريين القدامى (الفراعنة) - كما سبقت الإشارة إلى ذلك من قبل - فإن العلاقات الثقافية والتبادل العلمي بين الجانبين لم يخل من علاقات مستمرة بين الشعبين عبر العصور، وإن كانت هذه العلاقات قد تبلورت وتطورت في منتصف العصور الوسطى، ولا أدل علي ذلك، من وجود الزيالعة والجبرتية الكثير للزيالعة في الديار المصرية الذين قدموا القرن الأفريقي، وبالذات من بلاد الصومال.

وقد اتضحت معالم هذه العلاقات والروابط إبان إحياء الخلافة العباسية بمصر عام ٦٥٩هـ / ١٢٦١م، ولكن هذه العلاقات بلغت أوجها في القرنين الثامن والتاسع الهجريين، الرابع عشر والخامس عشر الميلاديين، حينما شجعت السلطات المصرية - المتمثلة في المماليك - الطلاب الوافدين من خارج مصر، وجعلت لهم رعاية خاصة من تعليم ومسكن ومأكل ومشرب وكل ما يحقق لهم الراحة والطمانينة لتسهيل المهمة التي جاءوا من أجلها إلى مصر وهي التعليم الديني [١]، ومن هنا فلا غرابة أن تكون الديار المصرية من بين البلدان التي رحل إليها الصوماليون طلباً للعلم حيث الأزهر الشريف الذي كان يستقبل طلاب العلم والعلماء، ويقدم لهم كل التسهيلات الممكنة في هذه الفترة من سكن وإعاشة حتى ازداد عدد الطلاب الوافدين عليه لتلقى العلم فيه، ولا غرابة في ذلك لأن الأزهر يعتبر أول مؤسسة علمية جامعة اهتمت اهتماماً بالغاً بكفالة طلاب العلم وقدمت لهم المنح الدراسية بل ووفرت لهم سبل الراحة منذ عهد الدولة الفاطمية (العبيدية)، ولاسيما في عهد العزيز بالله المعز لدين الله الفاطمي حيث أصدر أوامره إلى وزيره يعقوب بن كلس الذي أنشأ لطلاب العلم والعلماء سكناً بجوار الأزهر يتسع لسبعة وثلاثين فقيهاً بل وأجرى الأرزاق والجرايات عليهم [٢].

---

(١) انظر زين الدين العابدين السراج: الحياة الثقافية بالصومال، مرجع سابق ص ٣٢١ - ٣٢٢.

(٢) القلقشندي: مصدر سابق ٣/ ٣٦٧؛ وانظر مجاهد توفيق الجندي:أروقة الأزهر ومدينة البعوث الإسلامية ودورها في خدمة طلاب العلم الأفارقة ص ٥٨٤، ضمن بحوث مؤتمر أفريقيا وتحديات الحادي والعشرين ٢٧ - ٢٩ مايو ١٩٩٧م المجلد الثاني، معهد البحوث والدراسات الأفريقية، جامعة القاهرة.

ومن هنا فقد اتجه إلى الأزهر العديد من العلماء وطلبة العلم وليس من بلاد الصومال فحسب وإنما من سائر أنحاء العالم الإسلامي وغيره حتى انتشروا في جميع أرجاء الجامع وأروقته حسب الأوطان والبلدان التي وفدوا منها.

وكان من أشهر هذه الأروقة وأكثرها نظاماً وعراقة رواق لمسلمي الحبشة الذي عرف باسم «رواق الجبرت» ذلك بجانب رواقي أهل زيلع والحبشة (١)، وكان أبناء منطقة القرن الأفريقي عموماً والصوماليين خصوصاً كانوا من بين الأحباش الذين استقطبهم الأزهر واجتذبهم حتى خصصت لهم أروقة مثل رواق الجبرت الذي كان يقع داخل رواق البرنبة، وهو أوسع منه وهذا الرواق كان يقطن به الطلاب القادمون من منطقة القرن الأفريقي (٢).

وفي الأزهر وأروقته برز نخبة من علماء الصومال مثل الشيخ علي بن يوسف صبر الدين بن موسى الجبرتي ثم الأزهري الشافعي المقري، ويعرف بالجبرتي، وقد قدم الديار المصرية وخاصة حاضرتها القاهرة في سنة ٨٥٠هـ، وتلقى منابع العلم بالقاهرة ولاسيما بالجامع الأزهر الشريف حيث تلقى علماً كثيراً واسعاً واستفاد من حلقاته الفياضة بالعلم والمعرفة، حيث قرأ القراءات علي يد الشهاب السكندي والشمس بن العطار وابن كرلبغا وسمع على جماعة، وظهر أن الشيخ علي الجبرتي بذل أقصى ما لديه من الجهد ليتبحر في علم القراءات، حيث كرس فيه جل وقته، حتى حينما زار بلاد الشام ودخل دمشق في سنة ست وسبعين بعد ثمانمائة قرأ فيها القراءات على ابن النجار كما أنه - أي الجبرتي - واصل رحلته العلمية ودخل بغداد، غير أنه ذكر علم التصوف إذ كان متصوفاً لبس الخرقة، وفي بغداد صحب فضل القادري من ذرية الشيخ عبد القادر (٣)، ثم سافر إلى حلب فقطنها مدة من سنة ثمان وستين، وفيها سمع من ابن مقبل وأبي ذر، ثم عاد إلى القاهرة فقطنها من سبعين وعقد ناموس

---

(١) عبد العزيز محمد الشناوي: الأزهر جامعاً وجامعةً، القاهرة ١٩٨٣م، ١/ ٢٦٤؛ وانظر زين العابدين السراج: مرجع سابق ص ٣٢٢

(٢) السخاوي: مصدر سابق ٢/ ١٠٨؛ وانظر مجاهد الجندي: المرجع السابق ص ٥٨٩

(٣) المقصود بالشيخ عبد القادر الجيلاني.

المشيخة، وكان محبوباً لدى الناس بمختلف شرائحهم حتى كان السلطان الأشرف قيتباي يعتقد فيه، ولشدة إخلاص قيتباي وحبه للشيخ علي الجبرتي بنى له مسجداً عظيماً في سنة ٨٧٨هـ في بحيرة أدكو، بل ووقف عليه أماكن وقيعان وأنوال حياكة وبساتين ونخلاً كثيراً.

وكان الشيخ يهتم بالعبادة والمساجد، إذ كان يسكن سطع الجامع الأزهر، وذلك لشدة تعلقه بالأزهر، وجعل له خلوة خاصة به، وكان الناس يقصدون إليه ويترددون عليه تبركاً وتوسلاً به، ليس في مصر فحسب وإنما من أفاق أخرى مثل بلاد الشام، كالتجار الحلبيين وغيرهم، ولعلهم عرفوه إبان زيارته لبلاد الشام - كما أسلفنا - ومهما يكن فإن الجبرتي قد أحبه كثير من الناس، كما أن علاقاته كانت واسعة سواء العلمية أو الاجتماعية، وكثرت مساعدته لقاضيه ابن القوطية. وهكذا كانت حياته مليئة بالعلم والعبادة حتى لقي ربه عام ٨٩٩هـ[١].

ومن العلماء الصومال في الأزهر أيضاً الشيخ محمد بن أحمد المديني المالكي، قال عنه السخاوي: «ولد سنة ٨٥٧هـ»[٢].

وكان الجبرتيون يتناوبون رئاسة رواق الجبرتية ومشيخته عدة قرون متتالية، ثلاث منها تولاها أولاد الشيخ عبد الرحمن الجبرتي الجد السابع للعلامة المؤرخ، عبد الرحمن الجبرتي حتى انتقلت عنهم بوفاة الجبرتي المؤرخ والمعروف أن هذا الرواق العلمي والركن الثقافي كان يتولاه غالباً الزيالعة الجبرتية الذين أتوا من منطقة القرن الأفريقي سواء من بلاد الصومال أو من إرتريا والحبشة، إذ أن العرب في اليمن والجزيرة العربية والشام ومصر كانوا يطلقون على أي مسلم قادم من المنطقة الجبرتي أو الزيلعي باعتباره مسلماً قادماً من تلك الجهة[٣]، وربما كان يطلق عليه الحبشي، غير

---

(١) السخاوي: المصدر نفسه ٦/ ٥٣ - ٥٦؛ وانظر مجاهد الجندي: المرجع السابق ص ٦٣٣، هامش رقم (٤٨)

(٢) السخاوي: المصدر السابق ٧/ ٢

(٣) محمد الطيب بن محمد يوسف اليوسف: ايثوبيا والعروبة والإسلام عبر التاريخ، المكتبة المكية، الطبعة الأولى، ١٤١٦هـ - ١٩٩٦م ٢/ ٢٣ - ٢٤

أن ألقاب الجبرتي والزيلعي كانت تميزهم بأنهم ليسوا عبيداً [١].

ومهما يكن فإن الشيخ عبد الرحمن الجبرتي الجد السابع للمؤرخ الجبرتي قد نزح من جبرة أو سلطنة إفات إلى أرض الحجاز وذلك في القرن العاشر الهجري حيث حج ثم جاور المدينة سنتين وخلال وجوده بأرض الحرمين لقي علماء كثيرين وأخذ عنهم علوماً كثيرة ثم رحل إلى الديار المصرية واستقر هناك في نهاية المطاف حيث تزوج وولد له وكبر شأنه واتصل بعلماء مصر حتى اختير شيخاً لرواق الجبرت وقائداً لأبناء عمومته ومنطقته الأولى [٢]، علماً بأن رواق الصومال كان من أحسن أروقة الأزهر أدباً وديناً، ولم تسجل له مخالفات واضطراب بين طلابه، في حين قد سجلت في بعض الأروقة الأخرى منازعات واختلافاً بين الطلبة، مثل أروقة الشوام والمغاربة والبرابرة وحتى المصريين من الصعايدة، وهذا يدل على مدى تمسك الصوماليين بالأخلاق الحميدة، ولاشك أن ذلك يرجع إلى شيوخ رواقهم، لأن أغلب الشكوى في الأروقة المشار إليها آنفا.. تأتي من جراء تقديم غير المستحق على المستحق، وارتكاب الظلم والأنانية وإهدار الحقوق، حتى كان يحدث نزاع ربما كان يؤدي إلى الحرب، ومن هناك يظهر جلياً أن شيوخ رواق الجبرت عبر التاريخ كانوا على قدر من المسئولية وحُسن الخلق، وما كان يحدث في داخل الرواق لم يكن يصل إلى درجة الفوضى والنزاع الكبير [٣]؛ وعلى ذلك فقد انتفع طلبة العلم الصوماليين كغيرهم من الطلبة بالأزهر الشريف وعلمائه ومدارسه المختلفة التي كانت موجودة فيه، ولاشك أن مثل هؤلاء بعد تخرجهم ونيل مآربهم المعرفية وتفقههم في الدّين كانوا يعودون إلى بلدانهم التي رحلوا عنها، لينذروا قومهم وينشروا ما تعلموا من العلوم والمعارف التي حازوها من رحلتهم العلمية.

والعلاقة الثقافية التي كانت بين بلاد الصومال ومصر وبالذات الأزهر الشريف لم تكن تقتصر على إرسال طلاب العلم إليه، بل كانت هناك علاقات ثقافية

---

(١) انظر الأكوع: مرجع سابق ٤/ ٢١٥٣

(٢) الشيخ أحمد ريراش: مرجع سابق ص ٧٨ - ٧٩

(٣) مجاهد الجندي: أروقة الأزهر، مرجع سابق ص ٥٩٨

وعلمية أخرى، حيث إن أهل الصومال كانوا يراسلون الأزهر لاستفتائه في مسائل استغلق عليهم فهمها، ويأتيهم الردّ عليها[1].

ومما يبين المستوى العلمي لبعض العلماء الذين جاءوا من بلاد الصومال أنهم أصبحوا شيوخاً للحافظ الذهبي (٧٤٨هـ) مثل أبي عليّ الحسن بن عيسى مفلح العامريّ المقدشي. كما أن الحافظ ابن حجر العسقلاني أخذ الحديث وحدّث عن عدة شيوخ، ومن بينهم شيخه أبو عبد الله محمد بن محمد بن أحمد، شمس الدين المقدشي[2]. وليس غريباً أن يذكر الحافظ ابن حجر العسقلاني أن الحافظ الزركشي استمد من كتاب أبي محمد جمال الدين عبد الله بن يوسف الزيلعي في تخريج الهداية، وذلك عندما كان مشتغلاً بكتابه تخريج الرافعي[3]، حيث لم يستغنى عنه.

٥- الأدوار الثقافية بين للصومال في العالم الخارجي:

الحقيقة أن الأدوار الثقافية التي كان يشارك فيها سكان الحبشة، سواء كانوا صوماليين أو أحباشاً أو غيرهم في بلاد اليمن وصلت إلى قصور الخلفاء والسلاطين، وكان بعضهم يتولى تربية أولاد الخلفاء في داخل بلاطهم، كما فعل ذلك أحد المثقفين من منطقة القرن الأفريقي وأساتذة التربية والتعليم في نهاية القرن الرابع الهجري في بلاد اليمن الذي قام بكفالة عبد الله وزياد أبني أبي الجيش إسحاق بن إبراهيم سلطان دولة بني زياد، ويسمى هذا الأستاذ السيد رُشد، وكان عبداً مملوكاً لأبي الجيش نفسه وقد تولى الأستاذ رشد تربية أحد أبناء السلطان عقب وفاته حين انتقلت كفالته ورعايته إلى اخته هند بنت أبي الجيش، غير أنه لما توفي رُشد قام بكفالة الابن إلى حسين بن سلامة وصيف من أولاد النوبة، وينسب إلى أمه، علماً أنه قد كان هذّبه رُشد، وأحسن تأديبه، فخرج حازماً عفيفاً، وقام بالأمر ووزر لولد أبي الجيش وأخته.. »[4].

---

(١) عبد الرحمن النجار: رحلة دينية إلى أفريقيا، مرجع سابق ص ١١٥

(٢) الزبيدي: تاج العروس من جواهر القاموس، مصدر سابق ١٧/ ٣٩١، مادة (م ق د ش).

(٣) انظر ابن حجر العسقلاني: الدرر الكامنة في أعيان المائة الثامنة، مصدر سابق ٢/ ٣١٠

(٤) تاج الدين عبد الباقي بن عبد المجيد اليماني: تاريخ اليمن المسمَّى بهجة الزمن في تاريخ اليمن ص ٣٢، تحقيق مصطفى حجازي، دار الكلمة صنعاء؛ الطبعة الثانية، سنة ١٩٨٥م.

ولاشك أن ذلك يؤكد الدور الثقافي، والعلمي الذي كان يقوم به هؤلاء العلماء، وأن جهودهم قد توغلت في سكني الخلفاء والنبلاء في القطر اليماني في تلك الفترة المبكرة، وهذه المهمة كان يؤديها هؤلاء العلماء أحرارً كانوا أم عبيداً.

ورجال منطقة القرن الأفريقي من العلماء وأهل الخير كانوا أيضاً يشاركون في أعمال البر والخير في اليمن، لاسيما منطقة زبيد التي اشتهر فيها نخبة من علماء المنطقة أمثال: فرج السحرتي [1]، وكان على باب زبيد من داخل السور، وكان السحرتي من أهل الإحسان والخير كثير الصدقة والإنفاق، يحتضن المحتاجين والمنكوبين، ومن شدة حرصه علي مساعدة الملهوفين كان يتحسس ويبحث أخبار الغرباء والمسافرين وبالذات المتعلقين بالمسجد والنازلين فيه، أحياناُ كان يستعين بالآخرين لتحقيق ذلك. ومن الأبواب التي شارك السحرتي وساهم فيها: مساعدة المتزوجين والراغبين في العفة وبناء بيت سعيد حين لقي أحد الشباب الراغبين في الزواج يقال له الصليحيّ [2].

٦- المهاجرون العرب ودورهم في نشر الثقافة العربية والإسلامية في المنطقة:

ومن الصعب أن نحدد التأثير الثقافي العربي في المنطقة إلا أنه من المعروف أن الهجرات العربية والإسلامية المتدفقة طوال العصور الإسلامية المتلاحقة في المنطقة كانت تلعب دوراً كبيراً في نشر الثقافة العربية والدين الإسلامي في ربوع بلاد الحبشة وفي الصومال خصوصاً، ولاسيما عرب الجنوب الذين هاجروا إلى هضبة الحبشة وما جاورها، حيث نشروا في المنطقة الثقافة العربية في وقت مبكر، وأن هؤلاء المهاجرين لم يستقروا في بقعة معينة، وإنما انتشروا في كافة أرجاء المنطقة، وأن بعضاً منهم توغل إلى

---

(١) السّحرتيون: بطن في الحبشة. انظر تاج الدين عبد الباقي بن عبد المجيد اليماني: المصدر نفسه ص ٦٨ - ٧٠

(٢) عمارة اليمن، نجم الدين عمارة بن علي اليمني: تاريخ اليمن المسمَّى: المفيد في أخبار صنعاء وزبيد وشعراء ملوكها وأعيانها وأدبائها، بتحقيق والتعليق محمد بن علي الأكوع الحوالي، المكتب اليمنية للنشر والتوزيع - صنعاء، الطبعة الثالثة، ١٩٨٥م، ص ٨٥ - ٨٦. والصليحيّ: هو علي بن محمد الصليحي، انظر ترجمته المصدر نفسه ص ٨٣ هامش رقم (١).

داخل البلاد حتى استقر في أماكن مختلفة مثل أقاليم: هرر، أوسا، العرفية وشوى... وتصاهروا مع سكانها الأصليين، ومن هنا كان تأثيرهم قوياً لأن المهاجرين كانوا يحملون ثقافة أصيلة، وقد كان لتفوقهم الثقافي والحضاري - الذي كان يكمن في الدين الإسلامي - أثره في استجابة الكثير للدعوة الإسلامية [1]. كما أن انتشار العلم والدين الإسلامي في منطقة القرن الأفريقي يعدّ من أكبر الأثار الثقافية والدينية التي تحققت من خلال هجرات العلماء والفقهاء الذين كانوا سائحين في الآفاق لنشر العلم والدين الإسلامي، وقد وصلت إلى بلاد الصومال والمناطق المجاورة من الحبشة أعداد كبيرة من العلماء ابتداء من هجرة الصحابة الأولي والثانية، ثم تتابعت الهجرات حتى وطئت أقدام كثير من أهل العلم أرض الصومال.

ومن هؤلاء العلماء الذين زاروا بلاد الصومال وملأوا الساحات العلمية وكان لهم أنشطة ثقافية، وخاصة القطر الشمالي مثل زيلع [2] وغيرها أبو عبد الرحمن الحسن [3] بن خلف بن الحسين المقيبعي، أحد فقهاء اليمن وعلمائها في القرن االسادس الهجري، وكان فقيهاً فاضلاً عارفاً كاملاً أصولياً فروعياً محدثاً، كما أنه كان أحد فقهاء تهامة المشهورين، حيث اشتهر هذا الشيخ بعلمه الغزير وفقهه الواسع حتى التف حوله ناس كثيرون لاسيما حين كان في عدن، وأخذ عنه جماعة منهم القاضي أحمد القريظي وعلي بن عبد الله [4] المليكي وغيرهما. ورغم أننا لا نعرف مدة إقامة الشيخ المقيبعي في بلاد الصومال، إلا أنّ المؤرخين أشاروا إلى أن الفقيه المقيبعي عاش فترة من الزمن في منطقة الصومال، كما أن المؤرخين لم يبيّنوا أعمال الفقيه في تلك الفترة إلا أنه ربّما احتك بالعلماء في المنطقة أو قام بتدريس الفقه الذي كان بارعاً ومتفوقاً

(١) الشيخ جامع عمر عيسى: تاريخ القرن الأفريقي عبر العصور، الباب الخامس، الفصل الثاني (مخطوط)، مرجع سابق.

(٢) يصرح العلامة الجعدي بأن الفقيه المقيبعي زار أرض زيلع (انظر كتابه طبقات فقهاء اليمن، مصدر سابق ص ٢٤٤)؛ غير أن أبا مخرمة ذكر أن المقيبعي سافر إلى بلاد السودان ولم يحدد المكان، (انظر كتابه ثغر عدن، مصدر سابق ص ٩١)؛ إلا أنه يحدد في مكان آخر أن البلد هي السودان إلى ناحية زيلع، (انظر المصدر نفسه ص ٢٥٨)

(٣) وفي كتاب ثغر عدن « الحسين «

(٤) وفي كتاب ثغر عدن « عباس «

فيه، إضافة إلى العلوم التي كان يجيدها كالحديث الشريف وغيره، علماً أن دأبه كان لا يتوقف عند نشر العلوم وقيام الدعوة الإسلامية خلال إقامته في عدن حين لجأ إليها بعد فراره من بلدته الأصلية تهامة، ومن هنا فمن المحتمل خلال وجود هذا العَلَمْ في المدن الصومالية الشمالية كزيلع قد أفاد علماً واسعاً وبذل جهداً جباراً في هذا المضمار، ومن الجانب الآخر لعلّ المقيبعي نفسه استفاد من العلماء الزيلعيين حيث لم تكن تخلو رحلات العلماء طلباً للعلم ونشراً لحصيلتهم العلمية أداءً لوظيفتهم الأساسية. والحقيقة أن أبا عبد الرحمن المقيبعي عاد بعد فترة إلى اليمن قادماً من أرض زيلع حيث ركب البحر قاصداً عدن غير أنه مات في البحر غرقاً بعد أن عصفت به الريح وألقته إلى مكان يسمى أنحاء[١] على الساحل فوجد جثمانه هناك، ودفن هنالك وذلك في نصف من شوال سنة ستّين وخمسمائة[٢].

ومن العلماء اليمنيين في القرن الخامس الهجري الذين أتوا إلى القطر الصومالي العلامة الفقيه أبو بكر – الذي ينحدر من نسل الفقيه إسماعيل الحضرمي وهو جده العاشر – وقد هاجر هذا الفقيه من بلدته تريم بحضرموت إلى مقديشو في عهد دولة حلوان التي كانت تحكم في جنوب الصومال، وترك ثلاثة أبناء وبنت في حي حمر جبجب بمقديشو، وهم محمد وصديق وعمر، أما البنت فتسمّى عائشة، وقد استقر هؤلاء الأبناء في مدينة مقديشو وتناسلوا فيها، غير أنهم تحولوا إلى منطقة أفجوي لاسيما بين أوساط قبيلة حنتر، ثم بعد ذلك انتقلوا إلى قرية أوطيغلي في شبيلي السفلى مع قبيلتي أبا ساد وقندن بسبب تدهور الأوضاع الاقتصادية حينما حصل قحط شديد في البلاد. ومهما كان فإن أحفاد الفقيه أبو بكر نشطوا في المنطقة وبرزوا في المجتمع الصومالي لاسيما بين قبيلة بغدي. ومن أحفاده المشهورين الذين ينتسبون إلى نسله الشيخ عبد الله بن محمد بن الشيخ عبد الله بن محمد بن عثمان البغدي الذي كان له دور

---

(١) أنحاء: بفتح الهمزة وسكون النون وفتح الحاء المهملة وآخره ألف مقصورة.

(٢) انظر:

أ - الجعدي: المصدر السابق ص ٢٤٣ - ٢٤٤.

ب- الجندي: المصدر السابق ١/ ٣٢٧ - ٣٢٨.

ج- أبو مخرمة: ثغر عدن ص ٩١.

كبير في نشر العلم إضافة إلى جهوده في الشئون السياسية في فترة الاستعمار الإيطالي، حيث أسس أحد الأحزاب السياسية الكبيرة في القطر الصومالي ذات الطابع السياسي والديني، كما يظهر من اسم الحزب، وهو حزب الدستور المستقل الصومالي [١]، وإن كان أكثر أنصاره من قبائل ديغل ومرفلي.

ومن العلماء اليمنيين الذين وصلوا إلى الصومال الشيخ عبد الباقي بن محمد بن طاهر، وذلك في شهر شعبان سنة ٨٢٦هـ، وكان من أهل عين بامعيد القريبة بمنطقة « مبغعة »، ولما وصل إلى بربرة شارك الشيخ أهل الصومال في الهموم نشر الإسلام والجهاد ومدافعة العباد والبلاد لغزوات الأحباش الكفار، وقد أبدى الشيخ عبد الباقي شجاعةً عظيمةً و بأساً شديداً، ولاشك أن وجود مثل هذا العلامة في البلاد كان له أثر كبير في الحياة العلمية لاسيما أنه كان يتمتع بمنزلة عظيمة في النواحي العلمية، علاوة على ذلك أن مكتبته الخاصة قد أُرسلت إليه خلال مكوثه في الصومال بمساعدة الملك الطاهر ملك اليمن الذي كان يحترم كثيراً الشيخ ويقدره، بل إن الملك اليمني راسل حاكم المنطقة ابن سعد الدين ليكرم الشيخ ويرعاه خلال وجوده في الصومال، غير أن الشيخ عبد الباقي بن محمد رجع إلى اليمن بعد رحلة علمية دعوية جهادية في الصومال بعد أن أذن له السلطان سعد الدين بالرجوع إلى اليمن [٢].

من العلماء اليمنيين النابغين الذين عاشوا في بلاد الصومال في القرن العاشر الهجري الشيخ الكبير المشهور القطب الرباني شمس الشموس الشيخ أبو بكر بن عبد الله العيدروسي باعلي [٣]، وقد زار مدينة زيلع الساحلية بعد أن قضى موسم الحج عام (٩١٤هـ) ورجع من الحجاز، ورغم أن المصادر لم توضح مدة إقامته في ولاية زيلع إلاّ أن المصادر ذكرت علاقته مع حاكمها الذي كان يحكم وقت وصوله إليها وهو محمد بن عتيق، وقد كان الشيخ أبو بكر بن عبد الله العيدروسي يشارك

---

(١) انظر الشريف العيدروسي: مرجع سابق ص ٢٨٤

(٢) الشيخ جامع عمر عيسى: تاريخ القرن الأفريقي عبر العصور، الباب الخامس، الفصل الثاني (مخطوط)، مرجع سابق.

(٣) من مواليد تريم سنة إحدى وخمسين وثمانمائة.

هذا الحاكم همومه وحزنه ومن ذلك حين توفت جاريته التي كان شغوفاً بها، وقد أثرت وفاتها في نفسية الحاكم [1]. وكان دأب هذا الشيخ الجليل تحسين العلاقة مع الحاكم ولكن ليس مع حكام بلاد الصومال فحسب، وفي موطنه الأصلي حيث كان قبل ذلك له علاقة وطيدة وحميدة مع حاكم اليمن - كما ذكرنا آنفاً - مثل علاقته مع الموفق ناصر الدين عبد الله باحلوان، الذي قضى ديون الشيخ قبل موته وقدرها مائتا ألف دينار.

الشيخ أبو بكر بن عبد الله العيدروسي تلقى علوماً كثيرةً ومتنوعة في صباه وشبابه، وكان له مقروءات كثيرة لا تنحصر، كما له إجازات متعددة من علماء الآفاق كالشيخ العلامة الحافظ السخاوي، والشيخ العلامة المحدث يحيى العامري اليمني والشيخ الإمام العلامة المزجد البربيدي وغيرهم، غير أن أهم شيوخه عمه الشيخ علي والفقيه العلامة محمد بن أحمد بافضل، ولاشك أن وجود الشيخ في اليمن أو في الصومال قد أفاد طلبة العلم وكان له حلقات خاصة بذلك، وقد أخذ عنه جمع غفير مثل الشيخ جار الله بن فهد، الذي ذكره في معجمه من شيوخه في الحديث.

وقد وصف غير واحد من العلماء الأعلام في ترجمته كالشيخ العلامة جمال الدين محمد بن عمر بحرق الحضرمي حيث ألف كتاباً سماه «مواهب القدوس في مناقب ابن العيدروس». وعلى كل حال فقد كان للشيخ جهود جبارة في الحياة الثقافية والاجتماعية حيث كان عطوفاً كريماً سخيا يعطف علي المساكين والمحتاجين وأدى ذلك إلى أن تراكمت عليه ديون كثيرة قضاها عنه السلطان - كما أسلفنا في ذلك - ومن الناحية الثقافية فقد ذكرنا أنه تتلمذ على يديه عدو غير قليل، كما ترك مصنفات عديدة مثل: الجزء اللطيف في علم التحكيم الشريف، وكان له أيضاً أوراداً: بسيط، ووسيط، ووجيز، وديوان شعر [2].

---

(١) بغض النظر عما يروي العيدروسي في هذه القضية من الخزعبلات والخرافات مثل: أن الشيخ نادى باسم الجارية التي توفيت فأجابته لبيك، ورد الله روحها... وعاشت مدة طويلة، ولاشك أن مثل هذه الأساطير لا يصدقها العقل والشرع انظر (العيدروسي: مصدر سابق ص ٨٤).

(٢) العيدروسي: المصدر نفسه ص ٨١ - ٨٩

والعلاقات الثقافية بين الصومال والأقطار العربية لم تكن تقتصر على بلاد اليمن والحجاز فحسب، وإنما كانت هناك أيضاً أقطار أخرى مثل مصر التي كانت لها علاقات ثقافية متبادلة بين القطرين حيث لم يكن أهل الصومال وحدهم يقومون بالرحلات العلمية إلى الديار المصريين، وإنما هناك جولات وزيارات كان يقوم بها بعض الأعلام المصريين إلى بلاد الصومال، ولاشك أن تلك الرحلات قد لعبت دوراً مهما في إثراء الثقافة الصومالية، ومن أهم تلك الزيارات المصرية ما قام به العلامة محمد بن محمد بن عبد الرحمن بن حسن بن جلال الدين بن فتح الدين بن وجيه الدين المصري المالكي المعروف بابن سويد بأحمد أباد؛ وكان الشيخ من مواليد السادس من شهر شعبان سنة ست وخمسين وثمانمائة، وأمه أم ولد ونشأ في كنف والده محمد بن عبد الرحمن، وقد تلقى العلوم الإسلامية فبدأ بالقرآن الكريم حتى حفظه، كما حفظ كتابي ابن الحاجب الفرعي والأصلي وألفية النحو وغيرها، وتعلم على أيدي علماء كثير، وكان يساعد أباهُ، ولما توفي ورث عنه أموالاً كثيرةً، ولكنه ضيع المال وأسرف فيه غير أنه ترك المدينة وذهب إلى الصعيد؛ ومن شيوخه أيضاً الحافظ شمس الدين السخاوي حيث قرأ عليه في مكة الموطأ ومسند الشافعي وسنن الترمذي وابن ماجة وسمع عليه شرحه للألفية وغير ذلك حين التقى به مع ملازمته مدة.

وكان الشيخ محمد بن محمد المصري كثير الطواف والترحال حيث زار اليمن والهند والصومال، ولما دخل زيلع من بلاد الصومال شرع في نشر العلم وما كان يحمله من المعارف، كما عبّرعن ذلك العيدروسي قائلاً « درس وحدث..» قبل أن يتوجه إلى كيناية من بلاد الهند، ورغم أن العيدروسي لم يبين ما درسه المصري من العلوم خلال تواجده في الصومال إلا أنه يظهر بأن الشيخ نشر العلوم الإسلامية واللغة العربية التي كان بارعاً فيها قبل وصوله إلى زيلع لاسيما الحديث وعلومه، حيث كان يلقب بملك المحدثين. وجهود الشيخ ودعوته طرقت أيضاً أبواب الملوك و بلاط السلاطين، حيث كانت له علاقة حميدة مع سلطان الهند محمد شاه فترة وجوده فيها، في حين أن هذه العلاقة تضاءلت لما اعتلى السلطنة ابن السلطان وهو السلطان مظفر شاه.

وربما حصلت له مثل هذه العلاقة في الصومال فترة وجوده فيها رغم أن المصادر لم تذكر مثل هذه العلاقة للشيخ مع سلاطين زيلع. ومهما كان فإن الشيخ محمد المصري كان صاحب ذكاء وفضيلة - كما ذكر ذلك شيخه السخاوي - وتوفي في كجرات ودفن فيها سنة عشرين بعد التسعمائة [1].

وعلى الرغم من أن بلاد اليمن والحجاز ومصر كانت أكثر الأقطار اتصالاً وعلاقة ببلاد الصومال إلا أن هناك أيضاً علاقات واتصالات مع بلدان أخرى، ولم يكن في العالم الإسلامي ما يعيق حركة التنقل بين أطرافه، لأن المسلمين كانوا وحدة واحدة لا توجد حدود تفصل فيما بينهم، ولا أدلّ على ذلك من وجود بعض الخراسانيين في بلاد ما وراء النهر في الصومال لاسيما النيسابوريين أمثال: أبو عبد الله بن رايا بن محمد أحمد النيسابوري الخراساني، وكان يعيش في مقديشو فيما بين النصف الأخير من القرن السادس، والربع الأول من القرن السابع، في عهد حكومة الشيرازيين في مشيخة مقديشو، لم نعثر على أخبار هذه الشخصية إلا ما وجد مكتوباً على قبره من تاريخ وفاته، وهي يوم الثلاثاء في شهر ربيع الأول سنة ستمائة وأربعة عشر سنة (٦١٤هـ)[2]. ويرى بعض الباحثين أن ضاحية شنعاني - في قلب مقديشو - مشتقة من اسم مدينة كانت في نيسابور، وقد أطلق عليها بهذا الاسم تخليداً لذكرى بعض العلماء النيسابوريين القاطنين بها [3].

٧- أسباب تدفق أهل الثقافة والعلماء في الصومال:

والحقيقة أننا لا نستطيع القيام بالحصر والتتبع لهذا الكم الهائل والأعداد الكبيرة من العلماء والمثقفين الذين وصلوا إلى أرض الصومال وقاموا بأنشطة دينية وثقافية

---

(١) العبدروسي: المصدر السابق ص ١٠٢ - ١٠٣

(٢) عبد الله محمد حسن: صوماليا اليوم، طبع بمقديشو عام ١٩٧٥م ص ٤٢؛ وانظر زين العابدين السراج: الحياة الثقافية، مرجع سابق ص ٣٥٣. وكان هذا المشهد من بين المشاهد والقبور التاريخية التي عثر عليها إذبان الحكم الاستعماري الإيطالي بجنوب الصومال، سنة ١٩٦٠م.

(٣) حمدي السيد سالم: الصومال، مرجع سابق ١/ ٣٥٧؛ غيثان بن على بن جريس: العرب في مقديشو وأثرهم في الحياتين السياسية والثقافية في ظل الإسلام، مرجع سابق ١/ ٢٦٥

في المنطقة، غير أنه ينبغي أن نعرف الأسباب والعوامل التي دفعتهم إلي النزوح من موطنهم الأصلي إلى الصومال. والمعروف أن هؤلاء كانوا جزءاً من المجتمع الإسلامي الذي تدفق إلى المنطقة، وقد أشرنا سابقاً إلى العوامل والدوافع الرئيسية التي أدت إلى بعض الهجرات الإسلامية والعربية، ولا شك أن أبرزها عوامل دينية وسياسية مثل هجرة الجلنديين الذين نزحوا من عمان في عهد الأمويين حينما بعث الحجاج بن يوسف الثقفي - من العراق - جيشاً قوياً لتأديبهم وإخضاعهم، بل وإعادتهم إلى شرقي أفريقية إلى حوزة الخلافه، وقد تم ذلك حتى اضطر آل الجلندي للفرار والخروج إلى شرقي أفريقية في القرن الأول الهجري(١).

ومن بين المهاجرين أيضاً جماعة الزيديين المنسوبة إلى زيد بن علي زين العابدين من الخارجين على الخليفة هشام بن عبد الملك، ولما توفي زيد بن علي إثر هزيمته فرّ أصحابه وأتباعه إلى أماكن متفرقة من هذا العالم، ومن تلك البلدان التي نزحوا إليها بلاد الصومال (٢).

ومن المهاجرين أيضاً هجرة أصحاب الأخوة السبعة وأتباعهم من قبيلة الحارث العربية في الأحساء في القرن الرابع الهجري، وكانت بداية نزوح هؤلاء عندما اصطدموا مع حاكمهم الذي مارس التنكيل والتعذيب معهم، حتى هاجروا إلى جنوب الصومال (٣).

ومما لاشك فيه أن هذه المجتمعات المهاجرة كانت تتكون من مختلف شرائح الأمة ومختلف الألوان وعلى رأسهم العلماء والمثقفين، حيث أن العلماء والفقهاء لم يكونوا يختلفون عن مجتمعهم، ولعل الأسباب السياسية وما كان يحدث من الفتن والقلاقل وسوء الأحوال في بلدانهم دفعهم إلي الخروج من أوطانهم إلى أماكن مختلفة مثل بلاد الصومال. وأغلب العلماء والدعاة الذين أثروا في الحياة الثقافية في الصومال

(١) خليفة بن خياط: تاريخ خليفة، مصدر سابق ص ٢٩٧؛ وانظر المناقشة المستفيضة فيما كتبناه في المبحث الثاني من الفصل الثاني.
(٢) انظر حمدي السيد سالم: مرجع سابق ١/ ٣٥٠؛ وقد سبق ذكره.
(٣) محمد حاج عمر: مرجع سابق ص ٨٤ - ٨٥.

جاءوا من بلاد اليمن التي لم تكن تخلوا في تاريخها من بعض هذه الفتن والثورات والانقسامات، ومنها على سبيل المثال ما حدث في القرن الثالث وأغلب القرن الرابع حيث حدثت عدة فتن كفتنة القرامطة التي كان يتزعمها عليّ بن الفضل[١].

وعلى الرغم من أن فتنة القرامطة عمت بلاد الشام والعراق والحجاز وإن اختلف تأثيرها في البلدان، إلا أنهم عاثوا في اليمن فساداً حيث أحلوا المحارم واستهانوا بالدّين، بل وقتلوا أهل اليمن قتلاً شنيعاً[٢]، ولم ينجوا العلماء من تلك الثورات والفتن في شمال اليمن وجنوبها، وكان الشيخ أبو بكير من بين العلماء الذين ماتوا في اليمن وراحوا ضحية ذلك في تريم في سنة ٥٧٥هـ؛ كما قُتلت أعداد كثيرة من الفقهاء والقراء في حضرموت[٣].

وهناك أسباب أخرى يكمن بعضها في غطرسة بعض الحكام واستبدادهم وسوء إدارتهم للبلاد، كما حدث ذلك في عهد السلطان سيف الإسلام[٤] في سنة ثمانين وخمسمائة، ومارس القتل والتنكيل لرعاياه، واستولى علي اليمن كلها طوعاً وكرهاً[٥].

ومن الدوافع والأسباب التي أدت إلى وصول بعض العلماء إلى الصومال دوافع اقتصادية حيث كان بعضهم يمارس التجارة من خلال تبادل السلع ضمن المجموعات العربية والإسلامية التي كانوا ينتمون إليها، أو بمفردهم. وحتى إذا

---

(١) علي بن الفضل الجدني الخنفري الجيشاني، استولى علي اليمن بعد تغلبه على خصومه، وتوفي عام ٣٠٣هـ، انظر با مخرمة: ثغر عدن، مصدر سابق ٢/ ١٥٦

(٢) الجعدي: مصدر سابق ص ٧٥ – ٧٧

(٣) أبا بكير: كان قاضي تريم في عهده، وكان له سمتٌ وهيتةٌ، محافظا على الصلاة في أول وقتها، جمع بين القراءات السبع والفقه. الجعدي: المصدر نفسه ص ٢٢٠ – ٢٢١

(٤) سيف الإسلام ظهير الدين أبو الفوارس طغتكين بن أيوب، المنعوت بالملك العزيز، كان أمير اليمن من قبل أخيه السلطان صلاح الدين، وكان سيف الإسلام قاهر العباد وخاض حروباً كثيرةً، توفي سنة ٥٩٣هـ في اليمن. انظر ابن خلكان، شمس الدين أبو العباس أحمد الشافعي (ت ٦٨١هـ): وفيات أعيان، دمشق، تحقيق محي الدين عبد الحميد، القاهرة، ١٩٤٨م، ١/ ٢٣٨

(٥) الجعدي: مصدر سابق ص ٢٢٩

لم يتمكن العالم التاجر من الخروج إلى خارج البلاد والطواف بالأمصار الأخرى كان يبعث خدمه وعبيده، أو من ينوب عنه في تجارته، كما كان يفعل بعض الشيوخ الإجلاء كالشيخ أبي عبد الله محمد بن عَبْدويه النهرواني [١] أحد التجار المسافرين في التجارة رغم علمه وفقهه، وقد أرسل عبيده وحُلابه إلى منطقة القرن الأفريقي ومكة والهند وعدن، فبارك الله في تجارته وكسب أرباحاً كثيرةً، فكان ينفق على طلبة العلم ويكرمهم [٢]، ولعل هؤلاء الخدم والعبيد لديهم معرفة قوية وعلم غزير، استفادوه من سيدهم العالم الفقيه الذي ما بخل على طلبه العلم بماله وثروته فضلاً عن علمه، ولاشك أن أحق الناس عليه وأقربهم لديه رعاياه وأهل بيته.

وينبغي أن لا نغفل أن هناك بعضاً من العلماء أتوا إلى الصومال جبراً وقسراً،بحيث نفوا من بلدانهم حينما اختلفوا مع حكامهم وأصحاب السلطان، كما حدث ذلك مع الشيخ صالح المكي، فبعد ضربه بالسياط أصدر السلطان الأشرف قراراً بنفيه إلى برّ العجم - أي بلاد زيلع - بل ولأجل تنفيذ هذا المرسوم أوكّل السلطان ذلك إلى أحد أمرائه وولاته... [٣].

وكان القطر الشمالي لبلاد الصومال - وخاصة زيلع - معروفاً لدى الخلفاء والأمراء في اليمن والشام، وقد كان بعض حكام المسلمين يبعثون بعض معارضيهم والخارجين عليهم إليها منذ العهدين الأموي والعباسي، لأن زيلع كانت تابعة لسلطات اليمن في بعض فترات من التاريخ مثلها مثل الجزر الأخرى في البحر الأحمر كجزيرة دهلك وكمران [٤]. وفي عهد الإمام المنصور في اليمن كان ينفي بعض

---

(١) الشيخ أبو عبد الله محمد بن عبدويه النهرواني، من فقهاء اليمن وصلحائها، وقد تفقه على الإمام أبي إسحاق الشيرازي بكتاب « المهذّب « و» بمسائل الخلاف «، وبكتب الشيخ أبي إسحاق في الأصول والجدل، كان يعيش في عدن وزبيد في عهد حكم بني النجاح الأحباش في القرن الخامس الهجري. انظر الجعدي: المصدر السابق ص ١٤٤ - ١٤٥

(٢) انظر الجعدي: المصدر السابق ص ١٤٤ - ١٤٥

(٣) الخزرجي: مصدر سابق ٢/ ٧٥ وقد سبق ذكره.

(٤) هذه الجزر وغيرها تقع في البحر والأحمر، وكانت تابعة للخلافة الإسلامية على الرغم مما كان يقوم به أحياناً قراصنة الأحباش من الاستيلاء عليهم، كما أن جزيرة دهلك كانت ترمي بعض الخارجين والمتعنتين على الخلافة الأموية والعباسية.

الخارجين عليه أو المجرمين ويرسلهم إلى زيلع وسجنها[١]. لذا فلا يستغرب أن تفد مثل هذه الأعداد الكبيرة من العلماء وطلبة العلم إلى المنطقة طلباً للعلم إذ كان فيها أعداد كبيرة من العلماء والمراكز العلمية التي كانت منتشرة في أغلب ربوع الصومال، من زيلع إلى مدينة براوة أقصى الجنوب.

وثمة عامل آخر هناك حيث إن العلماء كانوا يأتون إلى المنطقة لأسباب دينية لأجل نشر العلم والدعوة الإسلامية حيث إن المنطقة كانت تتمتع بشيء من الهدوء والاستقرار، لذا كانت تفد إليها موجات بشرية من المناطق المختلفة. ومن هنا أصبحت بلاد الصومال وغيرها من الأماكن في القرن الأفريقي ملجأ للعلماء وموطناً يفد إليه من يريد اللجوء أو الأمان إذا فَقَدَ ذلك في موطنه الأصلي أو تفشي فيه منكر أو ظلم لا يستطيع دفعه كما فعل ذلك الشيخ الإمام أبو الربيع سليمان بن موسى بن سليمان بن علي بن الجون الأشعري الفقيه الحنفي في سنة اثنتين وخمسين وستمائة، حيث هاجر إلى منطقة القرن الأفريقي ومكث فيها حتى توفي في قرية يقال لها (رون) في نفس السنة وذلك (لما ظهرت السبوت في زبيد وعمل فيها المنكر) ويظهر أن الشيخ أبا الربيع بذل كل ما وسعه الجهد لإزالة هذا المنكر، وبسبب ذلك ترك بلدته، ولا غرابة في ذلك لأن الشيخ اشتهر بفضل عظيم وكان آمراً بالمعروف ناهياً عن المنكر، ومن الناحية العلمية كان فقيهاً عارفاً بالفقه واللغة والأدب، وله عدة مصنفات حسان مثل: شرح الخمر طاشية وهو شرح جيد سماه الرياض الأدبية وقد بدأ التأليف في عنفوان شبابه، واشترك مع علماء المنطقة في نشر العلم والدعوة الإسلامية مما كان له أثر فعّال في الحياة العلمية للمنطقة، وقد حزنت الأمة لوفاته ولاسيما أوساط العلماء حتى كان يعزي بعضهم بعضاً بفراقه مثلما فعل الفقيه أبو بكر بن دعاس إلى الفقيه أبي بكر بن حنكاس يعزيه بأبيات أوردها الخزرجي في كتابه[٢].

ومن العلماء الذين لجأوا إلى بلاد الصومال فراراً من بيئتهم التي نشأوا فيها أبو عبد الرحمن الحسين بن خلف بن حسين المقيبعي أحد فقهاء تهامة - كما أسلفنا

(١) الشوكاني: مصدر سابق ٢/ ٣٤٤ - ٣٤٨؛ وانظر الأكوع: مرجع سابق ١/ ٥١٩

(٢) الخزجي: مصدر سابق ١/ ١١١ -١١٢.

ذكره- غير أنّه فرّ منها وذلك حينما ملك ابن مهدي زبيد وسائر تهامة، خوفاً منه، وبعد خروجه من تهامة قصد عدن وأقام بها مدة ثم سافر إلى بلد السودان[1]- ناحية زيلع - فأقام هنالك ما شاء الله. ولم يكن أبو عبد الرحمن وحده من العلماء الذين خرجوا من تهامة وإنما خرج معه نفر من الفقهاء خوفاً من ابن مهدي الذي ملك البلاد والعباد، ورغم أن أبا عبد الرحمن المقيبعي وصل في أول الأمر إلى عدن إلا أنه استأنف رحلته بعد مدة وسافر إلى الصومال [2]، ولاشك أن الشيخ كان عنده العلم الكامل بأحوال الصومال الأمنية والعلمية لذلك توجه إليها، واعتقد أنه لو لم يكن لديه معلومات عنها لما توجه إليها، ولكنه حينما تأكدت لديه ظروف المنطقة وما كانت تتمتع به في هذه الفترة من الهدوء والاستقرار أصبحت ملاذاً للفارين إليها فضلاً عن أنها كانت تتمتع بوجود لفيف من العلماء الإجلاء.

ولعل دور سلاطين الصومال كان له أثره الطيب في توافد أهل العلم إلى المنطقة إذ أن السلاطين كانوا يقدرون العلم وأهله ويقدمون لهم كل التسهيلات الممكنة، بل إن بعضهم كان له علاقات خاصة مع العلماء والفقهاء ويصاحبهم ويرحب بهم في بلاطه ومقر حكمه، كما فعل السلطان جمال الدين محمد بن سعد الدين ملك المسلمين في الصومال والحبشة عموماً في القطر الشمالي المتوفي في جمادي الآخرة سنة ٨٣٥هـ[3].

أما السلطان أبو بكر بن الشيخ عمر سلطان سلطنة مقدشو في الجنوب فكان في غاية الاحترام والتبجيل للعلماء ولم يكن يخلو مجلسه من الفقهاء والعلماء والأشراف بل كانوا من مستشاريه وقضاته، وحينما زار مقدشو الرحالة المسلم الفقيه المالكي أبو عبد الله محمد بن عبد الله المشهور بابن بطوطة سنة ٧٣٨هـ لقي ترحيباً كبيراً وتقديراً واسعاً من قبل السلطان وقاضيه وحاشيته، وكل أيامه في مقدشو كان في ضيافة

---

(١) يقصد أبو مخرمة هنا بلد السودان إشارة إلى بلاد الصومال كما وضح ذلك في موضع آخر حيث قال: «بلد السودان من ناحية زيلع».

(٢) با مخرمة: مصدر سابق ص ٩١؛ راجع ما كتبناه حول هذا في موضع سابق.

(٣) ابن حجر العسقلاني: أبناء الغمر في أبناء العمر، مصدر سابق ٣/ ٤٨٧- ٤٨٨

السلطان ورعايته، وكان من عادة هذا السلطان أن يستقبل أهل العلم فور وصولهم إلى المدينة، وقد أصدر أوامره أن يحترم العلماء وطلبة العلم وأعد لهم داراً خاصة لهم ينزلون فيها إذا قدموا، وأنّ كبار مسؤولي الدولة كانوا رهن إشارتهم [١].

واستمر تدفق العلماء والدعاة إلى الله إلى منطقة الصومال طوال العصور الوسطى أفراداً وجماعات حتى في القرن الخامس عشر الميلادي. وكانت هجرة جماعة من حضرموت التي كانت تتألف من أربعة وأربعين شيخاً من أبرز هجرات العلماء وقد أحدثت في منطقة القرن الأفريقي تحولاً دينياً وثقافياً عقب مجيء هؤلاء الذين نزلوا في بادئ الأمر في مدينة بربرة على ساحل الصومال الشمالي، واستقروا بها فترة وجيزة، ثم انتشروا وتوسعوا في طول البلاد وعرضها، وقد وصل بعضهم إلى مدينة هرر التي استقبلت هذه الجموع المباركة برئاسة العلامة الشيخ إبراهيم أبو زرباي الذي بذل جهداً مثمراً، ونجح في نشر الإسلام وإنشاء المساجد والمراكز الدعوية في هرر وضواحيها، وما زال السكان يتذكرون هذا الشيخ ويكنون له كل التقدير والاحترام حتى بعد مماته [٢].

ولم تتوقف هجرة العلماء والفقهاء إلى أرض الصومال طوال العصور الوسطى، إذ إن العلاقة بين القطر الصومالي والأقطار العربية الأخرى كانت مستمرة وإن كانت لهذه الهجرة أغراض وأسباب متعددة، كما سبقت الإشارة إلى ذلك. ولم يخل قرن إلا وقد سجل مثل هذا النوع من الهجرات، وما أن دخل القرن الحادي عشر الهجري إلا وقد أتى إلى الصومال أحد أعلام اليمن في عصره، وهو العلامة الشيخ خضر بن محمد بن عبد الله بن محمد بن عمر الذي ينتهي نسبة إلى سيدنا عبد الله بن سيدنا العباس - رضي الله عنهما - وقد قدم هذا العالم من موطنه من اليمن ونزل في جنوب الصومال وبالذات قرية فذة وخالط أهلها حيث تزوج منهم، وقد عاش في القرية حتى لقي ربه، وترك ابناً واحداً يدعى علي بن خضر. ومما لا شك فيه فإن الشيخ خضر قد أدى مهمة الدعوة ونشر العلوم التي كان يحملها وتلقاها من بلدته اليمن

(١) ابن بطوطة: مصدر سابق ١/ ٢٦٢؛ وانظر الشريف العيدروسي: مرجع سابق ص ٨٥-٨٧

(٢) انظر حمدي السيد سالم: مرجع سابق ١/ ٣٥٢؛ عرب فقيه: مصدر سابق ص ٥٧

المشهورة بمدارسها وعلمائها المتعددين، أما ابنه علي بن خضر فلا ريب أنه أخذ عن أبيه علوماً كثيرةً، وانتقل بعد وفاة أبيه إلى منطقة أواجرو التي قطع أشجارها بالجانب الشمالي من على ضفاف نهر شبيلي بين أوساط قبيلة جلذي المعروفة(من كتلة دغل) وشارك علي بن خضر مع مجتمعه في تعمير المنطقة وتطويرها، وكان له فضل كبير على أهلها إذ كان يعدّ من مؤسسي هذه القرية حيث كان أول من قطع أشجارها وجعلها سكناً له ولعائلته. ومهما كان فقد ترك علي بن خضر بيتاً كبيراً فيه من العلماء والفقهاء ومن بين فروعه الشيخ عبد السلام بن الشيخ ميو بن محاد بن ادلي بن محاد، قاضي مقدشو فترة الاستعمار الإيطالي[1].

وفي عهد حكم المظفر سلطان سلطنة مقدشو في سنة ١٠٧٦هـ وصل إلى الصومال العالم الفاضل الشيخ الحاج باحسن بن بكر بن صوف بن جعفر بن موسى، وينتسب إلى سلالة الصحابي الجليل الزبير بن العوام، وقد قدم الحاج باحسن من مكة، وكان فاضلاً، كثير العبادة، صاحب كرامة. وقد وصل عن طريق البحر ونزل على قرية الجزيرة الساحلية الواقعة بين مقدشو ومركة، واستقر هناك حتى توفي، وقد خلف خلق كثير، ومن ذريته الذين ينحدرون عن با حسن الشيخ عمر بن محمد بن حسن بن حاج شريفو [2].

ومن العلماء الحضارمة الذين أتوا إلى الصومال والذين أثروا في حياتها الثقافية والاجتماعية ولهم عقب ونسل، الشيخ الفقيه عمر بن عثمان بن أحمد الحضرمي، وقد هاجر من وطنه حضرموت ونزل بمقدشو، حيث أقام واستقر بها، وامتزج مع مجتمعها حيث تزوج وأنجب ذرية، ثم بعد فترة رحل من مقدشو إلى منطقة قندشه التي تقع على ساحل المحيط الهندي، ومن الذين ينتسبون إليه العالم الشيخ عثمان القندرشي المشهور، وينحدر نسل الشيخ عثمان من جهابذة من الفقهاء والأعلام أمثال: القاضي الشيخ محي الدين بن الشيخ محمد بن إسحاق [3].

---

(١) الشريف العيدروسي: المرجع السابق ص ٦٦
(٢) الشريف العيدروسي: المرجع السابق ص ٩٩
(٣) الشريف العيدروسي: المرجع السابق ص ٢٨٦

٨- رحلات طلبة العلم الوافدين إلى بلاد الصومال:

ولاشك أنّ ما سبق الإشارة إليه من التبادل الثقافي والعلاقات العلمية لدليل واضح على مدى عمق العلاقة والاتصال بين الصومال والبلدان الإسلامية الأخرى وبالذات المناطق المجاورة، مثل اليمن والحجاز ومصر، وكذا الرحلات العلمية التي كان يقوم با طلبة العلم الصوماليون إلى المركز العلمية في العالم ثمّ رجوعهم إلى أرض الوطن بعد تحصيلهم العلمي وتفقههم في الدّين بالإضافة إلى تدفق العلماء والمثقفين إلى القطر الصومالي قد أثر على الحياة العلمية والثقافية في الصومال حتى صارت دوحة للعلم والمعرفة وقبلة يقصدها إليها طلبة العلم في أنحاء مختلفة من أفريقيا وآسيا.

وكان يلزم على طلاب العلم الوافدين من خارج الصومال أن يلتحقوا بالحلقات العلمية التي كانات منتشرة في جميع أنحاء الصومال، وبالذات تلك التي يتكلم شيوخها بلغة القرآن فقط حتى يتمكنوا من فهم اللغة المحلية الدارجة في المنطقة بلهجاتها المختلفة التي كان بعض العلماء يشرحون دروسهم، حسب موقع إقامة الطالب في البلاد، وذلك إذا كان الطالب الوافد من المنطقة العربية ولا يجيد غير العربية لغة. كما فعل ذلك العلامة الشيخ محمد علوي بن أحمد الأستاذ الأعظم الفقيه المقدم، عند طلبه العلم في آفاق كثيرة، وذلك حين قدم إلى الصومال من اليمن في القرن الثامن الهجري، ولاشك أنه قد سمع ما آلت إليه بلاد الصومال من الحالة العلمية قبل مجيئه إلى الصومال، لذلك شدّ الرحال إلى المنطقة ولاسيما مدينة مقدشو التي كانت مليئة بالعلماء الإجلاء الأفاضل، وقد تتلمذ على أيدي العلماء الأفاضل وأخذ عنهم عدة علوم مختلفة من خلال حلقاتهم العلمية، غير أنه كان يحرص على بعضهم مثل حلقة الشيخ جمال الدين محمد بن عبد الصمد الجهوي، وحاز منه علوماً كثيرةُ وبرع وجمع فيها ما جمع حتى فاق أهل زمانه وتقدم بها على أقرانه ثم رجع إلى بلده تريم في اليمن[(١)].

---

(١) باعلوي، محمد بن أبي بكر الشلي: المشرع الروي في مناقب السادة الكرام آل علوي دون ذكر اسم دار النشر والمكان والتاريخ، وطبع وقف لله تعالين ص ١٨٩ - ١٩٠؛ انظر الشريف العيدروسي: بغية الآمال، مرجع سابق ص ٤١

أما إذا كان طلاب العلم قد وفدوا من الآفاق الأخرى مثل مناطق أفريقية المجاورة فلا شك أنهم كانوا يضطرون إلى تعليم اللغة التي يلقي بها الشيوخ دروسهم، في حلقاتهم، وقد كان دائماً يفد إلى الصومال حديثو العهد بالإسلام أو الدعاة الذين كانوا يريدون تزود العلم والمعرفة.

ويكفي أن نشير إلى المجموعات الوثنية التي كانت تأتي إلى المنطقة بعد دخولها في دين الله وتحولها إلى إسلام في زيلع وما جاورها من جزر مثل جزيرة سعد الدين التي كانت تقع قبالة زيلع في القرن التاسع الهجري [١].

ولا غرو أن تفد أعداد كثيرة من طلبة العلم إلى بلاد الصومال، إذ أن مراكز العلم المنتشرة على أغلب المدن الصومالية الكبيرة سواء الساحلية أو الواقعة في الداخل مثل زيلع وهرر وبربرة ومقدشو وورشيخ ومركة وبراوة وبارطيرة كانت مراكز يشعّ منها نور العلم والمعرفة عبر العصور الإسلامية الماضية، حتى صارت ذائعة الصيت في العالم الإسلامي يؤمها طلاب العلم من كافة أقطار هذا العالم الفسيح، بما في ذلك سكان الجزيرة العربية، بل أن مقدشو وحدها قد وفد إليها وفود كثيرة ليس إلا لتلقي العلم الشريف من المناطق العربية الأخرى لما كانوا يعرفون مستواها العلمي والثقافي، كما كان دأب طلبة العلم يشدّون رحالهم إلى أي بقعة ثقافية يسمعون فيها علماء وروّاد العلم [٢].

المبحث الثالث: اللغة العربية في الصومال:

١- *حال اللغة العربية في الصومال وعوامل انحصارها في أوساط المثقفين:*

على الرغم من أن اللغة العربية في الصومال قد حظيت بمكانة رفيعة إلا أنها كانت محصورة في أوساط المثقفين والعلماء والتجار دون العامة، رغم تردد الجماعات العربية

---

(١) الشيخ جامع عمر عيسى: تاريخ القرن الأفريقي عبر التاريخ، الفصل الثاني، من الباب الخامس (مخطوط) مرجع سابق

(٢) الشريف العيدروسي: المرجع السابق ص ٤١؛ شريف صالح محمد علي: أصول الصومالية في العربية، مرجع سابق ص ٤ – ٥

على الصومال من خلال التبادل الثقافي والتجاري بين الجانبين في عصور ما قبل ظهور الإسلام وبعده، وما حصل بينهم من الاختلاط والتصاهر والارتباط، وذلك لسهولة الاتصال البحري، خلافاً لما حدث لدي أغلب الشعوب التي اعتنقت الإسلام في العراق والشام ومصر وشمال أفريقيا وغيرها، والتي استطاعت الامتزاج والانصهار في بوتقة العروبة والإسلام معاً نتيجة عدة عوامل منها تدفق الموجات البشرية والقبائل العربية من الجزيرة العربية والعراق والشام إلى أوطان تلك الشعوب وفيها على سبيل المثال هجرة قبائل بني هلال وبني سليم في شمال أفريقيا ومصر وغير ذلك من الهجرات.

أما بلاد الصومال فعلى الرغم من الهجرات العربية إليها والاستيطان العربي القديم فيها ولاسيما في المناطق الساحلية، ومن ثم ظهور جاليات عربية كبيرة في تعدادها في عدة مراكز إلا أن تلك الهجرات والنزوح لم تكن منتظمة، كما لم تحصل هجرة قبائل معينة بكاملها، بل كانت هجرة جماعات صغيرة جداً(1)، لا تصل إلى مستوى الهجرات العربية في المناطق الأخرى من القارة، بعد استقرار هؤلاء في الساحل الشرقي الأفريقي بدأ عهد جديد في تأفرق العرب بعد انصهارهم مع الأفارقة وخاصة الصوماليين منهم (2)، وبالتالي جاءت النتيجة أن تصومل هؤلاء العرب وانصهروا في الشعب الصومالي، رغم أنهم في البداية أرادوا أن يحتفظوا بأساليب معيشتهم التقليدية إلى حد ما (3).

وقد ساعد على ذلك أن أغلب العرب المهاجرين لم يأخذوا معهم زوجاتهم وذراريهم، والبعض الآخر كانوا غير متزوجين، فتصاهروا جميعاً مع السكان، واستقروا بصورة دائمة، حتى تعلموا اللغات المحلية(4)، ومن ضمن النساء اللواتي

---

(1) راجعف في ذلك في المبحث الثاني من الفصل الثاني.

(2) غيثان بن علي بن حريس: الهجرات العربية إلى ساحل شرقي إفريقي في العصور الوسطى وأثارها الاجتماعية والثقافية والتجارية حتى القرن الرابع الهجري ص ١١

(3) حمدي السيد سالم: الصومال، مرجع سابق ١/ ٣٥٤؛ شريف صالح محمد علي: المعجم الكشّاف عن جذور اللغة الصومالية في العربية، جـ١، ط١، مكتبة النهضة المصرية، عام ١٩٩٦م، ص ٤

(4) أحمد شلبي: مرجع سابق ٦/ ١٨٣؛ غيثان بن علي بن جريس: المرجع السابق ص ٢٨؛ R.Reusch: History of East Africa , New York , 1961, pp.71,72

تزوجهن المهاجرين نساء قبائل وزعامات كبيرة في المجتمع الصومالي، مما كان له أثره الاجتماعي في عملية الانصهار والاختلاط، وأصبحت من الصعب المحافظة على الدم العربي الخالص، إذ سرعان ما ظهرت طبقة مولدة جديدة ذات حسب وجاه وسلطان ولها وجاهتها واحترامها في المجتمع، وإن كانت هذه الظاهرة جاءت نتيجة إيجابية لانتشار الإسلام وقبوله وسرعة رسوخه في المنطقة برمتها[(١)].

والمجموعات العربية التي وصلت إلى الصومال وبالذات تلك التي نزلت في مقدشو وسكنت في حي حمروين تزوجوا من أهل السكان واختلطوا بهم، بل وتبعوهم في لغتهم وبعض عاداتهم وتقاليدهم. أما الذين سكنوا في حي شنغاني فتكونت لديهم لغة ممزوجة بين لغة أهل حمروين واللغة العربية، هكذا كان حال المهاجرين العرب الآخرين الذين استوطنوا في المدن الساحلية والأخرى مثل مركة وبرواه وملحقاتها[(٢)].

ولعلّ هناك عامل آخر عائد إلى إمكانية التعريب الكامل والكلي في الصومال وهو أن الروّاد العرب الأوائل الذين حملوا شمعة الإسلام والعروبة في منطقة الشرق الأفريقي عموماً والصومال خصوصاً لم تستطع تعريب شعوب تلك المناطق من حيث اللغة رغم دخولهم في الإسلام، حيث لم ينجحوا في نشر العروبة لغة بين جميع أوساط المجتمع لتحل محل لغتهم، لأن أغلب الرواد الأوائل كانوا من العلماء وبالتالي كان هدفهم الأسمى ينصب على نشر الإسلام، والحق أنهم استطاعوا سرعة تحقيق هدفهم، وهو هدف نبيل بداية ولأجله أرسلت الرسل وأنزلت الكتب، ومن هنا فلا عجب أن أظهر بعض الكتاب إعجابهم بسرعة تأثر الصوماليين بالدعوة الإسلامية[(٣)]، على حين أهملوا الجوانب الثقافية وأولها اللغة والتعريب[(٤)]. ومن المحتمل أن عدم

---

(١) زين العابدين بن السراج: مرجع سابق ص ٣١٢

(٢) الشريف العيدروسي: مرجع سابق ص ٤٩

(٣) سير توماس أرنولد: مرجع سابق ص ٣٨٠؛ حمدي السيد سالم: مرجع سابق ١/ ٤٠٢؛ وانظر غيثان بن علي بن جريس: الهجرات العربية إلى ساحل شرقي أفريقية في العصور الوسطى، مرجع سابق ص ٢٧

(٤) حمدي السيد سالم: الصومال، مرجع سابق ١/ ٣٣٥- ٣٣٨؛ محمد علي عبد الكريم وآخرون: مرجع سابق ص ٣- ٤

شمول حركة الفتوح الإسلامية بلاد الصومال واستقرار الجيوش المسلمة وأغلبها من العرب ربما جاء كنتيجة سلبية لما سبق، لأنه من المعروف أن الفتوحات الإسلامية كانت تحمل في طياتها جوهر الإسلام وثقافته، وأن استقرار المجاهدين مع أسرهم يؤدي إلى تأثر السكان الأصليين فكراً وثقافةً، إضافة إلى أن الصومال لم تكن تقع بين طرق الحج الذي كان له أثره الديني والاقتصادي والثقافي، مما جعل الصومال منعزلة عن جسم الخلافة الإسلامية المترامية الأطراف عبر عصورها المختلفة إذا ما قيس بالأمصار المفتوحة في المشرق والمغرب.

ولاشك أن هذه العوامل مجتمعة وغيرها أدت إلى عدم انتشار اللغة العربية في الصومال، لأن الهدف الرئيسي الذي كان ينشده العلماء والفقهاء في الصومال هو أن يتفقه الناس في دينهم، أما تعليم اللغة العربية لم يكن في حد ذاته غايتهم، إنما وسيلة لفهم الدين[١].

وعلى الرغم من أن اللغة العربية لم تحل محل اللغة المحلية وهي الصومالية، إلا أن الحقيقة تكمن في أن العربية قد أحرزت نجاحاً كبيراً في الصومال ولاسيما في أوساط المثقفين والعلماء، وأنها توغلت في اللغة الصومالية حيث أثرت تأثيراً كبيراً في كثير من الكلمات وخاصة ما كان منها متعلقاً بأمور الدين، إلى جانب أن العربية ظلت لغة التسجيل والتدوين والمراسلات والعهود والاتفاقيات المبرمة والعقود التجارية وغير ذلك، نتيجة أن أهل البلاد لم يعرفوا كتابة لغتهم، بالإضافة إلى أنهم لم يكونوا يجيدون لغة أخرى، وهذا الجو الخالي أعطى للعربية فرصة لتؤثرها باللغة المحلية، ولاسيما «اللهجات العربية الجنوبية» وهي اللهجات اليمنية بالدرجة الأولى، ثم لهجات عمان، لأن اللغة الصومالية لها صلة قوية وتداخل تاريخي ملحوظ بلهجات جنوب شبه الجزيرة العربية، بل... وتشترك الصومالية مع اللهجات العربية الجنوبية في ألفاظ وتعابير كثيرة من مخزونها المعجمي، كما أن هناك شبه تطابق في المصطلحات

(١) أحمد جمعاله: التعليم الإسلامي في الصومال، مرجع سابق ص ١٧؛ وانظر حسن أحمد محمود: مرجع سابق ص ٤٨٨.

الملاحية وأسماء الأسماك والمأكولات والتجارة...»[1]؛ لأن أغلب الهجرات الجماعية جاءت من جنوب الجزيرة العربية سواء من عمان أو اليمن أو الحجاز، ومن هنا فلا غرو أن تكون لهجاتهم أكثر تأثيراً من غيرها من اللهجات العربية.

وهذا التأثير ليس معناه أن اللغة الصومالية بمختلف لهجاتها وفروعها قريبة بالعربية أو مفهومه عند العرب بل إنها لغة مستقلة بذاتها وتقع في أسرة اللغات الكوشية، هذا يصعب على العربي فهمها إذا سمعها، وهذا ما لاحظه الرحالة ياقوت الحموي عندما كان يتحدث عن أهل الصومال ولغتهم: « لهم لغة برأسها لا يفهمها غيرهم...» [2].

ومهما يكن فالعربية أصبحت اللغة الأوحد في المنطقة التي تستخدم في المهام الثقافية والسياسية والاقتصادية، ليس في العصور الوسطى فحسب، وإنما فيما قبل ذلك التاريخ، حيث لم تعرف في منطقة شرقي أفريقية بما فيها بلاد الصومال قلماً غير القلم العربي. ورغم هذه الفرصة التي سنحت للعرب المسلمين الأوائل إلا أنهم لم يحرصوا على نشر العربية في المنطقة وتعريب المجتمع في جميع أنماط حياته، وإنما كان شغلهم الشاغل نشر الدّين الإسلامي وعقيدته السمحة، وهو ما تم إنجازه فعلياً إذ اعتنق أهل الصومال الدين الإسلامي بكل أريحية ومحبة، سلمياً، وقويت فيما بينهم أواصره حتى أصبح أساس التشريع والقضاء ومصدر كل القيم الروحية [3].

٢- بين اللغة العربية والعلوم الشريعة:

واللغة العربية لم تكن أقل مستوى من العلوم الشرعية من حيث النجاح والانتشار، وإن لم تصل إلى المستوى الذي انتشرت فيه العلوم الدينية، وكان أهل

---

(١) شريف صالح محمد علي: المعجم الكشّاف عن جذور اللغة الصومالية في العربية، المجلد الأول، مرجع سابق ص ٧ – ٨

(٢) ياقوت الحموي: مصدر سابق ١/ ٣٦٩

(٣) غيثان بن علي بن جريس: أثر العرب المسلمين على الحياة السياسية والثقافية في مقدشو خلال العصور الوسطى ص ٥٦، مجلة المنهل، العدد ٥١٤٤، شوال ÷ ذو العقدة، ١٤١٤هـ، الموافق أبريل، مايو ١٩٩٤م

الصومال وغيرهم من سكان منطقة القرن الأفريقي يعتبرون العربية مساعداً للتعليم الديني، بل كانوا يرون من المستحيل النجاح في التعليم الديني بدونها، ومن هنا كانوا يسمونها علم الآلة، وكأنها الآلة التي توصلهم إلى غرضهم ومآربهم وهو التعلم والإتقان للدين الإسلامي وتعاليمه السمحة، ومن هنا كان نجاح العربية مرتبطاً بنجاح التعليم الديني، وهذا من العوامل والدوافع التي ساعدت في انتشار اللغة العربية في المنطقة وخاصة في أوساط المتعلمين وطلاب العلم حتى كان نصيبها وافراً، وتركت أثراً قوياً في جميع الساحل الصومالي والشرقي الأفريقي، كما أن العربية توغلت واختلطت بلهجات قبائل الساحل الأفريقية عشرات القرون من زيلع إلى زنجبار، بل وأن بعض المدن الساحلية كانت أبرز من غيرها مثل مقدشو وزيلع وبراوة ولامو وكلوة أو أن بعضها مثل براوة صارت كجزيرة عربية ككعبة المعرفة، يأتي إليها طلاب العلم من الأماكن النائية لشهرة علمائها وأدبائها الذين استطاعوا تنشيط حركة التعريب في براوة أكثر من غيرها [1].

واللغة العربية وإن لم تحل محل اللغات الأفريقية في الساحل الشرقي الأفريقي رغم تقدمها عن غيرها في المنطقة إلا أنها حازت نصيباً كبيراً وغطت شريحة كبيرة من تلك المجتمعات حتى أصبحت اللغة الوحيدة التي يتعامل بها التجار والساسة عندما كانوا يحتاجون إليها في التدوين والمراسلات وإبرام العقود والاتفاقيات فيما بينهم أو مع غيرهم من الأمم الأخرى، وهذا بفضل التواجد العربي القديم، إذ الشعوب العربية تعتبر أهم الشعوب التي اتصلت بالساحل الشرقي لأفريقيا منذ القدم، وأبقاها أثراً في تلك البقعة من القارة الأفريقية [2].

ورغم تناول أهل البلاد للغاتهم المحلية إلا أن بعضهم كانوا يجيدون إلى جانب ذلك اللغة العربية ولاسيما الساسة والمثقفون، كما لاحظ ذلك الرحالة العربي ابن

---

(١) حمدي السيد سالم: مرجع سابق ١/ ٣٥٩؛ غيثان بن علي بن جريس: المرجع نفسه والصفحة؛
R.Reush: op.cit ,p.45

(٢) غيثان بن علي بن جريس: العرب في مقدشو وأثرهم في الحياتين السياسية والثقافية في ظل الإسلام، مرجع سابق ١/ ٢٥٩

بطوطة عند زيارته للصومال ونزوله على مقدشو حيث يقول: «وسلطان مقدشو... يقولون له الشيخ واسمه أبو بكر بن الشيخ عمر وهو في الأصل من البربرة، وكلامه بالمقدشي ويعرف اللسان العربي..»[١].

وهذا في جنوب الصومال، أما في المناطق الشمالية وخاصة في سلطنة إفات من ممالك الطراز الإسلامي السبعة فقد أشار العمري في كتابه مسالك الأبصار وممالك الأمصار فإن أهلها كانوا يتكلمون باللغة العربية بالإضافة إلى كونهم يتكلمون بلغاتهم المحلية[٢].

والحقيقة أن أهل الصومال - وخاصة العلماء - أعطوا اهتماماً كبيراً للغة العربية، وبذلوا جهوداً لفهمها وانتشارها، اعتقاداً منهم أن اللغة العربية تسهل فهم الدين والشريعة الإسلامية، وأن قراءة القرآن الكريم وفهم معانيه لا يمكن لمن لم يتقنها، وعلى الرغم من أن هؤلاء العلماء أعطوا جلّ اهتمامهم لنشر الإسلام وتعاليمه إلا أن العربية أيضاً كان لها مكان في نشاط تعليمهم ورسائلهم واتبعوا طرقاً مختلفة ووسائل متباينة حسب المنهج المناسب الذي يراه العالم، ومن بين هؤلاء العلامة الشيخ يوسف الكونين الذي اتبع طريقة خاصة لتعليم العربية ابتداء من الأطفال حيث بذل جلّ جهده في القراءة والتهجي والتشكيل العربي، وهذه الطريقة والأسلوب التلقيني قد أخذ نجاحاً باهراً وعمّ كل أرجاء المنطقة، حتى لم يكن طفل يبدأ القراءة والكتابة إلا من خلال هذه الطريقة التي هي عبارة عن ترجمة تهجي الحروف المعروفة عند علماء التربية « الطريقة الهجائية أو الحرفية ». وعلى الرغم من أن هذه الطريقة والأسلوب التي ابتكرها الشيخ يوسف الكونين من أنجح الطرق وأوسعها انتشاراً في منطقة القرن الأفريقي إلا أن هناك أيضاً طرقاً وأساليب لتعليم العربية اتبعها العلماء ولاسيما بعد ما يستقيم الطفل وينجح في القراءة والكتابة، حيث كان الطلبة يلتحقون بالمدارس وينضمون إلى الحلقات والزوايا المخصوصة باللغة العربية وفنونها المتعددة.

---

(١) ابن بطوطة: مصدر سابق ١/ ٢٦٢؛ وانظر الشريف العيدروسي: مرجع سابق ص ٨٧

(٢) المقريزي: إلمام، مصدر سابق ص ٧؛ وانظر الشيخ جامع عمر عيسى: تاريخ الصومال في العصور الوسطى والحديثة، مرجع سابق ص ١٦، ٣٥

وكانت علوم اللغة العربية من: نحو وصرف وبلاغة وعروض ومنطق وغير ذلك كانت منتشرة في الصومال بمستويات مختلفة وإن كان النحو والصرف في صدارة الأمر، وكان يرى أهل الصومال هذه العلوم بمثابة علوم مساعدة لفهم علوم الدين من: القرآن والحديث والفقه المستنبط من الشريعة، واستطاع بعض أهل العلم - الذين أعطوا جلّ اهتمامهم لدراسة علم النحو وبذلوا جهوداً جبارة في سبيل معرفة هذا الفن وفروعه وأصوله وقياسه وشواذه ومذاهبه المختلفة - النيل بقسط وافر منه وإتقانه به حتى برعوا وتخصصوا فيه إلى حدّ كبير يضاهي أقرانهم في المنطقة وغيرها في منابع العلم. ومما يبين مستوى اللغة العربية في ميادين العلم وأروقته في الصومال أن العلماء ورجال الثقافة الذين هاجروا إلى الأقطار العربية الأخرى والمراكز العلمية لم يكن أقل من أقرانهم في هذه الأقطار بالإبداع والإنتاج والمشاركة في الأحيان الكثيرة، بل إن بعضهم فاقوا معاصريهم وصاروا شيوخاً لهم، ولم ينقل المؤرخون أي مشكلة لغوية اعترضت طريق هؤلاء الذين سجلوا حضوراً كبيراً في المحافل العلمية والمراكز الثقافية خارج البلاد، مما يدل على مستوى اللغة العربية وتطورها بحيث كانت قوية في المنطقة. ومن هؤلاء العلماء الحافظ أبو عمر فخر الدين بن عثمان الزيلعي الفقيه الأصولي وقد هاجر إلى القاهرة حيث وصل إليها سنة سبعمائة وخمس هجرية، وفور استقراره في مصر اشتغل بالتدريس، واشتهر بنبوغه في الفقه وأصوله[١].

ومما يوضح إلمامه باللغة العربية أنه وضع عدة كتب باللغة العربية رغم أن جلّ هذه الكتب تناولت الفقه والأحكام المستنبطة من الكتاب والسنة، وأهم هذه الكتب:

تبيين الحقائق في شرح كنز الدقائق وكتاب شرح الجامع الكبير للشيخ محمد الشيباني، وكتاب بشرح المختار للعلامة الموصلي. والكتاب الأول يعدّ من أهم المصادر الفقهية التي لا يستغني عنها أحد ولاسيما الفقهاء الأحناف بل وقد «ظل تراثاً خالداً ينير الطريق، يشير إليه العلماء ويأخذون منه فقههم[٢]...».

---

(١) السيوطي: حسن المحاضرة، مصدر سابق ١/ ٤٧٠؛ عمر رضا كحالة: معجم المؤلفين، مرجع سابق ٦/ ٢٦٣؛ وانظر محمد الطيب بن محمد يوسف اليوسف: اثيوبيا والعروبة والإسلام عبر التاريخ، مرجع سابق ٢/ ٢٨

(٢) زين العابدين بن الشراج: مرحع سابق ص ٣٢٧

ومن هؤلاء أيضاً الحافظ أبو محمد جمال الدين عبد الله بن يوسف الزيلعي صاحب كتاب تخريج الهداية في تخريج الرافعي[١].

ومن العلماء المقدشيين الذين لمعت أسماؤهم في الساحات العلمية والمعرفية أبو عليّ الحسن بن عيسى بن مفلح العامريّ المقدشي، وأبو عبد الله محمد بن محمد بن أحمد، شمس الدين المقدشي، والعلامة الفقيه عليّ بن محمد بن نور الدين بن عيسى المقدشي، الأول كان ممن حدّث عنه الحافظ الذهبي، والثاني حدّث عنه الحافظ بن حجر العسقلاني[٢]. أما العلامة الفقيه عليّ بن محمد بن نور الدين بن عيسى المقدشي اشتهر في اليمن وفاق أقرانه، ووضع حاشية على المنهاج للإمام النووي وسماها: (الأنيق على مسائل المنهاج الدقيق) وقد توفي عام هـ[٣].

ومن العلماء الذين هاجروا من منطقة القرن الأفريقي واستقروا في اليمن، الفقيه الفاضل أحمد بن عبد الله الجبرتي الذي نزح من منطقة جبرت إحدى نواحي بلاد الصومال - كما ذكر ذلك المؤرخ اليمني الخزرجي[٤].

والحق أنه مما سبق ذكره يتضح لنا الدليل على رقي الدراسات اللغوية في الصومال وتطورها في الساحة الثقافية والعلمية، حتى أن طلبة العلم الذين رحلوا إلى الديار العربية الأخرى بهدف التفقه في الدين لم يصاحبهم ما يعترض رحلتهم العلمية في النواحي اللغوية، بحيث كانوا قد أتقنوا الدراسات اللغوية قبل رحيلهم إلى تلك الديار والشروع في طلب العلم، وأن أهل العلم وطلابه في الصومال كانوا يرون أن تعليم النحو والصرف وسيلة لفهم علوم الشريعة والدين، وليس غاية لذاتها، وكانوا يلتمسون باستمرار المزيد من المعرفة والتعمق في العلم، حتى كانت الرحلات إلى العلمية.

---

(١) ابن حجر العسقلاني: الدرر الكامنة في أعيان المائة الثامنة، مصدر سابق ٢/ ٣١٠

(٢) الربيدي: تحفة العروس في شرح المقاموس المحيط، مصدرسابق ١٧/ ٣٩١، مادة (م ق د ش).

(٣) انظر الشيخ أحمد ريراش: مرجع سابق ص ٧٧ - ٧٨

(٤) الخزرجي: مرجع سابق ١/ ٣٠٩

ومن هؤلاء الشيخ أبوإسحاق إبراهيم بن عثمان بن أدم المعروف بالجبرتي - نسبة إلى جبرت صقع من بلاد الحبشة - وقد أخذ العلم عن حلقات الشيخ أبي الخير وغيره في اليمن ولاسيما منطقة زبيد، ولشدة تعلقه بأحد مساجدها أطلق عليه - أي المسجد - مسجد الجبرتي [١].

ومن الذين رحلوا لطلب العلم وواظبوا على هجر العلم ومعاقله في اليمن أبو عبد الله محمد بن أبي بكر بن علي الجداي - نسبة إلى صقع من الحبشة يقال له جداية [٢] المشهوربالزيلعي، وقد تتلمذ على ألمع العلماء في اليمن أمثال العلامة المقرئ عبيد بن محمد، وقد أخذ عنه واستفاد علوماً كثيرةً كعلم القراءات وعلم اللغة وخاصة النحو، كما افاد من حلقة الشيخ أبي زاكي بحزز، والشيخ الغيني بوصاب، وبعد أن تكونت لديه حصيلة علمية وجمع علوماً كثيرةُ، التف حوله خلق كثير بحيث أخذوا منه، وقد توفي سنة ثلاث وعشرين وسبعمائة هجرية [٣].

ولاشك أن عودة هذه الرحلات العلمية الوطنية وغيرها إلى البلاد من العوامل التي طورت الحياة الثقافية في الصومال وخاصة اللغة العربية، حيث كان هؤلاء يعقدون الحلقات العلمية المنتظمة في مختلف المراكز والأروقة العلمية لأداء الرسالة التي حملوها خلال رحلاتهم العلمية إلي الخارج ولاسيما أن أغلب هؤلاء كانوا من طلاب الشريعة وما يتعلق بالدين، امتثالاً لقوله تعالى: ﴿وَمَا كَانَ ٱلْمُؤْمِنُونَ لِيَنفِرُوا۟ كَآفَّةً ۚ فَلَوْلَا نَفَرَ مِن كُلِّ فِرْقَةٍ مِّنْهُمْ طَآئِفَةٌ لِّيَتَفَقَّهُوا۟ فِى ٱلدِّينِ وَلِيُنذِرُوا۟ قَوْمَهُمْ إِذَا رَجَعُوٓا۟ إِلَيْهِمْ لَعَلَّهُمْ يَحْذَرُونَ ﴿١٢٢﴾﴾ [التوبة]. وبُعيدَ عودة هؤلاء الذين نهلوا العلم من مناهله الأصلية في العالم الإسلامي ورجوعهم إلى موطنهم الأصلي سرعان ما شرعوا في تأدية وظيفتهم الأساسية وهي نشر نور المعرفة وخاصة التعليم الديني في كافة أرجاء البلاد، كما أسس هؤلاء العائدون مراكز إشعاع العلم الإسلامي وترسيخ أركانه حتى كثرت الحلقات العلمية أسوة لما عاينوه في مواطن دراستهم وعلى نحو ما

---

(١) الجندي: مصدر سابق ٢/ ٣٦

(٢) جداية: بخفض الجيم ثم دال مهملة ثم ألف وفتح الباء المثناه من تحت ثم هاء.

(٣) وانظر الجندي: المصدر السابق ١/ ٣٩٣

عهدوه في مراكز العلم وأروقته في الخارج، فامتلأت المساجد والمراكز العلمية بحيث انتظم فيها الرواد وأصبحت معاهدها عامرةً بهم(١).

وهناك عامل آخر كان له دور كبير في إثراء اللغة العربية ونشرها، وهو كثرة الحلقات العلمية التي كان يقدمها علماء محليون أجلاء رغم أن هذه الحلقات والدروس التي كانوا يلقونها كانت تتسم بالطابع الديني تغلب عليها السمة الدينية، ومع هذا كان لعلوم اللغة العربية وآدابها حظ عظيم، بحيث لم تخل من هذه الحلقات من تدريس العربية كما كانت حلقة الشيخ جمال الدين محمد بن عبد الصمد الجهوي في مقدشو، وكان يعد هذه العلم وحلقاته العلمية من أشهر الحلقات العلمية في القطر الصومالي بحيث إنها كانت تضم مختلف العلوم والمعرفة من التفسير والحديث والفقه والتصوف، بالإضافة إلى علوم العربية بما فيها علوم المعاني والبيان والمنطق... ومن هنا فقد استحقت هذه الحلقة أن تشدّ إليها الرّحال ويقطع من أجلها مسافات طويلة، كما فعل ذلك العلامة اليمني محمد بن علوي بن أحمد بن الاستاد الأعظم الفقيه المقدم، حيث أتى من بلدته تريم حتى وصل إلى مقدشو، قاصداً مجلس الشيخ جمال الدين محمد بن علوي ثم عاد إلى اليمن بعد أن تلقى علوماً كثيراً في مقدشو ولاسيما في حلقة شيخه جمال الدين الجهوي، بحيث كان يقرأ عليه المهذب في سنة والتنبيه والوسيط والوجيز في سنة إضافة إلى ما ذكرناه، وقد توفي في تريم في يوم الأربعاء في ذي الحجة سنة سبع وستين وسبعمائة(٢).

ومن العوامل التي ساعدت في بلورة اللغة العربية وتطويرها أيضاً تدفق علماء أكفاء جاءوا من المناطق العربية المختلفة، إلى الصومال وأثروا في النواحي الثقافية والعلمية من خلال حلقاتهم العلمية وجولاتهم التي كانوا يطوفون فيها طول البلاد وعرضها لنشر العلوم، ومما يقوي هذا الدور أن هؤلاء الجهابذة كانوا متمكنين من اللغة العربية وعلومها المختلفة كالشيخ محمد بن محمد بن عبد الرحمن بن حسن وجيه

---

(١) جامع عمر عيسى: تاريخ الصومال في العصور الوسطى والحديثة مرجع سابق ص ٣٨ - ٣٩؛ وانظر زين العابدين بن السراج: الحياة الثقافية بالصومال، مرجع سابق ص ٣٢٥

(٢) باعلوي، محمد بن أبي بكر الشلبي باعلوي: المصدر السابق ١٩٠

المصري المعروف بابن سويد بأحمد أباد، ولاسيما أنه تلقى العلوم العربية من نحو وغيره، وقد حفظ ألفية ابن مالك، كما حفظ كتابي ابن الحاجب الفرعي و الأصلي وغيرها، إضافة إلى أنه تلقى أغلب العلوم الإسلامية على أيدي عدد من العلماء، ومنهم الحافظ شمس الدين السخاوي، ومن بين ما أخذ عنه أنه سمع عليه شرحه للألفية وغير ذلك، ولاشك أن وجود هذه الشخصية الفذة في الصومال ساعدت على نمو الحركة الفكرية والعلمية في المنطقة ولاسيما أنه خلال وجوده في مدينة زيلع قام بالتدريس ونشر العلم حسب ما صرح به العيدروسي بأنه « درّس وحدّث « وعلى الرغم من أن العلامة وجيه المصري كان موسوعياً إلا أنه كان بارعاً ومتقناً للغة العربية ومتخصصاً فيها، ولا يمكن أن تخلو من دروسه وحلقته التي كان يعقدها خلال وجوده في الصومال قبل رحيله إلى بلاد الهند... [(١)].

ومن هؤلاء العلماء الوافدين على القطر الصومالي البارعين باللغة العربية، أحد الأعلام اليمنيين وهو الشيخ أبو بكر بن عبد الله العيدروسي باعلي حيث قدم على زيلع بعد موسم الحج عام ٩١٤هـ، وقد تتلمذ على أيدي علماء كبار في بلدة اليمن وفي الحجاز أمثال العلامة يحيى بافضل، والحافظ السخاوي، ومن خلال مصاحبتهم استفاد من مجالسهم علماً غزيراً، إضافة إلى أنه كان له قراءات كثيرة لا تنحصر، وإجازات متنوعة، ثم بعد ذلك عقد حلقات علمية وأفاد طلابه في اليمن والحجاز والصومال، وقد افاد منه عدد غير قليل، ومن الطبيعي أن تعلو شهرة هذه الشخصية عند معاصريه من أهل العلم حتى ترجم غير واحد عن حياته ونشاطه العلمي، مثل كتاب: مواهب القدوس في مناقب ابن العيدروس للشيخ جمال الدين محمد بن عمر تحرق الحضرمي؛ والشيخ أبو بكر بن عبد الله العيدروسي ألف عدة مؤلفات مثل: الجزء اللطيف في علم التحكيم الشريف؛ وكان له ديون شعر، مما يدل على نبوغه في أثناء وجوده في الصومال من خلال حلقاته وتدريسه [(٢)].

---

(١) العيدروسي: مصدر سابق ص ١٠٢ - ١٠٣؛ وانظر ترجمته كاملاً في المبحث الثاني من هذا الفصل.

(٢) العيدروسي: المصدر نفسه ص ٨١ - ٨٩؛ وانظر حياة هذا العلم مفصلة في المبحث الثاني من هذا الفصل.

ومنهم أيضاً أبو الربيع سليمان بن موسى بن سليمان الأشعري صاحب مصنفات عديدة، وكان عارفاً بالعلوم الشرعية، كما كان متقناً للغة والأدب، ومن بين مؤلفاته: شرح الخمر طاشية، وهو شرح جيد سماه الرياض الأدبية، وفي سنة اثنتين وخمسين وستمائة وصل إلى المنطقة قادماً من اليمن وكان له أثر كبير في الحياة الثقافية في البلاد، وقد حزنت الأمة لوفاته وخاصة أهل العلم [1].

وهناك عامل آخر لا يقل أهمية عن العوامل السابقة، وهو العامل الديني، لأن اللغة العربية ارتبطت ارتباطاً وثيقاً بالدين الإسلامي وتعاليمه المختلفة من القرآن والأحاديث والفقه وغير ذلك، ويستحيل لأي أحد أن يتعمق في الدين وثقافته وموروثا ته دون التفقه في العربية، ومن هنا فقد احتلت اللغة العربية في المجتمع الصومالي وخاصة - الطبقة المثقفة - مكانة عالية، وحرصوا على تعلمها وإتقانها أشد الحرص. ويضاف إلى ذلك بعض الآيات القرآنية والأحاديث الشريفة التي كانت تحث على تعلم العربية، ومن ذلك قوله تعالى: ﴿ قُرْءَانًا عَرَبِيًّا غَيْرَ ذِى عِوَجٍ لَّعَلَّهُمْ يَتَّقُونَ ۝٢٨ ﴾ [الزمر]. وقد أكد النبي ﷺ على أهمية اللغة العربية بتعلمها حيث قال مغرياً على تعلمها: «لغتكم وعَاء دينكم فاحفظوها». كما حرض الرسول ﷺ على تعلم القرآن الكريم، وهذا لا يمكن أن يتعلمه المسلم بدون فهم العربية. ومن هنا فلا غرابة أن يتسابق أهل العلم والفكر لإجادة العربية والتفقه في فنونها وأساليبها وآدابها.

٣- جهود أهل الصومال في إثراء اللغة العربية وعلومها:

وعلى الرغم من أن تعلم اللغة العربية في الصومال لم يرق إلى المستوى الذي وصل إليه في الأقطار العربية الأخرى إلا أن الدراسات العربية التي كانت تعقد في المساجد والمراكز العلمية لا تقل أهمية عن مثيلاتها في المنطقة العربية، لأن المصادر والكتب اللغوية المستعملة في الصومال لم تكن تختلف عن الكتب والمصادر التي كانت متداولة في البلدان العربية الأخرى ولاسيما تلك التي تدرس في الحجاز واليمن

(١) الخزرجي: مصدر سابق ١/ ١١١ - ١١٢

ومصر، كما أن المعلمين كانوا دعاة نزحوا من المنطقة العربية أو معلمين وطنيين تتلمذوا على أيدي هؤلاء العرب في داخل البلاد أو خارجها. وهذه الكتب كانت تختلف من مستوى إلى آخر، وشملت جميع المراحل التعليمية سواء في المستويات الابتدائية أو المتقدمة، وعلى سبيل المثال فإن علم النحو مسائله المتعددة كان تدرس في الصومال مثل ألفية ابن مالك وشروحه، كشرح ابن عقيل على حاشية الخضري، وشرحه الآخر الأشموني على حاشية الصبان، ومن بين الكتب النحوية أيضاً ولاسيما الكتب المختصرة مثل متن الأجرومية وشروحه المختلفة، كشروح العشماوي والدحلاني وكتاب العمريطي، وكذا ملحة الأعراب وقطر الندى وشروحه المختلفة، أما فيما يتعلق بعلم الصرف فكان كتاب لامية الأفعال لابن مالك في صدارة المصادر التي تدرس إضافة إلى شروحه مثل: البحر الكبير والصغير. وفي علم العروض فهناك كتاب الخزرجية لأبي محمد ضياء الدين عبد الله بن محمد الخزرجي الأندلسي، وخير شاهد على ما ذكرناه النسخ الخطية التي كانت تعج بها المكتبات العامة والخاصة عبر العصور الإسلامية الزاهية (١).

وفي العصور المتأخرة ساهم علماء الصومال في الإبداع والإنتاج في الدراسات اللغوية سواء في فنون النحو والصرف والعروض، حيث وضعوا كتباً مختصرة تناولت

---

(١) ومن أهم المكتبات العامة التي كانت ترعاها الحكومة الصومالية مكتبة المتحف الوطني ومكتبة الأكادمية الصومالية للعلوم والآداب والفنون وكذا المكتبة الوطنية، وكانت هذه المكتبات تزخر بكتب خطية كثيرة في مختلف العلوم والمعارف. وقد كتب د. حسن مكي قائمة كبيرة من أسماء المخطوطات التي اطلعها عليها في مكتبة الأكادمية الصومالية للعلوم والفنون وحدها إبان رحلته العلمية وقد أشار إلى ذلك في كتابه (السياسات الثقافية في الصومال الكبير ص ٦٢ - ٧٣). وفي جانب آخر كان هناك أيضاً مكتبات خاصة كان يمتلكها أشخاص معينون وأسر بعينها توارثوا أب عن أحد، وهذا النوع من المكتبات ما زال متناثراً في جميع أرجاء الوطن، غير أن هناك أشخاص اشتهروا بامتلاك كتب خطية توارثوا عن أجدادهم، وأخرى بدلوا جهوداً حثيثة لاقتنائها وحفظها.. وخير مثال على ذلك مكتبة العلامة الشيخ أبو أحمد محمد بن محمود أحمد الشاشي المقدشي المشهور بشيخ أبا، حفظه الله، وقد استطاع الشيخ أن يجمع أكثر من ٣٥٠٠ مخطوط في مختلف العلوم والفنون، وأغلبها كتب شرعية دينية من القرآن وعلومه والحديث وعلومه والفقه أصوله، وكذا كتب تتناول اللغة وضروبها المختلفة من نحو وصرف وبلاغة ومنطق وعروض وغير ذلك... انظر محمد حسين معلم: مقال (من ينقذ الآثار الإسلامية في الصومال) في جريدة «المسلمون» العدد ٥٧٥، جمعة ٢٠ رمضان ١٣١٦هـ/ ٩/ ٢/ ١٩٩٦م ص ٨

تلك المجالات، ولعل ذلك نتج عن حاجة الحلقات والمدارس في الصومال، لأن واضعي هذه الكتب كانوا معلمين مشهورين، ومن ذلك كتاب: «الجوهرة السامية في علمي العروض القافية « للعلامة الشيخ أبي عبد الله عبد الرحمن ابن الشيخ عبد الله الملقب بحاجي صوفي الشاشي المقدشي[1]، وهو منظومة تتناول علم الصرف، علماً بأن الشيخ أحمد بن عثمان محمد الشاشي المقدشي قام بشرح هذا الكتاب ووضع كتاباً سماه: «كشف المعاني الخافية في شرح الجوهرة السامية». وكتاب «فتح اللطيف شرح حديقة التصريف» للشيخ عبد الرحمن الزيلعي[2]، وهو شرح لكتاب «حديقة التصريف في علم الصرف» علماً بأن كتاب حديقة التصريف نفسه قد وضعه الشيخ عبد الرحمن الزيلعي كأرجوزة في علم الصرف، وهذه الأرجوزة مشهورة في بلاد الصومال ومحفوظة لدى طلاب العلم ومتداولة بين أهل العلم.

ومن تلك الكتب أيضاَ كتاب: «نثر الجواهر في قاعدة الصرف الفاخر» للشيخ عبد الرحمن بن الشيخ عمر الأبغالي العليّ الورشيخي، وكتابه هذا قد تناول علم الصرف وقاعدته ليكون شرحاَ للامية الأفعال الصرفية التي ألفها الإمام محمد بن مالك الطائي - رضي الله عنه - ليسهل لطلاب العلم والراغبين هذا الفن، وكأن أصل هذا الكتاب كان شرحاً للامية الأفعال باللغة الصومالية للشيخ أدم بن محمود الصومالي، ثم قام الشيخ عبد الرحمن بن عمر بشرحه ليحول هذا الشرح المعروف في القطر الصومالي بالقاعدة الشيدلية ولكن إلى اللغة العربية وسماها (نثر الجواهر في قاعدة الصرف الفاخر).

وهذا فيما يخص بالدراسات النحوية والصرفية في الصومال؛ أما فيما يتعلق بالأدب العربي وضروبه وفنونه المختلفة من نثر ونظم فكان له وجود ملموس في الصومال وإن كان حظه أقل من النحو والصرف، إذ إن أغلب الزوايا والأروقة

---

(١) الشيخ عبد الرحمن بن الشيخ عبد الله بن الشيخ محمد بن الشيخ عبد الله بن إمامك الشاشي المقدشي المتوفي سنة ١٣٢٣هـ، وسيأتي الحديث عنه مفصلاً في الفصل الخامس.

(٢) الشيخ عبد الرحمن بن أحمد الكسلاني المقدشي الزيلعي الكدلي، وسيأتي الحديث عنه مفصلاً في الفصل الخامس.

العلمية لم تخل من الدراسات النحوية، بل وكان علما النحو والصرف في نظر أهل العلم في الصومال - كغيره من البلدان الإسلامية الأخرى - مدخلاً لجميع العلوم الدينية. أما الدراسات الأدبية فعلى الرغم من حضورها وتناولها إلا أنها لم تصل إلى مستوى الدراسات اللغوية الأخرى. وكان يدرس الأدب العربي - نثره ونظمه - وتعتبر كتب المقامات في مقدمة مصادر النثر، كما كان يدرس علم المعاني والبيان، وكذا علم المنطق [1] والبلاغة، ومن بين كتب البلاغة: كتاب تلخيص المفتاح، وكتاب الجوهر المكنون...، أما علم المنطق فكتاب السلم كان من ضمن المقرارات التي اشتهرت في الحلقات العلمية في بلاد الصومال.

من خلال تتبع الإنتاج الأدبي يتبين أن الشعر العربي في الصومال يتمتع بنصيب أوفر من حيث الإنتاج والإبداع، وإن قطاعاً كبيراً من شريحة المتعلمين كانوا يستوعبون علم العروض ومن بين الكتب العروضية التي كانت تدرس كتاب الخزرجية لابن محمد ضياء الدين عبد الله بن محمد الخزرجي الأندلسي.

وكان لأهل العلم في الصومال إسهامات في وضع قواعد هذا الفن، كما فعل ذلك العلامة أبو عبد الله الشيخ عبد الرحمن بن الشيخ عبد الله الشاشي المقدشي المعروف بحاجي صوفي - كما ذكرنا سابقاً - حيث وضع كتاباً سماه: «الجوهرة السامية في علمي العروض والقافية»[2].

وقد استطاع الصوماليون وضع أشعار ونظم عدة بسبب إلمامهم بهذا الفن وملكتهم الشعرية، بحيث كانوا يطربون للشعر العربي، ويستمتعون بموسيقاه، وتناولوا جميع البحور والأوزان للشعرية، وتفاعيلها... وعلى الرغم من أن هؤلاء الشعراء - بمختلف عصورهم وميولهم - تناولوا أغلب أغراض الشعر إلا أن المدح كان السمة البارزة للشعر، ولاسيما مدح النبي ﷺ وآل بيته والصالحين، وكان للطرق الصوفية النصيب الأوفر والرحب في هذا المجال، بل ولم يكن إنتاجهم أقل

(١) انظر باعلوي: مصدر سابق ص ١٩٠

(٢) طبع هذا الكتاب لأول مرة في القاهرة عام ١٩٨٨م بتحقيق وشرح الشيخ أحمد بن عثمان الشاشي المقدشي، وسماه كشف المعاني الخافية بشرح الجوهرة السامية.

وفرة ودقّة لغوية عن الشعراء الآخرين، ولا ننسى في هذا الميدان الأناشيد الوطنية والأشعار الحماسية التي ازدهرت مع الحركات الوطنية والتي كانت تنادي بالتحرر وتحرص على الاستقلال أيام الاستعمار في القرنين الماضيين.

المبحث الرابع: أبرز العلماء الصوماليين عبر العصور الوسطى الإسلامية:

والحقيقة أن العلماء في الصومال لم يكونوا منعزلين عن السلاطين ماداموا على الشريعة والدين، سواء كان هؤلاء العلماء وافدين أم من أهل البلاد الأصليين، وقد رأينا كيف كانت علاقة الأعلام الوافدة لسلاطين المنطقة، أما العلماء الصوماليون فالحقيقة أن السلاطين انفسهم كانوا يتقربون إليهم ويعقدون معهم علاقات حميمة مثل السلطان سعد الدين سلطان المسلمين بالحبشة في زمانه حيث كان يصاحب الفقهاء والعلماء وينشر العدل في أعماله، وبسبب هذه العلاقة، وحسن خلق السلطان انتشر الإسلام بين أوساط المسيحيين والوثنيين ودخل في دين الله خلق كثير.

وكان العلماء والشيوخ يحترمون ويقدرون حكامهم، بل ويعاونونهم في قيادة الرعية وأمور الدولة. أما في الجهاد فقد كانوا لا يتوانون عن مشاركتهم، حتى في أحلك الأوقات فكان الشيوخ قد تعاهدوا جميعاً مع سلطانهم ضد الأحباش على الموت، حتى استشهد السلطان سعد الدين، وقد قدر بعض المؤرخين عدد العلماء المتوفين بـ ٤٠٠ شيخ من شيوخ البلاد، كما استشهد السلطان سعد الدين في هذه الوقعة [1].

وعلماء الصومال أيضاً كان لهم حظ كبير في السياسة، وعلاقتهم بولاة الأمور كانت قوية سواء في داخل البلاد، أو حينما وصلوا إلى أطراف أخرى من خارج الوطن، بل كان بعض هؤلاء العلماء محبوباً لدى الأمراء والسلاطين ومقرباً في بلاطهم ومجالسهم، لذا، فلا يستغرب أن يسند لبعض منهم مناصب عالية، إدارية كانت أو سياسية، كالقاضي محمد ابن مومن الذي أصبح وزيراً للسلطان المجاهد جمال الدين،

(١) الشيخ جامع عمر عيسى: تاريخ القرن الأفريقي عبر العصور، الباب الخامس ن الفصل الثاني (مخطوط)، مرجع سابق.

سلطان اليمن وقائدها، بل ووصل الأمر إلى درجة أن مثّل السلطان وصار سفيراً له لدى الديار المصرية أيام السلطان الناصر محمد بن قلاون سنة ٧٢٥هـ، في أحلك الظروف حيث طلب سلطان اليمن من السلطان الناصر بن قلاون النصرة والتأييد حينما نشب نزاع مرير بين المجاهد وابن عمه، الطاهر عبد الله بن أيّوب، وقد نجح السفير القاضي في هذه المهمة وأداها بكل حنكة وقدرة، بل واستطاع السفير أن يقنع سلطان مصر الناصر محمد بن قلاون بإرسال قوة عسكرية تناصر وتساند المجاهد على ابن عمه الذي خرج عليه، وقد وصل القاضي إلى أرض اليمن مع العساكر المصرية في شهر رجب سنة ٧٢٥هـ(١).

ومما يؤكد علاقة القاضي محمد بن مومن مع السلطان اليمني أنه ترأس مرة أخرى سفارة من قبل السلطان إلى مصر حاملاً معه الهدايا يريد أن يقدمها إلى سلطان مصر، وذلك ليقدم الشيخ شكره للسطان مقابل ما قام به من العون والمساعدة العسكرية، وكان ذلك في ذي القعدة في نفس السنة، وكان مسير هذه البعثة أو السفارة في البحر من ساحل زبيد، غير أنه عاد إلى اليمن في ذي القعدة من سنة ٧٢٦هـ ومعه ثلاثون مملوكاً هدية.

والفقيه محمد بن مؤمن كان يجد عند المجاهد جمال الدين قبولاً واحتراماً كبيراً، ويدل على ذلك أنه اسند إليه مرة أخرى ولاية القضاء الأكبر، كما اسند إليه إحدى وزارات السلطنة مع إمداده بعطاء وإقطاع جيد، غير أن علاقة الفقيه مع السلطان المجاهد تدهورت وساءت حين حدث خلافات بين الجانبين بسبب ما قيل للسلطان من جانب القاضي حتى قتل في التَعْكَر سنة خمس أو ست أو سبع وثلاثين وسبعمائة.

ومهما كان فإن محمد بن مومن كان فقيهاً ظريفاً حسن الخط كبير النفس عالي الهمّة... و في الغالب كانت سيرته محمودة ولاسيما في أمر الفقهاء والوقف وكان

---

(١) قال ابن مخرمة كان أصله من بلد السودان من ناحية زيلع... انظر تاريخ ثغر عدن، مصدر سابق ص ٢٥٨

صادق القول لم يخلف قولاً ولم ينطق بسَفَهٍ[1]. وهذه الصفات الحسنة والأخلاقَ الحميدة لعلها جذبت السلطان المجاهد الملقب بجمال الدين حتى جعله من أقرب الناس إليه يثق بهم ويوكل إليهم أكبر مهام دولته، ومن جانب آخر فالفقيه محمد بن مومن كان يبادله نفس هذا الإحساس من الثقة والمحبة والإخلاص، حيث ترقت همته إلى الخدمة السلطانية حتى صار من أكابر رؤسائها [2].

الحقيقية أننا لا نستطيع هنا أن نقوم بحصر كل العلماء الذين نبغوا في ميادين العلم ودروبه المختلفة عبر العصور الإسلامية الزاهية، ولكننا نحاول إبراز بعض منهم سواء الذين مكثوا في داخل البلاد ولم يخرجوا منه قطّ، أو الذين شدّوا الرحال إلى خارج الوطن واشتهروا في أروقة العلم ومعاقله، وكذا المراكز العلمية العالمية، وخاصة في البلدان العربية، وسواء أتى هؤلاء من الصومال مباشرة أو أتى آباؤهم وأجدادهم وبرزوا في الساحات العلمية بعد أن استوطنت أسرهم، وبالتالي حققوا نبوغاً علمياً وتفوقاً ثقافياً في كثير من الميادين والمجالات.

ونستطيع من ذلك أن نستشف المستوى العلمي والثقافي الذي كانت تتمتع به بلاد الصومال من خلال تتبّع هؤلاء العلماء وآثارهم العلمية، كما أننا نستطيع القول بأن الصومال كانت مكتظة بالعلماء والفقهاء حيث لم تخل مدينة من المدن بالعلماء الإجلاء الذين كرسوا حياتهم للعلم والعمل به، غير أن ما تعطينا إياه المصادر وكتب التراجم شحيح جداً إذا قارناه بالبلدان المجاورة كاليمن والحجاز ومصر، ولا يوجد مصدر واحد يفرد ذكر التاريخ والتراجم لعلماء الصومال، ومع هذا سوف نحاول تتبع المصادر والكتب والتراجم العربية الأخرى في اليمن والحجاز ومصر وغير ذلك حتى نجلي الغموض ونكشف اللثام عن آثار العلماء الصوماليين وتاريخهم في المحافل الخارجية.

(١) أبو مخرمة: المصدر السابق ص ٢٥٨ - ٢٦٠
(٢) أبو مخرمة: المصدر نفسه ص ٢٥٨

١- الحافظ الفقيه الزيلعي فخرالدين بن عثمان بن علي، أبو عمر:

من العلماء الزيالعة الذين سطع نجمهم في سماء العلم والمعرفة شمس العلوم الفقيه البارع الزيلعي فخرالدين بن عثمان بن علي بن محجن البارعي الزيلعي، أبو عمر، كان من العلماء الزيالعة النابغين في الحقل العلمي ثم نزح إلى الديار المصرية وقدم القاهرة سنة ٧٠٥هـ. وفور وصوله إلى مصر اشتغل بالتدريس ونشر العلم ولاسيما الفقه الحنفي، وقد تتلمذ عليه جمع غفير من أهل العلم، ورغم أنه كان شمولياً إلا أنّ جلّ ما تركه من الآثار العلمية تعتبر آثاراً فقهيةً، حيث وضع عدة مؤلفات أغلبها في الفقه الحنفي مثل كتابه: «تبيين الحقائق في شرح كنز الدقائق»، ومن مؤلفاته أيضاً «شرح الجامع الكبير» للعلامة محمد الشيباني، وكذا شرح المختار للموصلي. وقد توفي أبو عمر الزيلعي سنة ٧٤٣هـ الموافق ١٣٤٢م، ودفن بالقرافة [١].

٢- الفقيه محمد بن علي الزيلعي:

ومن العلماء الفقيه الصالح محمد بن علي الزيلعي، كان فقيهاً متقناً معروفاً بالفقه وإصابة الفتوى والصلاح، وشرح كتاب اللمع شرحاً مفيداً، وقد تفقه على إسماعيل الحضرمي وعلي بن صالح الحسيني، وقد أخذ عنه جماعة كثيرة مثل عمر السروري، وكان الشيخ محمد بن علي الزيلعي رجلاً صالحاً ورعاً ينحدر من آل البيت، ويقول بنفسه أنه شريف حسيني، وقد توفي سنة ثلاثين وسبعمائة[٢].

٣- الشيخ أبو عبد الله محمد بن أبي بكر بن علي الجداي:

ومنهم أيضاً العلامة الشيخ أبو عبد الله محمد بن أبي بكر بن علي الجداي - نسبة إلى صقع من الحبشة يقال له جداية [٣]- كان مشهوراً بالزيلعي تتلمذ على أشهر علماء اليمن مثل: الشيخ القرئ عبيد بن محمد [٤]، و أخذ عنه علم القراءات حيث كان

(١) السيوطي: حسن المحاضرة، مصدر سابق ١/ ٤٧٠؛ وانظر عمر رضا كحالة: معجم المؤلفين، مرجع سابق ٦/ ٢٦٣

(٢) الخزرجي: مصدر سابق ٢/ ٥٥

(٣) جداية: بخفض الجيم ثم دال مهملة ثم ألف وفتح الياء المثناة من تحت ثم هاء.

(٤) المقرئ بن عبيد بن محمد، برع في القراءات وأخذه لها عن ابن الحذاء وغيره، وعلى الرغم من أن أسرته ابتلي بالعمى إلا أنهم كانوا حفاظاً للقرآن الكريم، وسلم الله المقرئ بمرض العمى، وحج بيت الله الحرام وتوفي في شوال سنة ست وتسعين وستمائة. انظر الجندي: مصدر سابق ١/ ٣٩٣

بارعاً فيها، وكذلك أخذ عنه علم اللغة ولاسيما النحو، وقد التقى به في جبا سنة إحدى وعشرين وسبعمائة.

ومن العلماء الذين تتلمذ على أيديهم: الشيخ أبو زاكي بحراز، والشيخ الغيثي بوصاب. وخلال رحلته العلمية تكونت لديه حصيلة ثقافية ومعرفية كبيرة، والتف حوله عدد كبير من أبناء اليمن واخذ عنه جماعة.

ومهما يكن فإن أبا عبد الله الجداي الزيلعي انتقل إلى جوار ربه في شهر صفر سنة ثلاث وعشرين وسبعمائة[١].

٤- الفقيه محمد بن عمر الزيلعي:

كان العلامة الفقيه الشيخ محمد بن عمر الزيلعي من أهل جبلة، وكان من أهل عدن ومن طلاب الشيخ إبراهيم بن القاضي أحمد[٢]، وكان من أقران الشيوخ حسين العديني وأبي السعود بن الحسن، والشريف أبو الحديث، وكلهم تتلمذوا على يد الشيخ إبراهيم بن القاضي أحمد سالف الذكر[٣]، وذكر الجندي أن الشيخ محمد بن عمر الزيلعي وزميله الفقيه محمد بن أبي بكر الأصبحي قدما علي الشيخ عبد الله بن عبد الرحمن بن الفقيه محمد بن أحمد بن الفقيه عمر إسماعيل[٤]. كما أخبر ذلك الفقيه صالح «وأنه يذكر قدومهما عليه وسمعا عليه كتاب الرقائق لابن المبارك»، وقال الراوي: «وكنت إذ ذاك صغيراً. ولقد ندمت حيث لم أحضر سماعهما وكان محبوباً عند أهل بلده ونواحيها مسموع القول ومقبول الشفاعة، وكان خطيب البلد...»[٥].

---

(١) الجندي: المصدر نفسه ١/ ٣٩٣ - ٣٩٤؛ وانظر الجزرجي: مصدر سابق ٢/ ٢٣ - ٢٤

(٢) من علماء اليمن ن أخذ العلم عن أبيه وغيره مثل القاضي الأثير، ومحمد بن سعيد مؤلف المستصفي، وله عدة أولاد منهم ولده إسماعيل، كان فاضلاً ولم تزل خطابة عدن بأيدي ذريته حتى انقرضوا لبضع وسبعمائة. انظر الجندي: المصدر السابق ١/ ٤٦٦

(٣) الجندي: المصدر نفسه.

(٤) ولد في سنة إحدى وتسعين وخمسمائة، أخذ عنه جده محمد، وكان فاضلاً بالتفسير والحديث والفقه، وكان كثير الحفظ. انظر الجندي: المصدر السابق ١/ ١٨٤

(٥) المصدر السابق ١/ ٤٧٠ - ٤٧١؛

وأخذ العلم ولاسيما الفقه من الشيخ أبي يوسف بن يعقوب بن يوسف بن شحارة السهلي ثم الحضرمي (١).

٥- الشيخ سعيد بن يوسف الزيلعي:

ومن الفقهاء الصوماليين الذين أثروا في الحياة العلمية في اليمن ولاسيما في منطقة جبا؛ سعيد بن يوسف الزيلعي، وكان أحد فقهائها الأفاضل، وكان مهتماً بالمصادر العلمية مُكباً عليها مولعاً باقتنائها وجمعها، وقد استطاع أن يجمع كتباً كثيرةً، لا ليقرأها ويطالعها لنفسه فحسب، وإنما ليوقفها على طلبة العلم في بلدته، والشيخ سعيد بن يوسف الزبلعي تفقه على يد شيخه يحيى بن أبي بكر، وتوفي في جبا(٢).

٦- أبو الحسن علي بن أبي بكر الزيلعي العقيلي:

ومن العلماء الزيالعة أبو الحسن علي بن أبي بكر بن محمد الزيلعي العقيلي نسبة إلى عقيل بن أبي طالب صاحب قرية السلامة من وادي نخلة، وكان أصل بلدهم بطة، وهي قرية من قرى الحبشة، ولذلك يقال لهم بنو الزيلعي، وكان أول من قدم من هذه الأسرة إلى قرية السلامة جدهم محمد فتزوج من القرية امرأة فولدت له ابنه أبا بكر ولما كبر أبو بكر تأهل بامرأة من أهل العقيلية فأنجبت له علياً - صاحب الترجمة - وأخاه أيضاً، وهم بيت صلاح وعلم، كما ذكر ذلك الخزرجي.

وعلى كل حال، فإن الشيخ علي بن أبي بكر الزيلعي كان من فقهاء بلدته - قرية السلامة - صاحب فضل وعبادة، كثير النسك والحج مثلما كان أبوه، عطوفاً على الفقراء والمساكين (٣). مهيباً عند الناس تلتجئ إليه الأمة كما فعل ذلك الناصر بن الأشرف، والأشرف بن الواثق وابن طرنطاي حيث اتصلوا بالفقيه علي بن أبي بكر الزيلعي (٤). ومن ناحية أخرى، كان بيت الفقيه يقصد إليه أيضاً طلبة العلم والعلماء

---

(١) الجندي: المصدر السابق ٢/ ١٨٤

(٢) الجندي: المصدر السابق ١/ ٣٩٣

(٣) انظر الخزرجي. مصدر سابق ٢/ ٣٥ - ٣٦

(٤) المصدر السابق نفسه.

ولاسيما أبناء موطنه الأصلي من الزيالعة وغيرهم من المسلمين في المنطقة، مثلما فعل الفقيه البارع أبو الحسن علي بن نوح الأبوي[1]، حيث كان أول وقوفه في قرية السلامة عند الفقيه أبي بكر الزيلعي، والد الشيخ علي[2]. ومهما يكن فإن الفقيه الصالح أبو الحسن توفي بمكة المشرفة آخر شهر ذي الحجة سنة تسع وعشرين وسبعمائة [3].

٧- الفقيه أحمد بن عبد الرحمن بن عمر الحبشي الزيلعي:

وعلى الرغم من أن العلماء الزيلعيين كانوا بارعين في الفقه وعلوم الشريعة، كانوا أيضا رواداً في الشعر ومناحيه وضروبه، كما كان كذلك الفقيه البارع أحمد بن عبد الرحمن بن عمر بن محمد الحبشي الزيلعي، وكونه فقيهاً فاضلاً لم يمنعه ذلك من أن يتبحر أيضاً في اللغة والأدب، وكان للزيلعي ديوان شعر، بل ويقال إن شعره حسن جيد، فضلاً عن أنه ليس له في زمانه نظير، ولا عجب في ذلك لأن علماء الإسلام كانوا موسوعيين ومتفوقين في عدة مجالات علمية، إضافة إلى أن الأدب والشعر كانا من الميادين الجادة التي كان يحرص طلاب العلم وعلمائه عليهما. ومهما كان الأمر، فإن الفقيه الشاعر أحمد بن عبد الرحمن الزيلعي توفي في عام ٧٦٨هـ [4].

٨- الشيخ أبو إسحاق إبراهيم بن عثمان بن آدم الجبرتي:

ومن الصوماليين الذين برزوا في الساحة اليمنية الشيخ أبو إسحاق إبراهيم بن عثمان بن آدم المعروف بالجبرتي نسبة إلى جبرت صقع من بلاد الحبشة [5]، وكان ورعاً زاهداً بعيداً عن الدنيا وملذاتها ملتزماً بمسجد الجبرتي في زبيد، أغلب أوقاته، ولاشك أنه كان يتلقى العلوم في هذا المسجد وحلقاته العلمية، كما كان يلقي الدروس فيها

---

(١) الأبوي: بضم الهمزة وفتح الباء وكسر الواو نسبة إلى أبيّ بن كعب الأنصاري الصحابي الجليل
(٢) الخزرجي: المصدر السابق ٢/ ٧٧
(٣) المصدر السابق ٢/ ٥٣ - ٥٤
(٤) انظر الشيخ أحمد ريراش: كشف السدول، مرجع سابق ص ٧٧
(٥) جبرت: بطن من بطون القبائل الصومالية وهم جوار لحبش مسلمون. انظر محقق السلوك للجندي ٢/ ٣٦ هامش ١

حتى أطلق عليه الجبرتي، وكان لأبي إسحاق إبراهيم بن عثمان الجبرتي مسموعات وإجازات أخذها عن الشيخ أبي الخَير وغيره.

وقد قضى حياته بالزهد والتواضع حتى توفاه الله تعالى ليلة الأحد الثالثة من شعبان سنة أربع وسبعمائة[١].

٩- الفقيه أحمد بن عبد الله الجبرتي:

ومن العلماء الفقهاء الصوماليين المشهورين في بلاد اليمن، الفقيه الفاضل أحمد بن عبد الله الجبرتي، وأصله من جبرت وهي ناحية من نواحي بلاد الصومال، كما ذكر ذلك الجزرجي؛ وتفقه الجبرتي على الفقيه محمد بن أبي بكر الأصبحي ثم على تلميذه الإمام أبي الحسن علي بن أحمد الأصبحي صاحب المعين، وخلال طلبه للعلم أقام بالمصنعة أياماً، فأصبح إماماً في إحدى مساجد بلدته، ولعل وظيفة الشيخ الدينية في المسجد لم تقتصر على مجرد إمامتة في المسجد فقط بل وربما شمل نشاطه النواحي الدعوية والعلمية، وفي آخر عمره مكث في الذبيتين حيث أقام بها إلى أن توفي في سنة ست وسبعمائة، والشيخ أحمد بن عبد الله الجبرتي كان فاضلاً فقيهاً [٢].

١٠- الفقيه جمال الدين محمد النور بن عمر الجبرتي:

ومن العلماء الجبرتيين في القرن التاسع الهجري، الفقيه الصالح جمال الدين محمد النور عمر الجبرتي، كان من أصحاب الشيخ إسماعيل بن أبي بكر الجبرتي، وكان معمراً حيث توفي عن عمر يناهز الخمس وثمانين سنة في يوم الاثنين الثاني من شهر ربيع الآخر سنة ثلاث بعد تسعمائة، ودفي ضحى يومها قريباً من ضريح شيخه رحمه الله تعالى [٣].

---

(١) الجندي: مصدر سابق ٢/ ٣٦

(٢) الخزرجي: مصدر سابق ١/ ٣٠٩

(٣) العيدروسي: مصدر سابق ص ٣٨

١١- الشيخ جمال الدين محمد الجبرتي:

ومن العلماء الصوماليين الشيخ الصالح شيخ الشيوخ جمال الدين محمد المعروف بابن إسماعيل الصوفي، ولعله لقب بالصوفي، لحرصه على العبادة والتنسك وزهده عن الدنيا وملذاتها، وكيف لا يتصف بمثل هذه الصفات الحميدة والألقاب الشريفة، وقد كان ينحدر من أسرة عريقة ذات دين وعلم اشتهرت بالصلاح والتقوى، ولاسيما أنه حفيد الشيخ الكبير إسماعيل بن إبراهيم الجبرتي.

وكان الشيخ جمال الدين الجبرتي محبوباً لدى الناس حتى حينما توفي حزن وتأسف عليه خلق كثير، وكان له مشهد عظيم لم تر العيون مثله، وكانت وفاته في وقت ضحى يوم الاثنين الثالث والعشرين من شهر شوال سنة خمس وتسعمائة من الهجرة النبوية الشريفة بعد أن صلي عليه بعد صلاة العصر بمسجد الأشاعرة، ودفن في قبر والده داخل قبة جده الشيخ إسماعيل بن إبراهيم الجبرتي[١].

١٢- الفقيه الصالح علي بن أحمد:

ومنهم الفقيه الصالح علي بن أحمد، أحد فقهاء الحبشة وصلحائها وزهادها، كان يعيش في مدينة الجند معاصراً للقاضي أبي عبد الله بهاء الدين محمد بن يوسف الجندي السكسكي الكندي المتوفي سنة ٧٣٢هـ، وكان له حلقة علمية، وقد أخذ عنه جماعة منهم العلامة الفقيه أبو بكر بن موسى الزيلعي[٢].

والحقيقة أننا لا نستطيع أن نحصر هنا علماء الصومال الذين نبغوا في هجر العلم ومعاقله في الصومال وخارجها، لكثرتهم بل إن الصومال كانت مشهورة بكثرة علمائها وفقهائها وإن الكتاب والمؤرخين لم يتناولوا حياة هؤلاء إلا بنذر يسير، وخاصة الذين سطع نجمهم وصار علماً لا يمكن إغفاله، ولكن من المؤكد أن هناك عدداً كبيراً لا يستهان به، إذ إن مقدشو وحدها مثلاً كانت مكتظة بالعلماء في القرن الثامن الهجري وبالذات حينما زارها العلامة الفقيه محمد بن علوي بن أحمد المقدم،

---

(١) العيدروسي: صدر سابق ص ٤٢

(٢) الجندي: مصدر سابق ٢/ ١٥٠

ولاحظ ذلك عند قدومه إليها حيث قال: «... وكان بها – أي مدينة مقدشو – إذ ذاك من العلماء كثيرون فأخذ عن علمائها عدّة علوم...» [(١)].

١٣- *الشيخ محمد بن ورسمة:*

أما في القطر الشمالي، فرغم أن المصادر اليمنية أشارت إلي بعض العلماء الذين زاروا بلاد اليمن وبرزوا في هجر العلم ومعاقله إلا أن هناك قطاعاً كبيراً من العلماء لم تتناولهم أقلام المؤرخين وأصحاب التراجم إلا نذراً قليلاً، مثل الشيخ العلامة محمد بن ورسمة من علماء الصومال الكبار [(٢)]، ومع ذلك لا نجد معلومات مستفيضة عن حياته العلمية.

ولاشك أن ما أشار إليه المؤرخون أقل مما كان موجوداً في الساحة الصومالية العلمية، ولعلنا نستطيع أن نعرف حجم علماء الصومال خاصة إذا عرفنا الموجودين منهم في الساحة اليمنية فقط، وما جاء في تراجم اليمنيين عبر العصور الإسلامية، مثل الفقيه الفاضل علي بن محمد بن نور الدين بن عيسى المقدشي الصومالي، للذي رحل إلى اليمن وعاش فيها ولاسيما في منطقة (مروعة)، ورغم كثرة علمه وسعة معرفته إلا أنه كان بارعاً ومتخصصاً في الفقه حيث تفنن فيه بل وفاق أقرانه حتى أنه وضع حاشية على المنهاج للعلامة محي الدين بن أبي زكريا يحنى بن شرف النووي، وعنوانها «الأنيق على مسائل المنهاج الدقيق»، ومثل هذا العلم فلا نجد منه معلومات ضافية رغم سعة علمه ورجاحة عقله، وربما أنه حين رحل عن بلاد اليمن من مدينته مقدشو كان قد درس علوماً كثيرةً، وعلى رأسها الفقه الشافعي الذي كان سائداً بكلي القطرين الصومالي واليمني، وقد توفي هذه العلامة في مقر إقامته مروعة باليمن في عام ٨٥٧هـ [(٣)].

---

(١) انظر باعلوي: مصدر سابق ١/ ١٩٠

(٢) الشيخ أحمد ريراش: مرجع سابق ص ٧٧

(٣) الشيخ أحمد ريراش: المرجع نفسه ص ٧٧ – ٧٨

١٤- الشيخ عبد الله الزيلعي:

ومن ذلك أيضاً الشيخ عبد الله الزيلعي، أحد فضائل المسلمين في سلطنة إفات، راوية أخبار الجهاد مع الأحباش النصارى الذي نسب إليه الكثير مما كتب عن تاريخ تلك الممالك الإسلامية في المنطقة، والشيخ عبد الله الزيلعي هذا اشتهربغزير علمه وعظيم تفقهه مع رجاحة عقله وصفاء تفكيره، وهو حنفي المذهب على غرار أقرانه في المنطقة، ومع وجود شافعية فيها، وقد وصل خبر الشيخ عبد الله إلى بلاط سلطنة إفات بما كان يتمتع به من علم واسع وعقلية فائقة، وقد أسندت إليه قيادة البعثة الدبلوماسية التي أرسلت إلى مصر عام ٧٣٨هـ الموافق ١٣٣٧م، وكان الهدف منها أن يتدخل المصريون لإيقاف نزيف دماء المسلمين والحملات الحبشية ضدهم، وأن يقوموا بدعم قضيتهم العادلة (١)، وهذا دليل على أن علماء المسلمين كانوا يلعبون أدواراً مختلفة ولم تكن مهمتهم تقتصر على نشر العلم وتربية الأجيال بل كان لهم أيضاً دور في القضايا السياسية إذ إن العالم جزء من المجتمع ولا ينفك عنه بأي حال من الأحوال.

١٥- الشيخ محمد أبو عبد الله:

ومن العلماء العاملين في حقل الدعوة والجهاد في سبيل الله وإرساء منهجه في الأرض، الشيخ محمد أبو عبد الله، وكان من علماء منطقة القرن الأفريقي في القرن الثالث عشر الميلادي، وكان له دور كبير في حركة الفتوح والجهاد الإسلامي والدفاع عن أراضي المسلمين وأعراضهم، وقد نجح أن يجهز جيشاً جراراً قوياً قادراً لفتح البلاد وتحرير العباد من الاستبداد والعبودية لغير الله ولاسيما أمام الأحباش الذين كانوا دائماً يعرقلون استقرار المنطقة، بل ويهددون الممالك الإسلامية، والشيخ أبو عبد الله محمد كان واعظ المجاهدين حيث كان يحث الجيش الإسلامي على التمسك بتعاليم الدين الإسلامي الحنيف، وتطبيق جوهره وروحه. وقد استطاع الشيخ أن يحشد جيشاً قوامه

---

(١) الشيخ أحمد ريراش: المرجع نفسه ص ٧٨؛ بشير أحمد صلاد: مرجع سابق ص ٦٧؛ زين العابدين بن السراج: مرجع سابق ص ٣٣٢

مائتا ألف جندي مسلم بقيادته، وكان ذلك في سنة ٦٩٨هـ الموافق ١٢٩٨م أ وأسفر القتال على انتصار المجاهدين المسلمين وهزيمة الأحباش النصارى بقيادة الشيخ حيث لقنوا أعداءهم درساً جعلهم يتقهقرون إلى الوراء خلف خطوطهم الأمامية، بل واضطروا أن يتنازلوا عن أماكن عديدة للممالك الإسلامية في بلاد الزيلع [(١)].

١٦- المحدث محمد بن أحمد المقدشي:

والحقيقة أن المستوى العلمي والثقافي الذي وصلت إليه بلاد الصومال في العصور الإسلامية الأولي يدل على أن أغلب المدن الصومالية برزت فيها كوكبة من العلماء والفقهاء مثل مدن: زيلع، بربرة، جبرت، هرر، مقدشو، ورشيخ، مركة وبراوة...، غير أن شهرة علماء الزيالعة والجبرتية كانت أكثر من غيرهم، بل إن المؤرخين ترجموا لهم أكثر من غيرهم. ومع هذا نجد أن العلماء المقدشيين كان لهم أيضاً حضور جيد ووجود ملحوظ في أروقة العلم في العالم الإسلامي، ومن هؤلاء المقدشيين الذين داع صيتهم وانتشرت شهرتهم، العلامة المحدّث محمد بن محمد بن أحمد شمس الدين المقدشي، وكان يعيش في القرن الثامن الهجري، حيث ولد سنة أربع عشرة وسبعمائة، وقد عمّر كثيراً حتى أدرك بداية القرن التاسع حيث توفي في السادس العشر من رجب سنة اثنين. وأبو عبد الله المقدشي كان يهتم كثيراً بتلقي العلم على أيدي علماء إجلاء في عصره ويحضر إلى مجالسهم كحلقة أبي الفرج بن عبد الهادي، وقد كان يلزمه، ولعله قد استفاد من حلقة شيخه هذا علوماً كثيراً إلا أنه ربما ركز على تخصصه في الحديث، وقد ذكر المؤرخون أن المقدشي سمع أكثر منه صحيح مسلم، غير أنه استوى ساعده وأصبح علماً لا يضاهي، ومتبحراً في فنون علم الحديث، بل وفاق أقرانه والتف حوله طلبة العلم، وقد أخذ عنه كثير وسمع منه الفضلاء، ومن هؤلاء العلامة السخاوي الذي أثنى عليه[(٢)]، وكذا شيخه - أي شيخ السخاوي - وهو الحافظ ابن حجر العسقلاني[(٣)].

---

(١) توماس أرنولد: مرجع سابق ص ١٣٥؛ وانظر أحمد جمعالة: التعليم الإسلامي في الصومال، مرجع سابق ص ١٣.

(٢) السخاوي: الضوء اللامع، مصدر سابق ٩/ ٥٢ -٥٣

(٣) الزبيدي: تاج العروس من جواهر القاموس، مصدر سابق ١٧/ ٣٩١ مادة (م ق د ش).

وقد وصف بعض المؤرخين أبا عبد الله المقدشي بأنه ذو خير وعبادة، وفيه سلامة، وأشاروا إلى تدينه واجتهاده غير أنه الى جانب حرصه على العبادة والتقوى وكثرة ديانته كانت أيضاً فيه دعابة ومرح حيث كان يلهج كثيراً لمن يقول له أدع لفلان أو فلاناً، ويقول المقديش: وليته قاضي القضاء أو قضاء العسكر، فكثر ذلك منه حتى لقبوه قاضي القضاة[1]. وقد ترجم له بعض المحدثين والمؤرخين، كالحافظ ابن حجر العسقلاني في أنبائه والمقدشي والزبيدي والسخاوي، مما يدل على شهرته وحدقه وفضله.

ومما سبق يظهر لنا أن العلماء رغم أنّ وظيفتهم الكبرى كانت نشر الإسلام وتدريس العلوم ولاسيما العلوم ا لدينية وما يتعلق بها، إلا أنهم أيضاَ تقلدوا وظائف أخرى في مجتمعهم، فأصبح منهم من يتولى مناصب سياسية وإدارية، كوزراء وسفراء ومستشارين، وكذا تولى بعضهم منصب القضاء واستشارة المحاكم الشرعية لفصل الخطاب والخصام، كما صار بعضهم كتبة دواوين المالك والسلطنة وغير ذلك، والحق أن العلماء والفقهاء استحقوا تولي كل هذه المناصب والوظائف، وأصبحوا عند حسن ظن الأمة بهم.

المبحث الخامس: معالم الحضارة الإسلامية في الصومال.

سبق أن أشرنا إلي أن الصومال بموقعها الجغرافي الفريد كانت تعتبر بوابة أفريقيا ومدخلها الشمالي عبر بوغاز باب المندب، وهذا الموقع الفريد المتميز أعطاها فرصة للاتصال بالعالم الخارجي وبالأخص البلدان الآسيوية والأجناس القاطنة في الجزء الجنوبي من البحر الأحمر في اليمن وعمان وسائر المناطق بالجزيرة العربية.

وقد استطاع الطرفان عقد علاقات متنوعة عبر العصور، وساعد على ذلك عدة عوامل مختلفة أبرزها هدوء البحر الأحمر وسهولة الملاحة فيه وقر ب المسافة بين الطرفين.

---

(١) انظر السخاوي: المصدر السابق والجزء والصفحة.

وكان العرب أكثر الشعوب تردداً على بلاد الصومال حتى استقر بعض المهاجرين العرب فيها، وكذا بعض العناصر الأخرى من الفرس والهنود، غير أن الوجود العربي لم يكن له نظير من الأجناس المسلمة الأخرى.

وقد حقق المسلمون إنجازات حضارية باهرة عديدة في منطقة القرن الأفريقي خلال القرون الوسطى، بيد أن انتشار الإسلام وإرساء منهجه في الأرض وإخراج الناس من عبودية العباد إلى عبادة الله وحده، ومن ضيق الدنيا، إلى سعة الحياة الآخرة، ومن جور البشرية إلى عدل الإسلام يُعدّ أكبر إنجاز حضاري شهدته منطقة ساحل أفريقيا الشرقية عامة، والقرن الأفريقي خاصة، وقد هيأ الإسلام لهم كل الخير، بل وعالج مشكلاتهم العقدية والاجتماعية والاقتصادية، وجعلهم أمة واحدة لها وزنها، بعد أن كانوا ضائعين تائهين تسوسهم الهمجية والخواء الروحي.

كما أن ثقافة الدين الإسلامي وجوهر تعاليمه التي سادت في المنطقة تعتبر من التراث الحضاري الذي يفتخر به السكان، ومن هنا فلا غرو أن أذعن أغلب تلك المجتمعات للإسلام وحضارته السامية وأن ينقاد له بكل أريحية، إذ وافق رغباتهم الروحية ولاءم فطرتهم البشرية، وهذا سر سرعة انتشاره وتفوقه ورسوخه في المنطقة، بل وانحصار المسيحية إلى الهضبات المرتفعة في داخل إيثوبيا، رغم تقدمها وهيمنتها على المنطقة [١].

وليس من الخيال أن يتسع نفوذ الإسلام وينتشر في « حزام عريض من أرخبيل دهلك قرب مصوع على طول الساحل إلى الصومال والدناكل والسهول المجاورة كما انتشر بين قبائل البجا والجبرتة في الشمال وفي الأقاليم الوسطى من ايثوبيا وتعداهم إلى قبائل السيداما في الجنوب ومرتفعات (شوا) الشرقية وفي إقليم هرر وحول بحيرة زيوى حتى نهر الأوشى في الجنوب...» [٢]. ولاشك أن هذا التوغل الثقافي العميق

---

(١) المقريزي: البيان والإعراب عما ارض مصر من الأعراب ص ١٦، القاهرة، المطبعة المعارف، سنة ١٩١٦م.

(٢) عبد الرحمن أحمد عثمان: الهجرات السياسية وأثرها في إنتشار الإسلام في أفريقيا، المركز الإسلامي الأفريقي في الخرطوم، شعبة البحوث والنشر، إصدار رقم (٥) عام ١٤١١هـ/ ١٩٩١م، ص ٤

وانتشاره القوى في عدة قنوات مختلفة وفي و قت مبكر، قد أثر في جميع الأنماط الثقافية والحضارية، ليس لبلاد الصومال فحسب، وإنما على مستوى الساحل الشرقي الأفريقي، رغم أن محيط الحياة الأفريقية وجذورها العميقة قد أعطاها أشكالاً خاصة ونوعاً من التميز، ولكن من الظاهر أن الحضارة الإسلامية عموماً والثقافة العربية خصوصاً قد تركت بصمات قوية،، بل إن طابعها أصبح هو السمة الغالبة على الحياة الأفريقية في تلك المنطقة، ومن هنا فقد أصبحت المؤثرات الثقافية الأخرى عديمة الأثر ولا قيمة لها إلى جانب تأثير الحضارة العربية الإسلامية، وهذا ما يشهده بعض المستشرقين مثل المستشرق سبينسر ترمنجهام[١].

ومهما كان فقد ترك المسلمون المهاجرون تأثيراً كبيراً في جميع نواحي الحياة في الصومال. وكانوا صورة حية للإسلام في سمو مبادئه، وأسسوا المدارس و المراكز تشع منها حضارة الإسلام ومبادئه السامية، كما لعبوا دوراً كبيراً في تشكيل تاريخ المنطقة دينياً وثقافياً واجتماعياً وسياسياً واقتصادياً، ونجح هؤلاء في إقامة ممالك إسلامية بلغت درجة كبيرة من التقدم والرفاهية، فضلاً عما أسدته لنشر الإسلام والحضارة الإسلامية[٢]. وأشارت الوثيقة العربية التي عثر عليها البرتغاليون في مدينة كلوة عام ٩١٠هـ / ١٥٠٥م إلى المجموعة الفارسية المسلمة التي وفدت إلى بلاد الصومال أنها كانت حاملة معها معالم حضارة فارس القديمة[٣].

١- موقف الأفارقة من الحضارة الإسلامية:

استطاع الدعاة الأوائل ترسيخ المفاهيم الصحيحة للإسلام لدى المجتمع، وإرساء قواعده الأساسية في المنطقة، دون أن يتعرضوا لمشاكل ومعاناة كبيرة في سبيل إنشاء حضارة الإسلام وثقافته النيرة، رغم وجود بعض الديانات - مثل المسيحية في الحبشة - والمعتقدات الوثنية في المناطق الأخرى في شرق أفريقية قبل وصول الإسلام الحنيف وانتشار تعاليمه السمحة.

---

(١) سبنسر ترمنجهام: مرجع سابق ص ٢٧١

(٢) غيثان بن علي بن جريس: الهجرات العربية إلى ساحل شرقي إفريقي ص ١

(٣) انظر حمدي السيد سالم: مرجع سابق ١/ ٣٥٥ - 356

وقد نجح هؤلاء الدعاة في عرض الإسلام كدين شامل على جميع أنماط الحياة وأنشطة الإنسان من عقيدة وشريعة وسلوك، وبهذه النظرية الشمولية وبهذا الأفق الواسع اعتنق الناس دين الإسلام وأخذوه طوعاً حتى غيّر حياتهم «تغييرًا جذرياً شاملاً، سواء في مجال المعتقدات والسلوك أو في مجالات حياتهم الاجتماعية والاقتصادية والسياسية والثقافية بعامة»[١].

وبمجرد أن انتشر الإسلام وتعاليمه في المنطقة انتقلت إليها مظاهر الحضارة العربية الإسلامية، فاهتم السكان في المنطقة - على اختلاف عناصرهم - بالثقافة الإسلامية العربية وصارت الصومال منبع العلم والمعرفة يقصد إليها القاصي والداني ولاسيما المدن الساحلية التي استقبلت الدّين الإسلامي في وقت مبكر[٢].

وتفاعل الصوماليون - كغيرهم من أفراد المجتمع الإسلامي في منطقة شرقي أفريقية - مع الحضارة الإسلامية وأخذوها بطواعية وأريحية، حتى سيطرت العقيدة الإسلامية على كل ماله صلة بالتفكير والاعتقاد، وأصبحت عملية الاندماج والانصهار في بوتقة الإسلام أمراً سهلاً.

وقد أفرز تصور الإنسان الصومالي ذلك التأثير الكبير على واقع الحياة في مختلف المجالات والألوان نتيجة رسوخ الفكر الإسلامي وحضارته في أذهانهم واصطباغه بالمعيشة عقلاً وقالباً، ظاهراً وباطناً، عقب رؤيتهم للإسلام يتحكم في جميع مناحي وليس مجرد الطقوس والشعائر التعبدية، وأن الحياة لا تنفصل عن الدّين والعقيدة.

وقد لفت أنظار الرحالة تحول أحوال العباد والبلاد فوصفوها بأوصاف تدل على مدى هيمنة الإسلام ورسوخه في أعماق المجتمع، مثل أبي سعيد المغربي عند وصفه لمقدشو مدينة الإسلام[٣]، وكذا ياقوت الحموي وابن بطوطة كما ذكرنا سابقاً.

(١) محمد النقيرة: مرجع سابق ص ٢٤٥

(٢) محمد محمد أمين: مرجع سابق ص ٧٠، ضمن بحوث المسح الشامل

(٣) ابن سعيد المغربي، أبو الحسن علي بن موسى (ت ٦٧٣هـ - ١٢٧٤م): كتاب جغرافيا، تحقيق وتعليق محمد العربي، الطبعة الأولى، منشورات المكتب التجاري للطباعة والنشر والتوزيع، بيروت ١٩٧٠م، ص ٨٢

٢- المدن الساحلية والحضارة الإسلامية:

كانت المدن الساحلية أكثر تقدماً وازدهاراً عن غيرها من البلدان والأماكن الأخرى إذ إن أغلب الصناعات والتبادل الثقافي بين البلدان الأخرى كان يتركز عليها، وهذا الأمر قد لاحظه القادمون من الخارج، ونقل الرحالة أبو عبد الله ابن بطوطة ذلك عندما زار الصومال شمالاً وجنوباً، وخاصة بما شاهده في مقدشو من الحياة الثقافية والاقتصادية والاجتماعية والسياسية، وذكر ابن بطوطة بعض العناصر من خارج الصومال أنها كانت تحتل مكانة عالية وتتولى القضاء وفصل الخطاب، كقاضي سلطنة مقدشو الذي كان أصله من مصر، وشاهد ابن بطوطة بعض الصناعات الغالية كصناعة القماش المقدشي المصري أصلاً، والطبق البلدي وأصنافه[١].

كما أن لعائلة قحطان مجلس القضاة في منطقة بنادر وخطبة الجامع والرياسة بمدينة مقدشو، وعقد الأنكحة، وتوارثوا ذلك أباً عن جد...[٢].

وصارت بعض هذه المدن الساحلية « منبع الإشعاع والنور والحضارة والمدنية، ومركزاً لبعث الدعوة الإسلامية وصارت تتخرج وتنطلق منها طائفة بعد طائفة من الفقهاء والأدباء والمؤلفين..[٣].

والتقدم العلمي والحضارة التي كانت تتمتع بها المدن الساحلية الصومالية كان سببه الاحتكاك وتبادل العلاقات بنواحيها المتعددة التي كانت تتلقاها هذه المدن من القوى الخارجية والدول ذات الحضارات العريقة منذ فجر التاريخ لأن هذه المدن تقع قبالة السواحل وتشرف على البحار والمحيطات، مما جعل من السهل الوصول إليها خلافاً للمدن الداخلية التي لا يمكن الوصول إليها إلا عن الطرق السبل التي لم تكن مهذبة ومعبدة أو آمنة.

---

(١) ابن بطوطة: تفحة النظار، مصدر سابق ١/ ٢٦٢ - ٢٦٣

(٢) حمدي السيد السالم: مرجع سابق ١/ ٣٥٦

(٣) الشيخ أحمدريراش: مرجع سابق ص ١٧١

ومن هنا فقد عرفت الأمم السابقة ذات الحضارات والمدنية العريقة منذ ألفي عام، بحيث كانوا يترددون على هذه المناطق بسفنهم التي كانت تمخر عباب البحار والمحيطات، ومن هؤلاء: المصريون القدماء، وأهل بابل وآشور في العراق، والفينقيون والرومانيون من سكان البحر المتوسط، وكذا الإغريق.

ويجب أن نشير إلى أن هناك بعض المدن الساحلية القديمة اندثرت وأصبحت أطلالاً، وانتقل أهلها إلى بقاع أخرى، غير أن مدن مقدشو وبراوة ومركة وزيلع تعتبر من أقدم المدن وأعرقها حضارة وأعظمها تجارة، بحيث كان يعرفها العالم القديم ولقيت اهتماما كبيراً لدى الأمم الحضارية في العصور الوسطى، وعلى رأسها العرب الذين أقاموا علاقات تجارية قوية مع الصومال، بل وهاجرت أعداد كبيرة إليها، وقاموا بعملية الاستيطان والانصهار مع المجتمع الصومالي، وأسسوا مراكز دينية وعلمية، بل وقد شارك هؤلاء الوافدون في تنمية الحضارة وتطوير الثقافة والتعمير والبناء في الصومال، ووجدت في أرض الصومال أعداد كبيرة من الوجهاء والعلماء والفقهاء الذين لعبوا دوراً كبيراً في نشر العلم، ومن هؤلاء القاضي المصري المعروف بابن البرهان الذي كان يعمل في دار السلطان حيث كان يتولى منصب القضاء في مقدشو [١]، ووجود هذا القاضي المصري في مقدشو قد استنتج منه بعض الباحثين وجود المهندسين والبناءين من المصريين في مقدشو[٢].

ومهما كان فلا ريب أن ذلك كان له أثره الطيب ومردوده الإيجابي في القطر الجنوبي للصومال، بحيث تحققت إنشاءات كثيرة سواء في العمارة الإسلامية أو العمارة المدنية، من المساجد والقصور الحصون والأبراج والأبنية الفخمة على الطراز الإسلامي بشقيه العربي والفارسي، ومن هنا كانت لهذه المدن الساحلية علاقات خارجية مع الكيانات الخارجية، سواء في الشئون الاقتصادية أو السياسية أو الثقافية، بل «إن سكان مقدشو وحدها أول من وصلوا إلى بلاد سوفاله [٣] في موزمبيق،

---

(١) ابن بطوطة: المصدر السابق ١/ ٢٦٢

(٢) الشيخ جامع عمر عيسى: مقدشو ماضيها وحاضرها، مرجع سابق ص ٦١

(٣) سفالة: قال الإدريسي: « بلاد سفالة يوجد في جبالها معادن الحديد الكثيرة، وأهل جزائر الرائج=

وكانت سفنهم تتردد على بلاد سوفالة لاكتشاف مناجم الذهب الموجودة في تلك الجهات واستغلالها[1].

ولا شك أن عامل الاستقرار الذي تتمتع به المدن الساحلية قد لعب دوراً كبيراً في عملية التقدم العلمي والتطور الحضاري، ولاسيما المدن الساحلية في ساحل الصومال الشرقي التي كانت بعيدة كل البعد عن تدخلات القوى السياسية الموجودة في المنطقة العربية في اليمن والحجاز والشام العراق، وكانت لتلك القوى السياسية أحياناً يد في شئون الإمارات والسلطنات التي كانت قائمة في القطر الشمالي لبلاد الصومال سلباً أو إيجاباً في العصور الوسطى[2]. كما أن المدن الساحلية في الساحل الشرقي كانت بعيدة عن المواجهات الحبشية والصراع الإسلامي المسيحي المرير في منطقة القرن الأفريقي في القرون المتأخرة، علماً بأن هذا الصراع قد أكل الأخضر اليابس وترك آثاره في المنطقة وجعل المنطقة شذر مذر من هدم المساجد والمراكز وأسر وقتل العلماء والقادة، حتى اضطر كثير من الناس للفرار واللجوء إلى أماكن بعيدة مثل اليمن والحجاز ومصر.. خلافاً للساحل الشرقي.

وفي ظل هذا الاستقرار والأمن نمت الحضارة فازدهر العلم، كما نمت التجارة والصناعة وتطور المجتمع، وقامت مراكز عديدة شاركت في تقدم عجلة الحضارة والمعرفة وكل ما يمت بصلة للعلم والتطور في تلك المدن الساحلية.

٣- دور السلاطين في رفع المستوى الحضاري:

وقد لعب السلاطين والملوك دوراً في رفع المستوى الحضاري بحيث كان لبعض ملوك السلطنات الإسلامية التي قامت على الأراضي الصومالية ميول دينية

=وغيرهم من سكان الجزائر المطيعة بهم يدخلون إليهم، ويخرجون من عندهم إلى ساير بلاد الهند وجزائره، فيبيعونه بالثمن الجيد.» نزهة المشتاق في احتراق الآفاق، مصدر سابق ١/ ٤٨

(١) حمدي السيد السالم: مرجع سابق ١/ ٣٥٥؛ وانظر جيان: جيان: لسيوجيان شارل الفرنسي: مرجع سابق ص ٨٥ - ٨٦

(٢) ويدل على ذلك العلاقات السياسية بين اليمن والقطر الصومالي الشمالي، وأن بعض المدن مثل زيلع كانت تابعة لليمن فترات كثيرة بحيث يعين الأمراء من قبل اليمن، كما أن الساسة في اليمن كانوا يساندون بالجهاد الإسلامي في اليمن ضد الأحباش.

وإحساس كبير بمسئوليتهم الدينية والدنيوية، ولم يكونوا مجرد سلاطين يتشبثون بعروشهم حتى وإن كانوا في ظروف لا يحسدون عليها من الهجمة الشرسة التي كانوا يقابلونها من قبل الأحباش النصارى، أو الضغوط الخارجية الأخرى، التي كان يقودها الحلف الصليبي. وهؤلاء السلاطين كانوا يحرصون على بناء المساجد والدُور الدينية مثلما فعل ذلك السلطان سعد الدين الصومالي الماخري في مدينة زيلع، حيث بنى مسجداً كبيراً في وسط المدينة تقليداً للنظام الإسلامي في التعمير وإنشاء المساجد في العصور الإسلامية الزاهية، حيث كان الخلفاء دائماً يحرصون على بناء المساجد ودار الإمارة أولاً، ولكن في وسط المدينة [1].

أما سلاطين سلطنة هدية - أضعف السلطنات الإسلامية في ممالك الطراز الإسلامي - فرغم قلة قوتهم وشوكتهم كانوا حريصين على بقاء إنجازاتهم الدينية في أحلك الظروف أمام العدو القوي الحبشي المسيحي الذي كان دائماً يهدد كيانهم السياسي والديني، ومن هنا فقد اختار هؤلاء السلاطين استمرار هذه الفكرة التى أدت إلى دفع الإتاوة والجزية للملك الأمهري، وكان من بين الجزية دفع فتاة مسلمة إلى ذلك الملك النصراني، لأجل سلامة أرواحهم وديارهم وأولها المساجد مقدسا تهم الدينية [2]. كما أن السلاطين والملوك قد لعبوا دوراً كبيراً في سبيل تطوير المدن التي أسسها العرب قديماً، أو إبداع مدن جديدة لم يسبق إنشاؤها من قبل، فكان أغلب السلاطين الصوماليين يبذلون جهوداً جبارةً نحو التقدم والازدهار الحضاري، وإذا أردنا أن نضرب مثلاً في ذلك فتكفي المحاولات والجهود التي بذلها السلطان سعد الدين وما حقق من إنجازات حضارية وثقافية في سلطنته منها بناء مرافق حيوية لمدينة زيلع في سنة ٧٤٥هـ، كبناءه مرسى للسفن التي كانت تفد إلى البلاد، إضافة إلى بناء مخزن كبير في وسط المرسى لحفظ الأموال قبل نقلها إلى البلاد، كما بنا هذا السلطان مسجداً كبيراً في وسط زيلع، وقد أدخل هذا السلطان دولته نظام الجمرك في تلك الفترة المتقدمة حيث كان يأخذ من أصحاب السفن وأرباب المال، وأكثر

(١) الشيخ أحمد عبد الله ريراش: مرجع سابق ص ٥١

(٢) انظر إبراهيم طرخان: مرجع سابق ص ٣٤ - ٣٥

من ذلك فقد أصدر المسئولون نظاماً يشمل التجار والممارسين فيها حيث وضع لهم تعليمات خاصة تتعلق باستقبال المراكب وما فيها من السلع والبضائع بحيث لا يتم إنزال شئ من السفينة إلا بأمر من الحكومة وبرخصة تصدرها وبدون ذلك يكون مخالفة لنظام الدولة(١).

فلما أسس المهاجرون المسلمون- سواء كانوا عرباً أو فرساً أو هنوداً أو غير ذلك - المدن والمراكز ظهرت لمساتهم وتأثيراتهم الفنية والهندسية على الفن المعماري الهندسي الذي بنوه على طول الساحل الشرقي الأفريقي، وكأن هؤلاء قد صنعوا نقلة حضارية فريدة للأماكن الجديدة التي اقاموا فيها، فقد نقل المهاجرون ثقافتهم وعاداتهم حيث لم يتخلى بعضهم عن ذلك رغم مكوثهم في المنطقة عدة قرون، غير أنه رغم مجيء المهاجرين من مناطق مختلفة إلا أن الشيء الذي يجمع المهاجرين على اختلاف أجناسهم هو السمة الإسلامية والطابع الديني الذي كان بائناً على جميع آثارهم ونشاطاتهم في المنطقة.

والمعروف أن أغلب المدن والمراكز التي كانت تقع على سواحل شرق أفريقية قد تمّ تأسيسها وإنشاؤها بواسطة المهاجرين العرب وبعض المسلمين الفرس، على طراز إسلامي عربي فارسي، فقد كانوا ينشئون مدناً على غرار مدنهم في مواطنهم الأصلية، فقد كانوا يحرصون على أن يكون لكل مدينة مسجداً خاصاً يكون في وسط المدينة وزُينت هذه المساجد أحياناً بالزخارف والتحف الفارسية(٢).

والحقيقة أن العناصر المهاجرة ولاسيما العرب منهم قد نقلوا عاداتهم وتقاليدهم في مختلف النواحي الحياة، سلباً وإيجاباً، ولعل من الظواهر السلبية التي تقلوها معهم هي ظاهرة النزاع والخصام الداخلي حول ولاية الحكم في هذه المدن، كما كان هؤلاء يتنافسون ويختلفون فيما بينهم، في موطنهم الأصلي، وربما وقع النزاع والخصام في داخل البيت الواحد. وثمة ظاهرة خلاف آخر كان موجوداً في جميع المشيخات أو

(١) الشيخ أحمد ريراش: مرجع سابق ص ٥١
(٢) إبراهيم طرخان: المرجع السابق ص ٤٣

الإمارات الإسلامية في منطقة الساحل الشرقي الإفريقي التي أنشأهاالمهاجرون الأجانب، وهي الخصام والنزاع الذي كان بين ممبسا ومالندي[1].

واستطاع المهاجرون العرب والفرس التأثير في العمارة الصومالية بحيث إن العمارة الإسلامية التي قامت في البلاد قد تأثرت بطابع العمارة العربية والفارسية، وقد تمثل ذلك في الإنشاءات والأبنية الحجرية ونقوش الأبواب والشبابيك والزخارف الموجودة، كل ذلك يعطينا دليلاً واضحاً وقوياً على مدى عمق التأثير العربي، وكذا بعض التأثيرات الفارسية التي مازالت تظهر على العمارة الإسلامية في الصومال، وأغلب الآثار التي تدل على هذا الطراز تقبع في المدن الساحلية ولاسيما مدينة مقدشو[2]. وعلى الرغم من الآثار والمخلفات التاريخية الكثيرة التي وجدت في المدن الساحلية إلا أن ذلك لا يشير إلى المستوى الحضاري الحقيقي الذي ارتقت بلاد الصومال إليه فضلاً عن ما وصلت إليه من الرقي والازدهار في مجال التعمير والبناء، لأن ما كشف عنه من الآثار قليل جداً عما هو حقيقي، بل إن بعض الباحثين ذهبوا إلى «أن جميع المدن الآن والتي بنيت على سواحل هذه الأرض كانت بقايا تلك الأطلال السابقة والآثار الباقية كانت بقايا أحجارها تنقل من هناك»[3]. وأن الآثار للأبنية القديمة كانت منتشرة في بقاع شتى من هذه المنطقة. وعلى الرغم من أن الدراسات الجيولوجية والأثرية لم تتوفر بشكل عملي في تنقيب جميع الآثار الإسلامية المنتشرة في المدن الإسلامية إلا أن بعض تلك الدراسات والحفريات التي أجريت في تلك المدن يستشف منه التأثير العربي والفارسي وتصميمهما على العمارة والآثار التي وجدت في الصومال.

ويُعدّ تأسيس بعض المدن وإنشاؤها على الساحل الصومالي بأيدي هؤلاء المهاجرين بطراز إسلامي أصيل من أكبر الإنجازات الحضارية الي شهدتها المنطقة بحيث كانت تلك المدن الساحلية تضم صنوفاً وألواناً مختلفة من الآثار والمعالم

(١) إبراهيم طرخان: المرجع السابق ص ٤٣ - ٤٤

(٢) انظر الشيخ جامع عمر عيسى: مقدشو ماضيها ومحاضرها، مرجع سابق ص ٢٨

(٣) الشريف العيدروسي: مرجع سابق ص ٣٠

الإسلامية، غير أن تلك المدن والآثار التي تم إنجازها عبر العصور الإسلامية تعرضت لظروف وأخطار جسيمة أثرت على كثير من تلك الآثار. ومن بين تلك الأخطار، العوامل الجغرافية وتأثيرات البيئية والطبيعية، حيث إن الرمال والأتربة والأعاصير طمست كثير من الآثار والمعالم، مثل ما حدث أجزاء من مقدشو، حيث غطت الرمال المتحركة أسقف المنازل في حمر جب جب والعلواني، ولا شك أن بعض الآثار قد اختفت بعد طمسها، علماً بأن آثار حمر جب جب كانت أكبر الآثار حجماً في الصومال، بل إن أصل مدينة مقدشو وبداياتها كان من حمر جب جب في منطقة معسكرات المطار الحالية، على ضوء الحفريات والدراسات الأثرية التي أجريت فيها[١].

وتؤكد تلك الوثائق والخرائط التي عثر عليها مدفونة في هذه المنطقة، ورجح بعض الباحثين أن هذه المنطقة هي مدينة مقدشو القديمة التي بناها العرب في فجر الإسلام وسورها وخططوها على النهج العربي، ويتمثل ذلك في الأبنية الحجرية وزخارف الأبواب والشبابيك على الطراز العربي الصميم[٢]، كما أن الدراسات كشفت أيضاً عن وجود بقايا مبان وأبار وقنوات لتوزيع المياه على الطريقة الفارسية، مما يشير إلى امتداد العمران إلى هذه المنطقة [٣]، ويتضح مما سبق أن البيئة وسوء الأحوال الجوية والتغييرات الموسمية قد أثرت في طبيعة التراث الحضاري والفن المعماري.

ومن الأخطار التي واجهت الآثار الإسلامية في الصومال أيضاً الهجمات الحبشية على الإمارات والسلطنات الإسلامية في شمال بلاد الصومال، ولاسيما الفترات التي كانت تضعف قوة المسلمين وشوكتهم بحيث لا يستطيعون الوقوف أمام الزحف الحبشي المسيحي تجاه أوطانهم ومقدساتهم. وفعلاً فقد سيطر الأمهرة على أراضي المسلمين واحتلوا مدينة زيلع - المعروفة بعمرانها ومساجدها - بل

(١) الشيخ حامع عمر عيسى: المرجع سابق ص ٢٩

(٢) حمدي السيد سالم: مرجع سابق ١/ ٣٥٨

(٣) المرجع نفسه.

وقتلوا ملكهم سعد الدين سنة ٨٠٥هـ / ١٤٠٢م، وفي عهد الملك الأمهري داود بن سيف ارعد [١].

وقد كان المسلمون يدفعون جزية وضرائب وإتاوات للملك الحبشي في كل سنة مقابل أن يجدوا الأمن والأمان في أوطانهم من قبل العنفوان المسيحي في إيثوبيا، بل وقد اضطرت إحدى سلطنات الطراز الإسلامي أن يدفع بنتاً من بنات المسلمين في كل سنة كجزية للملك الحبشي النصراني[٢]، وأصبحوا - أي تلك السلطنات - خاضعين لأوامر دولة الأمهرة حتى ينجوا بجلدهم ويأمنوا بممتلكاتهم وإنجازاتهم، ولكن ذلك لم ينفعهم وسقطت أعظم مدينة - وهي زيلع - على أيدي أعدائهم، هذا في المناطق الشمالية، أما المناطق الجنوبية فكان هناك خطر لا يقل ضرراً عن سابقه، حيث غزى البرتغاليون بعض المدن الساحلية في سنة ١٥٠٣م، وضربوا مباني المدينة وأسوارها وقاموا بأعمال النهب والقرصنة.[٣] وقد خرب البرتغاليون الحضارة الإسلامية في منطقة الشرقي الأفريقي حيث «سفكوا دماء المسلمين وهتكوا أغراض نسائهم وسلبوا تراث المسلمين من مدة قرنين تقريباً، إذ لم تنج مدينة من مدن المسلمين المزدهرة من أذاهم فقد أحرقوا منبسى خمس مرات وقتلوا سكانها ومن بقي أسروه وأعملوا السيف في رقاب سكان كلوة وطردوا أهلها، ودمروا مساجد لامو وباته، وقتلوا الشيوخ، وقضوا على مظاهر الحضارة الإسلامية هناك..»[٤].

وكذا قامت الدول الاستعمارية التي استولت على الصومال بنهب الآثار اليمنية والكتب القيمة، كما قامت تلك القوى الاستعمارية بهدم الآثار والمساجد،

---

(١) المقريزي: الإلمام، مصدر سابق، ص ١٣؛ وانظر بشير أحمد صلاد: التاريخ السياسي، مرجع سابق ص ٧٤ - ٧٥

(٢) القلقشندي: صبح الأعشى، مصدر سابق ٥/ ٣٣٣؛ وانظر إبراهيم طرخان: مرجع سابق ص ٣٤ - ٣٥

(٣) الشيخ جامع عمر عيسى: مقدشو، مرجع سابق ص ٦١ - ٦٢؛ وانظر غيثان بن علي بن جرس: العرب في مقدشو وأثرهم في الحياة السياسية والثقافية في ظل الإسلام، مرجع سابق ص١/ ٣٧١

(٤) محمد النقيرة: مرجع سابق ص ٣١٥

كما فعل ذلك الاستعمار الإيطالي حين هدم مسجد الأحناف في حي شيغاني بمقدشو الذي بنته حكومة الشيرازي في مقدشو في أواخر القرن الخامس الهجري (١).

ولا شك أنه رغم ما تعرضت له الآثار والمعالم الإسلامية في الصومال من الدمار إلا أن عظمة هذا التراث الحضاري لم تزل قوية وملموسة رغم كل الظروف الصعبة التي واجهته وأحاطت به.

والحقيقة أن أكبر كارثة حضارية حدثت في الصومال وأعظم خطر أصاب الآثار والمعالم الحضارية حدث عقب انهيار الدولة الصومالية بعد سقوط الحكومة عام ١٩٩١م حيث حدث نهب وتدمير وحرق للتراث الخالد (٢).

والحقيقة أنه رغم كل ما حدث للتراث الحضاري الإسلامي في الصومال من الدمار والنهب إلا أن بعض تلك المعالم والآثار ما زالت باقية مما يدل على قوة التأثير الإسلامي والإنجاز الحضاري في الصومال، ولاشك أن عمارة المساجد كانت من أهم الأعمال الحضارية التي تحقق إنجازها في الصومال عبر العصور الإسلامية باعتبارها مركز انطلاق للدعوة الإسلامية، فكثرت المساجد في أغلب بقاع المنطقة، لأن إقامة المساجد وبناءها في الصومال واكب دخول الإسلام إليها، حيث كانت طلائع المسلمين الأوائل يحرصون على إنشائها فور وصولهم إلى الصومال، كما فعل ذلك جماعة من شيوخ حضارم كانت تتألف من أربعة وأربعين شيخاً عربياً أتوا إلى الصومال في القرن التاسع الهجري، وكان أحدهم وهو الشيخ الوقور إبراهيم أبو زرباي قد أنشأ مساجد في هرر وقام بنشر الدعوة الإسلامية (٣).

وفي بداية القرن العاشر الهجري وصل إلى بلاد الصومال وخاصة مدينة براوة الساحلية جماعة من قبيلة حاتم الطائي، وكان لهم دور إيجابي في البناء والتعمير، ومن أهم أعمالهم المعمارية تشييد المساجد لكي تنطلق منها الدعوة الإسلامية إلى محيط

---

(١) الشريف العيدروس: مرجع سابق ص ٨٥
(٢) انظر محمد حسين معلم: من ينقذ الآثار الإسلامية في الصومال ص ٨
(٣) حمدي السيد سالم: مرجع سابق ١/ ٣٥٢

مدينتهم الجديدة، وقد استطاعوا نشر الإسلام في المناطق المجاورة على نطاق واسع، حتى أصبحت براوة من أهم قلاع الإسلام ليس على الساحل الصومالي فحسب وإنما على الساحل الشرقي الأفريقي عموماً، وكان لهذه الجماعة من قبيلة حاتم الطائي أيضاً دور في بناء المساجد في مدينة كلوة التي تقع على الساحل الشرقي الأفريقي[١].

وكان المسلمون في الصومال يدركون الأهمية الدينية والاجتماعية والسياسية التي كانت تكمن في بناء المساجد رغم معرفتهم أن الإسلام لا يخصص العبادة في المساجد فقط فإنما يجعل الأرض كلها طهوراً صالحة لأداء الصلاة فيها مصداقاً لقول رسول الله ﷺ: «جعلت لي الأرض مسجداً وتربتها طهوراً»، ومع هذا كله فإن المسلمين أقاموا «المساجد لا لكي تكون أماكن للعبادة فحسب ولكن لتكون مواطن تجمع وأماكن تعليم وتثقيف فضلاً عن أن صلاة الجمعة لا تصحّ إلا في المساجد[٢].

ومن هنا تسابق أهل الصومال إلى تشييد المساجد ورأوا أن فلاح الدنيا والآخرة مرتبط ومرهون ببنائها، فكثرت المساجد حتى أصبح في مدينة مقدشو وحدها – يوماً من الأيام – أربعة عشر ومائة مسجد ما عدا الزوايا، لكن طول المدة وعدم الترميم والعناية ببعض هذه المساجد أصبحت مندثرة، ولم يبق منها إلا الأطلال كما هو موجود في أغلب المدن مثل مقدشو وبرواه ومركة وعظلة وهرر وزيلع، كما أن بعض تلك المساجد ما زالت قائمة رغم طول عمرها مثل مساجد فخر الدين وحمروين وعبد العزيز في مقدشو. وأصبحت المساجد مهمة لحياة الأمة لا تستغني عنها حيث كانوا يرونها رمزاً لإسلامهم وعقيدتهم، لذلك بذلوا جهودا جبارة في سبيل إنشائها وتشييدها في بقاع كثيرة. وهذا مما لفت أنظار المؤرخين والرحالة عند حديثهم ووصفهم لبلاد الصومال بدار الإسلام، كما قال أبو سعيد المغربي عن مقدشو بأنها مدينة الإسلام[٣]. وكذا عند قوله عن بربرا وزيلع أشار إلى أن أهلها مسلمون[٤].

---

(١) الشريف العيدروس: مرجع سابق ص ٦٣؛ حمدي السيد سالم: المرجع السابق ١/ ٣٥٩

(٢) عبد الرحمن محمد النجار: رحلة دينية إلى أفريقيا، مرجع سابق ص ١٤١

(٣) ابن سعيد المغربي: مصدر سابق ص٨٢

(٤) ابن سعيد المغربي: المصدر السابق ص ١٨؛ وانظر المقريزي: الإلمام ص ٢٤ – ٢٥

ونقل القلقشندي عن العمري بأن مدن المسلمين في منطقة القرن الأفريقي «لها الجوامع والمساجد وتقام بها الخطب والجمع والجماعات وعند أهلها محافظة على الدين..»(١).

وأشار الرحالة ابن بطوطة إلى الدور الذي كان يلعبه المسجد في مقدشو، ومدى ارتباط الناس به سواء كانوا حكاماً أو محكومين عند ما زار مدينة مقدشو ونزل ضيفاً على بلاط السلطان الشيخ أبي بكر بن الشيخ عمر ولاسيما يوم الجمعة حيث إن أهل مقدشو يحرصون على المواظبة على صلاة الجمعة في الجامع الكبير في مقدشو، ومن بينهم السلطان وحاشيته (٢).

ولما وصل البرتغاليون إلى سواحل الصومال انبهروا بمنارات المساجد ومآذنها وفي نفس الوقت خافوا منها ظناً منهم أنها قلاع للحرب (٣).

٤- أشهر المساجد في الصومال:

ومن أشهر المساجد في بلاد الصومال وأقدمها والتي ما زالت قائمة حتى الآن، جامع حمرويني الكبير الذي بناه أبو بكر بن محمد بن عبد الله التميمي الشيرازي سنة ٥٤٧هـ في مقدشو (٤)، ولعله هو المسجد الذي أشار إليه ابن بطوطة وصلى فيه مع السلطان وحاشيته لأنه له صحن كبير ومقصور (٥).

ويذكر المؤرخون أن هذا الجامع له منارة أسطوانية الشكل، وقد شيّدت – أي المنارة – في أول المحرم عام ٦٣٦هـ الموافق ١٤ أغسطس ١٢٣٨م.. (٦)

---

(١) القلقشندي: مصدرسابق ٥ / ٣٢٤؛ وانظر أحمد ريراش: كشف السدول، مرجع سابق ص ١٧٢؛ محمد عبد الله النقيرة: مرجع سابق ص ٢٧٨

(٢) ابن بطوطة: مصدر سابق ١/ ٢٦٣ – ٢٦٤

(٣) انظر محمد حسين معلم: من ينقذ الآثار الإسلامية في الصومال؛ ص ٨؛ وانظر جامع عمر عيسى: ومقدشو ماضيها وحاضرها مرجع سابق ص ٣٦ – ٣٧

(٤) الشيخ محمد محمود أحمد (الشيخ أبا): أسئلة وأجوبة حول تاريخ بعض المدن الساحلية الصومالية وحضارتها (مخطوط) ص ٧

(٥) ابن بطوطة: تحفة النظار، مصدر سابق ١/ ٢٦٣

(٦) الشيخ أحمد ريراش: مرجع سابق ص ١٧٠

والحقيقة أن هذا التاريخ موافق لما كان موجوداً ومنقوشاً أيضاً على أحد أبواب هذا الجامع، ولكن بعد فترة شيد فوقه جامع آخر حين صار منخفضاً بسبب ارتفاع الأرض عليه وتراكم التراب فوقه، وأصبح تحت الجامع الحالي، كما هو ظاهر حتى الآن.

وجامع حمرويني يختلف من المساجد الأخرى في شكل بنائه، كما أن مئذنته تختلف في شكلها عن مآذن المساجد الأخرى، ويمتاز هذا الجامع « بالمجاز الذي ينقسم إلى قسمين ويوصل إلى المحراب ويحيط بهذا المجاز العقود من الجانبين وهو الوحيد من نوعه من مساجد مقدشو... وقد أدخلت عليه كثير من الإصلاحات والإضافات في العصور التالية فتضاعفت مساحته بما أضيف إليها من الزيادات طولاً وعرضاً في العهود المختلفة، ويشتمل المسجد على ٨١ عموداً ودعامةً وجميع الأعمدة والدعامات من الطوب المستخدم في بناء بيوت مقدشو وتعتمد الأعمدة والدعامات على أكتاف يرتبط بعضها ببعض بعقود مبنية، ويوجد بالمسجد محرابان: أحدهما المحراب الأصلي ويقع على محور المسجد، والثاني يقع في الناحية اليمني وبجانب المحراب الأصلي يوجد منبر خشبي بديع الصنع، ويتكون سقف المسجد من عروق وألواح من الخشب، وفي أعلى الجدار فتحت شبابيك صغيرة، ويلاحظ الزائر أن مستوى أرض المسجد منخفضة عما يحيط بها من الأرض وربما كان السبب في ذلك كثرة المخلفات والرمال التي تراكمت على مرور السنين [1].

ولمسجد فخر الدين قبتان أحدهما خلف المحراب، ومئذنته تسند على عمودين، والثانية تقع في الجزء الأخير من صحن المسجد، وتستند على أربعة أعمدة مكعبة، وسقف هذا المسجد من أخشاب متقاطعة وأحجار متشابكة، وقد هدم الجدار الجنوبي بسبب إقامة دار تفصل بالمسجد.. [2]

ومن المساجد القديمة التي ما زالت قائمة حتى الآن مسجد فخر الدين الذي بناه السلطان أبو بكر فخر الدين الغساني في نهاية شعبان عام ٦٦٧هـ الموافق ٢٧

(١) الشيخ جامع عمر عيسى: مرجع سابق ص ٤٤
(٢) الشيخ جامع عمر عيسى: مرجع سابق ص ٤٥

أبريل ٦ مايو، سنة ١٢٦٩م، وهذا التاريخ موجود ومكتوب على لوحة رخامية بالإضافة إلى اسم الحاج ابن محمد بن عبد الله، ولعله هو صانع هذه اللوحة الرخامية المتصلة على محراب المسجد وقبلته، هذا الجامع واجهته الرئيسية نحو الشرق، وله ثلاث أبواب [1].

ومن المساجد القديمة المشهورة مسجد أربع ركن في قلب مدينة مقدشو بمقربة من مسجد فخر الدين في حي حمريني، ومسجد أربع ركن قد بناه خسروا بن محمد الشيرازي في سنة ٦٦٧هـ الموافق ١٢٦٨م، كما هو مكتوب ومنقوش على محراب المسجد وقبلته [2]، وألحقت فيما بعد صحن وفناء كبير من جهة الغرب ويحيط بالمسجد سور مرتفع، ولا يعرف تاريخ هذه الزيادات والملحقات المعمارية.

ومن المساجد أيضاً مسجد محمد الأول وتأسس عام ٦٦٧هـ على يد الأمير محمد علي، وكذلك مسجد محمد الثاني، وكلا الأميرين من أسرة السلطان فخر الدين، وقد شيّدوا مساجد كثيرة أخرى [3].

وهناك مساجد وجوامع كثيرة كانت منتشرة في جميع ربوع بلاد الصومال أقامها أهل البلاد حكاماً ومحكومين كمسجد الأحناف الذي شيده حكام الشيراز في حي شنغاني بمقدشو في أواخر القرن الخامس، ولكن الاستعمار الإيطالي هدمه [4].

٥- مكونات المسجد الصومالي:

قد عرفنا فيما سبق أهمية المسجد في المجتمع الصومالي وحرص أهل الصومال على بنائه عبر العصور، ومن خلال مشاهدة ما تم تشييده يظهر أن المسجد في الصومال عادة ما يتكون «من فناء مكشوف يؤدي إلى إيوان مسقوف به أعمدة مربعة الشكل

---

(١) الشيخ أحمد ريراش: مرجع سابق ص ١٧٠ - ١٧١؛ وانظر الشيخ محمد محمود أحمد (الشيخ أبا): المخطوط السابق ص ٧

(٢) انظر الشيخ أحمد ريراش: المرجع السابق ص ٧

(٣) الشريف العيدروس: بغية الآمال، مرجع سابق ص ٨٥؛ وانظر الشيخ جامع عمر عيسى: مقدشو ماضيها وحاضرها، مرجع سابق ص ٦١

(٤) الشريف العيدروس: المرجع السابق ص ٨٥؛ الشيخ جامع عمر عيسى: المرجع السابق ص ٥٣

أو مستديرة يحمل عقوداً مدّببة، وقد تحمل السقف مباشرة وهو الأغلب أ وأجزاء المسجد جميعها بما فيها الأعمدة تبنى من الطوب والحجارة وتُكسى بطلاء الجير الأبيض، وقد يكون للمسجد مئذنة أو يكون له برج أو قبّة مستطيلة والقليل منها طراز المآذن الطويلة الرفيعة من نهايتها...» (١).

وعلى الرغم من إحداث المآذن والمحارب بعد الرسول ﷺ وخلفائه الراشدين إلا أن المآذن والمحارب مهمة في عمارة المساجد في الصومال لتمييزها عن العمائر والبنايات الأخرى، وربما يلحق بالمسجد منارة طويلة بدلاً من المئذنة كمنارة جامع حمرويني الكبير، ومنارة مسجد عبد العزيز المخزومي في حي عبد العزيز في مقدشو.

والمنارة الأولى - أي منارة جامع حمرويني - تم بناؤها في أول المحرم عام ٦٣٦هـ الموافق ١٤ أغسطس سنة ١٢٣٨م، وهذا التاريخ منقوش ومكتوب بخط النسخ المثبت على أحد أبواب الجامع القديم الذي اندثر وشيد مكانه المسجد الحالي في القرن التاسع (٢)، وهي منارة اسطوانية الشكل، وتختلف عن المنارات الأخرى، وعلى الرغم من أن الباحثين والرحالة الذين زاروا مدينة مقدشو لم يتجاهلوا الإشارة إلى منارة جامع حمرويني، بل وأخذ بعضهم صوراً تذكارية ولاسيما الغربيين منهم، إلا أنني لم أقف على من قام بدراسة حضارية تاريخية مسهبة عدا سا قام به المؤرخ الصومالي الشيخ جامع عمر عيسى بدراسة مقتضبة ومختصرة جدا حول تلك المنارة عند حديثه عن مدينة مقدشو ومعالمها الحضارية قديماً وحديثاً.

وهده المنارة هي الأولى من نوعها وشكلها الأسطواني «وقطر دائرتها (٣٠١ - ٣٦٠) مقسمة إلى تسعة أقسام مكونة من ثماني حلق وكأنها منحنية على السور المجاور لها، وكل قسم منها منسق ولماع، القسم الأعلى فقط يعمل كسور لها، وقد زينت وزخرفت بطلاء على شكل مربعات وفي وسط كل واحد منها فتحة على شكل مستطيل وقطر الدائرة الأعلى أصغر من قطر الدائرة الأسفل الواقع على سطح

(١) عبد الرحمن النجار: رحلة دينية إلى أفريقيا، مرجع سابق ص ١٤١
(٢) الشيخ أحمد ريراش: مرجع سابق ص ١٧٠

الأرض، وهذه المنارة مبنية على شكل معقد، وقد تم بناء قاعدتها على شكل مربع بينما الجزء الأعلى من القاعدة بنى من ثلاثة أجزاء أسطوانية ويفصل الطبقة الوسطى عن السفلي طراز مختلف على شكل مثلث، والأقسام الثلاثة تختلف من الأسفل إلى الأعلى، وللطبقة الأخيرة أربع فتحات طوال ومزخرفة بطلاء داكن وبينما البرج غير مدهون بأي نوع من الطلاء فإن شكل بنائه واضح، وقد تم بناء المنارة بأكملها من أحجار ذوات لون أحمر، ولكن هذه الحجارة تظهر من مسافات معينة بحيث يجرى البناء بأحجار منحوتة من أجل بناء حلق مستديرة، واثنتان من الحلق المذكورة مبنيتان في أسفل المنارة فليس فيها حلقات لأن الحلقات تقسم المنارة إلى أقسام متعددة، وتقع هذه المنارة بالقرب من مسجد صغير...» (١).

أما منارة مسجد الشيخ عبد العزيز بن محمد المخزومي وإن كان أشار إليها الباحثون، ولكننا لم نجد لها أثراً يبين فترة تأسيس هذه المنارة، ولا يعرف على وجه الدقة تاريخ بنائها (٢).

وهذه المنارة ملحقة بمسجد الشيخ عبد العزيز قبالة ساحل المحيط الهندي في حي عبد العزيز في مقدشو، وهي بمقربة من ميناء مقدشو القديم.

وعلى الرغم من أن هذه المنارة تشبه المنارات الأخرى - ما عدا منارة مسجد حمروين - إلا أنها أكبر وأطول من المنارات الأخرى، وهي غير مطلية.

وكان المسجد في الصومال يضم أيضاً مقصورة كما كان مشهوراً في البلاد العربية، ولاسيما المساجد في الحجاز واليمن والشام ومصر، وقد ذكر ابن بطوطة عند رحلته في مقدشو أنه صلى خلف مقصورة المسجد في مقدشو في معية السلطان والقاضي وأعيان البلاد في صلاة الجمعة (٣).

---

(١) الشيخ جامع عمر عيسى: مقدشو ماضيها وحارضرها، مرجع سابق ص ٣٧ - ٣٨

(٢) الشيخ محمد محمود أحمد: المخطوط السابق ص ٥؛ الشيخ جامع عمر عيسى: المرجع السابق ص ٣٧

(٣) ابن بطوطة: تحفة النظار، مصدر سابق ١/ ٢٦٣

ولشدة تعلق أهل الصومال بالمساجد كانوا أحيانا يدفنون موتاهم في المساجد أو داخل سور المسجد، ولاسيما الصالحون منهم، أو إذا أوصى أحدهم بذلك وله نفوذ لدي إدارة المسجد، رغم مخالفة ذلك الأمر كله للشريعة الإسلامية[1].

وقد عثر في أحد المساجد في مدينة براوة على أحجار منقوشة عليها معلومات لأحد أموات المسلمين تم دفنه في المسجد، وقد يسمى المسجد باسم المدفون[2].

وربما يكون المدفون يكون أحد وجهاء المدينة أو من الأسرة الحاكمة، وقد ذكر الرحالة ابن بطوطة عند زيارته لمدينة مقدشو بأن والد السلطان أبو بكر بن الشيخ عمر كان مدفوناً في صحن جامع مقدشو، وأن السلطان كان يقرأ على والده بعض الآيات القرآنية كما كان يدعو لولده[3].

٦- وظيفة المسجد ورسالته في الصومال:

لقد اعتنى المسلمون في بلاد الصومال بالمسجد وتعلقوا به منذ وصول الإسلام إلى الصومال وانتشاره فيه، ولم يكن المسجد مجرد مكان خاص للطقوس الدينية كالصوامع والبيع والكنائس عند الأمم الأخرى، وإنما كان المسجد مهماً في حياتهم سواء فيما يتعلق بأداء الشعائر التعبدية، أو القيام بتوجيه الأمة نحو أمور دينها ودنياها وما فيه من صلاحها وفلاحها في الدنيا والآخرة، كما كانت الجيوش المجاهدة تنطلق من المسجد في سبيل رفع راية الإسلام والدفاع عن أعراض ومقدسات الأمة، بمعنى أن المسجد في الإسلام لم يكن يوما من الأيام مكانا خاصاً فقط بالشعائر التعبدية من الصلاة وقراءة القرآن والذكر... وإنما كان يشمل أكثر من ذلك، ولاسيما أن أهمية المسجد في منطقة القرن الأفريقي [4] كانت تكمن في أن المنطقة لم تكن فيها مدارس ولا خانقاه، علما بأن المجتمع لم يكن ينقصه مدرسون أو معلمون، بل كان فيهم

---

(١) في هذا الموضوع فقد تحدث العلامة المحدث محمد ناصر الدين الألباني بإسهاب كبير في كتابه " أحكام الجنائز ".

(٢) الشريف العيدروسي: مرجع سابق ص ٦٥

(٣) ابن بطوطة: المصدر السابق ١/ ٢٦٣

(٤) وخاصة دول الطراز الإسلامي في القطر الصومالي.

الفقهاء والعلماء والأساتذة[1]، لذلك كانت المساجد من أهم منابر العلم والتثقيف في هذا المجتمع ولاسيما فيما يتعلق بالعلوم الدينية من القرآن وعلومه والحديث وعلومه والفقه وأصوله خاصة الفقه الشافعي - وكذا الفقه الحنفي في زيلع ونواحيها - واللغة بشقيها النحوي والصرفي، وكذا الأدب وأنواعه المختلفة.

وكان العلماء والفقهاء يعقدون جلساتهم في أركان المسجد وأروقته على طول العام للتدريس والتعليم.

أما خطب الجمعة التي كانت تقام في الجوامع فقد كانت تُعدّ من أهم دعائم نشر التعليم الإسلامي وإيصال مفاهيمه إلى المجتمع، وفي أحيان كثرة كان منبر الجمعة يستخدم لتحريض الناس على الجهاد ورفع الروح المعنوية وتحميسهم للوقوف أمام زحف أعداء المسلمين في منطقة القرن الأفريقي وأغلب من كان يلقي خطبة الجمعة كانوا علماءً أجلاء مثل الشيخ أبو بكر بن نصر الدين بن محمد المكنى بارشوته، مفتي المسلمين وخطيبهم وإمامهم، حيث كان يحض الأمة على الجهاد ويذكرهم[2]. وهكذا كان العلماء وأئمة المسلمين يلعبون دوراً مهماً في حركة الجهاد كما كانوا قادة الجهاد من خلال دروسهم وخطبهم بالمساجد، والأئمة العظام كانت لهم مكانة عالية بين الأمة، وقد حقق الله على أيديهم انتصارات عديدة، «ودخل من الكفار ناس كثير في دين الإسلام...»[3]، لأن، المجاهدين كانوا دعاة يحملون الدين والعقيدة، وهدفهم إرساء قواعد الإسلام في المنطقة.

ورغم أن الإسلام انتشر في منطقة القرن الأفريقي بطريقة سلمية، فإن المجاهدين لم يتخلوا عن وظيفتهم الأولى وهدفهم الأسمى وهو دعوة الناس إلى دين الله، وقد تحقق لهم ذلك وصار الإسلام ينتشر في ركاب الفتح ودخل كثير من النصارى في دين الله أفواجاً بعد اقتناعهم به عقيدة وشريعةً وسلوكاً، نتيجة جهود العلماء وما بذلوه

(١) القلقشندي: مصدر سابق ٥ / ٣٢٤
(٢) عرب فقيه: تحفة الزمان أو فتوح الحبشة، مصدر سابق ص ٥٣٧؛ وانظر محمد عبد الله النقيرة: انتشار الإسلام في شرق أفريقيا، مرجع سابق ص ٢٣٠
(٣) عرب فقيه: المصدر السابق ص ٧٧

من الكفاح، أما الذين أرغموا على دخول المسيحية من قبل أباطرة الحبشة المتعصبين فقد وجدوا فرصة سانحة لهم بعد تحرير المسلمين أراضيهم، فعادوا إلى الإسلام، وقد نقل مؤرخ الجهاد في منطقة القرن الأفريقي عرب فقيه صورة توضح ذلك على لسان أحد القادة ومعه عشرون ألف مقاتل، إذ كتب إلى الإمام أحمد إبراهيم قائلاً: «أنا من أول مسلم وابن مسلم، وأسرني المشركون، ونصروني، إن قلبي مطمئن بالإيمان، والآن أنا جار الله وجار رسوله وجارك، وإن تقبل توبتي ولا توا خذني بما عملته، فأنا تائب إلى الله، وهذه جيوش الملك الذين هم معي أنا أحتال عليهم حتى يدخلوا عندك ويسلموا»[1].

ولم يكن من السهل أن يتولى هذا المنصب أي أحد، بل إن من يتولى الخطبة كان عليه أن يكون مؤهلاً ومتمكناً من ذلك، وكان الخطيب يتم تعيينه من أهل الحل والعقد، وكان أهل الصومال إذا أرادوا تعيين الخطيب فلا يكون خطيباً حتى يتفقوا عليه برضاء من زعمائهم وقبائلهم، بل إن عادتهم كانت إذا اختاروا أحداً أن يقروا عليه أربعين ختمة[2] يجلسون حوله بصفة دائرة وهو يتوسط الجميع، وبعدها يولونه الخطابة في الجمعة وربما كان يحدث نزاع وخصام حول من يسند إليه الخطابة ويتولها[3].

والأمة كانت تدرك المكانة الكبيرة التي كانت تقوم بها الخطبة في حياتهم وواقعهم لذلك كانوا يلتزمون بها حتى في أحلك الظروف والأحوال وتحت الاحتلال المسيحي الحبشي، كما ذكر ذلك القلقشندي في كتابه: «بلاد الحبشة سبعة ملوك مسلمين لهم سبع ممالك، كل مملكة منفردة بملك، وبها الجوامع والمساجد ينادى فيها بالآذان وتقام بها الجمع والجماعات، وهم مع ذلك تحت أمر صاحب أمهرة ملك ملوك الحبشة يختار لولاية ممالكهم من شاء توليته ولايردون ويصدرون إلا عن أمره وهي مملكة إفات

(١) عرب فقيه: المصدر السابق ص ١٨١ - ١٨٢؛ وانظر محمد النقيرة: المرجع السابق ص ٢٣١ - ٢٣٢ وفيه تفاصيل أكثر

(٢) أي أربعين مرة يختمون القرآن عليه، وهذه كانت عادة أهل مقدشو، ولا يعرف متى بدأت هذه العادة، ولكنها كانت مستمرة حتى في مطلع القرن الماضي.

(٣) الشريف العيدروس: مرجع سابق ص ٣٩ - ٤٠

والزيلع، ومملكة دوارو، ومملكة أرابيني، ومملكة هدية، ومملكة شرخا، وبالي، وداره. وهذه الممالك تجاور ناصع وسواكن، ودهلك»[1].

وكان الناس في الصومال يحرصون كل الحرص على مواظبة الجمعة والحضور فيها ولاسيما من خطبتها حتى وإن لم يكن لديهم جامع فكانوا يردون على أقرب مدينة إليهم، كما كان يفعل السكان حول ضواحي مقدشو الذين كانوا «يردون على العاصمة مقدشو لتأدية صلاة الجمعة والاستفادة من خطبتها، وما كان يعقبها من الدروس عقب الجمعة من الوعظ والإرشاد وكذا التعليق على الخطبة، في الجامع الكبير بمقدشو»[2].

وقد بلغ من حرص بعض الناس السفر إلى مدينة أخرى إذا لم يتوفر لديهم جامع أو غاب عنهم من يقوم بإلقاء الخطبة، كما حصل ذلك من أهالي مدينة مركة وما جاورها في فترة من الفترات حيث كانوا يؤدون صلاة الجمعة في مقدشو لعدم وجود جامع هناك، ولأجل عنايتهم بذلك كانوا يركبون عربات تجرها سبع أو تسع خيول حتى لا تفوتهم الجمعة، وكان ذلك في عصر دولة حلوان بمقدشو في القرن الخامس الهجري[3].

والحقيقة أن دور المسجد لم يقتصر على حض المجاهدين وتحريضهم على الجهاد ورفع هممهم لأجل نصرة الإسلام والمسلمين، وإنما كان له أيضا دور مهم في تثقيف الداخلين في الإسلام ورفع مستواهم العلمي والثقافي من خلال حلقات المسجد، والدروس التي كانت تعقد فيه، فتعلم هؤلاء الجدد الكتابة والقراءة وما له صلة بالعلم والمعرفة، وقد نبغ من هؤلاء كثيرون.

وربما يكتشف العلماء من خلال حلقاتهم العلمية بعض النوابغ من هؤلاء الذين توفر لديهم الذكاء الثاقب والحافظة القوية والهمة العالية، فكان العلماء يهتمون

---

(١) القلقشندي: مصدر سابق ٨/ ١١

(٢) جيان: لسيوجيان شارل الفرنسي: وثائق تاريخية وجغرافية وتجارية عن شرق أفريقيا، مرجع سابق ص ١٨٥ - ١٨٧

(٣) الشريف العيدروس: مرجع سابق ص ٨٣ نقلاً عن مخطوط قديم.

بهؤلاء من بين طلبة العلم المتفوقين، ويعطونهم عين الاعتبار ليصبحوا علماء إجلاء في المستقبل، وكان العلماء يقومون بإيفاد هؤلاء إلى مراكز العلم ومساجده في العالم الإسلامي كالحجاز ومصر والشام واليمن حتى يكملوا دراستهم ويتموا مشوارهم العلمي بعد أن ينهلوا من معين لا ينضب ويتزودوا بثقافة إسلامية متعددة الجوانب، ولاشك أن عودة هؤلاء إلى أوطانهم بعد تحصيلهم العلمي كان لها مردودها الإيجابي في نشر الإسلام وثقافته في المنطقة (١).

أما تكلفة سفر طلاب العلم إلى منابع العلم فكان يتولاها أهل الخير والإحسان، ولاسيما وإنّ كثيراً من التجار كانوا فقهاء وعلماء اتخذوا البحارة حرفة لهم، وعملوا جادين على نشر الإسلام وحضارته الخالدة في القرن الأفريقي وألقى بعض هؤلاء على عاتقهم مهمة حمل هؤلاء الطلبة الأفريقيين على مراكبهم إلى مصر ليتموا دراستهم في الجامع الأزهر (٢).

وأشار بعض المستشرقين إلى تفوق المسلمين على المسيحيين، بل إن الوظائف التي تتطلب خبرة خاصة ومستوى ثقافياً معيناً كان لا يشغلها إلا المسلمون إذ أن المسلمين أعلى همة وأوفر نشاطاً وأرفع مستوى، إذ التزم كل مسلم تعليم أبنائه القراءة والكتابة بينما كان المسيحيون في منطقة القرن الأفريقي لا يعلمون أبناءهم إلا عند ما يزمعون الانتظام في سلك الكهنوت (٣).

وانتشر الإسلام في بقاع كثيرة ليس في منطقة القرن الأفريقي فحسب، وإنما على مستوى شرقي أفريقية، وسيطر المسلمون على المنطقة اقتصادياً وحضارياً وسياسياً...، وأخذوا الإسلام طريقه إلى أدغال أفريقيا، وتوغل في مناطق داخلية،

---

(١) القلقشندي: مصدر سابق ٥/ ٢٢٦

(٢) د. صبحي لبيب: التجارة الكرامية وتجارة مصر في العصور الوسطى، المجلة التاريخية المصرية (المجلد الرابع، العدد الثاني) مايو سنة ١٩٥٢ ص ١٩، ٣٩ - ٤١؛ وانظر محمد النقيرة: مرجع سابق ص٢٧٥

(٣) أرنولد: مرجع سابق ص ١٣٩، وانظر محمد النقيرة: مرجع سابق ص ٢٧٨

وتجاوز المناطق الساحلية، لذلك فلا يستغرب وصول أهل الصومال إلى سفالة في وقت مبكر وسيطرة المسلمين على أماكن بعيدة داخلية في أفريقيا [1].

وهكذا كانت الصومال شمالاً وجنوباً بمساجدها وعلمائها تقدم دوراً بارزاً في نشر الإسلام في المنطقة بل «وصارت زيلع في الشمال ومقدشو في الجنوب أهم منفذين لتياري العروبة والإسلام في اختراق الصومال وتسربهما عبر مناطق القبائل من الشرق والجنوب إلى الحبشة» [2].

(١) انظر الإدريسي: مصدر سابق ١/ ٥٤

(٢) محمد النقيرة: مرجع سابق ص ١٨٤

الفصل الثالث

هجر العلم ومعاقله في الصومال

المبحث الأول: المدن الثقافية في الصومال

المبحث الثاني: الكتاتيب والخلاوي

المبحث الثالث: المعاهد والمكتبات

المبحث الرابع: الكتابة وأدواتها

الفصل الثالث

هجر العلم ومعاقله في الصومال

المبحث الأول: المدن الثقافية في الصومال دراسة المدن:

قبل أن نتناول الحديث عن أسباب تأسيس المدن ينبغي أن نعرف أن دراسة المدن ليست حكراً على الجغرافيين فقط، بل هناك أطراف أخرى يهتمون بالمدن وما يتعلق بها من العلوم والدراسات، ولكن من نواح مختلفة عن تلك التي يعالجها الجغرافيون. والحقيقة أنّ تلك الدراسات تختلف حسب مراد أصحابها من دراسة إلى أخرى « فالاقتصادي يهتم بالمدينة مثلاً فيدرسها من ناحية ثمن الأراضي داخل المدينة، أو تكلفة تعمير أو إعادة تعمير بعض أجزائها، أو تكلفة إنشاء بعض الجسور أو الأنفاق في المدينة، أو غير ذلك من الأمور الاقتصادية، وكذلك فإن عالم الاجتماع يهتم بدراسة المدينة من النواحي الاجتماعية، مثل مظاهر الفقر والثروة في المدينة، مناطق الإجرام، توزيع الطبقات الاجتماعية داخل المدينة، مناطق التمييز العنصري أو الديني أو العرقي، داخل الفرد أو الأسر؛ سلوك السكان المدن مقارنة مع سلوك السكان الريفيين، أو العادات والتقاليد المتبعة في المدينة، وغير ذلك من القضايا الاجتماعية الحضرية، كما أنّ المؤرخ يهتمّ أيضاً بدراسة المدينة من تأثير البعض منها على سير تاريخ تلك المنطقة أو تأثير الهجرات العرقية إلى بعض المدن في أسلوب تطورها، أو علاقته بالثورات الفكرية أو الحضارية أو السياسة التي ظهرت في بعض المدن، أو دور المؤسسات أو النظم السياسية الموجودة في بعض المدن في خلق بعض الأحزاب أو الحركات القومية أو الحزبية، أو مدى مساهمة إحدى المدن في تغيير مجرى الأحداث في تلك المنطقة، أو في المناطق المجاورة، أو غير ذلك من القضايا التاريخية».

ومن الجدير بالذكر أننا سوف نستخدم أغلب المعلومات التي يمكن استخدامها عند حديثنا عن بعض المدن الساحلية الصومالية سواء فيما يتعلق بالنواحي الاقتصادية

أو الجغرافية أو الاجتماعية أو السياسية، حيث لا نستغني عن جميع تلك المعلومات التي تدلنا على أحوال تلك المدن الساحلية عبر العصور الإسلامية المختلفة.

أما تشييد المدن الجديدة أو تعمير مدينة بعينها فإن لم يكن أمراً جديداً وليد الحدث في الصومال أو في منطقة شرق أفريقيا فحسب، وإنما كان هناك أيضاً اهتمام عند المسلمين الأوائل حيث كانوا يهتمون بإنشائها وتشييدها لدى المجتمع الإسلامي بل ويتناقلون أخبارها أحيانا كثيرة في مختلف العصور.

وتُعدّ مدينتا البصرة والكوفة من أوائل ما اهتم به المسلمون في تأسيسها وإنشائها لا سيما في عهد خليفة المسلمين أمير المؤمنين عمر بن الخطاب رضيّ الله عنه[1]، وجاءت بعد ذلك مند: بغداد، القيروان، القاهرة والمدن الأخرى.

وقد استمر المسلمون على هذا الدرب وعلى هذا المنوال حتى تمّ تأسيس وإنشاء مدن كثيرة في مختلف الأصقاع على مرّ الأزمنة حتى اتسعت رقعة الدولة الإسلامية وصارت دولة مترامية الأطراف، تمتد إلى آفاق بعيدة. والحقُّ أن أول ما كان يهتمّ به المسلمون في تخطيط المدينة، كان تشييد مسجد في وسطها، وكذا دار الإمارة، كما كانت الأسواق والمرافق المهمة في أوليات ما يخطط له فى تعمير المدينة وإنشائها.

وهناك عوامل ودوافع مختلفة لعبت أدواراً قويةً فى تأسيس المدن، مثل العامل الديني الذي يتمثل في: انتشار الدين الإسلامي فى ربوع مختلفة في هذا الكون، واستمرار عملية الفتح والجهاد.

وقد حظيت منطقة الشرق الأفريقي باهتمام كبير من قبل قادة المسلمين في الشرق الإسلامي، كما حصل ذلك في عهد الخليفة الأموي عبد الملك بن مروان، حيث تمّ تأسيس بعض المدن على الساحل الأفريقي الشرقي مثل مدن: مالينده

(١) تم تأسيس مدينة البصرة والكوفة بيد عتبة بن غزوان وسعد بن أبي وقاص في عهد أمير المؤمنين عمر بن الخطاب رضيّ الله عنه، انظر الطبري: تاريخ الرسل والمملوك، مصدر سابق ٣/ ٥٩٠ - ٥٩٧ - ٤/ ٤٠ -

وزنجبار ومنباسا ولامو وكلوه وباته، وذلك حينما كثر المخالفون والخارجون على هيبة الخلافة في تلك النواحي[1].

وأما في بلاد الصومال فقد لعب انتشار الإسلام واتساعه دوراً كبيراً في عملية إنشاء المدن والمراكز، بل وأدى إلى قيام ممالك إسلامية فيها، من القرن الحادي عشر الميلادي، سواء في جنوب البلاد أو شمالها، وصارت هذه المدن مشيخات وممالك فيما بعد، بدءاً من مدينة ورشيخ شمالا إلى لامو جنوبا في أقصى جنوب المنطقة.

أما في القطر الشمالي فكانت الممالك الإسلامية تلعب دورا مهمّا في نشر الإسلام وتأسيس بعض المدن والمراكز الثقافية لتكملة الدور الديني والحضاري من منطقة زيلع إلى مناطق سيدامو وبالي وأطراف مرتفعات شوا الشرقية.

والحقيقة أن هذه الممالك أعطت دفعة قوية لحركة التعليم الإسلامي، وكذا حركة الجهاد والفتوح.

وقد تم ذلك بمساعدة سلاطين المسلمين وعلمائهم في المنطقة[2]، وهكذا توغل الإسلام في أدغال أفريقيا وإلى داخل القارة بفضل تلك المدن والمراكز الإسلامية التي كان يشع منها نور العلم والإسلام، مثل دولة الزنج التي كان لها فضل كبير في قيام مدن إسلامية على امتداد الساحل وانتشار الإسلام بين سكانه، وكذا بفضل الدول والسلطنات وبين سكان الجزر المواجهة له كمدغشقر وجزر القمر ويمبه وزنجبار ومالنده.[3]

ولا أدلّ على ذلك إذا رأينا أنّ أهل سفالة كانوا مسلمين قد وصل إليهم الإسلام عن طريق مدن قامت فيما بعد[4].

---

(١) محمد النقيرة: انتشار الإسلام، مرجع سابق ص٨٥.
(٢) أحمد جمعاله محمد: التعليم الإسلامي في الصومال، مرجع سابق ص٣.
(٣) محمد النقيرة: المرجع السابق ص٩٢.
(٤) القلقشندي: صبح الأعشى، مصدر سابق ٥/ ٢٢٧.

١- ازدهار المدن الساحلية في الصومال:

وقد ازدهرت بعض المدن الصومالية ازدهارا كبيرا في نواحي حضارية وعلمية واقتصادية واجتماعية لا سيما المدن الساحلية وذلك بسبب عدة عوامل متباينة، ومن بين تلك العوامل:

أ- الهجرات العربية والإسلامية: حيث تدفق إلى المنطقة من مختلف البلدان الإسلامية مهاجرون ومجموعات نازحة، علماً بأن من بين هؤلاء المهاجرين علماء وفقهاء ومثقفون كانوا حتما ضمن تلك الجموع المهاجرة إلى بلاد الصومال.

وقد ذكرنا - فيما سبق - أن تدفق العرب وغيرهم إلى منطقة القرن الأفريقي قد بدأ منذ التاريخ القديم وقبل شروق نور الإسلام في الجزيرة العربية، حيث كانت الجزيرة مرتبطة بالمنطقة، من خلال الجولات والصولات التي كان يقوم بها أهل الجزيرة لمنطقة أفريقيا الشرقية عموماً والقرن الأفريقي خصوصاً، إذ إنّ الصلات بين الجانبين كانت قويةً، لأن العرب وخاصة أهل الجزيرة العربية كانت لديهم معرفة كاملة بالمنطقة، بل كانوا متعودين السفر إليها حتى صارت المنطقة سوقاً ومتجراً لهم يتجرون ويجدون فيها متسعاً من الرزق[(١)].

وقد ساعد على ذلك سهولة الاتصال بالمنطقة وقربها جغرافيا، وكذا تفوق العرب بالعلوم البحرية وصناعة السفن، إضافة إلى رغبتهم في إيجاد أماكن استقرار دائم في سواحل أفريقيا الشرقية بل وإقامة كيانات إسلامية[(٢)].

وقد تناولنا الأسباب والدوافع التي أدّت بهؤلاء المهاجرين إلى النزوح والإنسياح إلى منطقة أفريقيا الشرقية عموما، وبلاد الصومال خصوصا، غير أنّ هذا النزوح وهذه الهجرة كانت تُتمّ أحيانا ضمن مجموعات وكتل متماسكة، بما فيهم نخبة من أهل الفكر والثقافة وأهل العلم النابغين الذين كانوا يأتون إلى المنطقة لتأدية فريضة نشر العلم والمعرفة، أو طلباً للعلم، كما كان من بينهم بعض الأمراء الفارين

---

(١) الطبري: المصدر السابق ٢/ ٣٢٨

(٢) ارجع إلى المبحث الثاني من الفصل الثالث.

من أوضاع سياسة داخلية في بلادهم، كهجرة بنى المخزوم والجلنديين والأخوة السبعة والشيرازيين والنبهانيين وغير ذلك إلى منطقة أفريقيا الشرقية الذين نشروا في ربوع المنطقة - بما فيها بلاد الصومال وكينيا وتنزانيا- الدين الإسلامي. كما أسلفنا سابقا.

ولا ننسى هجرة قبائل بنادر أو ما يعرف اليوم في جنوب الصومال قبائل رير حمر «آل حمر» الذين كان لهم فضل في ازدهار المدن سياسيا وثقافيا واقتصاديا وحضاريا [١]، وعلى الرغم من تنوع الدوافع والدواعي للمهاجرين إلا أنّ تأثيرهم وتأثرهم بالمجتمع الصومالي كان ظاهرا ملموسا في جميع الميادين والنواحي.

وكلما كان يكثر النزوح والهجرة إلى المنطقة، كلما كانت تزداد عملية الاستيطان العربي والإسلامي في سواحل القرن الأفريقي، حتى انتشرت المستوطنات على طول السواحل الصومالية. وهذا الأمر كان له أثره الإيجابي في الحياة الثقافية العلمية، كما أنّ هذه الهجرات كان لها صدى كبير في عملية تطوير المدن وانتعاشها وازدهارها، فأسس بعضهم مدناً ومراكز عديدة، كما أن هؤلاء المهاجرين قاموا بنشر المذاهب مثل المذهب الشافعي في المنطقة، وأكثر من ذلك أنهم استطاعوا حمل رسالة الإسلام ونشره في تلك المجتمعات، حتى أضحت بعض المدن و المراكز، منارات للدعوة الإسلامية، وقد تحولت بعض هذه المستوطنات فيما بعد إلى مراكز تجارية دائمة استمرت قرونا عديدة.

والحقيقة أنّ المدن الساحلية - مثل مقدشو - أصبحت فيما بعد من أهمّ المراكز سياسياً وتجارياً ودينياً في سواحل أفريقيا الشرقية في العصور الوسطى، بفضل ما حققه هؤلاء المهاجرون من تقدم وازدهار كبيرين في كثير من النواحي بما في ذلك النواحي الاقتصادية، حيث كان بعض المهاجرين يزاولون التجارة، والزراعة للأراضي الصومالية الخصبة لا سيما في جنوب البلاد حول ضفاف نهري جوبا وشبيلي.

وقد شارك هؤلاء في إثراء الثقافة والحضارة الصومالية بمجموعة من العناصر الثقافية الوافدة لم تكن في تعرفعها الصومال ذلك أنهم جاءوا من مناطق

(١) راجع المبحث الثاني من الفصل الثاني وفيه تفاصيل أكثر.

ذات حضارات عريقة مثل: اليمن والحجاز ومصر والعراق وبلاد الشام..، يرجع إلى هؤلاء الفضل في قيام مراكز ومدن إسلامية ليست في الصومال فحسب وإنّما على طول سواحل الشرق الأفريقي، وثمّة شيء آخر استطاع المهاجرون تحقيقه وانجازه؛ وهو نشر حضارة الإسلام وبسط ثقافته في المنطقة، بل وكان لهم تأثيرهم في الفنّ المعماري والهندسي.

وقد سبق أن أشرنا إلى المجهودات الكبيرة التي حققها أهل العلم والثقافة، وذكرنا ترجمة لبعض هؤلاء العلماء والفقهاء الذين وصلوا إلى بلاد الصومال وشاركوا في الحياة الثقافية والعلمية في البلاد، سواء في حلقات المساجد والزوايا والأروقة التي كانت تعج بأغلب هجر العلم ومعاقله في الصومال.

وتدفق العلماء والأمراء لم يكن يقتصر على بلاد الصومال فحسب، وإنّما كان هناك أيضاً نزوح قام به أهل الفكر والثقافة إلى جميع أرجاء منطقة أفريقيا الشرقية، مثل الهجرة التي حدثت في عهد السلطان الناصر، سلطان بلاد الشام، حينما وصلت إلى منطقة كلوة مجموعة أمراء كانوا يحكمون حلب، وبسبب الضغوط السياسة التي مارسها السلطان ضدهم قرر هؤلاء الأمراء الفرار إلى مكان لا تطولهم فيه يد السلطان فاختاروا منطقة شرق أفريقيا، وبالذات مدينة كلوة. علما بأن أغلب الأمراء في البلدان الإسلامية كانوا من أهل العلم، ومن هنا فلا يستغرب أن يكون مثل هؤلاء ضمن المهاجرين إلى المنطقة [1].

ومن الجدير بالذكر أن مدينة كلوة كانت تربطها علاقة قوية مع بلاد الصومال، كانتا مرتبطتين ارتباطا وثيقا في الحكم والسلطان في أحايين كثيرة.

ورغم أن مدينة كلوة كانت عاصمة للأسرة الشيرازية الحاكمة المشهورة في منطقة أفريقيا الشرقية، إلا أنّ حكمهم كان له علاقة حميدة مع القوي السياسية في المنطقة، بحيث كانوا يشكلون مع المدن الأخرى في المنطقة - مثل مقدشو وسوفالا وممباسا - حزاما حضارياً وثقافياً يحيط بالمنطقة كالساج يشع منه نور يضيء في أنحاء

(١) ابن حجر العسقلاني: أنباء الغمر في أبناء العمر، مصدر سابق ٢/ ٤٥١

كثيرة من المنطقة من مقدشو إلى سفالة، من خلال استكمال هذه المدن مقوماتها وسماتها الإسلامية

ب- القيادة الحكيمة وحسن الإدارة: لم تكن الهجرات العربية والإسلامية وحدها تمثل أهمّ العوامل والأسباب التي ساعدت المدن الساحلية على الازدهار، بل هناك أيضاً عوامل وأسباب أخرى جعلت المدن تنتعش انتعاشا كبيرا، ومن بين ذلك: حسن إدارة السلاطين والأمراء وقيادتهم الراشدة، وكذا عنايتهم بدعم الحضارة حيث كان بعض السلاطين يهتمون بتطوير المدن وتعميرها، وخير مثال على ذلك ما كان يقوم به السلطان سعد الدين بن حق الدين أبي بركات سلطان سلطنة إفات التي كانت تتمتع بشيء من الاستقرار والهدوء، و استفاد السلطان من هذا الوضع الإيجابي حيث استطاع أن يحقق تقدما كبيرا في حركة البناء والتعمير، سواء في بناء العمائر الدينية كالمساجد، أو العمائر المدنية كبناء المراسي(المواني) للسفن وخاصة ميناء زيلع، حيث بنى السلطان لهذه المدينة مرسى للسفن ومخزناً كبيراً للبضائع لهذه المراسي[1].

وهذا في شمال البلاد أما في المدن الجنوبية الصومالية، فقد أنجز سلاطين حكومة الإخوة السبعة من بني الحارث إنجازات باهرة في مدينة مقدشو خلال حكمهم المنطقة، وقام هؤلاء بتأسيس وتجديد مدن ومراكز، كما قاموا بتطوير الحركة الاقتصادية لاسيما فيما يتعلق بالنواحي التجارية.

و استطاع أهل مقدشو أن تصل تجارتهم إلى أنحاء ساحل الشرق الأفريقي في سفالة، علما بأن بلاد سفالة كانت غنية بالذهب بعد اكتشاف مناجم الذهب فيها، وكان هدف تجار مقدشو استغلال هذه الفرصة ومزاولة تجارة الذهب[2].

---

(١) أحمد رير اش: مرجع سابق ص٥١؛ بشير أحمد صلاد: التاريخ السياسي لسطنة عدل الإسلامية، مرجع سابق ص ٧٣-٧٤؛ وانظر رجب محمد عبد الحليم: العلاقات السياسية، مرجع سابق ص ١٥٢

(٢) انظر حمدي السيد سالم: مرجع سابق ١/ ٣٥٥ نقلا عن الوثيقة العربية التي عثر عليها في مدينة كلوة.

وهذه الإنجازات التي حققها حكام مقدشو في فترة سلطنة الإخوة السبعة من بني الحارث، لم تكن تقتصر فقط على النواحي الهندسية والتجارية فقط، وإنما أيضاً استطاعوا وضع تنظيم فريد من نوعه، في إدارة دولتهم، حيث وضعوا أسساً تشريعية متنوعة كفلت للمجتمع الصومالي في مقدشو الاستقرار والأمن والأمان، فكان مجلس مدينة مقدشو يمثل المجلس الأعلى للحكومة، فيما كان هناك أيضاً مجالس فرعية أخرى في كلّ حيّ من أحياء المدينة، وكان لكل مجلس اختصاصاته وصلاحياته الخاصة، حيث لم يكن هناك ما يسمى بازدواجية الإدارة، بل إنّ نظام الشورى كان السمة الرائدة للمجلس، ولم يكن لرئيس المجلس فرصة يستأثر بها بالأمر أو ينفرد بالحكم والقرارات. علماً أنّ أغلب أعضاء هذا المجلس كانوا من العلماء والفقهاء ووجهاء المجتمع، وبفضل هذا التنظيم الرائع وهذه الإدارة المحكمة اتسعت رقعة دولة الإخوة السبعة في مقدشو، وامتدّ نفوذهم إلى مناطق أخرى في المنطقة مثل مدن براوة، ومركة، وورشيخ، وغظلة، أما مقدشو فقد ظلت عاصمة للسلطنة كلها، ومن هنا واستطاع هؤلاء السلاطين أن يكوّنوا دولة ذات قاعدة عريضة تعتمد على أسس متينة، والحقيقة أن هذا التنظيم الرائع انعكس على الحالة الأمنية بعد تغلبهم على الخارجين على القانون والعرف، كما استطاعوا الحدّ من الهجمات التي كان تشنها بعض القبائل الرعوية القاطنة على أطراف المدن، حتى نعمت السلطنة ومدنها بالهدوء والاستقرار، كما أثر هذا الأمر على الحالة الاقتصادية للبلاد نتيجة نمو ثروة السلطنة وحركة تجارتها، حيث ازدهرت ازدهارا منقطع النظير، وأصبحت سلطنة مقدشو بمثابة عاصمة لجميع المنطقة.

أما النواحي الحضارية والعمرانية فقد حقق السلاطين الإخوة السبعة إدخال نظام التعمير والبناء حيث أنجزوا توسعات وترميمات لبعض المدن الساحلية وذلك حينما طوروا البنايات والعمائر بشكل راق وأوسع من ذي قبل على طراز عربي بديع. فوصلت مدينة مقدشو وحدها مثلا في عهد السلاطين إلى ما لم تصل إليه من ذي قبل، من حيث التعمير والتشييد للمساجد والمراكز.

ج- مرونة القبائل والطوائف وسلامتهم: وثمة عامل آخر ساعد على ازدهار المدن وانتعاشها وهو سلامة القبائل والطوائف الساكنة في تلك المدن، وإحساسهم القويّ بالمسئولية الملقاة على عواتقهم نحو نمو الحضارة الإسلامية وإبقائها، بل ونشرها في ربوع منطقة شرقي أفريقية ومنا طق أخرى، وكانت القبائل القاطنة بالصومال تحرص على الاتصال بالأخلاق الحميدة ليكونوا أمة ذات شأن مما يؤهلهم للبقاء والحياة الكريمة.

وقد كان مطروحاً على الساحة الصومالية بعض الصفات الحميدة التي ينبغي أن تتصف بها القبيلة لكي تحقق البقاء والتقدم، وتنافس القبائل الأخرى وقد أشار بعض المؤرخين إلى تلك الصفات والشروط التي ينبغي للقبيلة أن تتصف بها مثل: أن يكون فيها عالم يحكم بالشريعة حتى لا تحتاج القبيلة إلى أخرى، أن يكون فيها عقلاء لهم جاه، أن يكون فيها ذو مال يسلم من غرامات القبيلة بالتعجيل عند الضر ورة، أن يكون فيهم أهل حرف وصناعة، أن يكون فيها طبيب يداوى الناس، أن يكون فيها متكلم ومتحدث مفوه، يرد على من يدعوا إلى القبائل الأخرى باعتباره ناطقاً، أن يكون فيها شجاع مقدام[1].

والأمة التي تتصف بهذه الصفات وهذه المزايا لا شكّ أنها تكتب لها النجاة وللبقاء والتقدم في الحياتين الدنيا والآخرة، وبهذه الرؤيا استطاع سكان المدن الجنوبية تحقيق استقرار سياسي واجتماعي، فازدهرت جميع نواحي حياتهم، ولا شك أن هذا الاستقرار والهدوء الذي تحقق في تلك المدن قد لعب دوراً كبيراً فى التقدم العلمي والتطور الحضاري، وخاصة المدن الساحلية فى ساحل الصومال الشرقي.

د- عزلة بلاد الصومال وبعدها عن أماكن الصراع: وثمة أمر آخر ساعد على هذا الاستقرار والأمان، وهو بعد بلاد الصومال عن التدخلات الأجنية في شئونها، بحيث كانت البلاد بعيدة كل البعد عن التدخلات من الأطراف الخارجية الأخرى

(١) الشريف العيدروس: مرجع سابق ص ٣٧.

على غرار ما كان موجوداً في الساحة العربية، في بعض البلاد مثل: اليمن والحجاز والشام والعراق.

وما تمّ من تدخل القوى الخارجية فى شئون الإمارات والسلطنات الإسلامية فى القطر الشمالي للبلاد سلبا أو إيجابا فى العصور الوسطى من بعض الحكومات اليمنية وكذا الأحباش النصارى، كان له أثره على هذه المدن، ولكن كانت أغلب المدن بعيدة كل البعد عن هذه التدخلات السلبيةٍ.

أما المواجهات العسكرية التي كان يشنها الأحباش النصارى على القطر الشمالي، لا شك أن ذلك قد أثر على هذه الناحية، لأنّ الصراع العسكري مع الأحباش النصارى والاحتدام المسيحي المرير فى منطقة القرن الأفريقي فيما بعد، قد ولدا نتيجة سيئة وجعلا المنطقة شتاتاً سواء فيما يتعلق بالنواحي الدينية والحضارية من هدم المساجد والمراكز العلمية، وكذلك من قتل العلماء والوجهاء حتى نزح كثير من أبناء تلك البلدان والمناطق إلى الخارج حيث لجأوا إلى المناطق العربية الأخرى. ومع ذلك كانت أغلب المدن الساحلية الصومالية بمنأى عن هذا الصراع، كما أنه لم يكن يحدث ما كان يحصل في الأقطار العربية الأخرى من الصراع المرير، سواء في النواحي السياسية أو الفكرية أو الاجتماعية.

وفى ظل هذا الوضع حققت القبائل الهدوء والاستقرار والأمن، مما جعل الحضارة تنمو وتنتعش وتزدهر الحياة العلمية والعمرانية والاقتصادية، وقامت المراكز العديدة التي شاركت في تطوير الحضارة والمعرفة وكل ماله صلة بالتقدم والازدهار.

والعامل الاقتصادي كان له أيضاً دوره في عملية ازدهار المدن وتطويرها، بل وكان من العوامل التي ساعدت على انتعاش بعض المدن الصومالية وازدهارها ولاسيما تلك التي امتدت على طول ساحل الصومال في البحر الأحمر والمحيط الهندي لأن القوة الاقتصادية التي كانت تتمتع بها بعض الإمارات والسلطنات كان عاملا مهماً في تطوير الحياة الفكرية والحضارية وكذا العمرانية من بناء مراكز ثقافية وتشييد

مدن جديدة، ولم يكن بالإمكان تحقيق ما تحقق بالحركة العمرانية والهندسية من بناء المساجد والمواني والطرق والعمران المدني دون مستوى اقتصادي مرتفع.

كما أن التجار المسلمين الذين وفدوا إلى المنطقة لعبوا دوراً مهماً وبارزاً في عملية التطوير والانتعاش. وقد جذب أنظارهم الموقع الجغرافي الممتاز لتلك المدن، وكثرة خيراتها ونشاط أهلها الرائع، ومما يشير إلى مدى اهتمام التجار بالسفر إلى الصومال وأهمية أهداف هذا السفر لديهم؛ أن بعضهم حينما كانت الظروف تحول بينه وبين السفر كان يرسل من ينوب عنه في تجارته وفي الإنفاق على طلبة العلم، كما فعل ذلك العلامة التاجر الشيخ أبو عبد الله محمد ابن عبد ويه النهرواني أحذ التجار في القطر اليمني[(١)].

ولا شك أن العلاقة التجارية بين الصومال والبلدان العربية الأخرى طورت المستوى الاقتصادي للبلاد، بل ونتج عن أن تدفقت مجموعة كبيرة من التجار إلى المنطقة. وقد أثر هؤلاء في الحياة الاقتصادية للبلاد حيث استطاعوا إقامة بعض المواني والمراكز التجارية.

وقد ظهرت في البلاد فئات احتكرت التجارة الخارجية، بهدف إعداد السلع التجارية حتى تصل السفن العربية إلى البلاد، ويقوم هؤلاء بنقل السلع والبضائع إلى البلاد العربية، ومن ثم إلى الأسواق العالمية [(٢)]، لأن أغلب اقتصاد العرب - ولاسيما عرب الجنوب منهم - كان يعتمد على التجارة مع الأمم الأخرى مثل الهند والصومال، علما بأن هذا النوع من العلاقات لم يبدأ في العصور الإسلامية وإن كانت قد تبلورت بها، وإنما كانت موجودة ما قبل ظهور الإسلام.

والحقيقة أن قدوم مهاجرين وأغلبهم من التجار إلى منطقة القرن الأفريقي، نتيجة سهولة ووفرة حركة اتصالات التجارية المستمرة وغيرها، أدى إلى اتساع بعض المدن والقرى في المنطقة، كما أن بعض المدن تحولت إلى مدن زاهرة متطورة، بعد أن

---

(١) الجعدى: مصدر سابق ص ١٤٤ - ١٤٥.

(٢) حمدى السيد سالم: مرجع سابق ١/ ٣٣٦.

اتسعت شوارعها وصارت مساكنها مباني حجرية، ولأبوابها ونوافذها الخشبية الطابع والطراز العربي والفارسي، نتيجة تأثير المهاجرين بعد نقلهم للفن المعماري والهندسي المدني الذي كان موجوداً في بلدانهم الأصلية [١].

وانتعشت الحضارة الإسلامية في بلاد الصومال، من خلال مدن الساحل الغربي للبحر الأحمر التي أصبحت زاخرة بمظاهر الحضارة الإسلامية، إذ كان نسيج المجتمع الإسلامي الكبير ينطوي تحت لواء واحد، وتحققت لديهم جميع صفات الوحدة والاتحاد، لأنهم كانوا يشتركون معاً بتعاليم دين واحد، وهو الدّين الإسلامي الحنيف، سواء فيما يتعلق بالعقيدة أو الشريعة أو السلوك.

وكان يتجلى ذلك عند خروج بعض الجموع المسلمة إلى رحلة الجح والعمرة إذ أن أهالي هذه المناطق كانوا - وما زالوا - يحرصون كل الحرص على أداء فريضة الحج، رغم أن البحر كان الحاجز والفاصل فيما بينهم.

ومع أنهم كانوا أقل خبرة واهتمام باستخدام السفن والمراكب، و العلوم البحرية، ورغم ذلك كله كان لأهل البلاد حضورا ومشاركة في الحج الذي هو أحد أركان الإسلام [٢].

وكانت هذه المدن الساحلية متطورة في النواحي السياسية حيث كانت لها أنظمة متقدمة، وقد نقل إلينا بعض الرحالة مشاعرهم تجاه ما رأوه في تلك المدن عند قدومهم ودخولهم في بلاط الأمراء والسلاطين، كالرحالة ابن بطوطة عند حديثه عن مقدشو، حيث وصف ابن بطوطة سلطنة مقدشو ومجتمعها الإسلامي بصورة إسلامية مشرقة حية، بل و صوّر لنا الصورة المضيئة لحاكم مسلم عادل وحكومة مسلمة رشيدة، ورعية واعية تعيش حياة إسلامية رائعة [٣].

---

(١) انظر غيثان بن علي جريس: الهجرات العربية إلى ساحل شرق أفريقيا في العصور الوسطى، مرجع سابق ٢٩.

(٢) ابن حوقل النصيبي: صورة الأرض، منشورات دار مكتبة الحياة، بيروت - لبنان ١٩٧٩م، ص ٥٧-٥٨

(٣) ابن بطوطة: تحفة النظار ص ١/ ٢٦ ٢- ٢٦٤؛ وانظر محمد النقيرة: انتشار الإسلام، مرجع سابق ص ١٢٧

وليس من العجب أن تشمل هذه الحالة الراقية جميع المدن الساحلية في منطقة شرق أفريقيا، كمدن سواكن وباضع (مصوع حاليا)، وعيذاب وكلوة ومقدشو وزيلع وزنجبار وغير ذلك.

ووصل التقدم والتطور لنظام الحكم فى بعض تلك المدن إلى حد لم يكن هناك فرق بين الرعية والرعاة وبين الحاكم والمحكوم، كما كان الحال فى سلطنة كلوة التي كان يجلس سلطانها مع رعاياه، وخاصة الفقراء والمساكين، بل ويأكل مع هؤلاء، وكما كان يعظم أهل الدين والشرف(١).

ولم تتغير أحوال تلك المدن سياسياً فى ظل حكومات ملكية متوارثة الحكم، بل نجد فى عهد بنى الحارث خلال حكمهم بمدينة مقدشو أنهم أسسوا مملكة ذات شوكة قوية، قادت الأمة إلى الخير والرفاهية، رغم أن نظام الحكم كان يسير على طريقة التوريث فى أسرة شيخ القبيلة الذي كان على رأسهم (٢).

ومثل هذا النوع من الحكم كان منتشراً فى بعض أرجاء منطقة القرن الأفريقي، ومع ذلك لم يتغير سير النظام وأحوال المجتمع.

أما فى النواحي العمرانية فيكفى أن الجغرافي المسعودى ذكر بأن للحبشة مدنا كثيرة وعمائر واسعة، مشيراً إلى المستوى الحضاري والعمراني الذي كان تتمتع بها تلك المدن فى تلك القرون الماضية سواء فى البناء والتشييد والاهتمام وتوسيع رقعة المدن وتطويرها ومن بين المدن التي أشار إليها المسعودى زيلع، دهلك، باضع ومصوع(٣).

أما المدن الجنوبية فلم تكن أقل مستوى فى التعمير والبناء، بل وفى الرخاء والرفاهية وعلى رأسها مدينة مقدشو التي أصبحت في فترة من الفترات مركزاً حضارياً تجارياً ينبض بالحياة ويعج بحركة التجارة حتى عمتها الرفاهية والرخاء واتسع بها العمران وأصبحت فى قمة المجد والريادة لفترة طويلة فى المنطقة (٤).

---

(١) ابن بطوطة: المصدر السابق ١/ ٢٦٦ - ٢٦٧
(٢) محمد النقيرة: المرجع السابق ص ١٨٣-
(٣) المسعودى: مصدر سابق ١/ ١/ ٨. ١/ ٩
(٤) محمد النقير: مرجع سابق ص٢٨

والحقيقة أن هذه المدن بعد ازدهارها وتقدمها فى النواحي المختلفة ساهمت إسهاما لا نظير له فى نقل الحضارة الإسلامية إلى المنطقة فى الميادين المختلفة وإن هذه المدن لعبت دوراً قوياً فى تثبيت قواعد هذه الحضارة وإرساء دعائمها سواء فيما يتعلق بالشئون السياسية أو الاجتماعية أو الاقتصادية، وقد استمرت هذه المدن حقبة من الزمن تحمل هذه الأعباء وتقوم بدفع الحضارة الإسلامية فى أفاق أخرى جديدة من القارة حتى بلغ ازدهارها مداه فى أيام ازدهار هذه المدن وقد كانت هذه المدن تشجع دوماً سبل نشر الحضارة الإسلامية بقنوات متعددة منها تشجيع التعليم ولاسيما فيما يتعلق بالتعليم الإسلامي وظهرت المدارس والمعاهد تعلم الأمة المراحل العمرية المختلفة حتى حلت ثقافة الإسلام وحضارته محل الثقافات السابقة الأخرى. ومن هنا توجهت أعداد كبيرة من طلبة العلم تشد رحالها إلى مدارس بعض تلك المدن المزدهرة والتي احتوت مراكز ثقافية ومنابر علمية فأخرجت أجيالا تحمل هذه الثقافة وتشق طريقها إلى مناطق أخرى[1].

وهذا يعنى أن الإسلام وحضارته لم يقتصر على المدن الساحلية فحسب وإنما أخذ يشق طريقة وبريقه نحو أرض داخلية فى المنطقة، بقنوات مختلفة مثل الدعاة الذين بذلوا جهوداً حثيثةً فى نشر هذا الدين، كما انتشرت هذه الحضارة من خلال التوسع التجاري متبعاً بالشبكة الواسعة من طرق القوافل التي كانت تربط بين الساحل والداخل[2].

وهذا الأمر يخالف ما ذهب إليه بعض الكتاب[3] الذين يرون أن الإسلام وحضارته الخالدة كانت حبيسة المدن الساحلية فى منطقة الشرق الأفريقي وأن تجار المسلمين لم يتوغلوا فى الداخل إلا فى وقت متأخر، إذ أن التجار المسلمين كانوا يقومون بأنشطة تجارية غير أن الواقع والحقائق التاريخية تثبت خلاف ذلك فى بلاد سفالة

(١) غيثان بن على جريس: الهجرات العربية إلى ساحل أفريقيا، مرجع سابق ص ٢٢.

(٢) المقريزي: البيان والإعراب عما أرض مصر من الأعراب، تحقيق إبراهيم زمرى عن النسخة الألمانية المطبوعة في جونكن ١٩٧٤ القاهرة، مطبعة المعارف ١٩٦١ ص ٦١؛ وانظر عبد الرحمن أحمد عثمان: الهجرات السياسية وأثرها وإنتشارها في أفريقيا ص٤.

(٣) حسن محمود: الإسلام، مرجع سابق ص ٨٦

وبعض الأماكن الأخرى من بلاد الزنج [١]. وهذا الموضوع سوف نتناوله تفصيلياً حينما نتحدث عن مدينة مقدشو ودورها الريادي في النواحي الحضارية والثقافية، غير أننا ينبغي أن نسجل هنا بعض المعالم والنوعيات الحاكمة في المدن الصومالية ويكفى أن نشير إلى أن بعض المدن كانت بمثابة إمارات مستقلة وأن مجالسها التي كانت تحكم كان ينظر إليها باعتبارها برلمان منتخب من قبل الشعب، ومن هنا كان يتحتم على أعضاء المجلس أن يتصفوا بمكارم الأخلاق وبمجموعة من الصفات سبق الإشارة إليها.

علماً بأن أغلب الحكومات كان نظامها ملكي وراثي حيث كان يتوارث فيها الحكم قبيلة معينة. وأن أغلب الحكومات التى جاءت إلى سدة الحكم كانت تنتمي إلى أسرة معينة تنحدر من صلب واحد.

وعلى الرغم من هذه الشروط والصفات التي وضعت لاختيار عضو مجلس الحكم إلا أن بعض الحكام جانبهم الصواب وخالفوا المنهج المتفق عليه سابقاً، كما كان بعض الحكام من حكومة زوزان التى تولت سلطنة مقدشو فى منتصف القرن الخامس الهجرى سارت على نهج مخالف لما اتفق عليه، مثل السلطان زوزان الذي كان حاكماً جائراً جباراً، وكان مكروهاً غير مرغوب فيه من المجتمع، ولم يسع فى تنمية البلاد اقتصادياً أو اجتماعياً، وأورث البلاد مصائب كبيرة حيث سقطت الحكومة فى القرن الخامس على يد الشيرازيين [٢].

٣- *الحالة العلمية والجهادية للمدن الساحلية:*

وقبل أن نتناول الدور العلمي للمدن الساحلية، ينبغي أن نشير إلى أن تلك المدن كانت تتمتع بحالة علمية طيبة، وأن المدارس العلمية وروادها قد لعبوا دوراً فى تطوير الميادين العلمية والثقافية حتى ازدهرت هذه المدن وأصبحت فيما بعد مدناً جامعةً يلجأ إليها طلبة العلم أو يتنقلون بين جنباتها بسبب شهرة علمائها الكثيرين وعلومها المتنوعة.

---

(١) الإدريسي: مصدر سابق ١ / ٤٥؛ وانظر مناقشة ذلك عند محمد النقيرة: مرجع سابق ص ٢١٢.
(٢) الشريف العيدروس: المرجع نفسه ص ٢٨ – ٤٨.

وقد ذكرنا سابقاً هجرة العلماء وطلبة العلم من أنحاء مختلفة من البلدان العربية إلى الصومال، الذين أثروا الحركة العلمية بسبب النشاط العلمي الذي كان يقوم به هؤلاء حتى ازدهرت جميع الأنشطة الثقافية، بل وتعدد العلماء والفقهاء الذين يقومون بأمور الدولة وبتدريس الدين واللغة العربية التى تدوّن بها الدواوين على الطريقة الإسلامية، كما كان لهذه البلاد قضاة ومحاكم شرعية دائمة للمساجد ومكتبات، مما يستدعى وجود طائفة متمكنة من الثقافة الإسلامية ومن هنا فلا غرابة إذا أشار بعض المؤرخين إلى وجود العلماء والفقهاء في المدن الصومالية الذين شاركوا السكان همومهم(١).

والحقيقة أن أهل العلم - سواء أهل البلد الأصليين أو الذين وفدوا من العالم الخارج - كان لهم أيضاً دور قوي فى حركة الجهاد الاسلامى ضدّ الهجمات الحبشية النصرانية فى منطقة القرن الأفريقي.

وخير دليل على ذلك ما ذكره المؤرخ المقريزي عند حديثه عن الصراع بين المسلمين والمسيحيين فى الحبشة قائلا: «استشهد فيها من المشائخ الصلحاء أربعمائة شيخ كل شيخ منهم له عكاز وتحت يده من الفقراء والمساكين عدد عظيم»(٢).

ومما رفع مستوى المدن الساحلية وشأنهم الدينى والعلمى والجهادى، أن العلماء الذين قدموا إليها كانوا لايقوموون فقط بمدينة معينة، وإنما كانوا طوافين ومتجولين على أغلب المدن الساحلية العلمية المشهورة، كما فعل ذلك مجموعة من العلماء الذين وفدوا مرة واحدة من حضرموت ببلاد اليمن إلى مقدشو وبراوة ومركة فى عام ١٤٣٠م، ليس لغرض غير نشر الإسلام وعقيدته السمحة، ورغم أن هؤلاء العلماء برئاسة الشيخ إبراهيم ابو زرابى نزلوا لأول أمرهم على مدينة بربرى بالساحل الصومالي الشمالى، واستقروا فيها، إلا أنهم بعد فترة وجيزة رحلوا إلى أماكن أخرى إلى مقدشو وبراوة فى القطر الجنوبى، بل إن الشيخ إبراهيم شق طريقه إلى مدينة هرر

---

(١) غيثان بن على بن جريس: هجرات الحبشة إلى ساحل شرق أفريقيا في العصور الوسطى وآثراها الاجتماعية، مرجع سابق ص ٣٣ (٢) انظر القلقشندي: صبح الآعشى، مصدر سابق ٥/ ٤٢٣.

(٢) المقريزي: الإلمام بأخبار الحبشة من ملوك الإسلام، مصدر سابق ص١٢.

وشارك أهلها في نشر الإسلام، كما قام الشيخ بعمارة المساجد فى هرر حتى كثرت المساجد فيها[1].

ونعتقد أن وصف المؤرخين للمدن الصومالية بكثرة علمائها ومساجدها وجوامعها، وأنها تقام فيها الخطب والجمعة والجماعة، بل إن عند أهلها محافظة على الدِّين الإسلامي، نعتقد أن ذلك لم يأت من فراغ ولم يكن بالصدفة، وإنما جاء - بعد فضل الله - بفضل الجهود التي بذلت من قبل أهل العلم حتى ازدهرت الحركة العلمية فى تلك المدن مثل: زيلع - هرر - مقدشو - براوة، وأصبحت مدناً جامعةً مشهورةً يلجأ إليها طلبة العلم من أنحاء مختلفة' ويتحرك هؤلاء الطلبة بين جنبات هذه المدن التي صارت مشهورة بالعلم والعلماء، والحق أنه ارتفع المستوى العلمي والثقافي للمدن بعد عودة طلبة العلم من أبناء الصومال الذين شدّوا الرحال إلى الخارج بعد تحصيلهم العلمي حين شرعوا فى أداء رسالتهم العلمية.

وقد ساعدت جهود العلماء وطلبة العلم في أسراع عجلة الحياة العلمية والثقافية للبلاد، وأن أهل المدن أنفسهم كانوا يرحبون بالعلم وأهله، من العلماء وطلبة العلم، وكان من شيمة القبائل وعاداتهم تكريم أهل العلم مهما كانت الظروق[2] بل وكانوا يرون أنهم من ورثة الأنبياء، وحملة رسالة الرسول ﷺ ومن هنا كان المجتمع يرى أن أهل العلم قدّموا للأمة خدمات جليلة في النواحي الدعوية والتعليمية والجهادية.

٤- ازدهار المدن الجنوبية وتطورها أكثر من المدن الشمالية:

كانت الحياة الثقافية أكثر ازدهاراً وتقدماً في المناطق الجنوبية عن غيرها من المناطق، فمثلاً إذا قارنا القطر الجنوبي بالمناطق الشمالية رغم قربِ الأخيرة من البلدان العلمية في الجزيرة العربية وغيرها، يرى أن القطر الجنوبي يتفوق على الشمالي، لأن القسم الجنوبي كان أكثر استقراراً وهدوءاً من غيره، علماً بأن الاستقرار كان له أثره

(١) انظر عرب فقيه: مصدر سابق ص ٧٥؛ وانظر غيثان بن على بن جريس: العرب في مقدشو وأثرهم في الحياة السياسية والثقافية في ظل الإسلام، مرجع سابق ص ٤٧٢؛ الشيخ أحمد ريراش: مرجع سابق ص ٢٧١.

(٢) انظر الشريف: مرجع سابق ص ٨٧.

الطيب في النواحي الحضارية، على حين كانت المناطق الشمالية تعيش حالة من الغليان والصراع الدموي المستمر مع الأحباش الذين كانوا يحلمون بانهاء الوجود الإسلامي المتنامي فى المنطقة يوماً بعد يوم، وإطفاء نور الله قبل أن ينتشر في المنطقة. وهذا الحلم كان يراود الأحباش دائماً، لذلك أثر على الحياة الثقافية وقلل من المستوى العلمي والثقافي الذي كانت تتمتع به بعض المناطق المجاورة، والتي لها علاقات علمية وتبادل ثقافي مستمر مع الصومال، مثل اليمن والحجاز ومصر، وهذا الصراع أثر أيضاً على النواحي الاقتصادية والاجتماعية والسياسية، بل وسبب سقوط بعض السلطنات الإسلامية على أيدي أعدائهم الأحباش، كما قلل قوة وشوكة بعض السلطنات الأخرى، بعد أن ضعفوا اقتصادياً وعسكرياً حتى وإن انتصروا على خصومهم فى أحايين كثيرة.

وهذا بخلاف المناطق الجنوبية التي كانت تعيش فى حالة استقرار أمني وازدهار اقتصادي، لذلك شدّ الرحال إليها العديد من العلماء وطلبة العلم والتجارة، كما انتشرت فيها مراكز علمية خدمت الأمة فى مختلف المجلات العلمية.

وقد عرفنا فيما سبق عند حديثنا عن الهجرات العربية والإسلامية إلى القطر الصومالي أن المناطق الجنوبية أخذت حظاً كبيراً أكثر من غيرها من المناطق الشمالية، وأن الدوافع والأسباب لتلك الهجرات كانت تلعب دوراً مهماً وقوياً فى ذلك.

والعاملان السياسي والاقتصادى كانا من ضمن العوامل والأسباب التى دفعت المهاجرين إلى بلاد الصومال، فمثلاً بعض المهاجرين سواء كانوا أفراداً أو جماعات قد فروا من قبضة خصومهم السياسيين فى بلدانهم الأصلية، ولجؤوا إلى بلاد الصومال خوفاً من بطش هؤلاء الساسة وانتقامهم بسبب النزاع والخصومة التى جرت عبر العصور الإسلامية الماضية، ولم يخل التاريخ من مثل هذا النوع من النزاع السياسي حتى لو كان في داخل بيت واحد، على غرار ما كان يجرى فى العالم الإسلامى من خلال العصور الأموية والعباسية وغير ذلك.

لذلك كان من الطبيعي أن يختار الفارّون مكاناً آمناً أبعد عن موطنهم الأصلي الذي جرى فيه الخلاف والنزاع المرير حتى لاتصل أيدى خصومهم إليهم، ومن هنا اختار بعضهم جنوب البلاد حتى لا يكونوا عرضة لطالبيهم، بل ويكونوا فى مأمن، أما المناطق الشمالية فكانت متاخمة للجزيرة العربية والعراق والشام واليمن فضلاً عن أن بعض المدن الشمالية مثل زيلع وغيرها كانت تابعة لليمن التي كان سلاطينها يعينون الولاة والأمراء للمنطقة فى عهد بنى الرسول وبنى النجاح.

لذلك من الصعب أن يختار الفارون من الاضطهاد السياسي من ولاة الأمور أو الأسرة الحاكمة موطناً قريباً منهم.

وقد حدث هذا النوع من الهجرات مثل هجرة الجلندي الحاكم على عمان وكذا هجرة الزيدية و الأخوة السبعة من الأحساء حيث اختاروا كلهم جنوب البلاد.

أما العامل الاقتصادي والبحث عن حياة اقتصادية أفضل من موطنهم الأصلي، فكان يتحقق ذلك جنوب الصومال الذي كان أكثر خصوبة ورفاهية من شمال البلاد، حيث إن المنطقة الجنوبية كانت تتمتع بأنهار وأراضٍ زراعية خصبة، بخلاف المنطقة الشمالية التى لم تكن تختلف كثيراً عن البلاد العربية التى جاء منها أغلب المهاجرين من حيث الطبيعة والخصوبة، لذلك تم اختيار بعض المهاجرين على أماكن زراعية بعد تخطيهم المدن الساحلية، وقد أدخلوا أنظمة زارعية متطورة إلى البلاد على غرار ما كان فى بلدانهم الأصلية [1].

كما أن المناطق الجنوبية كانت تتمتع بحركة تجارية نشطة، بل وكانت منفتحة إلى أدغال عمق أفريقيا، وهذا ما كانت تفتقده أغلب المناطق الشمالية التى لم تكن تتصل إلا عن طريق الأحباش النصارى الذين كانوا لهم بالمرصاد.

أما فى ما يتعلق بالحركة التجارية، فعلى الرغم من أن أقدمية العلاقات التجارية تمّت بين العرب وعموم سكان الحبشة، بحيث كانوا يتبادلون التجارة، بل كانت

---

(١) انظر حمدي السيد سالم: مرجع سابق ٢/ ٣٥٠؛ محمد حاج عمر: مرجع سابق ص ٨٣-٨٤

بالحبشة متجراً يتجرون فيها ويجدون من الرزق أمناً، ويرحلون إليها رحلة الشتاء حتى أصبحت ملجأ ووجهةً ومركزاً تجارياً مهماً[1].

ومع ذلك كله، فالأحباش كانوا خصوم المسلمين في القسم الشمالي، ويقع فيما بينهم حوادث وصراع، بخلاف المنطقة الجنوبية التي كان أهلها رواداً منفردين في التجارة، ولا أحد ينافسهم في ذلك بالمنطقة، بل أضحوا في فترة من الفترات سادة التجارة في منطقة أفريقيا الشرقية، وقد سجل بعض المؤرخين أن أهل مقدشو كانت لهم علاقات تجارية قوية مع أهل سفالة في جنوب القارة حيث كانوا تجاراً يتاجرون في الذهب الذى كانت سفالة غنية به بعد اكتشاف مناجم الذهب فيها[2].

ومن هنا فمن الطبيعى أن تكون المنطقة الجنوبية أكثر ازدهارا من المنطقة الشمالية بسبب وجود كثير من المهاجرين، وعلى الرغم من قرب مسافة المناطق الشمالية للجزيرة العربية إلا أن كثيراً من المهاجرين اختاروا الطريق البحري الطويل عبر المحيط الهندي حتى يصلوا إلى الجنوب وذلك أن المحيط الهندي كان هادئا بخلاف البحر الأحمر، أما قلة وجود المهاجرين بالمدن الشمالية المطلة على المحيط الهندي مثل حافون وغيرها، فقد أشار المسعودى إلى أن السفن العربية الذاهبة إلى القطر الشمالي لبلاد الزنج (الصومال) كانَ له خَطره، بحيث كانت تتعرض السفن لموجات قوية حتى إن الناس كانوا يرتحلون إلى كل سفينة قادمة ويساعدونها لكي لا تتعرض لمشاكل من الصخور والجبال أو الموجات العاتية، والرياح الشديدة حيث كانوا يقولون ويرتجزون:

حافونى حافونى　　　موجك المحبونى[3]

---

(١) انظر الطبرى: مصدر سابق ٢/ ٨٢٣؛ ابن عبد البرّ: الدرر في اختصار المغازي والسير، مصدر سابق ص ٢٧

(٢) حمدى السيد سالم: مرجع سابق ١/ ٥٥٣ نقلا عن الوثيقة العربية التى عثر بها بالمدينة كلوة

(٣) المسعودي: مصدر سابق ١/ ١٠٧ – ١٠٨

٥- الحالة الاجتماعية للمدن الساحلية:

كانت الحياة الاجتماعية في المدن الساحلية كانت تختلف قليلا عن المدن الداخلية في نواحي معينة، كالنواحي الثقافية والاجتماعية والاقتصادية، بحيث إن المدن الساحلية كانت تستقبل مهاجرين جاءوا، من أماكن متنوعة مثل الهند وبلاد العرب وغير ذلك، وهؤلاء المهاجرون-بالطبع- كانوا يحملون ثقافات وعادات وتقاليد مختلفة، لذلك أثروا تأثيراً كبيراً في الأماكن التى نزلوا بها.

وتحققت لدى المدن الساحلية فرص لم تتحقق لغيرها من المدن الداخلية التى لم يصل إليها المهاجرون. لذلك كان التركيب الاجتماعي للمدن الساحلية يختلف عن المدن الداخلية، حيث تتعايش فيها جماعات مختلفة الأعراف والتقاليد والثقافات من العرب والعجم والفرس والهنود والأفارقه وغيرهم، وقد استمر هذا التعايش، كما استمرت حركة الهجرة الخارجية إلى البلاد، وحتى بعد الغزو البرتغالي للمنطقة في القرن التاسع الهجري، والخامس عشر الميلادي، وكذا عند اجتياح الاستعمار الأوروبي في العصر الحديث بعد الغزو البرتغالي، علماً أن المملكة البرتغالية كانت تتمتع بتفوق بحري على أهل المنطقة، بحيث كانت البرتغال تمتلك آنذاك أسطولاً بحرياً قوياً، و استطاعوا من خلال الدوران حول رأس الرجاء الصالح في جنوب القارة الأفريقية، الوصول إلى سواحل البحر الأحمر والعرب، والاستيلاء على أماكن مختلفة في أفريقيا وآسيا.

ومهما كان من فإن أمر المدن الساحلية كان سكانها خليطاً من الأجناس المختلفة والعناصر المتباينة، بسبب منَ هاجر إليها من الأمم والعناصر المختلقة من عدة جهات مختلفة، وهذا الأمر لم يكن مقتصراً على بلاد الصومال فحسب، وإنما كان يعم أيضاً المدن التي كانت تقع على شواطى شرق أفريقيا، إذ استقبلت المنطقة المهاجرين من مثل هذا النوع، وهذا الاختلاف الجنسي والتنوع العرقي لم يحدث تغييراً في نمط حياة المجتمع، وأن العنصر الصومالي أو الأفريقي لم يعتبر المهاجرين بأنهم دخلاء أو محتلين لبلادهم، وإنما استقبلوهم بكل أريحية كما أن المهاجرين - سواء من العرب أو الفرس

أو الهنود - لم يشعروا السكان الأصليين بأنهم دونهم أو أقل منهم مستوى، بل كان الأمر أن امتزجت جميع تلك الأجناس والعناصر المختلفة امتزاجاً قوياً يَكاد يَكون تاماً.

وتمكن الجانبان- السكان والمهاجرون معاً- أن ينصهروا فيما بينهم انصهاراً حقيقياً لا مثيل له، وقد ساعد على ذلك أن أغلب المهاجرين كانوا أسراً أو عوائل، أو رجالاً لم تصحبهم زوجاتهم، ومن هنا تمت عملية الانصهار بكل يسر وسهولة في بوتقة الإسلام حتى اختلطت الدماء المهاجرة بالدماء الصومالية بحيث لا يمكن التمييز بينهما من حيث السمات، ومن هنا اختلف سكان المدن الساحلية عن غيرهم على مستوى أفريقية الشرقية من حيث الشكل، ويؤكد ذلك الواقع لسكان تلك المدن إضافة إلى ما نقل إلينا المؤرخون والرحالة من وصف دقيق للسكان، حينما يصفون سمات أهل تلك المناطق: «وألوان أهلها إلى الصفا، وليس شعورهم في غاية التفلفل كأهل مالي وما يليها من جنوب المغرب...»[(١)].

كما أن هذا الاندماج والاختلاط لم يسبب مشكلة في اللغة والتخاطب على الرغم من وجود وظهور بعض لهجات مختلفة في أوساط المجتمع من زيلعية من كلمات عربية وصومالية وفارسية وهندية وعربية، لأن لغة التخاطب في دواوين الدولة وفي التعامل الحكومي والاتفاقيات الرسمية كانت تتم باللغة العربية، حيث كان السلاطين والحكام وكذا الأسر الحاكمة في المدن من العرب، وبجانبهم كان التجار والمزارعون والجنود من العرب المهاجرين. ومن هنا لم يكن للفوارق اللغوية أثر في المجتمع وقد ساعد على ذلك أن أغلب المثقفين والعلماء كانوا يعتمدون على العربية لغة ويتعاملون بها في أغلب نشاطهم اليومي[(٢)].

أما من حيث التعامل فإن المهاجرين سواء كانوا عرباً أو فرساً أو هنودا أو جاءوا من نواحي القارة الأفريقية، اضطروا إلى أن يتعلموا اللغة المحلية بسبب

---

(١) القلقشندى: مصدر سابق؛ غيثان: الهجرات العربية، مرجع سابق ص٣٠ - ٣١.

(٢) غيثان بن على جريس: الهجرات العرب، مرجع سابق ص ٣١؛ وراجع تفصيلات ذلك في موضع سابق.

احتكاكهم اليومي، لأن المجتمع الصومالي لم يكن كله يجيد اللغة العربية فضلاً عن لغات المهاجرين الآخرين، على الرغم من تأثير العربية والفارسية والهندية في اللغة المحلية على درجات متفاوتة بحسب نتيجة نجاح المهاجرين من حيث كثرتهم واختلاطهم وقبولهم للمجتمع الصومالي

أما تركيبة المجتمع الصومالي وقبائلهِ المختلفة فقد تحدثنا عن ذلك فيما سبق بالتفصيل غير أننا هنا ينبغي أن نشير إلى بعض العادات والتقاليد التي كان يتصف بها المجتمع الصومالي عبر العصور، سواء هذا الأمر نبع من طبعه الأصلي أو كان نتيجة الاختلاط والاحتكاك مع الآخرين.

ومن ذلك اهتمام أهل الصومال بالنسب وإعطاء جِلّ اهتمامهم - ومازالوا كذلك حتى الآن - لشأن القبيلة وما يتعلق بها لا سيما فيما يختص بشجرة النسب أو سلسلته التي ينحدرون منها حسب رأيهم، وقد أدت درجة اهتمامهم وإعطاء عنايتهم الفائقة بالنسب إلى درجة أنهم قهروا أنفسهم على حفظ انسابهم عن ظهر قلب حتى اعتبر من لم يكن يحفظ نسبه أو أسماء آبائه وأجداده الذين ينحدر منهم بأنه ناقص دون غيره، وبذلك كانوا يتناقلون السلسلة النسبية، جيلا بعد جيل[1] ولاشكّ أن ذلك من تأثيرات العربية التي وفدت إلى الصومال وخاصة من المهاجرين الذين جاءوا من شبه الجزيرة العربية من بلاد اليمن أو الحجاز، لأنّ العرب قبل ظهور الرسالة المحمدية كانت تهتمّ بعلم الأنساب الذي يبحث عن تناسل القبائل والبطون من بني آدم بحيث تعرف الفرع من أيّ أصل انحدر، وكانوا ينتقصون من لم يتبين نسله أو جده ويهجمونه بأعنف هجاء أو ألفاظ.

وهناك شروط عدة كانت القبيلة تهتم بها، بل وأي قبيلة لم تتوفر لديها هذه الشروط كانت ترى أنه من الصعب أن تنافس غيرها من القبائل. ومن هذه الأمور التي كان لا بدّ أن توجد في القبيلة ما يأتي:

(١) علي أحمد نور: ملامح صومالية قديمة، مرجع سابق ص ٢١٥

الأول: أن يكون فيها عالم يحكم بالشريعة حتى لا تحتاج إلى قبيلة أخرى.

الثاني: أن يكون فيها عقلاء لهم جاه بمثابة أهل الحل والعقد في داخل القبيلة بحيث يلجأ إليها عند الحاجة.

الثالث: أن يكون فيها ذو مال يسلمُ من غرامات القبيلة ويقدم للمستحقين بالتعجيل إذا احتاجوا إليه وهو بمثابة وزير المال والاقتصاد « أمين الصندوق».

الرابع: أن يكون فيها أهل حرف وصناعة.

الخامس: أن يكون فيها طبيب يداوي الناس.

السادس: أن يكون فيها متكلم بمثابة المتحدث الرسمي للقبيلة بحيث يرد الجوابات إلى القبائل الآخرى ويدافع عنها، وغالباً كان يقوم بهذا الدور الشعراء ورجال الأدب المفوهون.

السابع: أن يكون فيها مقاتلون وعلى رأسهم شجاع مقدام لا يتوارى ولا يرتد عن الدفاع والمنازعة إذا دعت إليه الضرورة.

الثامن: أن تكون القبيلة في داخلها متوافقة ومتحدة لتكون قوية أمام الآخرين.

التاسع: أن تكون أمورهم الداخلية كلقاءات القيادة من الشيوخ في غاية السر ية والكتمان لا سيما عند الحروب والصراع مع الآخرين.

العاشر: أن يكون لهم غيرة على الدّين والدنيا وخاصة عند الدفاع عن الشرف والعرض وكذا الإنفاق في سبيل الله.

الحادي عشر: أن تكون نسبتهم إلى جدّ واحد حتى وإن لم يكونوا ينحدرون من نسل واحد، حيث كان يتم تحالفات وانتساب إلى شجرة معينة وكانوا يسكنون في مكان واحد [١]

---

(١) انظر الشريف: مرجع سابق ص٧٣

والحقيقة فإن المهاجرين القادمين من الحجاز واليمن والعراق والشام قد أثروا على نمط الحياة الاجتماعية في الصومال، وقد أخذ أهل الصومال من هؤلاء صفات حميدة، ومن هنا فلا يستغرب أن اشتهرت القبائل بالأخلاق الحسنة، وبالمحافظة على أساس الدّين، والمحافظة على سيرة أسلافهم الحسنة، واهتمام الدّين الإسلامي ورجالاته، وقد اختار أهل الصومال الدّين الإسلامي ليكون مرجعاً لحياتهم الدّينية والدنيوية ويسودهم في كل ما يتعلق بالحياة الدنيا، في النواحي الاجتماعية والسياسية والاقتصادية [1].

٦- *علاقة المهاجرين العرب والمسلمين بالمدن:*

سبق أن تحدثنا بالتفصيل عن الهجرات العربية والإسلامية إلى ساحل أفريقيا الشرقية عامةً وساحل بلاد الصومال خاصةً سواء تلك التي تمت قبل ظهور الإسلام أو التي خرجت بعد ظهوره بالجزيرة العربية، كما أننا تناولنا طبيعة هذه الهجرات والعوامل والدوافع التي أدت بها إلى أرض الصومال، وكذا أثرها على المنطقة، غير أننا نريد أن نشير هنا إلى أهمية تلك الهجرات وعلاقة المهاجرين بالمدن، وخاصة المدن الساحلية التي أصبحت مركز ثقافة يشع منها نور الثقافة والعلم إلى آفاق مختلفة في المنطقة بغض النظر عن الأطوار التي مر بها النشاط الهجري اتساعاً وانكماشاً في المنطقة.

والحقيقة أنّ الهجرات الإسلامية إلى بلاد الصومال توثقت فيما بينها وبين أهل المدن على طول ساحل شرق أفريقيا، وازدادت العلاقة بين الجانبين عبر العصور الإسلامية نتيجة الدور الكبير الذي لعبه المهاجرون سواء كانوا عرباً أو فرساً أو هنوداً، لأن هؤلاء قد لعبوا دوراً بارزاً في ربط العلاقة المتينة بين سكان المنطقة العربية والأفريقية، بحيث كانت تزداد قوة هذه الروابط كلما تزداد عملية الهجرة وخاصة النزوح الإسلامي إلى المنطقة.

---

(١) انظر الشريف العيدروس: المرجع نفسه ص٧٨

وهما يدلّ على قوة تأثير المهاجرين بالمنطقة أنهم أسسوا مراكز ومدناً جديدةً ليس على ساحل الصومال فقط وإنما على طول ساحل الشرق الأفريقي وليس من الغريب أن نرى أسماء أماكن في بلاد الصومال ترجع أصلها إلى أصول عربية أو إسلامية. ويكفي أن نشير إلى ما كان في جنوب الصومال حيث وجدت بعض القرى أطلق عليها المهاجرون أسماء كانت موجودة في بلدانهم تذكيراً بموطنهم الأصلي أو يرجع إلى أسماء قبائل عربية مثل: قرى مصر، وبغداد، والبلد الآمين، والقاهرة، الأولى تقع في ضواحي مدينة دينسور من إقليم باي، وباقي القرى تقع في إقليم شبيلي السفلى المتاخمة لمدينة مقدشو.

وفي شمال الصومال قرية تسمى حيس وتقع على الساحل الشمالي المطل على المحيط الهندي نسبة إلى مدينة حيس اليمنية الساحلية.

والحقيقة أن تشييد المدن لم يقتصر فقط على السواحل، وإنما شيّد المسلمون في أماكن داخلية، حين اضطروا للمرة الأولى للهجرة عند البحار فبنوا مدناً حول بحيرة فكتوريا كمدينة هوافز وأوجيجه في تنجانيقا (١).

ولم يكن نجاح المهاجرين المسلمين فقط في تكوين مدن وإنشائها في الصومال فحسب، وإنما كانوا أيضاً قد حققوا نجاحاً باهراً في تطوير مدن كانت قد أسست من قبل وصولهم إلى المنطقة، وقد أصبحت بعض هذه المدن بمثابة إمارات قائمة بذاتها، ولها رونقها الحضاري كما حدث ذلك في شأن مدن زيلع وبربرة وهرر ومقدشو وبراوة.

والحقيقة أنّ هذا الطابع لم يكن يقتصر على بلاد الصومال فحسب وإنما كان يشمل أيضاً أرض أفريقيا الشرقية، كما كان الحال في بعض المدن والتي أصبحت فيما بعد أمارات ذات سيادة مثل: إمارة بيت Pate أو باتا Pata ومانلدي Malindi وممباسا

---

(١) عبد الرحمن أحمد عثمان: الهجرات السياسية وأثرها في انتشار لإسلام في أفريقيا، مرجع سابق ص: ٣٤

Mombasa وزنجبار Zinzibar ولامو Lamu وغير ذلك وكان على أغلب هذه المدن ولاة عرب لهم علاقة حميدة مع سلطة الحكم في البلاد العربية[1].

كما أن بعض المهاجرين العرب تغلغل نفوذهم الحضاري في القسم الشمالي حتى حازوا أرض الدناكل إلى حدود الحبشة ونتج عن ذلك أن تأثر السكان - مثل البجا - بالعرب واندمجوا في الحياة الإسلامية حتى وصل الأمر إلى اختيار أمراء البجا لأنفسهم أسماء عربية في القرن الثالث الهجري[2].

ويُعدّ الجنس العربي من العناصر المهاجرة الأولى إلى منطقة أفريقيا الشرقية عموماً وبلاد الصومال خصوصاً بعد ظهور الإسلام، وخلال تواجد هؤلاء في المدن الساحلية الصومالية واختلاطهم بالمجتمع استطاعوا تحقيق تأثيرات كبيرة في جميع أنماط الحياة البشرية.

ولا نجد جانباً من جوانب الحياة إلاّ وكان للعرب المسلمين أثر ودوركبيرخلال فترة مكوثهم في المنطقة، ورغم ذلك النجاح الكبير الذي حققه الوافدون العرب، فهناك أيضاً عناصر إسلامية أخرى وغير عربية وفدت إلى المنطقة سواء كان هؤلاء فرساً أو هنوداً أو غيرهم، وهؤلاء كانوا ضمن المجتمع الإسلامي الذي حمل شعلة الإسلام وشعلة حضارته السامية رغم أنّهم لم يكونوا من الجنس العربي، لأن الدّين والثقافة الإسلامية قد وحّد جميع الأصناف المهاجرة، والعناصر الوافدة. وقد تحدثنا عن بعض هذه الهجرات في الفصول السابقة حيث أشرنا - مثلا - إلى هجرة بعض الفرس الذين أتوا إلى سواحل منطقة شرق أفريقيا كهجرة الفرس الشيرازيين بزعامة الحسن بن علي وأتباعه حيث كانت تتألف هذه الهجرة من نحو ألف ومئتين رجل، وقد وصل هؤلاء إلى المنطقة على سبع سفن، ونزلوا عدة أماكن مختلفة على تلك السواحل.

(١) غيثان بن علي بن جريس: العرب في مقدشو وأثرهم في الحياتين السياسية والثقافية، مرجع سابق ص ١٦١

(٢) عبد الرحمن أحمد عثمان: المرجع السابق ص٥.

وقد تركت هذه الهجرة آثاراً حضارية وثقافيةً واقتصاديةً في المنطقة، وأسسوا دولةً قويةً ذات نطاق واسع امتدت إلى سفالة، كما وصلت إلى المنطقة بعض الهجرات الهندية التي أتت من شبه الجزيرة الهندية، وكان بعض هؤلاء المهاجرين تجاراً ترددوا بين الهند وبين المنطقة لأسباب تجارية حتى نبغوا فيها.

ومهما كان فقد استقر هؤلاء المهاجرون بالمنطقة، وتزوّجوا من أهالي السكان الأصليين، بل وأسهموا في بلورة الحضارة الإسلامية في المنطقة، لأن هؤلاء الهنود قد أخذوا دوراً بارزاً في عملية نشر الإسلام وتثبيت دعائم الدين الإسلامي الحنيف في المنطقة.

وهؤلاء المهاجرون الهنود لم يكو نوا أقل مستوى من إخوانهم المهاجرين المسلمين الذين وصلوا إلى المنطقة من عرب وفرس وغيرهما في النواحي الحضارية والثقافية، ولاسيما إذا عرفنا أنّ منطقة شبه القارة الهندية قد كانت من أوائل المناطق التي وصل إليها الإسلام وحضارته حيث انتشر الإسلام في أولى بواكيره، وانتشار المراكز الإسلامية بها منذ القرن الأول الهجري بعوامل متعددة منذ أن فتحها المسلمون[١].

ورغم هذه الهجرات الإسلامية غير العربية فإنه لم ينته القرن الرابع الهجري/ العاشر الميلادي، إلاّ وكانت مدن الساحل قد استكملت مقوماتها وسماتها العربية، لأن الهجرات العربية وتأثيرها في النواحي الثقافية والحضارية كان أقوى وأكبر من تأثيرات الهجرات الإسلامية الأخرى، من حيث المضمون والجوهر، حتى محت معالم تلك الهجرات. ومن هنا فلا يستغرب إذا أصبحت بعض المدن الساحلية مدناً عربيةً صرفة مثل مدن مقدشو وبراوة ومركة وكسمايو إضافة إلى أغلب مدن الساحل الأفريقي الشرقي[٢]. بسبب كثرة الهجرات العربية إليها بالإضافة إلى أن الهجرات الثقافية نفسها كانت تحمل الطابع العربى، وأن أول روادها ومعلميها كانوا عرباً.

---

(١) انظر البلاذري: فتح البلدان، نشره صلاح الدين المنجد، ١٩٥٦م، ص٤٢٠-٤٢١، ٤٢٤ انظر محمد النفيرة: مرجع سابق ص١٠٢-١٠٣.

(٢) محمد محمد أمين: مرجع سابق ص٦٧ (المسح الشامل).

وبغض النظر عن الأطوار التي مرت بها تلك الهجرات الإسلامية والعربية وما صاحبتها من الأنشطة الثقافية والتجارية عبر العصور الإسلامية الماضية اتساعاً وانكماشاً بين البلدان العربية والساحل الشرقي لأفريقيا، إلا أنه ينبغي الإشارة إلي أنَّ العامل التجاري وحركته التبادلية في فترة مبكرة قد فتح آفاقاً واسعة ومهد لحركة الاتصال والاحتكاك الحضاري، حيث إن الهجرات الإسلامية فيما بعد سلكت نفس الطرق التجارية، وقد استقبل ساحل شرق أفريقيا - ابتداء من القرن السابع الميلادي - عددا من الهجرات الإسلامية العربية والآسيوية، وكانت السمة المميزة لها أنها نجت من التقلبات السياسية في الجزيرة العربية، وكانت كل هجرة مقدمة لظهور مدينة جديدة[١]، وبمجيء هؤلاء ازدهرت المدن اقتصادياً، وتطورت أحوالها السياسية والحضارية في العصور الوسطى.

ولعل موقع هذه المدن قد لعب دوراً فريداً وقوياً في سبيل نمو الحركة التجارية حيث كانت تقع بين بلاد جنوبي آسيا وشرقها، وشرق أفريقية وبلاد البحر الأحمر، وكان أغلب هذه المدن الساحلية لها مواني ومرافئ مناسبة جذبت أنظار التجار والبحار حيث بلغت التجارة أوج ازدهارها في القرن الثالث الهجري (التاسع الميلادي)، ومن هنا فلا غرابة أن تتدفق على المنطقة قطاعات كبيرة من التجار المسلمين حاملين تجارتهم وبضاعتهم إلى المنطقة، ثم نقلهم لما كانت البلاد غنية به من التوابل والأخشاب والعاج والصندل وغير ذلك.

وقد وفدت إلى منطقة القرن الأفريقي بعد ذلك موجات بشرية من التجار وغيرهم واستقروا هناك، بل وقد استطاع هؤلاء المهاجرون تأسيس مدن كبيرة، كما قاموا بتعمير هذه المدن، ويقول اليعقوبي في ذلك: «ولم تزل العرب تأتي إليها للتجارات، ولـمّ مدن عظام وساحلهم دهلك»[٢].

وكانت المدن الساحلية تتمتع شيء من التقدم والازدهار عن غيرها من الأماكن والمناطق الأخرى، إذ أنّ أغلب الصناعات والتبادل الثقافي بين البلاد والبلدان

(١) عبد الرحمن أحمد عثمان: الهجرات السياسية، مرجع سابق ص ٧.

(٢) اليعقوبي: مصدر سابق ٢/ ٢١٨

الأخرى كان يتركز عليها، وهذا الأمر قد لاحظه وشاهده القادمون من خارج البلاد وقد وصف الرحالة المسلم أبو عبد الله ابن بطوطة ذلك عندما زار الصومال شمالاً وجنوباً لا سيما ما شاهده في مقدشو من الحياة الثقافية والاقتصادية و الاجتماعية والسياسية، وذكر بعض العناصر من خارج الصومال التي كان لها مكانة عالية في مجال القضاء والسياسة كقاضي السلطنة الذي جاء أصلاً من مصر، وقد شاهد ابن بطوطة الصناعة العالية من القماش المقدشي والمصري أصلاً والطبق البلدي وأصنافه.

٧- دور المهاجرين في الأحوال الاقتصادية والحضارية للمدن الساحلية:

وكانت المدن الصومالية من مقدشو ومركة وبراوة وغيرها من المدن الساحلية الأخرى تنعم بالرفاهية في جوانب الحياة المختلفة، ولم تكن المدن الصومالية الساحلية وحدها تتمتع بتلك الحالة الاقتصادية والحضارية، وإنما كان يشاركها في هذا الأمر المدن الساحلية الإسلامية الأخرى المطلة على ساحل الشرق الأفريقي مثل: ممباسا ولامو وزنجبار وكلوة، فالأخيرة مثلا - كلوة - شاع الرخاء المادي فيها، وضربت في ميدان التقدم الحضاري بنصيب كبير، حتى أدهش البرتغاليون حين قدموا عليها في القرن العاشر الهجري (الخامس عشر الميلادي) من تجارة أسواقها والرخاء منقطع النظير الذي كان ينعم به الأهلون في حياة مترفة، ومباني مشيدة بالحجارة والجص، بلغت درجة فائقة من الإبداع والتنسيق والإتقان، وأساطيل تجارية ضخمة تجوب المحيط الهندي والبحار تطن كخلايا النحل، وسكانها على درجة راقية من حسن الخلق ورقة الطباع والمدنية [١].

وقد استطاعت المدن الساحلية الصومالية استقطاب كثير من المهاجرين العرب، الذين استقروا بالمنطقة فيما بعد قروناً عديدةً، بل وقد انصهر أغلبهم مع أهل تلك المدن بما فيهم الأسرة الحاكمة، ومن خلال ذلك استطاع بعض المهاجرين اعتلاء العرش فيما بعد.... [٢].

---

(١) محمد: النقيرة: مرجع سابق ص١٩٥-١٩٦

(٢) محمد النقيرة: المرجع نفسه ص١٩٨.

وقدوم المهاجرين من جزيرة العرب وبلاد فارس إلى بلاد الصومال كان له أثره الطيب في النواحي الاقتصادية والاجتماعية والدينية، حيث أنّ هؤلاء المهاجرين كوّنوا جاليات إسلامية قويّة، وبذلك انتعش الاقتصاد انتعاشاً كبيراً، كما أنّ هؤلاء المهاجرين اندمجوا مع المجتمع الصومالي اندماجاً حقيقياً ليس له حدود، كما أشرنا إليه، وهذا كله كان له أثره الكبير ومردوده الطيب في الحياة الدينية، بل وساعد ذلك على انتشار الإسلام وترسيخه في أعماق قلوب السكان.

٨- الحالة العلمية للمدن الساحلية:

كانت الحياة العلمية تزدهر كلّما ازدهرت الحياة السياسية والاقتصادية، وأصبح البلد مستقراً، مثلما كانت تعيش مقدشو ومركة وبراوة من الاستقرار والرفاهية حتى التف حول جنباتها العديد من العلماء، وطلبة العلم، وصارت هذه المدن موطن العلماء الكرماء ومأوى أهل العلم يفدون إليها من أصقاع مختلفة، وهذا الالتفاف كان له أثره الطيب في الإنتاج والإبداع والحركة العلمية التي كانت تنعم بها بلاد الصومال في أواخر العصور الوسطى.

وقد لوحظ ذلك فيما بعد عندما ظهرت ملامح ثقافية جديدة على أيدي مبدعين في المنطقة بالعصور المتأخرة حيث وجدت عدة مؤلفات مثل كتاب الزنوج على يد أحد الكتاب في المنطقة، ورغم أن المؤلف قد عاش في المنطقة فترة طويلة، إلا أن لغته تظهر أن له احتكاكاً مع سكان بلاد عمان التي كانت لها علاقة قوية بالصومال خصوصاً ومنطقة شرق أفريقيا عموماً، وهذا الكتاب يؤرخ لوصول الإسلام وانتشاره في المنطقة والصراع بين المسلمين الأوائل وبعض القبائل الوثنية...[(١)].

والمراكز العلمية والمؤسسات الثقافية في بلاد الصومال رغم كثرتها إلا أنها لم تكن على مستوى واحد، في النواحي العلمية أو الإنتاج الفكري والثقافي، حيث إن

---

(١) نشر هذا الكتاب المستشرق الإيطالي شيرولِّي في كتابه تاريخ الإسلام في الصومال، وقد وجده في مكتبة قاضي مقدشو معلم محي الدين مكرم، وانظر أيضاً محاولة الشيخ جامع عمر عيسى في تحقيق الكتاب مع مقدمته اللطيفة.

بعضهم كان يعدّ مجرد أروقة وزوايا علمية أو ملحقات بالمؤسسات والمراكز الثقافية الأخرى، التي أكثر منهما إنتاجاً وتاريخاً وعلماً، ولا يمكن البقاء أو الاستمرار بها إلا من خلال المراكز الكبرى الأخرى التي هي بمثابة شريان حياتهم الأساسية.

والمؤسسات الكبرى كانت تغذي مثل هذه المراكز العلمية الصغيرة حيث تعين لهم كلّ ما كان يتعلق بالعلم ودروبه كإرسال العلماء باختلاف تخصصاتهم حسب حاجة تلك المراكز، وكذا المادة العلمية من الكتب والمؤلفات وغير ذلك.

٩- *مدينة مقدشو ودورها الريادي والحضاري*

أ- اسم مدينة مقدشو:

إن اسم مدينة مقدشو قد ورد في أغلب السجلات العربية القديمة والمصادر الجغرافية، كما أشار إلى هذه المدينة بعض الرحالة الذين زاروها أو وصلت إليهم أخبارها عن طريقهم الخاص، والحقيقة قلما تجد كتاباً جغرافياً حاول أن يتناول منطقة الساحل الشرقي الأفريقي قد غفل تلك المدينة سواء ذكر اسمها الصريح (مقدشو) أو أشار إليها بأسماء أخرى مترادفة[١]، وهذا دليل واضح على أهمية المدينة وتاريخها العريق.غير أننا قبل أن نتطرق إلى ما ورد من الأسماء للمدينة ينبغي أن نستعرض كيفية ضبط اسم مقدشو على ما ورد في المصادر القديمة ثم بالمراجع الحديثة، لا سيما تلك التي دوّنها أهل المدينة، وكذا بعض الكتاب الغربيين.

ب- الضبط الصحيح لاسم «مقديشو»:

ضبطها الزبيدي في تاج العروس بأنها: مقدشو، بفتح الميم وكسر الدّال المهملة وضمّ الشين، ويشير الزبيدي إلى أنّ هناك ضبطا آخر وهو فتح الدّال المهملة، وذلك مما لا يوافق عليها، هو حيث قال: «والعامة تفتحها» إشارة إلى انتقاصه في ذلك[٢].

(١) مثل بنادر، حمروين وغير ذلك. ولا عجب في ذلك لأن هناك مدناً صومالية أخرى لها أسماء كثيرة مثل هرر ويسمى أيضاً أدرى وزيلع ويسمى أيضاً أودل، وبوساسو ويطلق أيضاً عليها بندر قاسم نسبة إلى القواسم في الشارقة.

(٢) الزبيدي: مصدر سابق ١٧/ ٣٩٠.

أما ياقوت الحموى فإنه يضبطها كالتالي: مَقْدَشَو: بالفتح ثم السكون، وفتح الدال وشين معجمة،وهنا لم يذكر ياقوت كسر الدّال[(١)] وينقل الزبيدي أيضاً ضبطاً آخر وهو مقدشا، بل وأشار الزبيدي بأنّ هناك من يضبط بكسر أولها، ومن هؤلاء الذين ذهبوا على هذا الضبط: الحافظ بن حجر العسقلاني [(٢)].

وأبو الفداء يضبط مقدشو بفتح الميم، وسكون القاف وكسر الدال المهملة، وضم الشين المعجمة مثله مثل الزبيدي كما سبق [(٣)]

والرحالة أبو عبد الله بن بطوطة يضبط اسمها بفتح الميم واسكان القاف وفتح الدال المهملة والشين المعجم وإسكان الواو، مثل الزبيدي وياقوت الحموي كما سبق ذكره [(٤)].

وعلى هذا يتضح أنّ الأقدمين من الجغرافيين والرحالة قد اختلفوا في ضبط اسم المدينة رغم أنّهم ذكروا اسمها وكتبوها في سجلاتهم.

وأن كيفية ضبطهم جاءت على ثلاثة أوجة:

أولاً: «مَقدِشُو» كما أوردها الزبيدي.

ثانياً: «مَقدَشُو» كما ذهب إليه ياقوت الحموي وأبو الفداء وابن بطوطة.

ثالثاً: «مِقدَشُو» كما ذكرها ابن حجر العسقلاني.

وينفرد الزبيدي بإحدى رواياته إلى ضبط المدينة بـ «مَقدِشا» - كما سبق ذكرها.

---

(١) ياقوت الحموى: مصدر سابق ٢/ ١٧٣

(٢) ابن حجر: تبصير المنتبه بتحرير المشتبه، تحقيق علي محمد التجاوي، مراجعة محمد علي النجار، المكتبة العلمية، بيروت - لبنان القسم الرابع / ص١٣٨٤.

(٣) أبو الفداء، إسماعيل بن علي بن محمود (ت ٧٣٢هـ): تقويم البلدان، باريس، دار الطباعة السلطانية، ١٨٤٠م ص١٦٠.

(٤) ابن بطوطة: مصدر سابق ١/ ٢٦١

أما كتاب الإفرنج والرحالة الغربيون فقد ذكروا مقدشو ورسموها بالكتابة على أوجه شتى مختلفة ومن هذا: – (Mogadechou – mogadicho – mogadosco – Mogadishu).

وأغلب الكتاب الغربيين أوردوا قوالب مختلفة في رسم الاسم، وقد أورد الشريف العيدروسي بعضاً من ذلك مثل: موجوديشيو، موجدوشكو، موجاديشو، موجاديشيو، موغاديشيو، ومغدشيكو، ومغديشو...الخ[1].

أما البرتغاليون الذين استولوا على بعض المدن الصومالية الساحلية أيام غزوهم سواحل أفريقيا الشرقية والهند ومناطق البحر الأحمر والخليج العربي في أواخر القرن الخامس عشر الميلادي اسموا مدينة مقدشو بأنها Mogadixo، وهي أقرب لفظ ذكره الغربيون إلى الاسم العربي لأن حرف (X) اللاتيني في اللغتين البرتغالية والأسبانية ينطق به كحرف الشين العربي[2] ولعلّ ذلك قد أتى من تأثير الثقافة العربية على هاتين اللغتين أيام احتكاك المسلمين في هذه المناطق.

غير أنّ النطق المشهور والشائع عند أهل الصومال في هذا العصر هو: بضم الميم وسكون القاف، وكسر الدال المهملة وضم الشين المشبعة مع سكون الواو، وهذا ما لم أجده عند الكتاب العرب وكذا عند بعض كبار مؤرخي الصومال المشهورين إلا عند المؤرخ الصومالي المعاصر شيخ جامع عمر عيسى[3]. ويظهر أن الكُتاب الأوروبيين قد أخذوا النطق بضم الميم من أهل الصومال وبالتالي كتبوها في سجلاتهم حسب نطق أهل الصومال في أواخر القرن الخامس عشر الميلادي عند طلائعهم الأولى على المنطقة من خلال ما يسمى حركة الكشوف العلمية الجغرافية التي أصبحت فيما بعد حركة صليبية عدوانية ضدّ السكان بالساحل الشرقي الأفريقي وغيرهم من بلاد الهند والفارس وبعض البلدان العربية بقيادة المملكة البرتغالية إبان حملتهم المشهورة في التاريخ أما الشريف العيدروس، فإنه ذهب مثلما ذهب إليه أبو عبد الله اللواتي،

(١) الشريف العيدروسي: مرجع سابق ص ٣٣

(٢) انظر الشريف العيدروس: المرجع نفسه ص٣٢-٣٣.

(٣) انظر الشيخ جامع عمر عيسى: مقدشو ماضيها وحاضرها، مرجع سابق

ابن بطوطة الذي زار المدينة في منتصف القرن الثامن الهجري الموافق الثالث عشر الميلادي [١].

وأما المؤرخ الصومالي الشيخ أحمد عبد الله ريراش فإنه رجح ما نقل منه من كتاب أبي الفداء في تقويم البلدان، حيث ضبط: بفتح الميم وسكون القاف وكسر الدال المهملة ثم الشين المعجمة وواو في الآخر [٢].

ولعل ضبط فتح الميم أو كسرها كان يستعمل في العصور الوسطى إلى الفترة التي زار بها الرحالة ابن بطوطة المدينة، ثم بعد ذلك تحول النطق إلى ضمّ الميم فيما بعد.

ومن الجدير بالذكر أنه لا يوجد من بين المؤرخين والرحالة القدامى من أشار إلى كتابة ياء بعد الدال ولا بعد الشين حيث إنّ كتابتها ((مقدشو)) لم ترد على ألسنة القدامى، بل إنّ المؤرخ الصومالي المعاصر الشيخ جامع عمر عيسى يرى ذلك « خطأ سببه الترجمة في الكتابة الأفرنجية [٣].

ج- نسبته إلى ساكنيها:

وكل من سكن في مقدشو يطلق عليه «مقدشي» نسبةً إلى مقدشو، وتجد عدداً من الأعلام والوجهاء والعلماء ينسبون إلى مقدشو في كتب التراجم والتواريخ، وكذا بعض المعاجم اللغوية مثل: الشيخ الفقيه علي بن محمد بن نور الدين بن عيسى المقدشي الصومالي [٤] والمحدث أبو عبد الله محمد بن محمد بن أحمد شمس الدين المقدشي - الشين المعجمة، وكان يعيش في القرن الثامن الهجري [٥] ومنهم أيضاً الفقيه أبو عبد

---

(١) انظر الشريف العيدروس: المرجع السابق ص ٣٣.
(٢) نظر أحمد ريراش: مرجع سابق ص٣٤.
(٣) - الشيخ جامع عمر عيسى: المرجع السابق ص١٧
(٤) الشيخ أحمد ريراش: المرجع السابق ٧٧-٧٨
(٥) الزبيدي: تاج العروس من جواهر القاموس، مصدر سابق ١٧ - ٣٩١ السخاوي: الضوء اللامع، مصدر سابق ٩/ ٥٢/ ٥٣

الله محمد بن علي بن أبي بكر المقدشي صاحب معيد مدرسة البادئية [1]. ومنهم أبو علي بن أبي بكر بن علي بن الحسين بن أحمد بن يوسف بن أسد التميمي الجوهري، يعرف بابن البلوي ونسبته إلى مقدشوه[2]، وأحياناً يطلق على ينسب إلى مقدشو بأنه: مقدشاوي [3]. أو مقدشاوه[4] وأخرى مقدشاو.

كما أن اللغة المحلية واللهجة التي يتحاكم إليها أهل مقدشو يقال المقدشي، وهي لهجة محلية يستعملها أهل المدينة وبعض المدن والمناطق التي تحيط بالعاصمة، وفيها ألفاظ عربية كثيرة، وقد لاحظ الرحالة الإسلامي أبو عبد الله ابن بطوطة عند زيارته المدينة حينما أصبح ضيفاً كريماً لدى سلطان مقدشو وحاشيته ومن ذلك قال ابن بطوطة: (وكلامه بالمقدشي، ويعرف اللسان العربي)[5].

د- أسباب تسمية مقدشو بهذا الاسم:

يتفق الباحثون والكتاب على أن كلمة مقدشوا تتكون من مقطعين أحدهما عربي وهو مقعد، والثاني فارسي وهو شاه، و معناه الملك، وبذلك يكون المعنى كرسي الملك أو الحكم، والمكان الذي يسكنه الحاكم العجمي [6]، ولا غرابة في ذلك لأن الشيرازيين الفرس قد حكموا المدينة وملحقاتها واستطاعوا السيطرة التامة على إدارة شؤون الحكم فيها بقيادة على بن حسن الشيرازى وذلك في أواخر القرن الخامس الهجري[7]، بل من الباحثين من ينسب تأسيس مدينة مقدشو إلى جماعة من

(١) ابن الناصر الدين الدمشقي، شمس الدين محمد بن عبد الله بن محمد القيسي (ت ٨٤٢هـ): توضيح المشتبه (في ضبط أسماء الرواة وأنسابهم وألقابهم وكناهم)، حققه وعلق عليه محمد نعيم العرقسوي، مؤسسة الرسالة، الطبعة الأولى، ١٤١٤هـ - ١٩٩٣م: ٨/ ٢٤٤

(٢) الزبيدي: المصدر السابق ١٧/ ٣٩١

(٣) ابن ناصر الدين: المصدر السابق ٨/ ٢٤٤؛ والزبيدي: المصدر السابق ١٧/ ٣٩١

(٤) ابن حجر القسقلاني: تبصير المنتبة بتحرير المشتبة، مصدر سابق ٤/ ١٢٨٤

(٥) ابن بطوطة: مصدر سابق ١/ ٢٦٢

(٦) الشريف العيدروسي: المصدر السابق ص ٣٢

(٧) ارجع الحكومات والمشيخات التي قامت على مقدشو في البحث الثاني من الفصل الثاني؛ وانظر أيضاً غيثان بن علي جريسي: العرب في مقدشو وأثرهم في الحاتين السيايسة والثقافية، مرجع سابق ص ٢٧٠

الشيرازيين وصلوا إلى المنطقة في القرن العاشر الميلادى [1] غير أنه بعد فترة حصل التغيير وذلك حينما كثر استعمال الكلمة حيث تغيرت كلمة مقعد إلى مقد، وركبت الكلمتان وأدغمتا معاً فصار (مقدشاه ثم قلبت الألف من شاه واواً).

فأصبح (مقدشوه) وأحياناً يحدف منها الهاء فتصير (مقدشو) كما هو شائع اليوم [2]. وعلى هذا فكلمة مقدشو تكونت من مقطعين أدغما معاً ودلت على معنى مقر الحكم الذى بتواجد فيه صاحب السلطنة، كما أشرنا وعلى هذا نشأ بعض الباحثين إلا أنها كلمة مركبة (مقدشو) تشير إلى المكان المفضل الذى إتخذه شاه الحاكم الفارسي مقراً لمحكمه ومملكته [3]. وهناك من يرى أن معنى كلمة مقدشو إنما هي مقعد الشيخ [4].وأرى أن الرأيين لا يبتعدان كثيراً، إذ أن الشيخ عند أهل الصومال يطلق على سلطانهم، وقد لاحظ ذلك الرحالة ابن بطوطة عند زيارته بمقدشو حيث قال: (وسلطان مقدشوه إنمايقولون له: الشيخ، واسمه أبو بكر ابن شيخ عمر) [5] وأن من يريد أن يتولى قيادة الأمة كان عليه أن يكون عالماً بارعاً وشيخاً فقيهاً يستطيع أن يكون إماماً لمجتمع مسلم يحتكم للشريعة الإسلامية وينقاد إلى تنفيذ أوامر الله في حياتهم. ونقل المؤرخ الصومالى الشريف العيدروس أن كلمة (مقدشوه) إشارة إلى الموضع الذي يجتمع فيه الأغنام للبيع [6].

هـ- أسماء تطلق على مدينة مقدشو:

وهناك أسماء أخرى تطلق على مدينة مقدشو، مثل اسم (حمر) ويرجح بعض الباحثين أن اسم «حمر» كان أقدم من اسم مقدشو [7] واسم حمر يقال إن أصله من

---

(١) أحمد شلبي: موسوعة التاريخ والحضارة الإسلامية، مرجع سابق ٦/ ٦٦٥

(٢) الشريف العيدروس:، مرجع سابق ص٣٢؛ وانظر أيضاً حمد السيد سالم: الصومال مرجع سابق ص١/ ٣٥٦؛ جامع عمر عيسى: مقدشو مرجع سابق ص ١٦ - ١٧

(٣) حمدي السيد سالم: المرجع السابق ١/ ٣٥٦؛ محمد محمد أمين: مرجع سابق ص٧١

(٤) الشيخ أحمد ريراش: مرجع سابق ص ٣٤؛ وانظر محمد محمد أمين: المرجع السابق ص ٧١

(٥) ابن بطوطة: المصدر السابق ١/ ٢٦٢

(٦) الشريف العيدوسي: المرجع السابق ص٣٢؛ حمدي السيد سالم: المرجع السابق ص ٣٥٧

(٧) الشيخ جامع عمر عيسى: المرجع السابق ص١٦

كلمة «حمير»نسبة إلى دولة حمير اليمنية التي كانت تحكم اليمن وأجزاء أخرى من جزيرة العرب قبل ظهور الإسلام وهي إحدى الدول القوية التي قامت على أنقاض دولة سبأ واستمر حكمها فترة من الزمن، ويذكر المؤرخون أن حكمها تجاوز من القطر اليمنى وامتدّ إلى أطراف أخرى مثل بلاد الصومال،وقد ذكرنا سابقاً أن أقواماً من الحميريين حكموا مدينة مقدشو قبل ظهور الإسلام بقيادة السلطان الحميرى أبو كرب بن حمير بن سبا[١].

وكلمة الحمير (بكسر الحاء وسكون الميم) [٢] حدث فيها التحريف والتغيير اللغوي حتى انتهت وصارت (حمر) وهذا ما هو شائع اليوم ومتداول بين الناس ويستقدمهم عامة الناس، وهذا مما رجحه المؤرخ الشيخ جامع عمر عيسى [٣].

وهناك أقوال أخرى تحاول تفسير كلمة حمر بأنها اسم آخر لمدينة مقدشو. كما أن أهل الصومال كانوا يطلقون كلمة (حمر) على نوع من الخيول الضارب لونها إلى الأحمر في العصور الوسطى، وربما هذا النوع من الأنواع المفضلة من بين عالم الخيول[٤]. ولعلّ سبب التسمية جاء بسبب تواجد مثل هذه الخيول في المدينة. واشتهر بيع الخيول ومرابطتها فيها، ومن الأقوال في تفسير كلمة (حمر) تلك المقولة التي تقول معناها التراب الأحمر الذي تشتهر به كثيراً من الأماكن في جنوب البلاد [٥]، بل إن أجزاء في مقدشو حالياً ترابها أحمر، وإن لم تمتد المدينة إلى هذه الأجزاء في الفترات السابقة إلاّ في العصر الحديث حينما كثر السكان، طاف بهم المدينة اضطروا إلى إسكانها ولاسيما شمال أحياء شنغانى وحمرويني التي تعرف اليوم أحياء هدن H-dan وهول وداغ Howl-Wada.

---

(١) إرجع إلى حكم الحمير في مقدشو في المبحث الثالث في الفصل الثاني، وانظر الشريف العيدروس المرجع السابق، ص٣٦، الشيخ جامع عمر عيسى: المرجع السابق ٥٠-٥١.

(٢) كما ضبطها الشريف العيدروس: المرجع السابق ص٣٦

(٣) الشيخ جامع عمر عيسى: المرجع السابق ص ١٦

(٤) المرجع السابق ص١٥.

(٥) المرجع السابق ص١٦.

وخاصة في أجزائها المؤخرة، ولا غرابة بأن عرف أهل الصومال باللون الأحمر بحمر، لأن العرب في القرى والأرياف بالجزيرة العربية يلفظون الأحمر (بحمر)[1]؛ وربّما هذا الأمر قد صاحب بعض المهاجرين العرب الذين نزحوا من الجزيرة إلى القطر الصومالي إبان هجرتهم في العصور الوسطى، وهناك روايات شفهية تناقلها بعض أهل مقدشو (قبائل رير حمر) توضح سبب تسمية مقدشو باسم (حمر) وهو أن جماعة عربية تعمل بالتجارة جاءت إلى مقدشو ونزلت على إحدى أحياء المدينة القديمة، وأهمّ البضاعة التي كانوا يحملونها، كان (حمر) بضم الحاء وسكون الميم أي قمر الهندي، و بذلك أطلق المكان والمدينة عموماً علي حُمُر، نسبة إلى البضاعة التي جاء بها جماعة التجار، ثم بعد زمن تحول الاسم إلى «حَمَر» بفتح الحاء والميم معاً.

ويروي الشريف العيدروس قصة أسطورية طويلة في تفسير اسم حمر نسبة إلى الذهب الأحمر أو الناقة الحمراء[2].

وبعد فترة لا يعرف تحديدها لحقت كلمة حمر بعض إضافات مثل حمر جب جب، وحمروينى، وهما حيّان كبيران قامت المدينة على ضمها، كما أطلقت على القبائل المهاجرة التي سكنت في بداية الأمر المنطقة وأسست مدينة مقدشو أو حمر بإسم قبائل آل حمر نسبة إلى اسم آخر لمقدشو وهو حمر [3].

وعن الأسماء التي اشتهرت بها مدينة مقدشو أيضاً اسم بنادر، وإن كان هذا الاسم يشمل بقعة أوسع من مقدشو في بعض المدن الساحلية المطلة على الساحل الهندي ابتداءً من منطقة عدلى Cadalle إلى منطقة براوة Barawe ومع ذلك فقد اشتهرت مقدشو باسم بنادر وحاليا يطلق اسم بنادر على جميع المحافظة من مقدشو وضواحيها وهي تتكون من ١٧ محافظة. كما أن القبائل التي سكنت مقدشو في بداية الأمر يطلق أيضاً عليها قبائل بنادر، وأن الألبسة التي ينسجونها يطلق عليه ملابس

(١) المرجع السابق ه ص١٦.
(٢) الشريف العيدروس: مرجع سابق، ص ٣٤ - ٣٥.
(٣) وقد تناولنا أسماء هذه القبائل وأقسامهم في الفصل الأول من هذا البحث ولاسيما المبحث الثانى.

بنادرية، وهي نوع معروف ومشهور ومتميز عن غيره من الأقمشة واللباس، وهو نوع تصنعه أيدي وطنية، وكذا يطلق على بضائعهم اسم بضائع بنادر[(١)].

و- الموقع وتاريخ التأسيس لمدينة مقدشو:

عند حديثنا عن سلطنة مقدشو ناقشنا تاريخ تأسيس المدينة بإسهاب وعرفنا[(٢)] أن المؤرخين القدامى لم يدونوا تاريخا محددا لتأسيس مقدشو، رغم ورود اسمها في المصادر الأولوية ولاسيما كتب البلدان والرحلات والجغرافيا وأنه وردت أقوال كثيرة حول تاريخ تأسيس مدينة مقدشو وأقدميتها وكذلك حول من قام بتأسيسها.

ومن المفيد أن نشير إلى أقدم رواية أشارت إلى وجود المدينة وورود اسمها في السجلات التاريخية وهي وثيقة تاريخية قديمة ذكرت اسم المدينة ضمن الأحاديث والروايات التي حوتها هذه الوثيقة عند تناولها ذكر المنطقة في العصور القديمة مثل كتاب (Periplus Maris Erythree) أي الطواف حول البحر الإرتري أو دليل البحر الإرتري هو كتاب لمؤلف مجهول يعتقد أنه كان ملاحاً من الإسكندرية في القرن الأول الميلاد وهذا الملاح المتجول وصف بعض الموانى والمتاجر وكذا الشعوب الساكنة في المناطق والمدن الساحلية المطلة على المحيط الهندي، وكذا بعض الأماكن والمدن المشرفة على البحر الأحمر. وجاء ذكر موقع مدينة مقدشو حاليا ضمن تسجيلات هذا الملاح ولكنه ذكرها باسم أزانيا (Azania) التي من ضمن أرضها سيربيون -Serap (onموقع مقدشو حاليا[(٣)] ومما يؤكد ذلك أن الإغريق القدماء كانوا يعرفون مقدشو باسم سيربيون، وذلك منذ ألفي عام[(٤)].

---

(١) انظر حمدي السيد سال: مرجع سابق ١ /٦ ٣٥

(٢) إرجع إلى مبحث السلطنات الإسلامية وخاصة سلطنة مقدشو في المبحث الثالث من الفصل الثانى وهذه الوثيقة التاريخية مؤلفاتها تناولنا في المبحث الرابع في الفصل الأول بالتفصيل

(٣) حمدي السيد سالم: المرجع السابق ١/ ٣٣٠ - ٣٣٢؛ محمد حاج عمر: الحضارة الإسلامية، مرجع سابق ص ١٩٠ - ١٩٦؛ عبد الله الشيبة: مرجع سابق ص ٢٣٥

(٤) حمدي السيدسالم: المرجع السابق ١/ ٣٣٥؛ غيثان بن علي: العرب في مقدشو، مرجع سابق ص١/ ٢٦٢

ومما يزيد الأمر صعوبة أن هناك روايات أخرى تفيد بأن مقدشو كانت مقراً لحكومة كان يحكمها أسعد الحميري قبل ظهور الإسلام [1]، وهذا معناه أن المدينة كانت موجودة قبل هذا التاريخ وقبل أن تصبح مقراً لحكومة أسعد الحميرى الذى كان معروفاً في التاريخ، بأنه كان جزءاً من عصر الحمريين الذين أتوا إلى سدة الحكم عقب السبئيين في اليمن وقبل الاختيار الحميري لمقدشو لتكون مقراً لنفوذه السياسي في المنطقة.

ولاشك أنها استحقت بعد تفوقها على غيرها من المدن، ومما يشير إلى ذلك أقدمية وجودها على مسرح الأحداث وأيما كان الأمر فإن موقع مدينة مقدشوا أشار إليه بعض الكتاب القدامى، ولاسيما العرب منهم، حيث إن أغلب الرحالة والجغرافيين العرب أشاروا في سجلاتهم إلى اسم مقدشو وموقعها من ضمن حديثهم ووصفهم لمنطقة شرق أفريقيا وأخبارها، وقل أن تجد كتاباً من المصادر العربية القديمة تناول منطقة أفريقيا الشرقية إلا وقد أشار إلى مقدشو وموقعها، وإن كانوا لم يسهبوا في الذكر والحديث عنها ما عدى الرحالة المسلم المغربي ابن بطوطة حيث تناول مقدشو عند زيارته لها بإسهاب في النواحي السياسية والاقتصادية والاجتماعية في كتابه (تحفة النظار في غرائب الأمصار وعجائب الأسفار).

أما أقدم من أشار إلى مقدشو من الجغرافيين العرب القدامى فهو الإدريسي حيث أشار الإدريسي إلى مقدشو بإيجاز شديد في كتابه (نزهة المشتاق بإحتراق الآفاق)، عند حديثه عن بلاد الصومال ولاسيما المدن الساحلية بدءاً من زيلع إلى سواحل بنادر حيث وصف أنهارها ووديانها وطبائع أهلها وأنماط حياتهم ومعتقداتهم وأشار إلى موقع مدنها الرئيسية وأطلق - مثلاً - على مدينة (مركة) و (براوة) اسم مدن البرابرة وذكر أن ساحل بنادر يمتاز بمدن عديدة متناثرة، وساحل بنادر معروف أنه يمتد من مدينة ورشيخ شمال شرق مقدشو حتى كسمايه [2].

---

(١) الشريف العيدروسي: مرجع سابق ص ٣٥٦

(٢) الإدريسي: مصدر سابق ١/ ٤٨؛ انظر محمد حاج مختار: تاريخ الصومال من مصادر عربية ص٦، ضمن البحوث في شهر الثقافة العربية التى تصدر المكتب الإقليمى بشرق أفريقيا مقدشو التابع بالمنظمة العربية للتربية والثقافة والعلوم العدد رقم ١٦. ١٥ / ٤/ ١٩٨٢

غير أن أهم وأقدم كتاب عربي تناول ذكر مدينة مقدشو صراحة هو الرحالة ياقوت الحموي في كتابه (معجم البلدان) حيث أشار إلى ذلك وابتدأ حديثه عنها بضبط اسمها وبعض أوصافها وموقعها، حيث قال: (مدينة في أول بلاد الزنج في جنوب اليمن في البربر في وسط بلادهم، وهؤلاء البربر غير البربر الذين هم بالمغرب، هؤلاء سود يشبهون الزنوج جنس متوسط بين الحبش والزنوج، وهي مدينة على ساحل البحر أهلها كلهم غرباء ليسوا بسودان ولا ملك لهم إنما يدبّر أمورهم المتقدمون على إصطلاح لهم..[١]. ومن الكُتّاب القدامى الذين أشاروا إلى مدينة مقدشو وموقعها، الرحالة الدمشقي، شمس الدين أبوعبدالله محمد الدمشقي (كان حياً في القرن السابع الهجري)، حيث أشار إلى مقدشو غير أنه سمها بمقدشو الزنج، على الرغم من أن الزنوج كانوا يسكنون أماكن أخرى[٢].

ومن الجدير بالذكر ونحن بصدد الحديث عن الرحالة والجغرافيين العرب الذين أشاروا في مؤلفاتهم إلى مدينة مقدشو، أن نشير إلى أن ابن بطوطه وصل إلى المدينة وغيرها من المدن الصومالية مثل زيلع بنفسه حتى وصف المدينة وصفاً دقيقاً وبديعاً كشاهد عيان، وأعطى معلومات مهمة للغاية عن سكانها حكاماً ومحكومين وعن معتقداتهم ومذاهبهم وطبيعة بلادهم ومكانتهم الاجتماعية والاقتصادية والسياسية وفي وصف مدينة مقدشو قال (إنها مدينة متناهية الكبر وأهلها لهم جمال كثيرة ينحرون منها المئين في كل يوم)[٣] والحقيقة أن القدامى من كتاب العرب أشاروا إلى اسم مقدشو كما أشاروا إلى موقعها، وإن اختلف وصفهم للموقع، ولكنهم أشاروا كلهم إلى الموقع الحالي، فذكر بعضهم أن مقدشو مدينة في أول بلاد الزنج في جنوب اليمن في بر البربر في وسط بلادهم[٤].

---

(١) ياقوت الحموي: معجم البلدان، مصدر سابق ٥/ ١٧٣

(٢) الدمشقي شيخ الربوة: تحفة الدهر في عجائب البر والبحر، مصدر سابق ص ٢١٨ - ٢١٩؛ وانظر محمد حاج مختار: المرجع السابق ص٦

(٣) ابن بطوطة:، مصدر سابق ١/ ٢٦١

(٤) ياقوت العموى مصدر سابق ٥/ ١٧٣.

ويقول الزبيدي ذاكراً موقع مقدشو فيقول: «ديار، كبير بين الزنج والحبشة من أطراف بلاد الهند[١]».

قال شمس الدين الدمشقيّ المتوفي سنة ٨٤٢ هـ وهو يتحدث عن موقع مقدشو « مقدشوه » بلدة مشهورة من برّ الحبشة مما يلي من الزنج[٢].

أما ابن بطوطة فإنه اكتفي في وصف المدينة دون أن يذكر موقعها قائلاً: «إنها مدينة متناهية في الكبر»[٣]. ومن هنا يظهر لنا أن موقع مقدشو الذي أشار إليه القدامى إنما هو هذا الموقع الحالي للمدينة التي هي الآن حاضرة بلاد الصومال، غير أن عدم شهرة اسم (السومال) وشيوعه أدى إلى ذلك اختلاف في ذكر الموقع، وكل الأقوال تؤكد أن مقدشو تطل علي المحيط الهندي في الساحل الشرق الأفريقي، وهذا ما ذكره صراحة أبو الفداء حيث قال: (إن مقدشو تطل على بحر الهند)[٤]، والحقيقة أن هذا الموقع الفريد شدّ أنظار الآخرين، ولاسيما أنه يُعدّ في التاريخ القديم من أصلح مواقع الساحل لرسو السفن، وهذا الأمر ذاع صيته في الآفاق فعرفه القاصي والداني منذ عهد الفراعنة حيث عرفه المصريون القدامى وأهل بابل وأشور والفينيقيون والرومان، كما عرفها الإغريق منذ ألفي عام[٥].

وعلى اختلاف الأسماء التى اشتهرت بها فإن مقدشو تقع حالياً في موقع تكثر فيه الكثبان الرملية المتحركة من المناطق الشمالية إلى شرقي سواحل الجنوب من البلاد، نتيجة لعوامل التعرية التى حدثت في عصر البلاد ستوسين من الأزمان الجيولوجية، وتبعد عن شمال خط الاستواء حوالى ١٢٠ ميلا، وتطل على الساحل الغربي من المحيط الهندي بواجهة تقرب ١٣كلم، وعرضها أربعة من الكيلومترات

---

(١) الزبيدي: مصدر سابق ١٧/ ٣٩٠ - ٣٩١

(٢) ابن ناصر الدين الدمشقي: مصدر سابق ٨/ ٢٤٤

(٣) ابن بطوطة: مصدر سابق ١/ ٢٦١

(٤) ابو الفداء: مصدر سابق ص١٦٠ - ١٦١.

(٥) حمدي السيد سالم: مرجع سابع، ص ١ / ٥٥٣ محمد محمد أمين: الصومالي في العصور الوسطى الإسلامية، مرجع سابق، ص ٦١ من ضمن البحوث في كتاب المسح الشامل بجمهورية صومال الديمقراطية.

ممتداً من شاطئ البحر. كما أن المدينة تقع في وسط أقاليم تشتهر بالثورة الزراعية والحيوانية إضافة إلى منفذها البحري مما جعلها مركزاً تجارياً وحضارياً هاماً بين أفريقيا وآسيا.

أما حدود مقدشو فيحدها من الشمال الشرقي بإقليم الشبيلي الوسطى (الجوهر) وإقليم الشبيلي السفلى (مركة) من الشمال الغربي. أمّا من ناحية الجنوب فهي تطل على الشاطئ الغربي من المحيط الهندي.

ز- أحياء مدينة مقدشو وسكانها:

لا يعرف بالضبط الموقع الحقيقي الذي بدأ تأسيس مدينة مقدشو فيه، وقد جاء ذلك في أقوال متضاربة، مع أن بعض الدراسات والحفريات التي أجريت في المدينة تشير إلى أن مكانها القديم كان أصلاً في منطقة معسكرات المطار الحالية التي تسمى (حمر جب جب)[1] إلا أن الباحثين يشيرون إلى أن بعض الأحياء كانت أول مكان أُنشئت فيه المدينة حتى توسعت، بمعنى أن هناك أحياءً قديمة بدأت في مقدشو أول ما تم أنشاؤها وتأسيسها.

ومن هؤلاء من ذهب إلى أن المدينة تكوّنت في البداية من ضاحيتين أساسيتين هما: حمر ويني وشنغاني، حيث كانت ضاحية حمر ويني تمتد على طول الساحل من كاران إلى ساحل حمر جب جب[2].

على حين تقول بعض الروايات أن مقدشو كانت تتكون من عدة أحياء مختلفة وهي: حمر وين وحمر يرى وحمر جب جب وحمر جيفا[3].

والحقيقة يظهر أن مقدشو بدأت أول ما بدأت بعض تلك الأحياء القديمة مثل: حمر ويني وشنغاني وحمر جب جب ثم توسعت المدينة حتى شملت أحياء

(١) حمدى السيد سالم: مرجع سابق ١/ ٣٥٧ - ٣٥٨ محمد محمد الأمين الصومالى في العصور الوسطى الإسلامية ص ٧٣ ضمن الحبوث الشامل محمد محمد الأمين مرجع سابق ٧٢.

(٢) محمد محمد أمين: المرجع نفسه ص ٧٢

(٣) الشيخ جامع عمر عيسى: مقدشو، مرجع سابق ص ٢٨

أخرى نشأت فيما بعد. أو على الأقل تأسست في المدينة أحياء وحمر ويني وشنغاني ثم بعد فترة قصيرة اتسعت المدينة إلى جهة الغرب ناحية حمر جب جب.

ويؤكد ذلك إذا رجعنا إلى السور الذي كان يحيط بالدمينة، وأن هذا السور كان يحيط من ناحية البر ويمتد من البحر في الشمال إلى مسجد مرواس وينتهي إلى البحر من جهة الشرق قبل جامع عبد العزيز المخزومي، ومن جهة الغرب إلى البحر حيث يتصل به قبل المستشفي الكبير(مرتيني) Martini علماً أن الغرض من إنشاء هذا السور وهو حماية المدينة من هجمات وغارات المهاجمين من جانب البر وليسهل الدفاع عنها، وكان لهذا السور أربعة أبواب في جهات مختلفة يستعملها السكان في الدخول والخروج ولقضاء حاجاتهم (١).

ومن الأحياء القديمة أيضاً التي تكونت منها المدينة فيما بعد أحياء بونطيرة Bondhere وشبس Shibis وعبد العزيز وورطيغلي Wardhigley. ثم اتسعت المدينة عبر العصور والأزمنة حتى نشات أحياء أخرى مثل أحياء كاران Karan ووابري Wabari، وذلك قبل أن تكمل المدينة لتشمل ١٦ محافظة، غير أن أهم تلك الأحياء وأعرقها تاريخاً وحضارة أحياء حمر ويني وشنغاني، وقد ذكر المؤرخون والباحثون مراراً وتحدثوا عن أول ساكنيها ونشاطهما الاجتماعي والديني والسياسي، وكلا الحيين يقعان على ساحل البحر مما قوي مركزهما، بل وجعلهما من شريان حياة مقدشو ومدخلها الرئيسي لمن يأتي من خارج البلاد بحراً، واسم حمر وين يتكوّن من كلمتين عربية صومالية، فكملة (حمر) بمعنى الذهب، أما كلمة «وين» فمعناها بالصومالية كبير. إذ أن هناك قصص وروايات تاريخية ليس لها سند قوي تحكى بأن ذهباً كثيراً وجد في المكان الذي تأسس حمر وين كان له فضل تشييد المدنية وعمرانها (٢).

أما حي شنغانى القديم يقع على الساحل من جهة شرق حمر وين، ولم يكن بين حيّ شنغانى وبين حمر وين فاصل طبيعي غير السوق العام للمدينة.وحمر وين أقدم

---

(١) الشيخ جامع عمر عيسى: المرجع نفسه ص ٤١

(٢) انظر الشريف عيدروس:مرجع سابق ص ٣٤ - ٣٥.محمد محمد الأمين مرجع سابق ص ٨٢.

عمراناً وتأسيساً من شنغانى [1]. والناظر في الحيين الشنغانى والحمر وين يشعر في أول وهلة بأن بناياتها وطريقة تشييدهما لا يختلفان في شيء، بحيث إن كلا الحيين بُنِيَ على طراز عربي أصيل مع بعض لمسات فارسية إذ الفن العربي المعماري وكذا الفارسي يكملان بعضه على بعض، فكان أول بناء مقدشو، بنايات كبيرة وعمائر شاهقة، وإن كان بعض هذه العمائر القديمة تختلف بعض طبقاتها، بحيث لو حفر بعضها لعثر على أساسها[2]، والزائر في مقدشو ولاسيما القطاع القديم من المدينة من أحياء حمر وين وشنغانى يشعر أن حيين لايختلفان في البناء والطابع الحضاري، حيث إن منازلهما مبنية بالأحجار من طابق واحد إلى ثلاثة طوابق وقد زين العمال بالنقوش والزخارف الجميلة[3].

ويقال إنّ اسم شنغانى مشتق من اسم حي أو منطقة كانت في مدينة نيسابور وكان يسمى شنغانى والسبب في ذلك أن العلماء النياسبوريين جاءوا إلى بلاد الصومال ولاسيما مدينة مقدشو وسكنوا هذا الحي في بداية أمرهم وتقديراً لهؤلاء العلماء وتخليداً لذكرهم سمي المكان باسم شنغانى [4]. ولما ازدهرت المدينة واتسع عمرانها اضطر سكانها إلى أن يجعلوا للمدينة سوراً يحيطها من جميع الجهات ما عدا الجهة الجنوبية، ولعل كثرت نشاط المدينة وروّادها من أهل البوادي كان سبباً في بناء هذا السور، علماً بأن هؤلاء القادمين كانوا أعراباً، ولِكي تحدد خطورتهم أقيم هذا السور، وجعل للمدينة أبواباً عديدةً، وكل باب من هذه له اسم معين، وعند ما يدخل أهل البوادي والقرى إلى المدينة كانوا يتعرضون إلى تفتيش ومراقبة كبيرة، ولاسيما فيما يتعلق بالسلاح التقليدي الذي كان سائداً في ذلك الوقت، حتى كانوا يضعون سلاحهم عند حراس الأبواب ويتركونه، ثم يستردونه عند مغادرة المدينة[5].

---

(١) شيخ جامع عمر عيس مرجع سابق ص ٣٣

(٢) الشيخ محمود أحمد محمود الشاشي مجموع أسئلة وأجابتها حول التاريخ مقدشو أحضارتها الإسلامية مخطوط، الشيخ جامع عمر عيسى مرجع سابق ص ٢٢.

(٣) الشيخ جامع عمر عيسى: مرجع سابق ص ٣٣

(٤) الشريق العيدروس المرجع السابق ص ٣٦

(٥) الشريق العيدروس المرجع السابق ١٠٤.

أما سكان شنغاني وحمر وين فكانوا روابط أربعة أو مجموعات متحالفة عددها أربع مجموعات مزيج بين العرب المهاجرين وبعض القبائل الصومالية، وقد تحدث الشريف العيدروس عن هذه الروابط حديثاً مفصلاً(١).

المبحث الثاني: الكتاتيب والخلاوي:

١- *تعريف الكُتّاب:*

الكُتّاب هو موضع تعليم، والجمع الكتاتيب، والمكاتب والمكتب موضع التعليم، والمكتب المعلم، والكُتّاب الصبيان(٢)، والكُتّاب: عبارة عن مكان متواضع يتسع لعدد من الصبيان الذين يشرف عليهم معلم واحد يقوم على تعليمهم القرآن الكريم قراءة وكتابة وحفظاً، كما يقوم على تأديبهم أحسن تأديب وتربيتهم أحسن تربية على طريقة إسلامية. وهذا النوع من المدارس قد انتشر في كل المدن والقرى والأرياف في بلاد الصومال وغيرها من البلدان الإسلامية الأخرى، وقد كثر ذلك حتى أصبح من معالم الحركة الثقافية، أما لفظة (دكسي) فهي كلمة صومالية الأصل ومعناها اللغوي أو المدلول الذي تدل عليه باللغة الصومالية هي المكان الدافئ، وقد يحمي هذا المكان من البرد والحر إذا كان مسقوفاً غير مكشوف.

أما من حيث الاصطلاح فيعني الدكسي أي المكان المعد لتعليم القرآن الكريم وتحفيظه وما يتطلبه من قراءة وكتابة بالإضافة إلى المبادئ الإسلامية الأساسية من التوحيد والطهارة والصلاة والصيام والآداب والأخلاق والقصائد والأوراد والأدعية... إلخ(٣).

---

(١) الشريف العيدورس المرجعال سابق ٧٥ - ٧٩.

(٢) ابن منظور: لسان العرب ١/ ٢٣، دار إحياء التراث العربي، ومؤسسة التاريخ العرب، بيروت - لبنان ١٤١٩هـ - ١٩٩٩م الطبعة الثالثة

(٣) أحمد شيخ حسن أحمد قطبي: طرق تدريس القرآن الكريم والعلوم الإسلامية واللغة العربية في الصومال، رسالة دكتوراه في كلية التربية بجامعة أم درمان الإسلامية بالسودان، ص ٦٤-٦٥؛ وانظر محمد على عبد الكريم وآخرون: تاريخ التعليم في الصومال، مرجع سابق ص ١٢

٢- أنواع وأقسام الخلاوي وتاريخ نشأتها:

إذا نظرنا إلى نظام الخلوة وأقسامها فإن الخلوة تنقسم إلى قسمين، أولهما: ما يطلق عليها خلوة مستقرة، وهي التي في المدن والقرى الثابتة، التي لا يرحل أصحابها بين فينة وأخرى، أما القسم الثاني فهي تلك التي تمارس في الأرياف، والأهالي فيها غير مستقرين، إذ إن أهل الصومال كانوا لا يفارقون الدكسي وتعليم أطفالهم القرآن الكريم حتى ولو كانوا على رحالهم، وقبل أن نتناول هذا الصنف من الكتاتيب ومدارس تحفيظ القرآن ينبغي أن نتساءل متي بدأ نظام الدكسي في الصومال؟ وهل هناك فترة زمنية محددة؟

والحقيقة أنه ليس هناك فترة زمنية محددة تفسر نشأة الدكسي في البلاد إلا أنه من المؤكد أن هذا النظام أول ما نشأ، قام على أكتاف المهاجرين المسلمين عبر الهجرات الإسلامية والعربية، والذين وصلوا إلى الصومال في فترة مبكرة، حتى صار الدكسي من أهم معالم التعليم الإسلامي في البلاد[١].

وقد أشار بعض الباحثين عن طريق بعض الروايات الشفهية إلى أن الشيخ يوسف كونين يُعدُّ أول من قام بصوملة التهجي باللغة العربية، وذلك قبل ألف عام، مما يؤكد أن هذا النظام لم يكن وليد العهد في ذلك الزمان[٢].

وما يعرف بالدكسي أو الخلاوي في الصومال هو عبارة عن الحجرات الصغيرة المصنوعة بأغصان الأشجار المعروفة في الصومال «طس» dhis وغالبا ما تكون مسقوفة بسقف متواضع حتى يكون السقف مانعاً بين الطلبة والمعلم وبين حرارة الشمس في أيام الصيف، والأمطار الغزيرة في الأوقات الأخرى، وقد تكون الحجرة مصنوعة من الطوب اللبن، ولاسيما في أحياء حمروين وشنغاني القديمتين، إذ كان

(١) عبد الرحمن النجار: الإسلام في الصومال، مرجع سابق ص ٢٩، وانظر شده علي كبه علي: برنامج مقترح لأعداد معلمي اللغة العربية في المؤسسات غير النظامية في الصومال، بحث تكميلي لنيل درجة ماجستير في تعليم اللغة العربية للناطقين بغيرها، معهد الخرطوم الدولي للغة العربية التابع بالجامعة الدول العربية، المنظمة العربية للتربية والثقافة والعلوم، عام ٢٠٠٠م، ص ١٥

(٢) أحمد شيخ حسن قطبي: المرجع السابق ص ٦٥

جلّ بيوتهما من الطوب واللبن وذات طوابق متعددة. أما بعض الفترات المختلفة شيد تلك المدارس بألواح وأخشاب، والطلبة يفترشون الأرض، أما المعلم فكان يجلس على مصلى صغير وحصيرة لا يأخذ مكاناً واسعاً، حتى كان الطلاب يجلسون حول شيخهم ومعلمهم ويتحلقون حوله.

وقد تكون الخلوة ملاصقة للمسجد، ولكن هذا الأمر لم يكن شائعاً في المجتمع الإسلامي، إذ أن الأصوات المرتفعة للطلاب حين يقرؤون القرآن تسبب الإزعاج والتشويش عند المصلين وعند الحلقات العلمية التي كانت دائما تعقد في المساجد عبر جميع المراحل التاريخية.

وغالباً إذا بلغ الصبي السادسة من عمره الحقه والده «بالدكسي» لتحفيظ القرآن الكريم ويتعلم منه قراءة القرآن كتابةً وحفظاً، وحينما يلتحق الصبي بهذه المدرسة فإنه يمسك اللوح - وهو عبارة عن خشب طويل مسطح - يكتب فيه الآيات القرآنية وهذا مشهور في منطقة القرن الأفريقي وغيرها من المناطق الإسلامية في القارة الأفريقية. والهدف من ذلك هو أن يحفظ الصبي القرآن الكريم عن ظهر قلب بكل سهولة ويسر حيث من السهل أن يغسل الطفل اللوح الذي كتب عليه بعض الآيات القرآنية بكل سهولة ليستأنف مرة أخرى كتابة آيات أخرى يستمر في حفظها. وهكذا دواليك حتي يكمل الصبي حفظ القرآن بهذه الطريقة السهلة السلسة المرنة التي ما زالت في القطر الصومالي تستعمل في الكتاتيب حتى الآن [١].

وأول ما بدأت مدراس تحفيظ القرآن الكريم وتجويده بدأت مع ظهور الإسلام حيث وجد بعض تلك المدارس، غير أن النظام التعليمي المتوفر لدينا كان قد عرف في العالم الإسلامي مرحلة الكتاتيب ثم يتجاوز الأطفال إلى مرحلة العلوم العقلية والنقلية [٢]. وبذلك يوجد نوعان من الكتاتيب؛ الأول منها خاص بتعليم القراءة والكتابة والآخر لتعليم القرآن ومبادئ الدين الإسلامي.

(١) إبراهيم حاشي محمود: كفاح الحياة، المطبعة الحكومية، مقدشو، ص ٩

(٢) أحمد جمعاله محمد: مملكة أوفات الإسلامية في منطقة القرن الأفريقي وآثارها الحضارية، ١٢٠٠ - ١٥٠٠م، رسالة ماجستير في التاريخ - غير منشورة - جامعة أمدرمان الإسلامية، ١٩٨٥م، ص ٢٣٣

٣- انتشار مدارس تحفيظ القرآن الكريم في الصومال وأسبابه:

هناك بواعث ودوافع ساعدت على انتشار مدارس تحفيظ القرآن الكريم، وأهم هذه البواعث والدوافع هو الباعث الديني، إذ أن الأسرة المسلمة كانت تحس أن هناك مسئولية كبيرة ملقاه على عاتقها تجاه أبنائها، وأنهم كانوا يعتقدون أن الله سبحانه وتعالى سيسألهم عما استرعاهم من الأطفال والزوجات وما ملكت أيمانهم، وكانوا يضعون نصب أعينهم دائماً قوله تعالى: ﴿ يَٰٓأَيُّهَا ٱلَّذِينَ ءَامَنُواْ قُوٓاْ أَنفُسَكُمۡ وَأَهۡلِيكُمۡ نَارٗا وَقُودُهَا ٱلنَّاسُ وَٱلۡحِجَارَةُ ... ٦ ﴾ [التحريم]، وقول الرسول ﷺ: «كلكم راع وكلكم مسئول عن رعيته...»[١]، والمسلمون عموماً كانوا يرون أن تعليم القرآن يُعدّ من أحسن القربات التي يتقرب بها الفرد المسلم إلى الله تعالى مصداقاً لقول المصطفي ﷺ: «خيركم من تعلم القرآن وعلمه»[٢].

وانطلاقاً من هذا كله فقد اهتم المسلمون قديماً بنشر مثل هذه المدارس في بقاع كثيرة، لأنهم كانوا يرون القرآن الكريم مصدر العقيدة والمعرفة وأنه لا أحد يستغني عنه، لذلك حرصوا على تعلمه ومداومة قراءته ولاسيما أن تعليمه من أفضل الأعمال التي يتقرب بها المسلم إلى الله تعالى ومن هنا فلا عجب أن اهتم المسلمون عبر التاريخ بقراءته وتعليمه[٣].

وقد تعود المسلمون منذ فجر الإسلام أن يبدأ الأطفال تعلم القرآن الكريم حفظا وقراءة، وذلك قبل كل شيء وهذا لم يكن اعتباطاً، بل كان هدفا مقصوداً، حيث كان المسلمون يرون في

ذلك تقرباً إلى الله لأن «القرآن يعتبر مقدساً بمعنى أن حفظه يمنح القوة، ولا يمكن اعتباره أو استعماله ككتاب للنصوص سواء القانونية أو التعليمية»[٤].

---

(١) رواه البخاري.

(٢) رواه البخاري في صحيحه.

(٣) محمد ألفا جالو: الحياة العلمية في صنغاي خلال فترة ٨٤٢-٩٦٩هـ / ١٤٦٤-١٥٩١م، رسالة لماجستير غير منشورة في جامعة أم القرى، قسم الدراسات التاريخية الحضارية ص٢١٢

(٤) سنبسر برمنجهام: مرجع سابق ص ١٦٠

وأول ما يبدأ الصبي مرحلة التعليم كان يبدأ إلتحاقه بخلاوي القرآن قبل أن يلتفت إلى معارف أخرى، وكانت الأسرة المسلمة تحرص على ذلك حيث كانت تسلم الأطفال إلى أحد المعلمين الموثوق بهم في حفظه للقرآن الكريم وأجادته إياه، عن ظهر قلب، ولشدة تعلق الأسرة بهذا الأمر كان يتم عقد مبرم بين المعلم وبين أولياء أمور الأطفال، ومما يوضح اهتمام الأسرة لهذا الأمر، لم تكن تسلم الأطفال إلى أي معلم أو مربٍ، بل كان يقتضي الأمر إلى إيجاد تزكية شفهية أو مكتوبة من قبل من يعرف شخصيةَ المعلم وآدابه وقدرته التعليمية، ثم كان يمر المعلم باختبار بسيط لتأكد على قدرة المعلم معنويا وحسيا وكذا من حفظه وإجادته له [1].

والأسرة المسلمة حينما تجد معلماً قديراً كانت تعطي ذلك الإعتبار الكافي، ولم تكن مهامها تقتصر على اختيار المعلم المناسب، لذلك كانت تتكفل بحياة هذا المعلم بدفع الأجر عن كل طفل على حدة، كما أنهم كانوا يدفعون مبلغاً معيناً عند تسليم الصبي إلى المعلم وهذا المبلغ لا يشمل أجر الشهر، وقد يكون الأجر نقداً إذا كانت الكتاتيب في المدن والقرى المتحضرة، وقد تكون عيناً مثل شاة من الغنم أو ما يعادلها، كل ذلك بمثابة العربون ولا يشمل الأجر المدفوع شهريا، وقد يدفع للمعلم الأجر الشهري مرة واحدة أو بمراحل مختلفة بالتقسيط وعلى مراحل [2].

والاتصال بين المعلم والأسرة يكون مستمراً طالما الطفل يواصل هذه المرحلة كانت الأسرة تعطيه عناية فائقة، حيث كان جل اهتمامها أن يكون المعلم راضياً عن طفلهم والدعاء له، ويرون أن دعاء المعلم للصبي له أثر كبير في حياة الطفل التعليمية ويلعب دوراً كبيراً في نجابته وتعليمه، بل وفي مستقبله كله.

وإيماناً بهذه المبادئ النبيلة فكانت الأسرة تدخل أطفالها ذكوراً وإناثاً لدور الكتاتيب، حيث «أنهم لا يفصلون بين الاثنين منذ البداية، فهم يشجعون البنات على حضور مدارس القرآن حتى يبلغن وعندها يتم حجبهن، وهكذا فإن كثيرات يتعلمن

(١) محمد على عبد الكريم وآخرون: مرجع سابق ص ١٢

(٢) محمد على عبد الكريم وآخرون: المرجع نفسه والصفحة

الصلاة على أصولها، وترتيل أجزاء من القرآن والمولد..»[1].

ومن هنا فلا غرابة أن نرى عدداً كبيراً من الشيخات اللاتي يقمن بتدريس القرآن والمولد للنساء في منازلهن من هؤلاء الخريجات من تلك الخلاوي القرآنية[2].

الكتاتيب كما ذكرنا هي مكان يتعلم فيه الصبية والأطفال الصغار القرآن الكريم والدين الإسلامي عموماً وأصبح يطلق على المكان الذي يتعلم فيه الصبيان القراءة والكتابة[3]، وكان المسلمون يهتمون بهذه النظم حيث كان الآباء ومسئولو الصبية يقدمون هذا الأمر، ونستطيع القول بأنّه قلّ ما تجد أسرة أو عائلة لم تدخل ابنها المدارس البدائية، حيث كان الطفل يبدأ حياته فيها ليعرف كيف يقرأ أو يكتب، ثم يتعلم بدايات الدين الإسلامي من صلاة وأركان الدّين الأخرى، ومن ثم فلا غرابة أن انتشرت الكتاتيب أو ما يسمى في بلاد الصومال «دكسي» في جميع أنحاء البلاد بل ونستطيع القول بأن هذا النظام - أي النظام التعليمي - من خلال الكتاتيب انتشر إلى آفاق أخرى خارج البلاد، حتى عمت جميع البلدان الأفريقية حيث لا يوجد طائفة مسلمة قاطنة بالقارة الأفريقية إلا كانت تتبع هذا النظام منذ أمد بعيد.

وقد بينت ذلك أغلب الدراسات العلمية التي قام بها الباحثون في قارة أفريقيا بل إن نظام التعليم من خلال الكتاتيب في غرب القارة كان مزدهراً في القرن الثامن الهجري، ويُعدّ ذلك من أهم ما تميزت به المدن الإسلامية هناك، بالإضافة إلى اتخاذ أماكن متعددة لتعليم الصبيان[4]، لأن المسلمين عموماً كانوا يعتبرون قيام هذا الأمر شيئاً مهماً في حياة الطفل، وأنهم يرونه شرفاً وفضلاً ورفعةً كبيرةً. ويحدث تغييراً جذرياً في نمط حياة المسلمين من خلال تتبع النظام التعليمي المتمثل في تعليم الأطفال الكتابة والقراءة خلال مراحل حياته الأولى، وهو ما نلمسه جليّاً في منطقة القرن الأفريقي إذا قيس بالمجتمعات غير المسلمة القاطنة في المنطقة.

---

(١) سنبسر ترمنهام: المرجع السابق ص ١٦١

(٢) سنبسر ترمنهام: المرجع نفسه ص ١٦٠

(٣) سعد مرسي أحمد: تطور الفكر التربوي ص٨٩، عالم الكتب القاهرة ١٩٧٠م

(٤) محمد الفاحالو: الحياة العلمية في دولة صنغاي، مرجع سابق ص١٣١

وإذا تتبعنا بعض خلاوي تحفيظ القرآن الكريم المشهورة والقديمة في بلاد الصومال يتضح لنا أن أغلب هذه المدارس والخلاوي كانت منفصلةً تماماً عن دور العبادة والعلم، بحيث لم تكن جزءاً واحداً من معالم الحركة العلمية التي كانت منتشرة في جميع أنحاء المنطقة.

ومع هذا فقد كان أحياناً كثيرةً تتخذ في بيوت المعلمين أو في ركن من أركان المساجد أو كانت ملحقةً بها لتعم الفائدة. ولم يكن هذا الأمر مقتصراً على بلاد الصومال فحسب، وإنما كان ذلك أمراً شائعاً في الكتاتيب في العالم الإسلامي سواء في المشرق الإسلامي أو في المغرب الإسلامي، وقد أشار إلى ذلك بعض المؤرخين في المشرق الإسلامي وخاصة مدن نيسانور وأقاليم خراسان الأخرى[1].

٤- الخلاوي المستقرة وغير المسقرة لتحفيظ القرآن:

وهذا النوع من الخلاوي انتشر في جميع ربوع بلاد الصومال ولا توجد بقعة أو موقع في بلاد الصومال إلا وقد انتشر فيها الدكسي حتى في أطراف القرى والأرياف والمدن وعند ضفاف الأنهار وقمم الجبال وبطونها، ولم يكن الصوماليون يتخلون تحت أيّ ظرف عن هذا النوع من التعليم وهو تعليم الأطفال من خلال الكتاتيب أو الدكسي. كما أنه لم تكن حياة المجتمع تخرج عن نطاقين اثنين هما:

١ - أن يكون هذا المجتمع مستقراً في مزارعه أو يعيش في المدن والقرى الثابتة.

٢ - أو يكون مجتمعاً رعوياً رحلاً غير مستقر.

وفي أي نوع من هذين النوعين كان المجتمع دوماً يحافظ على نظام تعليم الأطفال بالكتاتيب والدكسي إذ كان الدكسي يُعدّ بمثابة شريان الحياة، وأنه لا بد

---

(١) البيهقي: أبوبكر أحمد بن الحسين (ت ٤٥٨هـ): تاريخ حكماء الإسلام، تحقيق محمد كرد علي مطبعة الترقي، دمشق ١٣٦٥هـ - ١٩٤٦م، ص ٣؛ ياقوت الحموي: معجم البلدان، مصدر سابق ٤/ ١١٣، وانظر محمد الفاجالو: الحياة العلمية في نيسابور، رسالة دكتوراه في جامعة أم القرى، قسم الدراسات التاريخية والحضارية، عام ٢٠٠٠م ص ٢٠٥،

من أن يجد الصبي مهما كانت الظروف هذا النوع من التعليم وهو أبسط نوع وأيسر أسلوب وإن لم يتطور حتى الآن إلا بنذر يسير.

٥- تاريخ نظام الخلوة:

والحقيقة أن نظام الكُتّاب كان نظاماً معروفاً منذ العصر الجاهلي، حيث كانت العرب تجتهد لتعليم صبيانهم [١]. والكُتّاب عموماً يعد محوراً أساسياً من محاور العلم والتعليم.

ولا ننسى أنّ تعليم الصبيان من خلال الكتاتيب يعتبر مدخلاً أولياً ليواصلوا حياتهم التعليمية التي تمر عبر مراحل مختلفة، بعد نظام الخلاوي الذي يهدف أساساً إلى تعليم الأطفال منذ صغرهم، ثم تعليمهم مبادئ الدّين الإسلامي من صلاة وقراءة القرآن والحساب وبما يتصل بها معارف أولية[٢].

وإذا نظرنا في التاريخ الإسلامي عبر عصوره المختلفة يتبيّن لنا أن المجتمع الإسلامي أعطى اهتماماً كبيراً لتعليم الأولاد منذ نعومة أظفارهم. وأن كثرة المدارس والخلاوي لتحفيظ القرآن الكريم، وتعليم الصبيان القراءة والكتابة في جميع أنحاء العالم الإسلامي عبر العصور الإسلامية لم يأت من فراغ، بل نستطيع القول بأنه لم يخل أي مجتمع إسلامي أو جماعة مسلمة من هذا النوع من التعليم البدائي، وهذا ما أكدته الداراسات الأكاديمية التي تناولت المشرق والمغرب الإسلامي وفي فترات مختلفة [٣].

وبلاد الصومال جزء من تلك المناطق، حيث كانت الكتاتيب تلعب في الصومال دوراً أساسياً في عملية تعليم الصبيان منذ وصول الدين الإسلامي إليه، لأنهم كانوا يعتقدون بأن الرسول سيسألهم يوم القيامة عن تعليم أبنائهم لغة القرآن[٤].

---

(١) حسام السامرائي: المدرسة مع التركيز على النظاميات، بحث قدم لدى الفكر التربوي في الإسلام، المجمع الملكي لبحوث الحضارة الإسلامية، ١٤٠٩هـ ص ١-٢.

(٢) الشيزري عبد الرحمن بن نصر (ت٥٨٩هـ): نهاية الرتبة في طلب الحسبة ص١٠٣ تحقيق السيد الباز العريني، دار الثقافة- بيروت.

(٣) محمد الفا جالو: الحياة العلمية في صنغاي، مرجع ٢١٢ وما بعده؛ محمد الفا جالو، الحياة العلمية في نيسابور، مرجع سابق؛ على محمد بن سعيد الزهران: الحياة العلمية في صقلية الإسلامية (٢١٢-٤٨٤هـ) معهد البحوث العلمية في مكة المكرمة ١٤١٧هـ-١٩٩٦م، ص ٢٢٥-٢٢٦.

(٤) انظر عبد الرحمن النجار: رحلة دينية إلى أفريقيا، مرجع سابق ص ١٠١-١٠٢

وقد كان العلماء وحملة القرآن الكريم يبذلون كل طاقاتهم وأوقاتهم لإنجاح عملية تعليم الصبية في سن مبكر، والخلفاء في الدولة الإسلامية كانوا أيضاً يعطون اهتماماً كبيراً لهذا المجال منذ صدر الإسلام. وهذا أمير المؤمنين عمر بن الخطاب - رضي الله عنه - أعطى أوامره ببناء بيوت المكاتب ونصب الرجال لتعليم الصبيان وتأديبهم [١]، ولأن المسلمين كانوا يدركون أن تعليم الأطفال في سن مبكرة له أثر طيب وبالغ، وفي ذلك قال الغزالي: «أن التربية الدينية يجب أن تبدأ في سن مبكرة، ذلك لأن الصبي في هذه السن يكون مستعداً لقبول العقائد الدينية والإيمان بها دون أن يطلب عليها دليلاً [٢]. وقال أيضاً إن الصبي لا بد وأن يتعلم في الكتاتيب القرآن والأحاديث الأخبار وحكايات الأبرار وأحوالهم وبعض الأحكام الدينية والشعر [٣]. وعلى الرغم من أن أهل العلم وعلماء التربية لم يتفقوا في سن معينة للصبيان لكي يتم إلحاقهم بالخلاوي، إلا أنّ بعضاً منهم أشاروا إلى ما بعد سن الخامسة أو السادسة [٤]، لأن بعض العلماء كان يرى أن دفع الصبيان إلى الخلاوي قبل هذا السن يصعب على الصبي أن يستوعب القرآن ومن ثم يصعب أن يصل إلى النتيجة المرجوة، لصغره ولخواء ذهنه.

ومن هنا فلا عجب إذا رأينا أن أولياء أمور الأطفال يدفعون أبناءهم إلى الخلاوي منذ الصغر في الخامسة أو السادسة بل بعضهم في السابعة والثامنة [٥].

وقضية الكتاتيب وخلاوي تحفيظ القرآن وتعليم مبادئ الدين كان أمراً شائعاً في منطقة شرقي أفريقية عموماً، ومنطقة القرن الأفريقي خصوصاً، ولم يكن أبناء

---

(١) السامرائي: مرجع سابق ص٣؛ علي بن محمد بن سعيد الزهراني:: الحياة العلمية في صقلية الإسلامية (٢١٢-٤٨٤هـ) معهد البحوث العلمية في مكة المكرمة ١٤١٧ هـ-١٩٩٦م ص ٢٢٦

(٢) الغزالي، أبو حامد محمد بن محمد الطوسي (ت ٥٠٥هـ): إحياء علوم الدين، دار العرفة للطباعة والنشر، بيروت - لبنان، ١/ ٤٨

(٣) الغزالي: المصدر نفسه ٢/ ٦٣

(٤) علي بن محمد بن سعيد الزهراني: المرجع السابق ص ٢٢٦

(٥) الغزالي: المصدر السابق ١/ ٤٨، وانظر علي بن محمد بن سعيد الزهراني: المرجع السابق ص ٢٢٦، عبد الرحمن النجار: رحلة دينية إلى أفريقيا، مرجع سابق ص ١١١.

المسلمين وحدهم الذين يلتحقون بتلك المدارس والخلاوي، بل إن غير المسلمين من الوثنيين كانوا أيضاً يلتحقون بمدارس المسلمين، حتى حفظوا القرآن الكريم وتفقهوا في الإسلام[(١)].

وحينما رأى المسيحيون هذا التقدم العلمي الذي يتمتع به المجتمع الإسلامي المجاور لهم، من حياة علمية ثقافية متقدمة، تتطور يوماً بعد يوم اضطر بعض الأحباش المسيحيين للانضمام إلى صفوف المسلمين في حقل التعليم بعد دخولهم في الإسلام وإعلانهم شهادة التوحيد طوعاً دون إكراه. وقد افاد هؤلاء الجدد النواحي العلمية والثقافية من المدارس الإسلامية والكتاتيب، حيث تعلموا القرآن ومبادئ الدين. أما هؤلاء المسيحيون الذين لم يدخلوا الإسلام، فإنهم صاروا متأخرين ثقافياً وعلمياً عن غيرهم من أبناء المسلمين. ومن هنا أصبحت الوظائف منحصرة في المسلمين، لأنها كانت تتطلب خبرة خاصة ومستوى ثقافياً معيناً، كان لا يشغلها إلا المسلمون، إذ أنهم كانوا أعلى همةً وأوفر نشاطاً وأرفع مستوى، حيث كان كل مسلم يلتزم تعليم أبنائه القراءة والكتابة، بينما كان المسيحيون لا يعلمون أبناءهم إلا عندما يزمعون الإنتظام في سلك الكهنوت[(٢)].

وإذا تتبعنا آثار أماكن الخلاوي القديمة التي انتهت وصارت أطلالاً، يتضح لنا أن الخلوة كانت تستوعب حوالي ثمانين طالباً، وهذا العدد يوافق أيضاً ما توصلت إليه الدراسة الميدانية التي قام بها أحد الدارسين في منتصف القرن الماضي مع الإشارة إلى أن بعض المناطق في الجنوب ربما كانت تتجاوز هذا العدد[(٣)]، وهو أيضاً يوافق ما نشاهده اليوم تقريباً. غير أن هذا العدد يُعدّ قليلاً إذا قارناه بحلقات بعض الخلاوي

---

(١) يوسف عبده يوسف: الكنيسة والحركات القومية في شرق أفريقية ص ١٥-١٦ رسالة دكتوراه غير منشورة، القاهرة

انظر محمد عبد الله النقيرة: مرجع سابق ص ١٤٨

(٢) توماس ارنولد: مرجع سابق ص ١٣٩؛ محمد عبد الله نقيره: انتشار الإسلام، مرجع سابق ص٢٧٨

(٣) عبد الرحمن النخار: مرجع سابق ص ١١٣، ومحمد علي عبد الكريم وآخرون:مرجع سابق ص ١٤.

في المشرق الإسلامي، إذ كان يحضر إلى حلقة الجويني وحدها ما يقرب من ثلاثمائة طالب [١].

٦- طريقة تعلم الصبيان للقرآن:

أما فيما يتعلق بطريقة التعليم في الكتاتيب، فإنّ طريقة التعليم في العالم الإسلامي تكاد تكون واحدة في كافة أرجائه، وذلك نظراً لوحدة الهدف الذي أنشئت هذه المدارس من أجله، وهو تلقي الصبي في هذه المرحلة، القرآن الكريم وتعلمه قراءةً وكتابةً، وكذا بعض العلوم الدينية.

والأطفال في الصومال يدرسون مرتين في اليوم، مرة بعد طلوع الفجر ومرة في المساء وقت العصر تقريباً، علماً أن الصبي يبدأ في أول الأمر بتعليم الحروف الهجائية العربية والتهجي لها، ثم بتعليم الكتابة والقراءة ثم بقصار السور، ثم يتدرج به على هذا النمط بالتصعيد ثم يستمر الطفل على هذا المنوال حتى يتم جميع القرآن، حيث يحفظ الطفل كل درس على حدة، وعن ظهر قلب، ويستمع منه معلمه حتى يأذن له بالتجاوز إلى درس آخر [٢]. وهذا من أدب المعلم بأن لايسمح لطالبه أن ينتقل من سورة إلى سورة حتى يحفظها [٣]. وبعد تعلم الأطفال الكتابة، فإنهم يكتبون دروسهم بأنفسهم ودور المعلم يقتصر على أن يملي عليهم الدرس الجديد مع مراقبة المعلم ما كتبه الطالب وفحصه وتدقيقه ثم يصحح ما فيه من الأخطاء الإملائية [٤].

ولا شكّ أن الأيام الأولى للطفل تكون صعبة، لذلك كان على المعلم وأهل الصبي العمل على تعويده ذلك المناخ الجديد في حياته.

---

(١) السبكي: تاج الدين أبو نصر عبد الوهاب بن علي الكافي (ت٧٧١هـ) طبقات الشافعية الكبرى، الطبعة الثانية، دار المعرفة للطباعة، بيروت - لبنان ٣/ ٢٥٥

(٢) محمد علي عبد الكريم وآخرون: مرجع سابق ص ١٤

(٣) ابن سحنون محمد بن عبد السلام (٢٥٦هـ): آداب المعلمين، تحقيق حسن حسني عبد الوهاب، الطبعة الثانية، تونس ١٩٧١م ص ١٠٦

(٤) محمد على عبد الكريم وآخرون: مرجع سابق ص١٤

ويتخلل المرحلتين الصباحية والمسائية التي ذكرنا آنفاً، فترة الراحة قبل أن يعود الطفل بعد ذلك إلى الخلاوي في المرحلة المسائية مرة أخرى وقد لاحظ عمر بن الخطاب رضي الله عنه قديما ذلك حتى أمر أحد معلمي الصبيان بأن يلازمهم: «بعد صلاة الصبح إلى الضحى الأعلى، ثم من الظهر إلى صلاة العصر، ويسرحهم بقية النهار»[١].

ومما يرسخ القرآن في أذهان الصبيان ويقوي حفظهم، أن المعلمين في بلاد الصومال كانوا - وما زالوا - يحرصون على استمرار عملية التعهد، وهناك طريقة شائعة معروفة ومشهورة يتبعونها لهذا الغرض وهي أن يعقد الطلاب قراءة شبه جماعية تسمى في الصومال «سبع» وهي: أن يلتف الطلاب حول معلمهم على هيئة حلقة مستديرة، ثم يبدأ المعلم بقراءة أول آية من السورة أو الجزء الذي يريد أن يقرأوه ثم يليه في القراءة الطالب الذي يجلس إلى جهة يمينه ثم الذي يليه، حتى تتم الدورة بقراءة كل واحد منهم الآية التي تلي ما قرأه زميله السابق في الحلقة وعن ظهر قلب، حتى يصلوا إلى النهاية التي يقررها المعلم، علماً بأن الطلاب ومعلمهم يقرأون معا مرة واحدة في نهاية كل آية، وهذه العملية تولد صوتاً مرتفعاً جماعياً له نغم موسقي جميل، ويسمى ذلك عند أهل الصومال «هوريس»[٢].

وتعليم القرآن الكريم والتعلم، لا تقتصر فقط على صغار السن، إنما يشمل أيضاً كبار السن، ولاسيما الذين لم يتمكنوا في السنوات الأولى من عمرهم من التفرغ لمثل هذه المدارس[٣].

ومن الجدير بالذكر أن مدارس تحفيظ القرآن الكريم المنتشرة في المدن والقرى أغلبها دون مستوى تلك الموجودة في البوادي من حيث الفائدة المرجوة، وهي جودة الحفظ وتربية الأولاد.

---

(١) انظر محمد عبد الحميد عيسى: تاريخ التعليم في الأندلس ص ٢٤٢ الطبعة الأولى، دار الفكر العربي، ١٩٨٢م

(٢) محمد علي عبد الكريم وآخرون: مرجع سابق ص ١٦

(٣) -) محمد علي عبد الكريم وآخرون: مرجع سابق ص ١٩- ٢٠

وهناك حلقات لتحفيظ القرآن كانت تعقد في داخل البيوت، ويتولاها أولياء أمور الصبيان، وخاصة الآباء أو الأجداد، كما ثبت في بعض التراجم لأهل البلاد، ونجد بعض منهم قد تعلموا القرآن وحفظوه عن ظهر قلب بواسطة آباهم أو أجدادهم[1]. والحقيقة أننا نستشف من ذلك أنّ المجتمع الصومالي كان حريصاً على تعليم القرآن الكريم، حتى أصبح مضرب المثل بالنسبة للمجتمعات الإسلامية الأخرى. ومن هنا أصبح من البديهي أن نجد في داخل الأسرة الواحدة عشرات من أبنائها الذين لم يبلغوا الحلم وقد حفظوا القرآن عن ظهر قلب ويرتلونه ترتيلاً حسناً[2]، ومع هذا فقد كانت أغلب الأسر الصومالية تحرص على تعليم أطفالها القرآن وتدخلهم خلاوي أخرى في المدينة، إذ غالباً ما يكون الوالد مشغولاً بإدارة شئون العائلة وأمور أخرى، غير متفرغ مثل معلمي حلقات تحفيظ القرآن الذين نذروا أنفسهم لنشر هذا النوع من التعليم.

ومن الذين ذكرناهم الشريف العيدروس المؤرخ والداعية صاحب كتاب «بغية الآمال في تاريخ الصومال» حيث تلقى في بداية أمره تعليم القرآن وحفظه وتجويده على يد جده الشريف حبيب بن محمد بن عيدروس، وكان قائماً بتدريس القرآن الكريم في بيتهم الذي كان يقع في حي شنغاني القديم، وذلك قبل أن ينتقل الشريف العيدروس من تعليم القرآن الكريم وحفظه إلى مرحلة طلب العلم والخطوات الأولى لهذه المرحلة من تعلم بدايات فنون العلم من فقه ولغة وما يتعلق بعلوم القرآن والحديث الذي كان متوفراً في مدينة مقدشو في هذه الفترة[3].

ويعرف أهل الصومال بأسلوب مشهور فعندما يريد الوالد أن يلحق أولاده بالخلوة لتعليم القرآن الكريم وحفظه. يسلم أولياء الأمور أبناءهم إلى أحد معلمي المنطقة التي يسكنون فيها، وهذا المعلم لابد أن يحظي بقبول حسن من قبل أولياء الأمور، إذ أن عامل الثقة كان من أهم العوامل الذي يجب أن تتوفر لدى المعلم

---

(١) مثل الشريف العيدروس صاحب بغية الآمال ص ٩

(٢) انظر أحمد شيخ حسن أحمد القطبي: مرجع سابق ص ٤٩

(٣) انظر ترجمة الشريف لعيدروس الذي ترجم نفسه: مرجع سابق ص أ

عند استلام الأطفال، وإذا تمّت هذه الثقة وأصبح المعلم مقبولاً لدى أولياء الأمور فإن هناك أيضاً عوامل أخرى ينبغي توفرها، وهي التأكد من حفظ المعلم القرآن حفظاً جيداً وإجادته إجادةً تامةً عن ظهر قلب، وإلا من الصعب أن يكون الوالد راضياً عن تعليم أطفاله في ظل عدم توفر هذه الأمور، وبعد اختيار المعلم المناسب للأطفال عبر طرق وقنوات مختلفة تسلم الأسرة صبيها إلى ذلك المعلم، ويتم إبرام عقد بين الجانبين، وما يترتب على هذا الأمر من أمور اقتصادية واجتماعية، مثل الأجر التي يتقاضاه المعلم فترة قيامه على تدريس القرآن للأطفال، ومن عادة أهل المنطقة أن يدفع مقدماً شاة من الغنم أو ما يعادلها من القيمة النقدية، وهذا الأمر كأنه بمثابة العربون[١]. وإلى جانب الأجر الشهري الذي يتقاضاه المعلم وتسلمه شاة أو ما يعادلها بالقيمة، فهناك أيضاً إعانات ومساعدات يدفعها أولياء الأمور للمعلم، مثل ما يدفع للمعلم من المساعدات إذا أتمّ الطفل النصف الأول من القرآن الكريم ويستلم المعلم ناقة أو بقرة أو شاة عمرها ثلاث أو أربع سنوات أو قيمتها غير الأجر المتفق عليه سابقاً. أما المعلم فإنه يتلقى عناية خاصة من قبل الأسرة التي ينتمي إليها تلميذه وتكون العلاقة فيما بين الطرفين طيبة، بل إن الأسرة تنظر باهتمام كبير في شئون المعلم، وتتلقى دائماً منه التقارير التي يرفعها إليهم حول تعليم طفلهم. وكلما كان الاتصال بين الأسرة والمعلم وثيقاً وقوياً، كلما يكون الطفل ناجحاً في حفظ القرآن، ويهتم أولياء الأمور أن يكون أولادهم ناجحين في مهام الخلوة، بل كل أسرة تتمنى أن ينجح صبيها في تعليم القرآن الكريم حفظاً وقراءةً وكتابةً، وهناك أساليب وطرق يتبعها الأطفال خلال فترة الخلوة، ولكن الشائع هو أن يتعلم الطفل الدرس في اليوم مرتين في الصباح والمساء[٢]، وإذا كان المكان في الأرياف مع الأسر الرحل غير المستقرة، فيبدأ الطفل صباحاً بعد طلوع الفجر، ومرة في المساء وقت العصر تقريباً، وهؤلاء يستعملون نار حطب يشعلونها ليجدوا منها دفئاً، بالإضافة إلى نور يستمدونه منها ليستخدم في قراءة القرآن. ويروى بعض

(١) انظر محمد علي عبد الكريم: مرجع سابق ص ١٢-١٣

(٢) محمد علي عبد الكريم وآخرون: مرجع سابق ص ١٣

الدارسين لوائح خاصة للدكسي تعد بمثابة قوانين ودستور. وقد أورد بعض منهم تلك اللوائح في دراساتهم [1]. وعلى العموم، فإن المعلم له الحرية التامة في تربية الصبيان وتأديبهم، كما أن المعلم له معاقبتهم بالضرب والتأديب والتهذيب إذا أهمل الطفل في حفظ القرآن الكريم أو ارتكب بعض الأخطاء. والقصد من ذلك أن لا يكرر الأولاد تلك المخالفات والإهمال، والأسرة لا تعترض على عقاب يصدره المعلم ضد أطفالهم [2].

وإذا كان مسلمو غرب أفريقيا يقرأون قراءتي ورش وقالون [3]، فإن أهل الصومال اشتهروا فيما بينهم بقراءة أبي عمرو بن العلاء برواية الدوري، وهي قراءة مشهورة تستعملها الخلاوي القرآنية في جميع أنحاء الصومال، بالإضافة إلى قراءة عاصم بن أبي النجود الكوفي برواية حفص بن سليمان [4].

ورغم التطور الذي طرأ على الحياة العلمية والثقافية في الصومال من حيث المنهج والشكل والمضمون، فإن نظام مدارس تحفيظ القرآن الكريم لم يطرأ عليها تغييرات كبيرة [5]، ومع ذلك فإن الخلوة في الصومال لم تتزحزح عن الطريق رغم كل الظروف التي مرت بها البلاد والعباد اقتصادياً وساسياً وثقافياً عبر تاريخ الصومال الطويل، ولاشك أن ذلك مرده إلى الأهداف النبيلة والدوافع القوية التي من أجلها قامت وانتشرت الكتاتيب في ربوع بلاد الصومال، لأن أهداف الدكسي «الخلوة» في الصومال مستمدة من فلسفة المجتمع الصومالي وأصوله الثقافية وتراثه التاريخي وآماله في المستقبل من الحياة المعاصر [6].

---

(١) محمد علي عبد الكريم: المرجع السابق ص ٢٦

(٢) الشيخ عبد الله عمر نور: مسيرة الإسلام في الصومال الكبير، الطبعة الأولى ١٤٢٥هـ / ٢٠٠٤م، مطبعة مقدشو للطباعة والنشر، مقدشو - الصومال

(٣) محمد الفاجالو: الحياة العلمية في نيسابور ص ٢١٣

(٤) أحمد شيخ حسن أحمد لقطبي: مرجع سابق ص ٥٠ وانظر شده علي كبه: مرجع سابق ٢٧

(٥) شدة علي كبه:، مرجع سابق ص ٢٧

(٦) شدة علي كبه: مرجع سابق و صفحة

المبحث الثالث: الحلقات العلمية والمدارس والمعاهد:

أ- الحلقات العلمية في الصومال وأماكنها:

أغلب الحلقات العلمية في بلاد الصومال كانت تقام في المساجد والزوايا، لأن أغلب الدروس كانت دراسات إسلامية من تفسير وعلومه وحديث وعلومه وفقه وأصوله، ومن هنا ارتبطت الحلقات العلمية بالمسجد ارتباطاً وثيقاً، لأنّ المسجد من أهم المؤسسات التعليمية في الإسلام على الإطلاق، ولا شك أن المسجد قد أدى دوره الثقافي والعلمي المنوط به، منذ قيام أول دولة إسلامية في المدينة على يد رسول الله ﷺ، والحلقات العلمية التي كانت تعقد في المساجد منذ تلك الفترة بقيت واستمرت، بل وتعمقت وتطورت عبر العصور.

وهناك سبب آخر جعل الحلقات العلمية ترتبط بالمساجد، وهي أن أساتذة هذه الحلقات وشيوخها كانوا من العلماء، وأن هؤلاء الأساتذة كانوا يقضون جلّ أوقاتهم بالمساجد، ليس في أوقات الصلاة فحسب، وإنما أيضاً في الفترات الأخرى، لكي يواصلوا أداء وظيفتهم العلمية والدعوية.

ومن ناحية أخرى فإنّ طلاب العلم كان من السهل عليهم أن يتجهوا إلى المساجد للصلاة وللتفقه في الدين. ولا غرابة في ذلك لأن وظيفة المسجد لم تكن تقتصر على أداء الشعائر التعبدية من الصلاة وغيرها فحسب، وإنما كان المسجد أيضاً مركزاً مهماً من مراكز تعليم الدّين الإسلاميّ، ومقراً لفضّ الخصومات، وموطناً يجتمع فيه الناس ليتبادلوا أراءهم وأخبارهم، ومكاناً تنطلق منه جيوش الفاتحين المجاهدين في سبيل الله وإرساء منهجه في الأرض.

ونظرا لأنه من بين وظائف المسجد تعليم الدّين الإسلامي وقواعده، فقد ظهرت الحلقات العلمية في المساجد التدريس العلوم الشعرية والعلوم المساندة[1]، ومن الجدير بالذكر أن المسلمين كانوا يرون دراسة بعض العلوم نوعاً من العبادة

(١) حسام الدين السامرائي: المدرسة مع التركيز على النظاميات ص ٢، بحث مطبوع من أبحاث الفكري التربوي في الإسلام المجمع الملكي لبحوث الحضارة الإسلامية، ١٤٠٩هـ

وتقرباً إلى الله سبحانه وتعالى، مثل دراسة الفقه والشريعة، فإن دراستها كانت تعتبر من أفضل العبادات وأقرب القربات[1].

وقد تناولنا في موضع سابق المسجد ووظيفته الحضارية والثقافية في بلاد الصومال، ورأينا أن المسجد كان يقوم بمهام عديدة، وأن مهمة التعليم فيه في بلاد الصومال كانت - ولا تزال - تعدّ من أهم وظائف المسجد ولاسيما أنه لم يكن في منطقة القرن الأفريقي مدارس ولاخانقاه، فأصبح المسجد من أهم منابر العلم ومراكز التثقيف[2].

وعملية التدريس في المساجد كان يقوم بها مجموعة من أفضل العلماء في الأمصار وأجلّهم قدراً وفضلاً وعلماً، حتى ذاع صيت بعضهم وانتشر خبرهم. ولم يستغرب إذ قصد إليها القاصدون من كل حدب وصوب، كما لا يستغرب إذا شدّ أناس الرحال إليها وحزموا الحقائب، لا لغرض آخر إلا أن ينهلوا من مناهل تلك الحلقات في هذه المساجد والمراكز، ويلتقون مع هؤلاء العلماء الأفاضل لينهلوا من ينابيع علومهم الفياضة، كما فعل ذلك العلامة الشيخ محمد علوي بن أحمد الأستاذ الأعظم الفقيه، حيث وصل إلى مدينة مقدشو قادماً من بلدته تريم باليمن في القرن الثامن الهجري، قاصداً إلى هذه المدينة، وعلمائها الاجلاء مثل الشيخ جمال الدين محمد بن عبد الصمد الجهوي، وحلقته المشهورة حيث كان الشيخ الجهوي يلقي فيها علوماً مختلفةً، وفنوناً إسلاميةً عديدةً[3].

وكما كانت العادة في العالم الإسلامي كله، فإن الطالب كان يواظب على الحلقات العلمية الكبيرة وذلك بعد أن يكمل الطالب المراحل الأولى من تعليمه المتمثلة في القراءة، وحفظ القرآن.

---

(١) الماوردي أبو الحسن بن علي بن محمد بن حبيب البصري (ت٤٥٠هـ): أدب الدنيا والدين، ص ٢٦، نشر دار الكتب العلمية بيروت الطبعة الأولى، ١٤٠٧هـ/ ١٩٨٧م

(٢) القلقشندي: مصدر سابق ٥/ ٣٢٤، وانظر في الفصل الثالث في المبحث وظيفة المسجد ورسالته في الصومال من هذا البحث

(٣) انظر باعلوي، محمد بن أبن بكر الشلي باعلوي: مصدر سابق ص ١٨٩-١٩٠

وبعد ذلك كان الطالب يحضر في الحلقات التي تدرس العلوم الشرعية واللغوية والقراءات والتفسير والحديث والآداب والعروض، وغيرها من العلوم في مختلف المعارف والفنون.

ورغم أننا لا نستطيع حصر الحلقات العلمية في بلاد الصومال إلا أن تلك الحلقات كانت تختلف من حلقة إلى أخرى ومن حيث الشهرة بسبب شيوخها وأساتذتها، حتى كان طالب العلم يختار ما كانت تستريح له نفسه، ويتلائم مع ظروفه.كما فعل ذلك الشيخ محمد علوى اليمني - سالف الذكر -.

وعملية اختيار الحلقة أيضاً كانت لها علاقة بالتخصص والفنون التي كانت تدرس في هذه الحلقات، فكان طالب العلم يختار الحلقة التي يجد فيها بغيته، من حيث الفن والتخصص حسب توفر المادة أو الدرس الذي يريده.

وشيوخ الحلقات كانوا يقومون بأداء هذه المهمة دون مقابل، وذلك ابتغاء مرضاة الله والمثوبة منه، ثمّ إحساساً بالمسؤولية الملقاة على عواتقهم وأداءً للواجب، امتثالاً لقوله تعالى: ﴿ ٱدْعُ إِلَىٰ سَبِيلِ رَبِّكَ بِٱلْحِكْمَةِ وَٱلْمَوْعِظَةِ ٱلْحَسَنَةِ ... ﴿١٢٥﴾ ﴾ [النحل]، واقتداء بالرسول وتمثلاً لقوله في آخر حجة الوداع «بلغوا عني ولو آية».

والعلماء والشيوخ والأساتذة الذين كانوا يقومون بتدريس العلم ليلاً ونهاراً، لم يكونوا يتقاضون الأجر، بحيث إن جميع المصادر التاريخية وكتب التراجم لم تسجل ذلك، رغم أنها تحدثت ونقلت إلينا أخباراً تتعلق بتلك الحلقات العلمية التي كانت مشهورةً في الصومال، وهذا إن دل على شيء فإنما يدل على أن نظام الحلقات وإن كان ليس له منهج معين ومحدد، كان يختلف عن نظام الخلاوي والكتاتيب، إذ من عادة أهل الصومال دفع مبلغ معين لمعلمي الخلاوي «دكسي» مقابل أن يعلموا أولادهم قراءة القرآن حفظاً وكتابةً عن ظهر قلب، إضافة إلى ما كانت الأسرة تدفع من المبالغ والأموال أو شاة من الغنم للمعلم، وذلك بعد قبول المعلم انضمام الطفل إلى حلقته القرآنية، ويسمى ذلك في الصومال «فريسن» وهو بمثابة العربون [1]. ولعل ذلك أن

---

(١) أحمد على عبد الكريم وآخرون: مرجع سابق ص ١٣

الأطفال والصبية أكثر مشقةً وتعباً من غيرهم، إضافة إلى أن القائم على أمر الخلاوي ينبغي أن يتفرغ لها. ومن هنا كان لابد أن يجد ما يسد احتياجاته ويغنيه عن العمل والانشغال به عن مهمته هذه، ولا شك أن بلاد الصومال لم تكن وحدها تفعل ذلك، بل كانت بلاد العالم الإسلامي الأخرى تشارك في ذلك حتى أن العلماء اختلفوا في جواز دفع النقود والأجور إلى المعلم.

ب- طريقة التدريس ونوعية الدراسة:

أما طريقة التدريس في الحلقات فكانت تختلف من حلقة إلى أخرى، وكان لكل حلقة نظامها وطريقتها الخاصة، غير أن أغلب الحلقات العلمية كانت تشترك في بعض الصفات، ومن ذلك طريقة التدريس المسماة «بالإلقاء» وكيفيتها أن يجلس الشيخ في الوسط، ويجلس طلبة العلم حوله على هيئة حلقة، ثم يلقي الدرس على الطلبة دون أن يستعين بأحد لتبليغ صوته، يقلي بصوت مرتفع ومستخدماً الكتاب الذي معه.

أما لغة هذه الحلقات فكانت العربية، على الرغم من أن بعض هذه الحلقات كانت تدرس وتشرح باللغة المحلية، حسب ظروف المعلم والطلبة، وذلك إذا كان المعلم أو الشيخ يجيد اللغات المحلية، كما أن الطلبة إذا كانوا لا يجيدون العربية فكانوا يضطرون للالتحاق بالحلقات المناسبة لهم حسب فهم لغتها، ولاسيما إذا كانوا جدداً في الإسلام وأتوا من المناطق المجاورة لبلاد الصومال، علماً بأنّ الشيوخ والأساتذة بهذه الحلقات كانوا لا يتقاضون أجوراً مقابل تدريسهم[1].

ومن المواد التي كانت تدرس في الحلقات الفقه وأصوله، غير أن الفقه عموماً كان منتشراً في أوساط طلبة العلم والعلماء، وخاصة الفقه الشافعي الذي كان سائداً في منطقة أفريقيا الشرقية، وكذا في بلاد اليمن، ولا يستغرب أن تتجه أنظار أهل العلم إلى الفقه الإسلامي وأصوله، وتدرس بعض كتب الفقه بالحلقات العلمية، لأن في البلاد عدد من العلماء الفقهاء من أهل الصومال تخصصوا في الفقه وأصوله، بل إن

(١) الشيخ عبد الله عمر نور: مرجع سابق ص ١٥١ -

من بين الزيالعة من أهل الصومال برزت كوكبة من الفقهاء، وهؤلاء كانوا منتشرين في أغلب المدن العلمية في الصومال، كما انتشروا في أنحاء أخرى في العالم الإسلامي. وقد أورد العلامة الجعدي بعضاً من هؤلاء الزيالعة من الفقهاء مثل: موسى بن يوسف، وأبو القاسم بن عبد الله، وإبراهيم بن محمد المثنى، وعبد الله بن عبد، وأحمد بن المزكيان، وهؤلاء جاؤوا من مدينة مقدشو التي اشتهرت وبرزت في فترة من الفترات في الجوانب العلمية، بل وقادت الحركة العلمية والثقافية في المنطقة[١].

ولشهرة علم الفقه في بلاد الصومال زارها بعض أهل العلم من الفقهاء الأجلاء، أمثال العلامة الفقيه والقاضي حسين بن حلق المقيبعي حيث زار مدينة زيلع سنة ستن وخمسائة [٢]، ويندرج أيضاً تحت علم الفقه وأصوله الفتوى والإفتاء، وقد وجد بعض أهل العلم تخصصوا في هذا المجال ولهم باع طويل، سواء كان هؤلاء من الذين أتوا من خارج البلاد أو من علماء الصومال، وتشير المصادر اليمنية إلى بعض العلماء الأجلاء من أصل أهل الصّومال تصدوا للإفتاء، مثل الفقيه العالم أبوبكر آدم بن إبراهيم الجبرتي بلداً الزيلعي[٣] لقباً، وكان هذا العالم محققاً في الفقه ومتصدّراً للإفتاء، بل وكان رأس علماء الإفتاء والتدريس في محلّ َإقامته[٤].

وقد سبق أن أشرنا إلى أن علم القراءات لم يكن غائباً عن الحلقات العلمية في الصومال بل كان حاضراً فيها، حيث كان يمارسه أهل العلم كما ضربنا أمثلة ببعض الكتب والمصنفات في هذا الفن الذي كان يدرس ويتلقاه طلاب العلم على يد علماء برعوا في هذا الفن وتفننوا فيه، وقد ذكر المؤرخ اليمني الجندي بعض العلماء الزيالعة الذين أتوا من منطقة القرن الأفريقي واشتهروا بعلم القراءات إضافة إلى علوم

---

(١) الجعدي: طبقات فقهاء اليمن، مصدر سابق ص ٢٠٩

(٢) المصدر السابق ص ٢٤٣-٢٤٤.

(٣) كان أهل اليمن يلقبون بهذا اللقب من يأتي إليهم من بلاد الحبشة، ولاسيما من لم يكن رفيقا إذ يسمونه حبشياً، ومن عداه يسمونه زيلعيا نسبة إلى زيلع جزيرة في ساحل الصومال على مسافة ٤٠ كيلو متر جنوبا من جبوتي.

(٤) الجندي: المصدر السابق ٢/ ١١١، وانظر الأكوع: مرجع سابق ٤/ ٢١٥٢-٢١٥٥

أخرى، ومن بين هؤلاء الفقيه محمد بن أبي بكر بن على الزيلعي الجدايي كان محققاً في القراءات السبع، ويقول الجندي: «ولما قدمتُ جبأ في سنة ٧٢١هـ وحدته المشار إليه في علم القراءات»[١].

ومن بين ما كان يتلقياه طلاب العلم في الحلقات العلمية في الصومال، علم الكتابة والحساب وعلم التجويد، ولا يستغرب أن يحرص أهل الصومال على صناعة الكتابة، لأنهم كانوا في أمس الحاجة إليها، إذ أن البلاد لم تتوفر فيها أعداد هائلة من الكتاب والوراقين، كغيرها من البلدان الإسلامية التي سجلت المصادر آلاف منهم اكتظت بهم الساحات العلمية، أما بلاد الصومال فعلى الرغم من أن الأطفال والصبيان كانوا يتعلمون مبادئ الكتابة إلا أنه في أوساط المثقفين وطلاب العلم كانت توجد مجموعات كبيرة تحرص على فن الكتابة.وإن كانت المصادر الأولية لا تعطينا ما يفيد في هذا المضمار، ولكننا نستطيع أن نجد معلومات ضافية تتعلق بهذه الناحية من خلال تراجم الرجال والعلماء ومراحل رحلتهم العلمية، إذ أن ذلك لا تخلو منه حياة عالم أو شيخ في رحلته العلمية. وحتى حينما برز بعض أهل العلم من أهل المنطقة في ساحات علمية خارجية كبلاد الشام فكان يشار إلى بعضهم بالبنان بحسن خطهم، وقد تميزت كتاباتهم ولاسيما نسخهم من المصاحف الكثيرة جداً، حيث كان يتصدّى لذلك بعض من الزيالعة مثل الشيخ محمد الشمس الزيلعيّ الذي انتفع به غالبا أهل الشام بمهنته وتخصصه[٢].

أما إذا رجعنا إلى علم الحساب فإن هذا العلم كان من بين المواد العلمية التي كانت تدرس في البلاد، ويذكر السخاوي أن العلامة أحمد بن أبي بكر الزيلع[٣]. العالم الفقيه كان من بين العلوم التي برع فيها علم الحساب والفرائض[٤]، واقتران علمي الحساب والفرائض (علم المواريث) لعله يدل على ما يوجد من علاقة وروابط فيما

---

(١) الأكوع: المرجع نفسه ١/ ٢٩٨

(٢) انظر السخاوي: الضوء اللامع، مصدر سابق ١٠/ ٣٨، ١٠/ ١١١

(٣) المصدر السابق١٠/ ٣٨، ١٠/ ١١١

(٤) السخاوي: المصدر نفسه ١/ ٢٦٥

بين العِلمَين، إذ أن علم الفرائض لا يستغنى بأي حال من الأحوال عن علم الحساب، ومن الصعب أن ينجز الفرضيّ الذي لم يتقن علم الحساب.

والحلقات العلمية التي كانت تعقد في المدن والقرى، كان بعضها صغير لا يبلغ مستوى بعض الحلقات العلمية الكبيرة، والتي كان بعضها تُشدّ الرحال إليه، الحلقات الصغيرة غالباً ما كانت تعقد في البيوت، والدُور التي يسكنها أهل العلم، حتى ولو كانت تتمّ في ذلك بين الشيخ وأبنائه وأسرته [1]، وذلك لأداء مهام الدعوة وإخراج جيل ناشئ في أحضان العلماء، يكمل رسالتهم العلمية ويواصل مسيرتهم الجهادية من أهل بيته، أو من باب « وأنذر عشيرتك الأقربين».

وبعض هذه الحلقات العلمية الصغيرة التي كانت تعقد في بيت العالم والفقيه بعضها كانت تتم بطلب يأتي من بعض طلاب العلم، حيث يطلبون من شيخهم أن يتلقوا منه بعضاً مما منّ الله عليه من علوم ومعارف يتمتع بها العالم ويشتهر بها. وربما كان يتمّ ذلك بسبب عذر حبس الشيخ في بيته، سواء كان ذلك العذر من مرض أو عجز أو كبر سنّ، أو مخافة الفتن والمعاصي التي كانت منتشرة في المدن في فترة من الفترات.

وكان طلاب العلم في بلاد الصومال يبدأون في المراحل الأولى من طلب العلم، بدايات الفنون العلمية. وخلال قراءتنا المصادر والمراجع العربية والإسلامية سواء التي وضعها علماء أجلاء من بلدان إسلامية أخرى أو تلك التي كتبها السكان الأصليون، نجد أن بلاد الصومال قد شهدت عبر التاريخ حركة علمية نشطة يختلف مستواها من عصر إلى عصر، حسب توفر عوامل الازدهار والانتعاش للحركة العلمية والثقافية، وكانت المدارس الساحلية الصومالية تحظى بنصيب وحظ أوفر - كما بيّنا سابقاً - وذلك أن هذه المدن كانت تضم صنوفاً من مراكز علمية وأروقة ثقافية، ويشهد فيها حلقات نشطة ومزدهرة حيث تقرأ فيها أغلب ضروب العلم والمعرفة على يد علماء إجلاء برزوا في الساحتين الداخلية والخارجية.

---

(١) انظر الشريف العيدروس: مصدر سابق ص٩، حينما يتحدث عن بعض هذه الحلقات العلمية التي كانت تعقد في بينهم من قبل آبائهم وأجدادهم

ومن بين ما كانت تضم هذه الحلقات، الفقه وأصوله، ولاسيما الفقه الشافعي مثل كتاب سفينة النجاة للشيخ سالم بن عبد الله سمير، وكتاب التوشيح للشيخ القاسمي، وكتاب التنبيه لأبي إسحاق الشيرازي[١].

ومن كتب الفقه الشافعي التي كانت تدرس أيضا في الحلقات العلمية كتب «المهذب والتنبيه والوسيط والوجيز»[٢].

ونستطيع القول بأن الحلقات العلمية لم تخلو من فن من فنون العلم إلا وقد درس فيها، وهذا أحد أهم طلبة العلم الذين أتوا إلى بلاد الصومال، وهو الشيخ العلامة محمد بن علوي بن أحمد الأستاذ الأعظم، وقد رحل من بلده اليمن قاطعاً مسافات بعيدة في البر والبحر لكي يصل إلى مدينة مقدشو التي كانت مكتظة بالعلماء والفقهاء في ذلك الوقت، وهو قبل عام سبع وستين وسبعمائة هجرية[٣]. وذكر أنه تلقى علوماً عديدةً مثل الكتب الفقهية التي ذكرناها بالإضافة إلى علوم أخرى على يد أحد علماء الصومال في ذاك الزمان، وهو الشيخ العلامة جمال الدين محمد بن عبد الصمد الجهوي، حيث أخذ عنه التفسير والحديث والفقه والنصوص وعلوم العربية، كما نال أيضاً علوماً أخرى مثل علم المعاني والبيان وكذا علم المنطق[٤]، ومما يؤكد ذلك أن أغلب فنون العلم وضروبه كانت تقرأ في الحلقات العلمية في بلاد الصومال حيث لم يكن علم الفقه وحده الذي تدور حوله تلك الحلقات العلمية في أغلب المدن والقرى.

والحقيقة أن هذه الحلقات كانت منتشرة في جميع أرجاء البلاد، غير أن بعضها كانت متميزة عن غيرها. ولا شك أن حلقة الشيخ العلامة جمال الدين محمد بن عبد الصمد الجهوي كانت من أشهر الحلقات العلمية في بلاد الصومال، ولاسيما في مدينة مقدشو، التي ذاع صيتها، إلى أن وصل خبرها إلى آفاق بعيدة في خارج بلاد الصومال،

---

(١) الشريف العيدروس: المرجع السابق ص ت٩

(٢) اعلوي، محمد بن أبي بكر الشلبي باعلوي:، مصدر سابق ص١٩٠

(٣) باعلوي، محمد بن أبي بكر الشلي باعلوي: المصدر نفسه ص ١٩١

(٤) باعلوي، محمد بن أبي بكر الشلي باعلي: المصدر نفسه ص ١٩٠

ولعله لم يأت من فراغ فقد قصد بعض الشيوخ لطلب العلم، بل ربما بسبب شهرتها، من حيث الدروس والمواد التي كانت تدرس كما ذكرنا آنفاً.

والهدف من تعليم الدين الإسلامي والمواد الشرعية من تفسير وعلومه وحديث وعلومه وفقه وأصوله، كان هدفاً دينياً، بحيث كان طلبة العلم يرون أن ذلك فريضة على كل مسلم، سواء كان ذكراً أو أنثى، مصداقاً لقوله ﷺ في حديث رواه الإمام مسلم في صحيحه: «طلب العلم فريضة على كل مسلم». كما أن الرحلة إلى طلب العلم كانت امتثالاً لأمر الله سبحانه تعالى في سورة، التوبة: ﴿ وَمَا كَانَ ٱلْمُؤْمِنُونَ لِيَنفِرُوا۟ كَآفَّةً ۚ فَلَوْلَا نَفَرَ مِن كُلِّ فِرْقَةٍ مِّنْهُمْ طَآئِفَةٌ لِّيَتَفَقَّهُوا۟ فِى ٱلدِّينِ وَلِيُنذِرُوا۟ قَوْمَهُمْ إِذَا رَجَعُوٓا۟ إِلَيْهِمْ لَعَلَّهُمْ يَحْذَرُونَ ﴿١٢٢﴾ ﴾ [التوبة].

كما أن القائمين على الحلقات العلمية من العلماء والفقهاء كانوا يرون أنهم يؤدون واجباً عليهم حين يقرأون الكتب وينشرون العلم صابرين على ذلك، إضافة إلى أنهم كانوا أيضاً يبحثون عن الأجر والمثوبة من الله سبحانه وتعالى. وأمام أعينهم قول نبيهم: «كن عالماً أو متعلماً»[(١)]. وقوله ﷺ: «بلغوا عنى ولو آية»[(٢)].

ج- المدارس والمعاهد:

يفتخر أهل الصومال وهم على حق - أن الإسلام وصل إلى منطقة القرن الأفريقي قبل أن يتعدى مكة المكرمة إلى بعض القرى والأرياف المحيطة، وذلك عبر هجرتي الصحابة إلى أرض الحبشة، كما يفتخر أهل الصومال بأن الثقافة الإسلامية والحضارة العربية تضرب بجذورها في أعماق ثقافتهم، وأنه من الصعوبة بمكان أن ينفصلا بعضهما عن بعض.

ومن خلال الهجرات العربية والإسلامية المتتالية والسلطنات والممالك الإسلامية التي قامت في المنطقة اشتدّ ذلك الدور، بل أن ذلك قد لعب دوراً إيجابياً في ازدهار الحركة الفكرية والحضارية للبلاد، في حين كان بعض الوثنيين والمسيحيين

---

(١) رواه الترمذي في كتاب الزهد.

(٢) والحديث في الجامع الصحيح للبخاري وسنن الترمذي.

الذين كانوا يعيشون مع المسلمين في منطقة القرن الأفريقي عبر العصور الإسلامية مازالوا في سباتهم الحضاري والفكري.

ورغم أننا لم نر تسجيلاً يبين عدد المدارس والجامعات، إلا أنه من المؤكد أن منابع العلم ومناهله في بلاد الصومال كانت تعتبر بمثابة جامعات ومعاهد عليا، وأن بعض المدن ومراكزها كان في حدّ ذاتها مراكز يشع نور العلم والحضارة الإسلامية، ومن هنا يرى بعض الباحثين أنه قد ازدهرت في الصومال جامعات إسلامية شعبية في هرر ومقدشو وزيلع وبربرا ومركة وبراوة، وأصبحت هذه المدن محطات يقف عندها الدارسون للفقه وأصوله والشريعة واللغه، ويفد إليها الطلاب من داخل وخارج قرن أفريقيا[1]، وكان اليمانية يطلبون العلم في الصومال منذ عام ٧٦٧هـ ولاسيما في مدينة مقدشو[2].

وقد كان المسجد وما يجري في داخله وأروقته من حركة علمية مزدهرةً يعتبر «بمثابة المدارس والجامعات والمعاهد العلمية يتعلم فيها المسلمون علوم الشريعة واللغة العربية ومختلف فروع العلوم والفنون»[3].

وقد أكدّ الباحثون أن المسجد كان – ومازال – يؤدي في الإسلام دوراً مهماً في عملية التعليم ومحاربة الجهل، وأن أولى رسائله القراءة والكتابة امتثالاً لأول آية نزلت على الرسول ﷺ: ﴿ ٱقۡرَأۡ بِٱسۡمِ رَبِّكَ ٱلَّذِي خَلَقَ ۝١ خَلَقَ ٱلۡإِنسَٰنَ مِنۡ عَلَقٍ ۝٢ ٱقۡرَأۡ وَرَبُّكَ ٱلۡأَكۡرَمُ ۝٣ ٱلَّذِي عَلَّمَ بِٱلۡقَلَمِ ۝٤ عَلَّمَ ٱلۡإِنسَٰنَ مَا لَمۡ يَعۡلَمۡ ۝٥ ﴾ [العلق].

وقد اعتبر المسجد النبوي «أول معهد علمي أنشأ في الإسلام»[4]، لأن المسجد في تاريخه أخذ يتجاوب مع ما يجد من علوم وآداب حتى أصبح قاعدة مهمة للتربية والتعليم[5].

---

(١) حسن مكي: مرجع سابق، ص٦٢.
(٢) المرجع السابق نفسه ص٦٢.
(٣) شدة علي كبه: مرجع سابق ص ٥١
(٤) سعيد إسماعيل علي: معاهد التعليم الإسلامي، ص٩٥، درار الثقافة للطباعة والنشر بالقاهرة ١٩٧٨م
(٥) شدة علي كبه: المرجع السابق ص ٩٧

غير أنه في الصومال لم تكن هناك مدارس ومعاهد بمفهومها الحالي في العصور الإسلامية الماضية، ولكن المدارس والمعاهد التي لها نظام ومناهج محددة بدأت في القرن الماضي ثم سرعان ما تطورت هذه المدارس والمعاهد.

د- المكاتب والمراكز العلمية:

اهتم أهل العلم في بلاد الصومال بالكتب والمكتبات منذ زمن بعيد، وقد اشتهر بعض العلماء بإقتناء الكتب وجمعها، والمكتبات في بلاد الصومال كانت تنقسم إلى نوعين من المكتبات، المكتبات العامة، والمكتبات الخاصة التي تمتلكها شخصيات معينة، وهناك نوع ثالث ظهر في الفترة الأخيرة، وهي مكتبات اشتهرت ببيع الكتب ونسخها وتجليدها، حتى أن الزائر للصومال ولاسيما مدينة مقدشو في أواخر القرن الماضي يلاحظ هذا النوع من المكتبات، غير أن هذا النوع من المكتبات كان يهتمّ بالمكتب الشرعية، و«لا تكاد مكتبات مقدشو التجارية تجمع شيئاً غير كتب الفقه والتصوف، وقد انحصرت الحركة الفكرية في إطار هذين المصدرين»[(١)].

وعلى الرغم من أن الصومال لم تنعم بدولة كبيرة وحدت أراضيها وبسطت سيطرتها على جميع أجزاء البلاد، إلا أن السلطنات والممالك الإسلامية التي قامت على البلاد كان لها إسهاماً في تطوير الحركة الفكرية والثقافية، بل إن بعضهم كان من العلماء، كما أنهم استشاروا العلماء والفقهاء ووجهاء الناس[(٢)].

ولم يقتصر دعم السلطنات في هذا الإطار وإنما أيضاً كوّنوا مراكز إشعاع علمي ووفروا لطلبة العلم ما يحتاجون إليه من الكتب والمعلمين وكان لهم اسهامات واسعة في هذا المجال، وهكذا كان دأب الخلفاء والسلاطين والأمراء في العالم الإسلامي عبر عصوره المختلفة، وكان بعض العلماء يفتحون بيوتهم لطلبة العلم، ولا يستغرب أن يمد هؤلاء الشيوخ العون لطلابهم وما يحتاجون إليه من الكتب وكل ما له صلة بالعلم.

---

(١) حسن مكي محمد أحمد: مرجع سابق ص ٥٢

(٢) كما كان حال سلطنة مقدشو في عهد الشيخ أبو بكر الشيخ عمر، انظر ابن بطوطة: تحفة النظار، مصدر سابق ١/ ٢٦٢ وما بعده

وفي عهد الاستعمار الإيطالي بجنوب البلاد، ظهرت مكتبات علمية بصورة بدائية، وكانت هذه المكتبات تخدم مصلحة المستعمر نفسه حيث كانت تخدم الجالية الإيطالية وكان للمستعمر في ذلك أهداف متعددة، غير أن أهم أهدافهم في ذلك كان إضعاف الثقافة الإسلامية التي كانت تُعدّ منبع الثقافة الوطنية، للشارع الصومالي، وفي الفترة نفسها وجدت بعض المكتبات العامة، مثل مكتبة مقدشو العامة، وكانت تحتوي ٣٠٠ مجلد تقريباً، وإن كان أغلبها باللغة الإيطالية. كما كانت توجد مكتبة أخرى بمدينة مقدشو تحتوى ٧٠٠ مجلد، وكان مقرها في المعهد الثقافي الاجتماعي، وهي مؤسسة ثقافية تهدف إلى نشر الثقافة العامة، ويبلغ عدد أعضائها المشتركين ٣٠٠ عضو، وكان لهذه المكتبة العامرة فروع آخرى في بعض المدن الصومالية الأخرى، مثل فروعها في مدن براوة ومركة وبلدوين.

وهناك أيضاً مكتبتان تابعتان للمنظمة العربية للتربية والثقافة والعلوم، كما أن مكتبة المركز الثقافي المصري كانت من أشهر المكتبات العلمية في الصومال، وكان مقرها في العاصمة مقدشو، علماً بأن هذا المركز كان ينظم نشاطات ثقافية عديدة مثل المحاضرات والندوات وعرض أفلام ثقافية وعربية، ومسابقات علمية للشباب فضلاً عن مكتبة كبيرة عامرة بالكتب والمصادر في مختلف العلوم والتخصصات، وكانت هذه المكتبة تمتاز عن غيرها بأنها كانت تسمح لقرائها باستعارة الكتب لمدة لا تقل عن أسبوعين متتاليين[١].

كما أنشئت في مطلع الثمانينات مكتبة أطلق عليها «المكتبة الحديثة» وكانت تحتوي على عدد كبير من الكتب والمجلات العربية والأجنبية، ومن أهم وأفضل المكتبات في مقدشو أيضاً المكتبة التي كانت تابعة لمسجد التضامن الإسلامي الذي بناه الملك فيصل رحمة الله، وكانت هذه المكتبة تضم صنوفاً من المصادر والمراجع في مختلف المعارف والفنون الإسلامية والعربية، وكانت هذه المكتبة تمتاز بأنها تحتوي على بعض الكتب النادرة بالإضافة إلى أهم أمهات الكتب في الشريعة الإسلامية،

---

(١) انظر مركز السلام الثقافي: ندوة التعليم في الصومال (الماضي، الحاضر، المستقبل)، مكبت لجنة مسلمي أفريقيا في مقدشو - الصومال ١٥- ١٦ / ٥ / ١٩٩٧م، ص ١٠-١١

ومن المكتبات العامة التي كانت موجودة قبل إنهيار الدولة الصومالية، مكتبة الدولة الوطنية، ومكتبة الحزب الثوري الاشتراكي الصومالي، ومكتبة الأكاديمية الوطنية للعلوم والفنون، ومكتبة الجامعة الوطنية، وكذا مكتبات الفروع والكليات التي تفرعت عنها، ومكتبات وزارات الدولة مثل مكتبة وزارة التربية والتعليم، ووزارة التخطيط الوطني وهناك أيضاً مكتبات المعاهد العلمية مثل مكتبة معهد الحلني العلمي، ومكتبة سيدم، وكانت هذه المكتبات عامة لا تبيع الكتب، وكانت مفتوحة للجميع لأجل المطالعة والبحث، غير أن أغلب روّادها كان من قطاع معين لا يتجاوز الباحثين وطلبة العلم[1].

أما الحديث عن المراكز العلمية في بلاد الصومال، فقد ذكرنا أن أغلب المدن الصومالية ولاسيما المدن المطلة والمشرقة على السواحل كانت مزدهرة ومتقدمة بالعلم والحضارة عن غيرها من المدن ماعدا مدينة هرر الإسلامية، وكانت هذه المدن تعتبر بحد ذاتها مراكز مهمة لإشعاع نور العلم والثقافة بسبب ما كانت تضم من أروقة العلم والعلماء العاملين الذين ملأوا في ساحات العلم بعلومهم. وبعد أن استقر الإسلام في بلاد الصومال، ظهرت في الساحة الصومالية مراكز حضارية عريقة في أغلب المدن الإسلامية وكانت هذه المدن المشار إليها مراكز إسلامية ذات مقومات علمية وحضارية مثل مقدشو ومركة وبراوة وزيلع وبربرا وهرر، ومن هنا فقد وفدت إلى هذه المدن أعداد كبيرة من العرب والفرس والهنود وغيرهم ذلك لأهداف علمية، وكان لهؤلاء المهاجرين أثر إيجابي ملموس في النواحي الدينية والعلمية والحضارية والاجتماعية، وأصبحت هذه المدن بمثابة مراكز علمية يشع منها نور العلم والإيمان قصد إليها القاصدون لينهلوا من ثقافتها الإسلامية العريقة، حتّى صارت بعض هذه المدن مثل براوة كعبة معروفة ولوحة مشرقة.

وهكذا صارت هذه المراكز الإسلامية أهم منابر الحضارة والثقافة الإسلامية ولعبت دوراً مهماً في تطوير وتنمية الحياة الفكرية والثقافية، وبل وصارت مدينة زيلع

---

(١) حسن مكي: مرجع سابق ص ٥٢، محمد حسين معلم: من ينقذ الأثار الإسلامية في الصومال، مقال نشر في جزيرة المسلمون ص٨

في الشمال ومدينة مقدشو في الجنوب أهم منفذين لتياري العروبة والإسلام في اختراق الصومال وتسربهما عبر مناطق القبائل من الشرق والجنوب إلى الحبشة.

المبحث الرابع: الكتابة وأدواتها:

١- *عملية الكتابة:*

عند حديثنا عن كتاتيب و خلاوي تحفيظ القرآن الكريم، ذكرنا أن المسلمين في منطقة القرن الأفريقي كانوا يحرصون على تعليم أولادهم القرآن الكريم من خلال إدخالهم مدارس التحفيظ. وهذا الأمر كان شائعاً عند جميع فئات المجتمع الإسلامي بمختلف أطيافه، وكان الصبيان يتعلمون في هذه الكتاتيب الكتابة والقرآءة خلال المراحل الأولى، مع حفظ كتاب الله عن ظهر قلب. ولم يكن في الإمكان أن يحفظ القرآن الكريم بدون أن يتعلم الطفل كتابة الأحرف الهجائية، ومن ثمّ القرآءة المتقنة التي كان يتلقاها من معلمه ومربيه.

ومن هنا نستطيع القول إن عملية الكتابة كانت أمراً منتشراً في أوساط المجتمع الإسلامي في بلاد الصومال، وغيرها من البلدان الإسلامية الأخرى. وقد أدى ذلك إلى إشاعة كتابة العربية في المجتمع، بفضل مدارس تحفيظ القرآن الكريم التي كانت منتشرة في جميع ربوع بلاد الصومال.

ولا يستغرب أن يستخدم التجار والقضاة وصناع القرار بالمجتمع اللغة العربية كتابةً وتخاطباً دون غيرها في المواثيق الاتفاقيات المبرمة، وكذلك جميع العقود والمراسلات، إذ لم تكن هناك لغة أخرى غير لغة الضّاد. ويؤكد ذلك الإرث الموجود اليوم من العقود والاتفاقيات المبرمة فيما بين أفراد المجتمع، أو بين أهل البلاد وغيرهم من الأمم، كما يؤكد ذلك المخطوطات المتنوعة التي تركها السلف من أهل المنطقة، وكلها مكتوبة إما باللغة العربية أو بالحرف العربي، ولكن باللغة الصومالية الدارجة قبل كتابتها بالحروف اللاتينية في ١٩٧٢م، غير أنه ينبغي أن نعرف أن أهل الصومال

كتبوا بجميع الخطوط من نسخ ورقعة، وكذا بعض الخطوط المغربية والعثمانية[١].

وفي الأزمنة الأخيرة وخاصة في القرن التاسع عشر الميلادي، وبالذات عند قدوم أولى طلائع الاستعمار الأروبي استخدم أهل الصومال كتابة الخط الرقعة خلال الاتفاقيات والعقود المبرمة بين المستعمر وأهل الحلّ والعقد وشيوخ القبائل وبعض السلاطين، عندما طلب المستعمر أن يبرر دخوله للبلاد من خلال بعض الشركات التجارية وغيرها[٢].

٢- القلم والمداد (الحبر):

أ- القلم:

القلم كان مهماً لدى المسلمين على مر العصور ولاسيما في أوساط المبدعين والكُتّاب، وقد أورد الأدباء أوصافاً بليغة للقلم جادت بها قرائحهم الشعرية ولطف نثرهم، ولم يكن من الخيال الأدبي حين وصف ابن برد القلم والمداد والكتاب: «ما أعجب شأن القلم يشرب ظلمة ويلفظ نوراً على غيث القلم يتفتح زهر الكلم..»[٣].

وفي بلاد الصومال يصنع القلم الجيد من بعض الأشجار التي ليس لها النقاع مثل أشجار: طَفَرُورتُ Dhafaruurto وطُيَعا dhuyaca، وطَبِغ Dhabiga. وهذا النوع من القلم كان يصنع بواسطة السكين الحادة. وقال أحد الحكماء الصوماليين وهو يصف القلم

Loox quuta iyo qalin afwayn,

Macallin qaari ah iyo habar qaafo ah

Iyo wiil qeelo dheer

(١) كما هو ظاهر بالمخطوطات التي عثرنا عليها والتي كتبها أهل الصومال، وجدنا هناك اختلافاً بين هذه الخطوطأ وإن كانت الخطوط المغربية والعثمانية قليلة جداً.

(٢) حمدي السيد سالم: الصومال ن مرجع سابق ٢/ ٥٤٧ - ٥٧٠ ملاحق الكتاب

(٣) انظر سعد البشري: الحياة العلمية في عصر ملوك الطوائف في الأندلس من مطبوعات جامعة أم القرى، مزكر البعوث العلمية، ص ٢٢٢

ومعنى ذلك هو:

لوح من شجرة قوت

وقلم ذو مقدمة كبيرة

ومعلم قارئ

وعجوز نافعة

وولد رفيع الصوت

ب- المداد أو الحبر:

أما صناعة المداد أو الحبر فكانت معروفة ومشهورة في القطر الصومالي منذ أمد بعيد، وكان هناك من اختص بصناعته، إذ كان ذلك جزءاً من علم الكيمياء وعاملاً من مقومات الثقافة والتقدم العلمي والحضاري، على الرغم من ندرة من تخصص بالكيمياء، ولكن من المهم أن نعلم أن صناعة المداد في بلاد الصومال كانت تنقسم إلى أنواع وأقسام، مثل المداد أو الحبر العادي وأخرى جيدة، فالمداد الذي يستعمله الصبيان في كتابة الألواح في مرحلة الكتاتيب كانوا يستعملون المداد العادي الذي يمكن إزالته بسهولة عند انتهاء غرضه، بعد أن يحفظ الطالب درسه المعتاد، حيث كان يغسل اللوح بماء عادي، وهذا مما أشرنا إليه عند حديثنا عن الخلاوي وما يسمى عند أهل الصومال «دكسي».

غير أن هناك مداداً وحبراً غير عادي يختلف عن سابقه، من حيث الجودة والنقاء، وقد صنع الصوماليون هذا النوع من الحبر صناعة جيدة ليكون باقياً يصعب إزالته بسهولة بعد كتابته على الأوراق وما شابهها، أو لا تؤثر عليه عوامل الطبيعة من الشمس والحر والبرد والرطوبة وما إلى ذلك، وهذا معناه أن أهل الصومال في القرون الماضية استعملوا أنواعاً مختلفة من المداد، وأنهم لم يقتصروا على صناعة الحبر العادي الذي يستعمله الصبية في كتابة ألواحهم، بل استعملته طبقة المؤلفين في كتابة

رسائلهم وكتبهم، كما استعملوا أيضاً هذا النوع من الحبر الجيد في عملية التذهيب والتزيين، فصنعوا مداداً خاصاً لذلك[1].

وهذا ليس غريباً على بلاد الصومال التي كانت وما زالت جزء من العالم الإسلامي، ويؤكد ذلك أن بعض البلدان التي حكمها المسلمون في الفترات الماضية، كانت مزدهرة بالعلم والثقافة مثل جزيرة صقلية الواقعة في حوض البحر المتوسط إلى الجنوب من إيطاليا، وكان المسلمون يصنعون الحبر والمداد بأنفسهم ولم يكونوا يستوردونه رغم قرب الجزيرة من منابع العلوم ومراكز الريادة الثقافية والحضارية مثل الأندلس والمغرب الإسلامي، ومع ذلك كله فقد ذاعت شهرة صقلية في صناعة المداد محلياً حتى اختص عرب صقلية بصناعته، إذ كان ذلك عاملاً من مقومات الثقافة عندهم، ومن هنا صنع هؤلاء الحبر صناعة جيدة ليكون عوناً ومساعدةً لرفع المستوى الحضاري والثقافي، الجدير بالذكر أن الصقليين لم يقتصروا على صناعة المداد العادي الذي كان يستخدمه الأطفال في الكتابة على الألواح، أو المؤلفون في كتبهم، بل استعملوا أيضاً التذهيب والتنضيض، فصنعوا مداداً مفضضاً[2]، أما بلاد الصومال فقد كان أهل الصناعة يصنعون مداداً خاصاً بكتابة الكتب والرسائل والإتفاقيات المبرمة والعقود والأنكحة وأعمال البيع والشراء وغير ذلك[3]، وصناعة هذه الأنواع الخاصة وأعدادها من المداد تصنع من أدوات ومواد محلية لاتحتاج إلى مواد تستوجب الاستيراد من الخارج.

---

(١) ودليلنا على ذلك المخطوطات الهائلة الموجودة حتى الآن عند بعض الشخصيات العلمية البارزة لبلاد الصومال وما كان موجوداً عند المتحف القومي وكذا عند مكتبة الأكاديمية للعلوم والآداب، وذلك قبل انهيار الدولة الصومالية.

(٢) علي الزهراني: مرجع سابق ص ٢٢١

(٣) عبد الرحمن البخار: الإسلام في الصومال، مرجع سابق ص ٤٠، وانظر حمدي السيد سالم: الصومال ن مرجع سابق ٢/ ٥٤٧ - ٥٧٠، حيث يوجد في ذيل هذا الكتاب عددا من الوثائق التاريخية والمراسلات من الرسائل والإتفاقيات المبرمة والمعاهدات بين الشيوخ القبائل الصومالية وبعض القيادات السياسية وبين بعض الدول الأوروبية عند دخولها في الصومال بغية إيجاد مبرر شرعي لاستعمار البلاد والعباد وكل هذه الرسائل والاتفاقيات مكتوبة باللغة العربية.

ج- طريقة صناعة المداد أو الحبر:

لقد ذكرنا فيما سبق أن أهل الصومال كانوا يصنعون المداد أو الحبر بأنفسهم بحيث لم يتكلفوا استيراده من الخارج كالأدوات الكتابية الأخرى مثل الورق وأنواعها المختلفة التي كان أهل الصومال يستوردونها. وصناعة مادة المداد أو الحبر كانت سهلة سواء المداد العادي الذي يكتب به الصبيان على الألواح في الخلاوي والكتاتيب أو المداد غير العادي بأنواعه المختلفة.

وصناعة المداد العادي يصنع من عدة مواد مختلفة كالصمغ والماء والفحم وأحياناً يضاف الحليب، وهذا النوع يتم إعداده من هذه المواد ثم يؤتى بخزف ويصبّ على هذا الخزف الأجوف قليلاً من الماء العادي، ثم يؤخذ الفحم ويحركها مع الخزف أماماً أو خلفاً أو يميناً وشمالاً مع صبّ الماء قليلاً قليلاً، حتى تستمر هذه العملية بضعة دقائق لمدة تكون هناك مداداً أميل إلى الأسود، مع إضافة مادة الصمغ أو الحليب حسب الاختيار، وبعد انتهاء هذه العملية يصب المداد أو الحبر المصنوع في إناء مجوف لتكون قابلة للاستعمال واستخدامها والكتابة بها على باللوح[1].

أما المداد أو الحبر غير العادي، فإن إعداده وصناعته تكون أصعب قليلاً من النوع الأول العادي وتحتاج عملية إعداده عملاً أكثر من سابقه بحيث يخلط ويصنع من أوراق شجرة ليلو «Liilow» ومع فحم. وتتمّ عملية الخلط والدمج بعد طحن أوراق شجرة ليلو مع إضافة قليل من الماء ثم تصبّ هذه الأوراق المطحونة في خزف مع إضافة صمغ وفحم، وكانت بعض المدن تستخدم الصمغ الذي يؤتى به من أشجار الجِيق Jiiqa وجُومِير Gumer ويخرج لوناً يميل إلى الرمادي.

ومن خلال مطالعتنا لبعض المخطوطات - ولاسيما المخطوطات في مكتبة الشيخ محمد أحمد محمود المشهور «بشيخ أبا» الخاصة استطعنا أن نرى بعض سطور أو كلمات مثل أسماء الله مكتوبة باللون الأحمر، وهذا اللون الأحمر كان أيضاً يصنع محلياً، إلا أن بعض مواده مثل حجر الزنجفور كان يؤتى به ويستورد من الخارج مثل

---

(١) أحمد شيخ حسن قطبي:، مرجع سابق ص ٨٦

الحجاز والهند وزجنبار، بحيث كان الكتاب والنساخون من أهل الصومال يطحنونه طحناً دقيقاً ثم يضاف قليلاً من الماء فيخرج حبراً ومداداً أميل إلى اللون الأحمر. وأحياناً يصنع المداد الأحمر مثلما يصنع المداد والحبر الأسود إلا أنه يضاف إلى شجرة المَرِير Mareer المعروفة في بلاد الصومال.

وكان أهل الصومال يستخدمون أحياناً حبكاً أو صمغاً من شجرة غوللي (Gowlale) ثم يضاف إليه ماء وفحماً. كما كان يستخدم صمغاً أو حبكاً من شجرة ميغاغ (Meegaag) حسب المنطقة. وهناك طريقة أخرى لصنع المداد أو الحبر الذي كان يكتب به وهي: بأن يستفاد من الدخان الذي يخرج من الفينوس [1] (السراج) الذي كان يستخدم أهل البلاد والقرى الكبيرة مثل مدينة مقدشو، وكان يوضع الفينوس (السراج) تحت سطح الشبابيك أو الدريشة، فما يخرج من الدخان يصيب سطح الشباك وبعد كثرة استعمال السراج كان الناس يحكون أثر الدخان الكثيف تحت الشباك، ثم يضعونه في الإناء مع صب قليل من الماء ليكون حبراً ومداداً أسود قابلاً للكتابة به علىالأوراق. وهذان النوعان من المداد أو الحبر كانا أجود أنواع الحبر في بلاد الصومال، بحيث كان يصعب إزالته أو سيلانه أو انتشاره على الورق[2].

والجدير بالذكر أن المداد له اسم أخر أيضاً، وهو «ودات» ومحلياً يصنع من خليط من غبار الفحم، وأوراق شجرة ليلو، والماء أو الحليب الطازج، والصمغ، وبعض الأحيان قليلاً من السكر. والأطفال هم الذين يقومون بإعداد المداد ثم يضعونه في إناء من خشب أجوف.

---

(١) وكان استخدام الفينوس (السراج) في المدن الساحلية شيئاً عادياً في العصور الوسطى، كما ثبت ذلك عند قدوم الشيخ العلامة محمد بن علوي بن أحمد الأستاذ الأعظم إلى مقدشو في القرن الثامن الهجري، ولكثرة اشتعاله الفينوس واسخدامه بها لغرض قراءة الكتب احترقت منه ١٣ عمامةً وذلك حين إستغرق الشيخ القراءة إذ لم يكن الفينوس متطوراً، له وقاء ووعاء زجاجي. انظر باعلوي: مشرع الروي، مصدر سابق ص ١٩٠.

(٢) والباحث لم أجد كتاباً أو وثيقةً تبين كيف كان أهل الصومال يُعدّون الحبر والمداد، وكذا كتابتها على الورق. أما المعلومات التي كتبها الباحث هنا، فقد أخذها من العلامة المؤرخ الشيخ محمد أحمد محمود المشهور " بشيخ أبا "، المتخصص بالمخطوطات وأدوات الكتابة، وهو صاحب مكتبة كبيرة تضم صنوف من كتب نادرة بين مخطوط ومطبوع قديم.

وأنواع المداد وألوانها ترتبط بما يكتب بالإضافة إلى الحبر الأسود المشهور أوالعادي الذي يستخدمه الطلبة بكتابتهم يومياً في مدارس تحفيظ القرآن الكريم على اللوح، وأما الحبر الأحمر فأعدّ لكتابة الأوراق أو التميمة «حرس» في الصومال[(١)]، ويقال أيضاً أن المداد الأسود يصنع من المزج بين فحم غللو، وفحم ميغاغ، مع الماء والصمغ أو المرّ. أما كيفية إعداده وصنعه فيحك الفحم مع الحجر الجيري أو الخزف، ويدق الفحم حتى يجعل دقيقاً رقيقاً ثم يضاف الماء والمر معاً.

٣- *اللوح والورق:*

أ- اللوح:

أما اللوح واستخدامه في بلاد الصومال والكتابة عليه، فلم تكن عملية جديدة. ويُعدّ بعض الباحثين اللوح بأنه «وسيلة من وسائل التقليد الموروثة عن الآباء والأجداد في تعليم الكتابة والقراءة للأطفال»[(٢)].

واختيار استخدامه إنما يرجع إلى توفره وسهولة إيجاده إضافة إلى سهولة استخدامه، ولاسيما في أوساط الأطفال الذين كانوا يستخدمونه في كتابة دروسهم من خلال نظام الخلاوي وتحفيظ القرآن الكريم، لأن استعمال اللوح عملية سهلة لا تخضع لأي إجراءات صعبة[(٣)]. واللوح مصنوع من الخشب أُعدّ لكتابة القرآن الكريم غالباً وأحياناً الأذكار والأدعية الموروثة، ولكن في المقدمة تأتي كتابة الطفل بالحروف الأبجدية.

ومهما كان، فإن اللوح الذي يستخدمه الصبيان عند كتابة القرآن الكريم يتراوح طوله ما بين متر ونصف متر، وعرضه ما بين ٣٠ إلى ٤٠ سم ويقوم الطالب بكتابة الدرس في أحد جانبي اللوح[(٤)].

---

(1) Mohamed Haji Moktar: Historical Dictionary of Somalia P.98.

(٢) شدة علي كبه: مرجع سابق ص ٤٥

(٣) شدة علي كبه: المرجع السابق ص ٤٥

(٤) أحمد شيخ قطبي: مرجع سابق ص ٨٥-٨٦.

Mohamed Haji Moktar: Historical Dicitionary of Somalia, 2003 , USA. P.139

وهذه الألواح الخشبية تعرف أيضاً لوك بـ (Lok) بلهجة ماي- إحدى اللهجات الصومالية في جنوب البلاد - ويستخدمه الأطفال في كتابة القرآن الكريم في الخلاوي، بحيث يكتب الطلبة بأقلام مصنوعة محلياً من الخشب العريض والتي تغمس في المداد أو الحبر. وهذه الألواح تصنع من أشجار خاصة مثل شجرة يُعُبْ (Yucub)، وتصبغ بكثرة، وتكون ذات لون رمادي لكثرة استعمالها.

والحقيقة أن الألواح تتكون من أحجام وأشكال مختلفة من صغير وكبير ومستطيلة الشكل ومربع الشكل حسب الحاجة[1]، والجدير بالذكر أن هذا اللوح أيضاً يصنع من أشجار مختلفة، مثل: طركين Dharkeen وغيرهم، غير أن هذا الأمر ينحصر فقط في القطر الشمالي للصومال. وعموماً فإن الأطفال كانوا يكتبون على الأخشاب في مرحلة الدكسيات.

ب- الورق:

والورق أو الكاغد[2] أيضاً كان له دور قوي في عملية تطوير ونمو الحركة الفكرية والعلمية لبلاد الصومال، وكان قبل ظهور الورق ودخوله إلي الصومال، يستعمل الناس في كتاباتهم الجلود والعظام واللحاف وأكتاف الإبل، كما كان الحال في اليمن والجزيرة العربية، ثم بعد ذلك احتكت الصومال بدول أخرى في البحر المتوسط والمحيط الهندي وفي البحر الأحمر والعرب، مما أدى إلى دخول الورق في القطر الصومالي مع هؤلاء العلماء والتجارمن تلك الجهات المذكورة.

وكان الورق أو القرطاس أنواعاً وأشكالاً مختلفةً حسب الحجم والجودة قبل ظهور الورق الناعم الذي نكتب فيه اليوم. أما في السابق فكان يستعمل أهل الصومال الورق الذي يأتي من الديار المصرية، وخاصة نوع البردي الذي كانت مصر غنية به، بسبب توفر هذا النوع من الورق فيها، بل إنه لم يوجد بلد يضاهي مصر في كثرة

---

(1) Mohamed Moktar: Ibid. P. 139

(٢) الكاغذ: القرطاس، وهو فارس معرّب، انظر مجد الدين محمد بن يعقوب (الفيروز أبادي (٨١٧هـ): القاموس المحيط ١/ ٣٥، المؤسسة العربية، دار الجيل للطباعة والنشر، بيروت - لبنان

ورق البردي من حيث الكثرة والجودة، وأنه كان يعمل من طوامير[1]، القراطيس[2]، ويشهد على ذلك بعض الكتب القديمة والرسائل النفسية الموجودة اليوم على الرغم من قلتها وندرتها بسبب الحرب الأهلية في البلاد والدمار الذي حلّ على البلاد، وأدى إلى انهيار كامل للبنية التحتية وإتلاف بعض الآثار والكتب والنقوش.

وعلى الرغم من أن بلاد الصومال لم تشتهر بصناعة الورق، وإنما كانت تعتمد على ما كان متوفراً في العالم الإسلامي، ولاسيما في اليمن والحجاز ومصر، وكذا في الهند، إذ أن بلاد الصومال كانت جزءاً لا يتجزأ من هذه الأقطار ولها علاقات ثقافية وعلمية وطيدة ومتبادلة بين هذه الأقطار وبلاد الصومال، وخير دليل على ذلك تلك الأعداد الهائلة من العلماء والدعاة الذين تدفقوا على منطقة الصومال طوال العصور الوسطى أفراداً وجماعات حتى في القرن الخامس عشر الميلادي.

ولما وصل هؤلاء إلى المنطقة، لم يأتوا بعلومهم فحسب، وإنما أتوا بكتبهم وما كان له علاقة بالعلم والمعرفة. ولعله من الأهمية أن نشير إلى الشيخ عبد الباقي بن محمد بن طاهر الذي وصل إلى الصومال من اليمن في شعبان سنة ٨٢٦هـ، وخلال وجود هذا الشيخ في بلاد الصومال، وصلت إليه مكتبته الخاصة العامرة بالعلم والمعرفة، بمساعدة الملك الطاهر، ملك اليمن في تلك الفترة، الذي كان يحترم كثيراً الشيخ ويُكنّ له كل تقدير[3]. وهذا دليل واضح على قوة العلاقة الثقافية والعلمية بين الصومال والأقطار العربية الأخرى.

وهذه العلاقة والتبادل الثقافي يمتد إلى بلدان إسلامية أخرى اشتهرت بحركة نشطة للوراقين والورق، وكذا أدوات الكتابة الأخرى من المداد وماله علاقة بالعلم والثقافة مثل نيسابور، لأنه لم يكن في العالم الإسلامي ما يعيق حركة التنقل بين جنباته، إذ كانت الأمة المسلمة وحدة واحدة لا توجد بينها حدود مصنوعة تفصل

---

(١) الطوامير: جمع طومار، وهو الصحيفة، انظر (ابن منظور: لسان العرب ٤/ ٥٠٣).

(٢) وانظر ابن حوقل: صورة الأرض، مصدر سابق ص ١١٧.

(٣) الشيخ جامع عمر عيسى: تاريخ القرن الأفريقي عبر العصور، الباب الخامس الفصل الثاني (مخطوط)، مرجع سابق.

بين أراضيهم، ومن هنا قد وجد بعض النيسابوريين في مدينة مقدشو مثل أبو عبد الله بن رايا بن محمد أحمد النيسابوري الخراساني فيما بين النصف الأخير من القرن السادس والربع الأول من القرن السابع[١].

ومدينة نيسابور وغيرها من المدن والكور الخراسانية كانت مزدهرة علمياً وحضارياً، كما كانت تنعم بالرخاء والرفاهية فيما يتعلق بالكتابة وأداواتها من الورق والقلم، والوراقة - كما ذكرنا سابقاً - تُعدّ عاملاً مشجعاً من عوامل نشر العلم والثقافة في الدولة الإسلامية، وذلك أنه ما كادت تستقر أمور الدولة الإسلامية حتى أقبل العلماء وطلبه العلم وذوو الثقافة إلى خدمة الكتب، وخاصة الكتب الدينية، وكافة فنون العلم الأخرى بالنسخ والتصحيح والتجليد والزخرفة والبيع وسائر الأمور المكتبية[٢].

ج- مصادر الورق:

أما صناعة الورق، فمن المعلوم أن صناعتها وانتشارها وشيوعها في المدن الإسلامية، سهلت عملية التأليف إلى حد كبير، مما أدى إلى انتشار الكتب وتعدد المكتبات الخاصة والعامة في العالم الإسلامي، فكان ذلك أيضاً عاملاً مشجعاً لرقى الحضارة الإسلامية ونموها، وتطور الحركة العلمية والفكرية في العالم بأسره وغيره.

أما علاقة الصومال بمصر فهي قديمةٌ وعريقةٌ منذ الفراعنة، واستمرت هذه العلاقة حتى بعد ظهور الإسلام، غير أن هذه العلاقة وصلت إلى ذروتها بعد انتقال ريادة الثقافة الإسلامية إلى الديار المصرية، وقام المصريون بإعادة الخلافة الإسلامية مرة أخرى في ديارهم بعد انهيارها في العراق، ونحن قد بينا مدى ما وصلت إليه هذه العلاقة ولاسيما فيما يتعلق بالرحلات المتبادلة بين الجانبين، ودور الأزهر الشريف في ذلك.

---

(١) حيث وجد في مقدشو مقبرة مكتوبة من تاريخ وفاته. انظر عبد الله محمد حسن: صوماليا اليوم، مرجع سابق ص ٤٢ وانظر زين العابدين السراج: الحياة الثقافية بالصومال، مرجع سابق ص ١٣-١٤

(٢) محمد الفاجالو: الحياة العلمية في نيسابور مرجع سابق ص ١٧٦

ويهمنا هنا أن مصر كانت مشهورة بصناعة الورق ولاسيما «البردي» حيث كانت هذه الصناعة متوفرة فيها، بل أنه لم يكن هناك بلد يضاهي مصر في كثرته وتوفره إلا صقلية والتي أيضاً اشتهرت بصناعة المداد حتى اختص عرب صقلية بصناعته، إذ كان ذلك جزءاً من علم الكيمياء، وعاملاً من مقومات الثقافة عندهم[1]، ولا شك أن الرحلات العلمية المصرية على قلتها كان لها أثرها الإيجابي للحركة العلمية والثقافية، كما أن رجوع بعض الرحلات العلمية الصومالية من مصر بعد بلوغ مآربها لم تخلو في طياتها من جوانب ثقافية، كان لها أثرها على الحركة العلمية في البلاد.

د- أنواع الورق في الصومال:

لم يقتصر الورق على نوع واحد معين، وإنما كان هناك أنواع مختلفة يستخدمها الوراقون في مهنتهم، بل وكان لكل وراق نوع خاص يستخدمه، وهناك نوع مشهور من الورق كان متوفراً في بلاد الصومال منذ القرون الأخيرة، وهو النوع الذي يسمى «ورقة شرقاني» وهذا النوع من الورق كان يأتي من بلاد الحجاز واليمن والهند وزنجبار. إذ كانت بلاد الصومال لها علاقات ثقافية وعلمية مع تلك البلدان المذكورة - كما بينا في السابق - ومن هنا كان من البديهي انتشار ورقة الشرقاني في الصومال بسبب هذه العلاقات الحميدة، وقد رأيت خلال تجوالي في المكتبات العلمية الخاصة في مقدشيو مخطوطات كثيرة من ورق الشرقاني، مثل مكتبة العلامة الشيخ محمد بن أحمد بن محمود المشهور «بشيخ أبا»، ومكتبته معروفة مشهورة، وفيها كمية من الكتب الخطية.

ومن بين الكتب المحفوظة لدى مكتبة الشيخ والتي رأيتها، ولاسيما الكتب المكتوبة بورق الشرقاني:

كتاب: مجموع منثورات في الفنون المتعددة، وهو كتاب ضخم قد حوى علوماً متعددة من الفقه والأحاديث وعلم التصوف، وبعض المراسلات، كما رأيت كتاباً آخر أيضاً عبارة عن مجموع منثورات متنوعة، وهذا الكتاب مكتوب أيضاً بورق

(١) انظر على الزهراني: مرجع سابق ص ٢٢١

الشرقاني وأخبرني الشيخ محمد بن أحمد بن محمود أن لديه كتباً خطية كثيرة متنوعة، مكتوبة بورق الشرقاني، مثل كتاب التمشيه شرح الإرشاد، للشيخ عمر بن قاضي من بني مهد بن محمود الهمداني المتوفي سنة ١٢٦٤هـ، وكتاب «الإمداد في شرح الارشاد لابن حجر الهيثمي»، وكتاب «جوجري في شرح الارشاد»، كتب هذا الكتاب في سنة ٩٧٠هـ، وكتاب «الأسعاد في شرح الإرشاد لابن أبي الشريف»، وكتاب «الكوكب الوقاد في شرح الإرشاد»، وكل هذه الكتب خطية ومكتوبة بورق الشرقاني.

وخلال زيارتي وتجوالي في بعض المكتبات الخاصة مثل مكتبة الشيخ معلم محي الدين المكرم رحمه الله _ قاضي مقدشو سابقاً في عهد الاستعمار الإيطالي - رأيت أيضاً كتاباً مكتوباً على ورقة الشرقاني، وهو كتاب: « الإسعاد في شرح الإرشاد لابن أبي الشريف. وهذه النسخة تمتاز بأنها كانت بخط يد مؤلف الكتاب.

٤- الورّاقون والنّسّاخون في بلاد الصومال:

وحركة الناسخين والوراقين وإن لم تكن ناشطة في الصومال مثل مثيلاتها في بلدان العالم الإسلامي إلا أنها أنجزت نتاجاً علمياً لا بأس به. وقد تمكن الدكتور حسن مكي محمد أحمد من الاطلاع على كثير من المخطوطات التي كانت موجودة في الأكاديمية الوطنية للعلوم والآداب والفنون في مقدشو، وكذا بعض المخطوطات التي كان يمتلكها ويحتفظ بها بعض الأشخاص، وقام بعرض قائمة بهذه المخطوطات مبيناً نوع المخطوط ومصدره وذكر اسمه ومؤلفه واسم ناسخه وتاريخ النسخ إن وجد[1].

ومن الصعب أن نقوم بحصر أعداد الناسخين والوراقين في بلاد الصومال، وذلك إما لكثرتهم وتفرقهم على طول البلاد وعرضها أو لاختفاء آثارهم ونتاجهم الثقافي والعلمي بعد انهيار البنية التحتية للصومال بعد سقوط حكومته وماتلي ذلك من الحروب الأهلية التي دمرت البلاد وشردت العباد، غير أننا نستطيع أن نشير إلى بعض أعلام الناسخين الذين اشتهروا في القطر الصومالي والذين لهم تراث ضخم مازال بعض منه حياً حتى الآن، وقبل ذلك من المهم أن نعرف أن العلماء كانوا يهتمون

(١) انظر حسن مكي: مرجع سابق ص ٦٣-٧٣

بالكتب ويقتنونها دون أغراض تجارية، بل كانت بيوتهم ومكتباتهم مفتوحة للجميع حتى كان يتزاحم في دورهم أعداد كبيرة من طلاب العلم، ومما يجب الإشارة إليه أن كثيرً من المؤلفين والكتاب كانوا يضعون كتباً ورسائل، وكان بعضهم ينسخون كتبهم بأنفسهم ويقومون بتوزيعها، باعتبارهم أصحاب الحقوق للكتب، رغم أنهم لم يكونوا نساخاً يترزقون بهذه المهنة.

والحقيقة أنه قد كثر النساخون ونشاطهم في بلاد الصومال عبر العصور الإسلامية المختلفة، ومن هنا أصبح من الصعب حصر عدد النساخين في الصومال طوال هذا التاريخ الطويل بسبب تعذر حصرهم وذلك لكثرتهم ولانتشارهم في جميع المناطق الصومالية وغيرها من داخل القطر الصومالي وخارجه غير أننا نحاول أن نشير هنا إلى أبرز وأشهر النساخين في الصومال، وخاصة في الأزمنة الأخيرة وينبغي أن نعرف أن بعض الأسر كانت تمتاز عن غيرها في هذا الفن الفريد.

فمثلاً القبائل البنادرية (رير حمر) القاطنة في المدن الساحلية في جنوب الصومال وقراه من ورشيخ ومقدشو وجزيرة كندرشي ومركة وبراوة اشتهروا في فن النسخ حيث ظهرت فيهم أعداد هائلة من النساخين كانوا يتمتعون بالخط الحسن مثل قبيلة الشاشية التي تنحدر من أصل عربي قرشي من بني زهرة، وكانت مشهورة بخطاطها ونساخها وقد جعل بعض الشاشية فن النسخ مهنة لهم حتى اشتهروا في ذلك، كما أن العلماء الشاشية كانوا إذا رأوا الكتاب كانوا يحرصون على اقتنائه حتى ولو أدى ذلك إلى نسخه، كما أن بعضهم كانوا مؤلفين لهم مؤلفات ورسائل، وكانوا ينسخون بأنفسهم كتبهم مثل ما كان يفعل الشيخ العلامة عبد الرحمن بن عبد الله الشاشي المقدشي الذي كانت له مؤلفات عديدة في فنون مختلفة[(١)]، ولشهرة قبيلة الشاشية في فن النسخ وبروز بعض النساخين المشهورين فيهم، ذكرهم الشيخ قاسم محي الدين البراوي[(٢)]، في إحدى منظوماته الشعرية مشيراً إلى ذلك قائلاً:

---

(١) وسوف نتحدث عن مؤلفاته وترجمته مختصرة في الفصل فيما بعد عند حديثنا عن سيرته وانتاجه العلمي.

(٢) الشيخ قاسم البراوي اشتهر بنظم شهر والقصائد ولكنه اشتهر كثيراً في التخميس حيث كان يخمس بعض أشعار الآخرين.

ومن هؤلاء النساخين من قبيلة الشاشية أسرة حاجي صوفي مثل الشيخ أبو عبد الرحمن عبد الله أبو شيخ عبد الرحمن المشهور بحاجي صوفي حيث كان نساخاً ينسخ الكتب الدينية، وقد توفي هذا الشيخ في ناحية غرعد Garacad في منطفة مدغ Mudug، كما أنه مدفون فيها ويقال إنه نسخ حوالي ٢٠٠ كتاب[١].

ومن النساخين أيضا الشيخ عبد الرحمن بن عبد الله المعروف بحاجي صوفي، وهذا الشيخ نسخ أيضاً كتباً كثيرةً ومن بين هذه الكتب مؤلفاته ورسائله التي وضعها وألفها.

وعلى درب الشيخين السابقين، كان هناك الشيخ عبد الرحمن بن عبد الله وقد سار على نهجهما أولاد حاجي صوفي، مثل الشيخ عثمان عبد الرحمن وأخوه الشيخ محمد بن عبد الرحمن كليهما كانا نساخين، ومن النساخين المشهورين أيضاً الشيخ أحمد بن أمانك الشاشي الذي كان نساخاً أيضاً،

ومن هنا يظهر أن الأسرة الشاشية حرصت على هذا الفن وتوارثه بعضهم عن بعض، ومن العجيب أن هذه الأسرة مازالت حتى الآن تبرز منها نخبة متخصصة في فن النسخ والكتابة، وأشهر هؤلاء الشباب الشيخ أحمد بن عثمان الشاشي المقدشي والشيخ أحمد غالباً كان ينسخ ما كان يمليه شيخه ومربيه الشيخ أبا[٢] غير أنه في السنوات الأخيرة يكتب وينسخ مؤلفاته مع املاءات وأجازت شيخه[٣].

ومن النساخ المشهورين في الصومال الشيخ محي الدين أبا الشيخ القحطاني كان حيّاً قبل ٢٠٠ سنة ومن النساخين الصوماليين أيضاً مجموعة نساخ الشيخ عبد الرحمن فقه أو بكر البيمالي السعدي بن آل مغن Biyo maal sacid alle magen وكان

---

(١) كما أخبرنا أحد أحفاده الشيخ محمد بن أحمد محمود أحمد المشهور شيخ أبا وقال إن الكتب التي نسخها مازالت لدينا حتى يومنا هذا

(٢) الشيخ محمد أحمد الشيخ أبا هو شيخ لشيخ أحمد ومربيه كما أنه أبو زوجته وابن أخته.

(٣) له عدد المؤلفات، سوف يرد ذكره، عند حديثنا عن مؤلقاته وانتاجه العلمي.

هذا الشيخ كثير الاهتمام بالكتب محباً لاقتنائها مكباً على قراءتها، لذلك كان يستعين كثيراً ببعض النساخين، ولعل أغلبهم كانوا من طلابه. وعلى العموم فقد كان لدى الشيخ عبد الرحمن فقي، كتب خطية كثيرة في مختلف التخصصات.

ومن أشهر النساخ حسن موسى بن ابراهيم ومن الكتب والرسائل التي نسخها كتاب: (الجواهر وعقود الفضائل في فنون الفوائد في علم أصول الدين على مذهب الأمام الأعظم أبي حنيفة النعمان بن ثابت الكوفي[1]، للشيخ الإمام العلامة المفتي العراقي محمد بن أبي بكر، غير أننا لم نجد تحديداً لزمن نسخ الكتاب، وهذا المخطوط يقع في ٧٤ صفحة، أما موضوعه فهو مشتمل على العقائد والصفات وفي وجوب رؤية الله تعالى بالأبصار والإيمان وحقيقته وإمارة صحته، وأن معرفة الحق ليس الإيمان حتى ينضم إليه التصديق والإقرار.

ومن النساخ الصوماليين أيضاً الشيخ عبد الشكور بن الشيخ أحمد المجيرتيني نسباً الشافعي مذهباً الأشعري عقيدة القادري طريقة، وعلى الرغم من أننا لا نستطيع أن نعدد عدد الكتب والرسائل التي نسخها إلا أنه كان من النساخ الذين كان لهم صبر طويل في هذه المهنة حيث قام بنسخ مخطوطة طويلة كثيرة العدد، وهي كتاب: «الإرشاد الغاوي في مسالك الحاوي» وهو مخطوط ضخم ألفه شرف الدين اسماعيل أبي بكر السعدي نسباً الشافعي مذهباً الزبيدي مسكناً، والمخطوط ضخم الحجم ويقع في ٤١٠ صفحة، وقد نسخ الناسخ هذا الكتاب عام ١٣١٧هـ، وقد عثر على هذا المخطوط في مدينة أفجوي بالقرب من مقدشو وهناك عدة مخطوطات بهذا الإسم، وأهمية موضوع المخطوط تكمن في أنه يسهم في القاء الضوء على التأثير الثقافي لبلاد اليمن على الصومال، كما تشير ألقاب ناسخ المخطوط إلى ثلاثية المثقف الصومالي القديم في الفقه الشافعي والعقيدة الأشعرية والطريقة القادرية، لأن هذا المذهب وهذه العقيدة، وكذا هذه الطريقة كل ذلك كان أمراً سائداً في القطر الصومالي في بعض الفترات التاريخية[2].

(١) انظر حسن مكي: مرجع سابق ص ٦٤

(٢) المرجع السابق، ص ٦٧.

ومن المؤلفين من كانوا ينسخون كتبهم بأنفسهم ولا يعتمدون على الناسخين الآخرين، وقد ذكرنا سابقاً أن أغلب المؤلفين الصوماليين كانوا ينسخون كتبهم بأيديهم ومن ذلك شيخ شريفو شيخ مختار، صاحب كتاب الوسيط في تفسير القرآن الكريم، ومما يبين أن المؤلف نسخ الكتاب نفسه، أنه لا يوجد في المخطوطة اسم ناسخ آخر، مما يدل على أنه هو واضع الكتاب وناسخه، علماً بأن عدد أوراق المخطوطة يصل إلى ٢٤١ورقة أي ٤٨٢ صفحة، وهي على خط شيخي مشكول، وتناولت هذه المخطوطة علوم القرآن حيث حصرت علوم التفسير في عشرة علوم والناسخ والمنسوخ وأصول الدين والأدب واللغة والتصريف[١].

ومن الناسخين أيضاً أركوب بن معلم عثمان الأفجوي، ونسخ كتاب، تفسير الجلالين للنصف الأول من القرآن، لجلال الدين عبد الله بن أحمد المحلي[٢] وجلال الدين عبد الرحمن بن أبي بكر السيوطي، ونسخ في سنة ١٣٠٠هـ، وتمتاز هذه المخطوطة بأن الناسخ، وهو أركوب بن معلم عثمان وضع مقدمة في بداية الكتاب، ومن أقواله أنه قال: «ولا يجوز تعليل المذاهب الأربعة ولو وافق قول الصحابة والحديث الصحيح والآية، والخارج عن المذاهب الأربعة ضال مضل، وربما أدى ذلك لكفر، لأن الأخذ بظاهر الكتاب والسنة من أصول الكفر» وهذا يكشف عن المستوى الذي وصل إليه التعصب للمذاهب الفقهية.

وهناك مخطوطات لم يذكر ناسخوها ولم تدوّن أسماؤهم في أول المخطوطة أو في ذيلها، ولكنه يظهر أن ناسخه من أهل الصومال وذلك أن الناسخ استخدم خطوطاً صومالية وغيرها مثل كتاب: «السلم المنورق»، لصاحبه عبد الرحمن الأخضري، حيث وضعه في عام ٩٤١هـ ونسخ في القرن الرابع عشر الهجري، ومن ذلك أيضاً كتاب: «الأربعون النووية»، للإمام النووي يحي بن شرف، وهذا المخطوط مكتوب أيضاً بخط مغربي وصومالي وإفريقي.

(١) حسن مكي: مرجع سابق ص ٦٩.

(٢) وهو جلال الدين محمد بن أحمد بن محمد بن أبراهيم المحلي.

أما إذا رجعنا إلى حركة الوراقين في الصومال ونشاطاتهم العلمية عبر العصور يتجلى لنا أن أهل الصومال كان لهم نصيب وافر لتنشيطها وترويجها، وكان هؤلاء لهم أنشطة علمية في مكاتبهم ومواطن عملهم ومن ذلك بعض المناظرات وتبادل الآراء التي كانت تجري في أسواق الوراقين ولاسيما تلك الأسواق في مقدشو من مركز المدينة آنذاك المسمى «أفر إردود» بمعنى «أربعة أبواب» وبعض المكتبات في يوبسن Yoobsan ومجلات أخرى في حي حمروين.

وكان الوراقون الصوماليون يهتمون كثيراً بالكتب وما يتعلق بها من تجليد وترميم، ولم يكن أسباب اهتمام هؤلاء بالوراقة مادياً أو اقتصادياً وإنما كان هناك اهتمام علمي وثقافي وديني أيضاً، إذ أن هؤلاء اشتغلوا بالوراقة وامتلكوا مكتبات ضخمة ذات قيمة علمية لغرض التجارة وترويج الكتب، حتى أصبحت هذه المهنة هوي لديهم لا يفارق نفوسهم، وقد وصل حبهم للكتب أن احتفظ بعضهم ببعض الكتب التي هي ذات قيمة علمية أو أحبوها.

أما الوراقون ونشاطهم الورقي فمن الصعب أن نحدد هذا النشاط على حقيقته، ولاسيما في الظرف الراهن الذي تمر به بلاد الصومال، حيث أصاب الدمار أغلب المكتبات العامة والخاصة، وكذا المراكز الثقافية والبحثية، ولكننا هنا نحاول أن نسلط الأضواء على بعض من اشتهر من أهل الصومال في هذه المهنة، ومن هؤلاء الورّاقين الذين اشتهر في بلاد الصومال، الشيخ سالم بن عبد الله بن شيبة من قبيلة باعمر[1]، وكان لهذا الشخص مكتبة عظيمة تضم كتباً نادرة لا يوجد مثلها في البلاد وذلك قبل ١٥٠ سنة، ويقال إنه كانت تأتيه كتب ومصادر نادرة من بلاد مصر، إذ كان له علاقة قوية مع مكتبة بولاق في مصر ويبدو أن أكثر كتبه طبعت في مصر بهذه المكتبة.

ومن أشهر الوراقين في القطر الصومالي أيضاً، ولاسيما مدينة مقدشو وضواحيها، السيد على محمد جامع المشهور «بعلي كار»، وكان له أيضاً مكتبة نفيسة

---

(١) وهو جلال الدين محمد بن أحمد بن محمد بن أبراهيم المحلي

في حي حمروين قرب منطقة أربعة أبواب (أفر إردود). ومن الوراقين المشهورين في مقدشو أيضاً محمد عوض باخشوان المركي، وكانت لديه مكتبة كبيرة، فريدة من نوعها، وكان يسكن في مدينة مركة الساحلية التي كانت مشهورة بالعلم والعلماء، ومن البديهي أن ينحاز إلى النواحي الثقافية والعلمية، ومن هنا سلك مسلك بيع الكتب وتجارتها، وبذل جهوداً جبارةً حتى أسس مكتبة كبيرةً في مدينة مقدشو.

ومن المكتبات المشهورة أيضاً مكتبة الشيخ فقي شيخ محمد أبكر في حي حمروين بمقدشو، علماً أن الشيخ فقي ينحدر من أسرة مشهورة بالوراقة وبيع الكتب، ومن أفراد هذه الأسرة الذين صاروا من الوراقين، وجعلوا الوراقة مهنة لهم السيد محمد محي الدين أبكر، حيث كانت له مكتبة يشتغل فيها، وجدير بالذكر أن أكثر الكتب كانت تأتي من الحجاز ولاسيما مكة والمدينة من خلال رحلات وزيارة بيت الله الحرام في مكة، والمسجد النبوي بالمدينة، كما كانت تأتي الكتب من الهند، وكذا زنجبار، لما كان بين القطرين من علاقة ثقافية بسبب حكامها البورسعيديين.

ومن الذين كانوا يهتمون بنظام الوراقة الشيخ حسن شيخ عبد الشكور، وكان ساكناً بهرجيسا، وكان من بين الكتب التي كان يحتفظ بها كتاب: «الأربعون النووية من مبادىء الإسلام».

ومن الوراقين الصوماليين عمر شيخ نور القاطن بقرية «بورما». وإذا ذكرنا بورما، فلا بد أن نشير إلى جهود الشيخ علي جوهر الغدبورسي، ليس في مجال نشر العلم ومبادئ الإسلام الذي كان الشيخ اشتهر فيها في حقل الدعوة والتعليم، وإنما في مجال الوراقة وعملية نسخ الكتب، لأن الظروف العلمية التي كان يعيش من خلالها كانت تجبره على أن يشتغل الشيخ وطلابه وأولاده، بالإضافة إلى اهتمام الشيخ علي جوهر باقتناء الكتب عند زياراته بيت الله الحرام، وكذا جهود الشيخ لنسخ الكتب كلما سمحت له الظروف وذلك لقوة ارادته وعلو همته.

ومن هؤلاء أيضاً حسن شيخ عبد الشكور، وكان يحتفظ بكتب عثر عليها ببيته، ومن بين الكتب التي وجدت في بيته كتاب: « شرح لامية الأفعال « لمحمد بن مالك، والمخطوط يقع في ٥٦ صفحة.

ومن الوراقين المشهورين في الصومال أيضاً الشيخ حسين الأبغالي «فرع عبدلي غلماح» كانت له مكتبة ضخمة للبيع في منطقة «أفر إردوت» أي أربعة أبواب. مثله مثل مكتبة إبراهيم الشيدلي وهاتان المكتبتان كانتا معروفتين في القرن الماضي في مقدشو.

وهناك رجال كانوا مشهورين في عملية التجليد والتزيين - أي تجليد الكتب - مثل الشيخ محمد معلم محمود المشهور ب «مدحي» الأبغالي (فرع داود) وكان الشيخ محمد معلم يقوم بعملية التجليد وخاصة تجليد المصاحف القرآنية والكتب الدينية الأخرى مثل كتب التفسير والحديث والفقه. وكان دائماً موجوداً بين الوراقين حيث كان عمله مرتبطاً بهم في سوق الوراقين في حي حمروين بمقدشو ولكثرة التزامه بالمكتبات ظن بعض الناس أنه من الوراقين والنساخين.

الفصل الرابع

أهم روّاد الثقافة العربية

في الصومال عبر العصور

المبحث الأول: الإمام فخر الدين بن عثمان بن على الزيلعي

المبحث الثاني: الحافظ جمال الدين الزيلعي

المبحث الثالث: الشيخ عمرو رضا (أباذر)

المبحث الرابع: الشيخ علي بن عبد الرحمن فقيه

الفصل الرابع

أهم روّاد الثقافة العربية في الصومال عبر العصور

المبحث الأول: الإمام فخر الدين بن عثمان بن على الزيلعي:

أ- حياته ونشأته:

هو الشيخ العلامة الفقيه فخر الدين أبو عمر عثمان بن عليّ بن محجب البارعى الزيلعى الحنفي[١].

ولد في منطقة زيلع ببلاد الصومال، التى كان يطلقها الجغرافيون أحيانا على أقاليم الطراز الإسلاميّ، أو ايفات التى كانت كبيرة نسبة لبقية الدول والسلطنات الإسلامية الأخرى، حيث كان طول أرضها براً وبحراً نحو شهرين وعرضها أكثر من شهرين إلا أنّ غالبها قفار غير مسكونة،حيث كانت زيلع تنضم أحيانا مع إيفات وتكونان إقليماً كبيراً واحداً[٢].

ولايعرف تاريخ ولادة فخر الدين أبي عمر الزيلعى، حيث لم تنقل إلينا كتب التراجم المتوفرة لدينا سواء من كتب طبقات الحنفية، أو معاجم تراجم المؤلفين شيئا عنه، ولكننا نعرف أنه تربى ونشأ في منطقته الأصلية في زيلع ونواحيها حيث ترعرع فيها وتلقى العلوم في مراكزها ومساجدها التى كانت عامرة بالعلم والعلماء، ولا سيما إذا عرفنا أن زيلع كانت تنعم بشيء من الازدهار والانتعاش العلمي والثقافي، وكان في عصر الزيلعي ما قبله، تفد إلى بلاد الزيلع نخبة من أهل العلم لأسباب مختلفة[٣] وخاصة من أهل اليمن والحجاز لقربها ولسهولة الوصول إليها، بل إن زيلع كانت

---

(١) السيوطي: حسن المحاضرة ١، مصدر سابق / ٤٧٠؛ حاجي خليفة: كشف الظنون عن أسامي الكتب والفنون؛ عمر رضا كحالة: معجم المؤلفين ٢/ ٣٦٥؛ وانظر محمد سعيد ناود: العروبة والإسلام بالقرن الأفريقي، بدون التاريخ والمكان و المطبعة. ص٩٤-٩٥.

(٢) محمد سعيدناود: المرجع السابق نفسه.

(٣) انظر هذه الأسباب الذين ناقشنناها في الفصل الثاني من هذا البحث تحت عنوان:»المهاجرون العرب ودورهم في نشر الثقافة العربية والإسلامية في المنطقة»

فترة طويلة جزءا من القطر اليمنيّ، فلذلك لايستغرب أن تفد إليها كوكبة من أهل العلم لأغراض علمية، ومن هؤلاء العلماء الأجلاء الذين وصلوا اليها، الفقيه اليمنيّ العلاّمة أبو عبد الرحمن الحسن بن خلف الحسين المقيبعيّ، وكان فقيهاً بارعاً كاملا أصولياً فرعياً محدثاً ولشهرته في ذلك، قصده القاصدون والتفوا حوله أو طلبوا منه العلم بفروعه المختلفة التي كان متمكناً منها، ولاشكّ أن أهل زيلع لايتركون مثل هذا العلامة الموسوعي، بل يستفيدون منه حتى يترك لهم أثراً علمياً، كما أنّ المقيبعيّ نفسه لايقف مكتوف الأيدى دون أن يقوم بنشر العلم، لأنه عند ما كان في منطقة عدن كان معروفاً بنشر العلم، يقوم بالدعوة حتى التف حوله أناس كثيرون، ونتيجة هذه الجهود أنّه خرّج جماعة من العلماء الذين قاموا بدورهم بنشر العلم وإرساء قواعده بين طلاب العلم بالمساجد والزاويات وأورقة العلم في اليمن، ومن هنا مكث المقيبعيّ في منطقة الزيلع فترة من الزمن - كما ذكره المؤرخون - كما أنه ربما قام بتدريس بعض العلوم الشرعية فترة وجوده في زيلع، ومن خلال ذلك أثر في الحياة العلمية، وترك آثارا طيبة(١).

وهذا مثال واحد إلاّ أنّ رحلات أهل العلم من خارج الصومال لم تنقطع عبر العصور ولاسيما الرحلات العلمية إلى منطقة زيلع - كما ذكرنا ذلك من قبل - حيث كان يفد إلينا كثيرمن أهل العلم والدّين، مثل العلاّمة الفقيه أبي بكر عبد الله العيدروس باعلى وكان له علاقات طيبة مع المجتمع في زيلع حتى في الطبقة الحاكمة(٢).

ومن الزوار الذين زاروا منطق زيلع أيضاً، العلاّمة الفقيه المصرى محمد بن محمد بن عبد الرحمن بن حسن بن جلال الدين بن فتح الدين بن وجيه المصرى المالكيّ المعروف بابن سويد بأحمد أباده ورحل هذا الشيخ إلى بلدان عدة لأجل طلب العلم، حتى التقى علماء كثر أخذوا منه علوماً متنوعةً في مصر والحجاز والهند، وزار بلاد الصومال وخاصة منطقة زيلع حيث درّس فيها وحدّث قبل أن يتوجه إلى بلاد الهند(٣). وهذا كله

---

(١) الجعدي: طبقات فقهاء اليمن، مصدر سابق ص٤٤٢؛ با مخرمة: ثغر عدن، مصدر سابق ص ١٩

(٢) العيدروسي: مصدر سابق ص ٨١-٨٩.

(٣) العيدروسي: المصدر نفسه ص١٠٢-١٠٣.

دليل واضح على أن منطقة زيلع كانت تنعم بالازدهار الحضاريّ والانتعاش الثقافي سواء في عصر الفقيه فخر الدين زيلعي أو قبله أو بعده حيث كانت زيلع جزءا لا يتجزأ أبداً عن مناطق الحضارات في الحجاز واليمن والهند ومصر، ومن هنا فلا يستغرب أن يكون أبو عمر الزيلعى نابغا ومتفوقا في العلوم الشرعية وغيرها، وأن يصفه به العلماء والمؤرخين بأنه (فقيه نحويّ فرضى) [1]، وغير ذلك من الألقاب العلمية، وهذا وقد وصل الزيلعي إلى القاهرة سنة ٧٠٥هـ واشتغل بالتدريس وإلقاء الدروس، بل واشتهر بنبوغه وتفوقه في ميادين الفقه وأصوله [2]، مما يدلّ على أنه تلقى علوماً كثيرة في بلدته زيلع حتى استوى ساعده، وذلك قبل أن يصل إلى القاهرة التى استقرّ بها.

وفي الفترة التى وصل فيها الزيلعيّ إلى الديار المصرية وخاصة القاهرة، كانت مصر في أزهى العصور حيث كانت مصر تعيش انتعاشاً حضارياً وثقافياً في مختلف المجالات العلمية والثقافية من خلال مراكزها العلمية ومساجدها العامرة، وأزهرها الشريف، إضافة إلى زوايا وأروقة علمية ثقافية أخرى ملأت المدن والبلدان المصرية، وهذا الازدهار العلمي والرقي الحضاري هو العامل الأول الذي جعل طلبة العلم يقصدون مصر لينهلوا من منهلها العذب ولاسيما في فترة الزيلعيّ في القرن الثامن الهجري الخامس عشر الميلادي، وقد ساعد على ذلك حكم المماليك الذين كانوا يشجعون على نشر العلم واستقطاب أهله، بل وأولو العلماء رعاية كريمة خاصة بهم، سواء في النواحي الاجتماعية أو الاقتصادية أو الثقافية [3].

والحق أن الزيلعيّ فخر الدين كان من هؤلاء الذين يهتمون بالعلم ومراكزه، إذ إن قلبه كان دائماً متعلقاً بالعلم وأهله، ولاسيما أن مصر كانت تضمّ أرقى مراكز العلم وأفضل سبل العلماء.

ولا شك أن المصادر التى ترجمت لعلماء مصر في القاهرة في الفترة التى عاش فيها فخر الدين الزيلعي في مصر تبين مدى ما وصلت إليه مصر من ثقافة ورقي حضاري.

---

(١) عمر رضا كحالة: معجم المؤلفين، مرجع سابق ٢/ ٣٦٥

(٢) السيوطي: حسن المحاضرة، مصدر سابق ١/ ٤٧٠

(٣) انظر زين الدّين العالدين السراج: مرجع سابق ص ٣٢١ - ٣٢٢

ورغم وجود هذا العدد الكبير من العلماءالذين اكتظت بهم المراكز العلمية في مصر وحلقاتها العلمية، إلا أن فخر الدين الزيلعي لمع نجمه في سماء العلم والمعرفة بمصر، وبرز في محافل وأروقة العلم حتى تتلمذ عليه نخبة من العلماء، ومما يدلّ على سعة علمه ورجاحة عقله كما يدلّ ذلك على أن موطنه الأصلي - وهي زيلع - كانت أيضاً تنعم بحالة علمية جيدة حتى أخرجت مثل هذا العلم الشامخ فخر الدين الزيلعي.

والحقيقة أن جلوس فخر الدين الزيلعي على كرسي العلم، والقيام بالتدريس وإلقاء الدروس في تلك البيئة العلمية التى كانت تضم لفيفاً من المحدثين والفقهاء والأدباء لم يأتي من فراغ(١).

ومما يؤكد تفوق علمه وسعت اطلاعه أن كل من ترجم له أشاروا إلى قدرته في النواحي اللغوية والفقهية، حيث كان فقيهاً فرضياً نحوياً، ولعلّ أغلب هذه العلوم قد حازها عند ماكان في بلده زيلع التى كانت عامرة بالعلم والعلماء سواء علمائها الأصليين في منطقة القرن الأفريقي أو أولئك الذين وفدوا إليها لأغراض مختلفة، كما أنه ربما استزاد علماً في اليمن عند مروره بها، وفي طريقه إلى مصر، وإن لم تشر المصادر إلى ما يفيد ذلك، ولكن القطرين اليمني الصومالي، كانا مرتبطين في النواحي الاجتماعية والاقتصادية والثقافية والسياسية، بل كانت زيلع جزءاً من اليمن في بعض الفترات، كما أشرنا إلى ذلك سابقاً، ونحن لا نستغرب ذلك لأن الفقه الشافعي رغم أنه كان يسيطر على بلاد الصومال، و أهله يتمذهبون به إلاّ أنّ منطقة زيلع اشتهرت بمذهب آخر، وهو المذهب الحنفي، نسبة إلى الإمام نعمان بن بشير الكوفي الحنفيّ (٢).

وقد ناقشنا فيما سبق أن المذهب الحنفي الذي يتمسك به بعض أهل العلم في زيلع كفخر الدين أبى عمر بن عثمان الزيلعي، وجمال الدين أبى محمد عبد الله

(١) ويتبيّن مما ذكرنا إذا رجعنا إلى المصادر والكتب التي ترجمت عن الأعيان والعلماء الذين عاشوا في مصر ولاسيما مدينة القاهرة، أو نزلوا فيها في فترة الزيلعي. ومن الدهشة إذا عرفنا أن من بين هؤلاء المعاصرين له كوكبة فريدة من نوعها يصعب أن يقارن بغيرهم من النواحي العلمية والثقافية.

(٢) انظر القلقشندي: مصدر سابق ٥/ ٣٢٤؛ المقريزي: الإلمام بمن في أرض الحبشة من ملوك الإسلام مصدر سابق، ص٧

بن يوسف الزيلعي صاحب كتاب: (نصب الراية في تخريج أحاديث الهداية) - قد وفد إلي زيلع من جهة اليمن وخاصة بلدة السلامة المشهورة بهذا المذهب، والبلدة أصبحت مستوطنة زيلعية، بعد أن توجه إليها كثير من طلبة العلمّ لسهولة الوصول إليها ولقربها واستقروا هناك حتى خصصت لهم مسجداً خاصاً لهم أطلق عليه مسجد فقهاء بنى الزلعي، وذلك لكثرة وجودهم فيه، وكانت بلدة السلامة المنفذ الذي جاء منه المذهب الحنفي إلى منطقة زيلع[1].

ومهما كان فإن الزيلعي فخر الدين أبا عمر ترعرع ونشأ في زيلع التى نسب إليها كغيره من العلماء الأعلام، ثم توجه إلى الديار المصرية، وخاصة مدينة القاهرة، حيث وصل إليها سنة ٧٠٥هـ.

وعلى الرغم من أن المصادر لاتفيدنا عن جهوده العلمية في منطقة زيلع قبل رحلته منها إلى مصر، من حيث الإنتاج وإلقاء الدروس، إلاّ أنّه ربما قام بالتدريس ونشر العلم في منطقة زيلع وغيرها، لأن من بين طلابه النابغين أبو محمد جمال الدين عبد الله بن يوسف الزيلعي المحدّث الأصولي، رغم أنّ المصادر لم توضح أيضاً مكان تدريسه له، وأخذ العلم عنه، وإن كانا اجتمعا وتعاصرا في الزيلع والقاهرة معاً، لأن كلا الرجلين وفدا إلى مصر قادمين من موطنيهما الأصلي زيلع.

٢- آثاره العلمية:

ويكفي فخر الدين الزيلعي إنجازاً وإسهاماً في عملية نشر العلوم والمعارف أنه أخرج جيلاً كريماً تلقى العلم على يديه، من الذين ساهموا بدورهم في نشر العلم خلال حلقاتهم، أومن خلال إنتاجهم العلمى والثقافي، مثل جمال الدين أبو محمد عبد الله الزيلعي، صاحب كتاب (نصب الراية) الذى كان يعدّ من أفضل من تتلمذ على يد فخر الدين الزيلعي الحنفي، ولعلّ جمال الدين عبد الله الزيلعي أخذ الفقه وأصوله من شيخه فخر الدين أبى عمر الزيلعي، حيث كان شيخه فقيهاً أصولياً،

---

(1) Mohamed Haji Mukhtar: Op. Cit, P. 268.

علماً أن كتب التراجم نعتت جمال الدين أبي عمر الزيلعي بأنه كان حنفياً أصولياً مع كونه محدثاً[١]، كما أشار بعض من ترجم لجمال الدين أبى محمد عبد الله الزيلعي، بأنه تلقى العلم من فخر الدين الزيلعي[٢]، وهذا يؤكد لنا أنّ أبا عمر فخر الدين الزيلعي كان له دور عظيم في نشر العلم وإرساء قواعد الدين الإسلامى في زيلع ومصر، وأنه أخرج أمة حملت شعلة الإسلام وحضارته، ونشرت في منطقة القرن الأفريقي، وكذا في الديار المصرية.

أما آثار الشيخ فخر الدين أبي عمر الزيلعي، فكان جلّها في الفقه، وخاصة الفقه الحنفي الذى كان بارعاً ومتفوقاً فيه، ومن أهمّ هذه الكتب الفقهية التى أنجزها الزيلعي كتابه (تبيين الحقائق بما فيه ما اكتنز من الدقائق)[٣].

وهذا كتاب يعدّ من أهمّ شروح كتاب (كنز الدقائق) للشيخ الإمام أبي البركات عبد الله بن أحمد المعروف بحافظ الدين النسفي الحنفي المتوفي سنة ٧١٠هـ، وتظهر قيمة شرح الزيلعي من خلال الشروح الكثيرة التى وضعت لكتاب النسفي إذ أنّ المحققين ذكروا أن شرح الزيلعي يعدّ من أهمّ الشروح التى ظهرت.

كما تظهر أيضاً قيمة شرح الزيلعيّ إذا عرفنا أنه وجد شيوخاً كثيرين شرعوا في اختصار وتلخيص شرح الزيلعي، رغم الشروح الكثيرة مثل مختصر الزيلعي للشيخ الإمام جمال الدين يوسف بن محمود بن محمد الزاري المسماة «كشف الدقائق»[٤]، وشرحه عز الدين يوسف بن محمود بن محمد الزارى المسمي: أيضاً (كشف الدقائق)، وشرحه رشيد الدين، وكذا شرحه عز الدين يوسف بن محمود الزارى الصهراني بالقول في مجلدين وفرغ من تأليفه في السابع عشر من شوال سنة ٧٧٣هـ. بالقاهرة، وهو مختصر الزيلعي.

---

(١) السيوطى: مصدر سابق ١/ ٢٠٢؛ وانظر عمر رضا: مرجع سابق ٢/ ٣٠٧.

(٢) ابن حجر العسقلاني: الدرر الكامنة في أعيان المائة الثمانية، مصدر سابق ٢/ ٣١٠.

(٣) وانظر حاجي خليفة: مصدر سابق ٢/ ٤٣٤

(٤) حاجي خليفة: المصدر نفسه ٢/ ٤٣٤- ٤٣٥

ومما يؤكدّ قيمة كتاب الزيلعي، أن الزيلعي ليس وحده من قام بتخريج كتاب الكنز أو قام بشرح الكتاب، وإنما شارك معه في هذا الأمر علماء إجلاء قاموا بالشرح والتخريج والاختصار، غير أن كتاب الزيلعي كان يشار إليه بالبنان، ولاقي القبول الحسن، حيث تداوله أهل العلم بين قراءته واختصاره - كما أشرنا - أو شرحه.

وهناك أيضاً من شارك مع الزيلعي بعمل كتاب الكنز مثل: شرح العلاّمة بدر الدين محمد بن عبد الرحمن العيسى الديري الحنفي وسماه « المطلب الفائق»، وهو شرح لطيف كبير في سبع مجلدات.

ومن شروحه أيضاً شرح الرضى أبي حامد محمد بن أحمد بن الضياء المكي المتوفي سنة ٨٥٨هـ، وهو أخو صاحب البحر العميق، ومن الشروح أيضاً: «المستخلص» لإبراهيم بن محمد القارى الحنفي المتوفي في رجب سنة ٩٠٧هـ، وهو شرح ممزوج أيضاً، ومن شروح كتاب الكنز أيضاً: « كتاب النهر الفائق بنشر كنز الدقائق» لمولانا سراج الدين عمر ابن نجيم المتوفي سنة ١٠٠٥ هـ[١].

وهذا دليل واضح على أهمية كتاب: « تبيين الحقائق لما فيه ما اكتنز من الدقائق»، وكيف لايكون الكتاب بهذا المستوى وقد وضعه أحد نبغاء عصره، وفريد جيله، الفقيه الأصولي الفرضى الإمام فخر الدين بن عثمان بن على الحنفي الزيلعي الذى كتب في الفقه بتوسع وفي دقة متناهية.

ومن هنا فلا غرابة أن تتجه أنظار أهل العلم إلى هذا الكتاب بين مختصر وشارح وقارئ، لأن الزيلعي تناول في هذا الكتاب أموراً عدةً، أهمّها قواعد الإسلام وأركانه ابتداءً بالصلاة وما يتعلق بها من الطهارة بأنواعها وكذا التيمم والأذان، ومروراً بأركان الإسلام الأخرى من الزكاة والصيام. أما الصلاة، فتناولها من حيث شروطها وصفتها، ثم الإمامة والحدث في الصلاة وما يفسدها وما يكره فيها، ثم النوافل وإدراك الفريضة وقضاء الفوائت وسجود السهو، وصلاة المريض والمسافر والجمعة والعيدين والجنائز والخوف والكسوف والخسوف، كما تناول الصوم وحكمته وشروطه، وكل

(١) حاجي خلفية: المصدر السابف ٢/ ٤٣٤- ٤٣٥

هذه الأمور تناولها الكتاب، وهكذا عالج بقية أركان الإسلام الأخرى وقواعد الدين الإسلامى الأساسية إذاً ليس غريبا أن يكون هذا الكتاب من أجلّ كتب الفقه وخاصة الفقه الحنفي، بل و يصبح من أفضل كتب المذاهب بل «وظل - أي الكتاب - تراثاً خالداً ينير الطريق ويشير إليه العلماء ويأخذون منه فقههم»[(١)].

ولفخر الدين الزيلعي أيضاً كتب وآثار علمية أخرى مثل: كتاب «شرح الجامع الكبير لمحمد الشيبانى» ومثل: كتاب «شرح المختار للموصلى»، وهذان الكتابان بالإضافة إلى كتابه « تبيين الحقائق مما فيه ما اكتنز من الدقائق» كلها كتب في فروع الفقه الحنفي.

٣- وفاته:

اتفق أهل التاريخ أنّ فخر الدين الزيلعي توفي في القاهرة سنة ٧٣٤ هـ- ١٣٤٢م، وأضاف بعضهم بأنه توفي من شهر رمضان من السنة نفسها[(٢)].

المبحث الثاني: الإمام جمال الدّين أبو محمد عبد الله بن يوسف الزيلعي:

١- مولده ونشأته:

وهو الإمام الفاضل البارع المحدث المفيد الحافظ المتقن، جمال الدّين أبو محمد عبد الله بن يوسف بن محمد بن أيوب بن موسى الحنفي الزيلعي، ينسب إلى مدينة زيلع الساحلية التي تقع في بلاد الصومال قبالة سواحل اليمن، كما ينسبون إلى زيلع كوكبة من أهل العلم الذين اشتهروا بعلومهم وعلا نجمهم، وهؤلاء ينتسبون إلى هذه المدينة، غير أنّه ليس بضرورة أن يلقب من عاش فيها وسكنها «الزيلعيّ»، حيث أحياناً كثيرةً يطلق عليهم الجبرتيّ، وتارة الحبشيّ، وكل هذه الألقاب والأسماء لها دلالتها التاريخية والاجتماعية والثقافية، إذ أن ألقاب الزيلعي والجبرتيّ وكذا الحبشي كانت تطلق على كل قادم من جهة منطقة القرن الأفريقي، بما فيها بلاد الصومال

---

(١) زين العابدين بن عبد الحميد السراج: مرجع سابق ص ٣٢٧.

(٢) انظر حاجي خليفة: مصدر سابق؛ عمر رضا كحالة: معجم المؤلفين، مرجع سابق ٢/ ٣٦٥.

وجيبوتي وإثيوبيا وأرتريا، في حين أن هذه البلدان كانت تعرف عند المؤرخين والجغرافيين القدامى (ببلاد الحبشة) حينما يأتون إلى بلاد اليمن والحجاز ومصر وغير ذلك. غير أنّ لقبي الزيلعي والجبرتي يشيران إلى شخص مسلم قادم من جهة الحبشة إلى الجهات العربية الإسلامية الأخرى، أما لقب الحبشي فلم يكن بالضرورة أن يكون هذا الشخص القادم من هذه المناطق مسلما، ربّما كان غير ذلك[١].

كما أنّ بعض من ينسب إلى مدينة زيلع ليس بالضرورة بأنهم سكنوا وعاشوا فيها، مثل العديد من الأسماء التي ينسب إليها ولم يعيشوا فيها ولم يروها قط، بل ربّما من ينسب إليها لم يعش في الصومال فضلا عن زيلع، ومن هؤلاء الذين ينسبون إلى مدينة زيلع العلاّمة الشيخ جمال الدين فخر الدين عثمان الزيلعي صاحب كتاب: (تبيين الحقائق)، ومن هؤلاء أيضاً أبو عبد الله محمد بن عيسى الفقيه أحمد عمر الزيلعي وهو سليل الفقهاء والعلماء وأسرته من أهل قرية اللّحية في اليمن.

ومن علماء زيلع الذين اشتهروا بالعلم وضروبه الفقيه البارع أحمد بن عبد الرحمن بن عمر بن محمد الحبشيّ الزيلعيّ وشهرته شملت جوانب أدبية من شعر وغيره من العلوم، إضافة إلى علمه وفضله وفقهه[٢].

إذاً فجمال الدين الزيلعيّ أبو محمد الذي نحن بصدد ترجمته ليس وحده الذي ينسب إلى مدينة زيلع الساحلية، فهو من مواليدها وساكنيها رغم أنّه ليس لدينا سنة ولادته وكذا المدة التي قام فيها قبل أن يرحل إلى مصر.

٢- شيوخه وجهوده العلمية:

أما الحديث عن شيوخ جمال الدين أبي محمد عبد الله الزيلعي الذين أخذ عنهم العلم والمعرفة، فلا شكّ أنّ ذلك يتطلب تتبع رحلاته العلمية سواء حينما كان في زيلع موطنه الأصليّ، أو حينما انتقل إلى الديار المصرية، كما يتطلب الأمر كشف الأساليب

---

(١) انظر محمد سعيد ناود: مرجع سابق

(٢) انظر زين العابدين عبد الحميد السراج: مرجع سابق ص ٣٢٨- ٣٣٦

والطرق التي تلقى بها الزيلعيّ العلم من حيث أخذ العلم والسماع من الشيوخ أو القراءة عليهم أو الانشغال معهم.

ولمحاولة ذلك نرى أنّ الزيلعيّ أخذ العلم من شيوخ مختلفين، كما أنه تتبع في سبيل ذلك طرقا وأساليب متنوعة، ومن هذه الأساليب والطرق التي اتبعها الزيلعي من خلال رحلته العلمية الطويلة أسلوب السماع(١)، وعلى هذا الطريق أو أسلوب السماع فقد سمع الزيلعيّ من جماعة من أصحاب النجيب الحراني. والسماع الذي نتحدث عنه نقصد به سماع الزيلعي الحديث وعلومه، وكذا الفقه وأصوله(٢).

ومن شيوخ الزيلعي بهذا الأسلوب الشهاب أحمد بن محمد بن فتوح التجيبي «مسند الإسكندرية»، والشهاب أحمد بن محمد بن قيس الأنصاري «فقيه القاهرة والإسكندرية»، محمد بن أحمد بن عثمان بن عدلان «شيخ الشافعية «، وجلال الدّين أبي الفتوح علي بن عبد الوهاب بن حسن بن إسماعيل بن مظفر الفرات الجريري - بضم الجيم -، وتقي الدّين بن عبد الرزاق بن عبد العزيز بن موسى اللخمي الإسكندري، وتاج الدّين محمد بن عثمان بن عمر بن كامل البلبيسي، الكارمي الإسكندري، وجمال الدّين عبد الله بن أحمد بن هبة الله بن البوري، الإسكندري(٣).

ومن ناحية أخرى فإن الزيلعي اتبع أسلوباً آخر، وهو تلقي العلوم مباشرة والجلوس أمام الشيخ والسماع منه، وكذا القراءة عليه من شيخه فخر الدّين أبي عمر الزيلعي صاحب شرح كنز الدقائق المذكور آنفاً(٤)، وكذا الزيلعيّ أخذ العلم أيضاً

---

(١) السماع: هو سماع لفظ الشيخ سواء كانت إملاء من حفظه أو من كتاب وهو أرفع الأقسام عند الجماهير. انظر ابن الصلاح، أبو عمرو عثمان بن الصلاح الشهرزوري (ت ٦٤٣هـ): مقدمة ابن الصلاح، تحقيق عائشة عبد الرحمن بنت الشاطي، دار المعارف، القاهرة ١٩٨٩م، ص ١٥٧

(٢) ابن حجر العسقلاني: الدرر الكامنة في أعيان المائة الثامنة، مصدر سابق ص٢/ ٣١٠.

(٣) انظر مقدمة كتاب نصب الراية للإمام الزيلعي، المساماة: « المامة بترجمة الإمام الحافظ جمال الدّين الزيلعي الحنفي « ولمعة من مزايا كتابه الجليل، ص٥-٦، وفيها نقل عن ذيل تذكرة الحافظ الذهبي الذي وضعه تقي الدّين بن فهد المكي، وكذلك نقل عن كتاب: « الطبقات السنية « لتقي الدّين أبي التميمي، وهو مخطوط في التيمورية، من دار الكتب المصرية تحت رقم (٥٤٠) من التاريخ.

(٤) ابن حجر العسقلاني: المصدر السابق ٢/ ٣١٠

عن القاضي علاء الدين ابن التركماني وغيره. ومن الشيوخ أيضاً ابن عقيل وغيره كما ذكر السيوطيّ في ذيل تذكرة الحفاظ[1].

والزيلعيّ اتبع طريقةً أخرى وأسلوباً مغايراً في سبيل التحصيل العلمي، وهذا الطريق هو المطالعة والقرآءة الكثيرة التي جعلته يكتسب خبرةً واسعةً وعلماً غزيراً، وممّا يرفع قيمة هذه الطريقة - أعني طريقة مطالعة الكتب وقراءة الصحف-كان الزيلعيّ يرافق في مطالعة الكتب لأحد العلماء الأجلّاء وهو الحافظ أبو الفضل ابن الحسين العراقي صاحب كتاب:(الألفية في علوم الحديث)، وكان بين الحافظين (الزيلعي والعراقيّ) تفاهم وتعاون، حيث كان كل واحدّ منهما يعين الآخر، وهذا مما أكده الحافظ ابن حجر العسقلاني في درره[2].

وينبغي أن نشير الي أن الحافظين الحافظ جمال الدين الزيلعي والحافظ أبو الفضل بن الحسين العراقي كانا يشتغلان في فن واحد، وهو فنّ علم التخريج الذي يعدّ من أهم الفروع في علم الحديث ودعائمه، وهو ثمرته في قواعده المتينة، حيث كان الحافظ جمال الدين الزيلعي يعمل في تخريج أحاديث كتاب الهداية للإمام الرافعيّ، وكذا تخريج أحاديث الكشاف للزمخشري، في حين كان الحافظ أبو الفضل ابن حسين العراقيّ يشتغلّ في تخريج أحاديث كتاب أحياء علوم الدين لأبي حامد الغزاليّ،

وهذا مما صرح به الحافظ أبو الفضل العراقيّ نفسه وأخبره به أحد طلابه وهو الحافظ ابن حجر العسقلاني الذي قال مخبرا عن ذلك: (ذكر لي شيخنا العراقيّ الذي كان يرافقه في مطالعة الكتب الحديثية لتخريج الكتب الذي كانا اعتنيا بتخريجها، فالعراقيّ في تخريج أحاديث الأحياء والأحاديث التي يشير إليها الترمدي في الأبواب. والزيلعي في تخريج أحاديث الهداية وتخريج أحاديث الكشاف، فكان كلّ أحد منهم يعين الآخر [3].

---

(١) ابن حجر العسقلاني: المصدر السابق ٢/ ٣١٠؛ وقال السيوطي مثل ذلك انظر في ذيل تذكر حفاظ للذهبي كما هو موجود في مقدمة نصب الراية في تخريج أحاديث الهداية للزيلعي

(٢) ابن حجر العسقلاني: الدرر الكامنة، مصدر سابق ٢/ ٣١٠

(٣) ابن حجر العسقلاني: المصدر نفسه والجزء والصفحة

وبعض الشيوخ كانوا بارعين في الفقه وأصوله، لذلك أخذ عنهم في هذا المجال، مثل شيخه فخر الدين أبي عمر عثمان الزيلعي، إلاّ أنّه لم يصل إلينا ما يبين مكان لقائهما وتدريسهما، حيث أنّ المصادر التي ترجمت لأبي محمد جمال الدين الزيلعي لم تنقل ما يفيد في ذلك. كما أنّ الزيلعيّ جمال الدين أيضاً أخذ العلم عن أصحاب الشيخ النجيب وغيرهم.

والحقيقة أنّ الذي وصل إليه جمال الدين المستوى العلمي الزيلعي أورده بعض أهل العلم وأنّ كثيراً من أهل العلم النابغين في الفنون المتعددة - ولاسيما الحديث وعلومه - أصبحوا عالة علية، ومن بين هؤلاء الإمام الزركشيّ (١) الذي لم يستغن أن يعتمد على كتبه وخاصة كتابه: نصب الراية في تخريج أحاديث الهداية، حيث اضطر أن يعتمد عليه ويستمدّ منه معلومات حديثة في كثير من الأعلام التي وردت في الكتاب وتتعلق بتخريج أحاديث الرافعي.

ويرى بعض النقاد من المحدّثين أنّ الزيلعي كان أعلى طبقة من صديقه الحافظ العراقيّ، وإذا كان الحافظ العراقيّ اهتمّ بتخريج أحاديث كتاب أحياء علوم الدين، فإن الحافظ جمال الدين أبي محمد عبد الله الزيلعي اهتم بتخريج أحاديث الهداية للشيخ الإمام علي بن أبي بكر بن عبد الجليل الفرغاني شيخ الإسلام برهان الدين المرغينانيّ العلامة المحقق، والمعروف أنّ كلا الحافظين الجليلين كانا يطالعان كتب الحديث معاً لتحقيق هذا الغرض وهو تخريج أحاديث الكتب التي كان قد اعتنيا بتخريجها والانشغال بها، وكان فيما بينهما تعاون في سبيل إعانة بعضهم بعضاً، حيث كان كل واحد منهم يعين الآخر كما أشرنا سابقاً.

ومما يؤكد المستوى العلمي الذي وصل إليه كتاب جمال الدين - وهو كتاب « نصب الراية لتخريج أحاديث الهداية « - أنّ بدر الدين عبد الله بن محمد ابن بهادر ابن عبد الله المصريّ الزركشي الشافعي، قد استمدّ من هذا الكتاب كثيراً مما كتبه، عندما

---

(١) ابن الحجر العسقلاني: المصدر السابق والجزء والصفحة

كان يقوم الزركشيّ بتخريج بعض كتب الرافعي[١]، ولاشك أن ذلك يدلّ على أنّ العلماء الذين عاصروا جمال الدين الزيلعي رغم تفوقهم العلمي وقدرتهم العظيمة في وضع الكتب وتأليفها، إلاّ أنّ بعضاً من هؤلاء لم يستغنوا عما كتبه الزيلعي في تخريج الأحاديث، ولم يكن من الاعتباط أن يطلق بعض أهل العلم على الزيلعي بأنّه محدث اشتغل بالحقائق وطلبها، بل وعنى به حتى انتقى، وخرج كما أنّه ألف كتباً في هذا المجال وجمعه فيه[٢].

ولم يكن الزركشيّ وحده الذي استمد من كتاب الزيلعي - نصب الراية في تخريج احاديث الهدايه - وإنّماكان هناك أيضاً علماء إجلاء استفادوا من هذ الكتاب عند قيامهم بتخريج الاحاديث، ومن هؤلاء الحافظ ابن حجر العسقلاني الذي استمد في تخريجه، بل وليس الحافظ ابن حجر العسقلاني وحده هو الذي عمل مثل هذ العمل، وإنّما هناك أيضاً أناس آخرون استعانوا بكتب الزيلعي في تخريج الاحاديث واستفادوا منها من بعد الحافظ ابن حجر العسقلاني.

وأغلب هؤ لاء العلماء اقتبس واستعان بخبرات الزيلعي في هذ المجال ولاسيما شراح كتاب الهدايه[٣]، والحقيقة أنّ الحافظ ابن حجر العسقلاني استمد هذ الكتاب رغم ما ذكرناه وخاصة عند عمله في تخريج في أحاديث كتاب (شرح الوجيز للرافعي) وغيره، وكيف لا يثق ابن حجر العسقلاني بالزيلعي، وكان لشيخه الحافظ أبيّ الفضل العراقي علاقة قوية به، وكان بين الحافظ العراقي وبين الحافظ جمال الدين الزيلعي تعاون وتلاحم.

والمعروف أن ابن حجر العسقلاني اشتهر باجتهاد كبير وحرص على العلم وحصوله، وبرغم أنّه كان طالباً لشيخه الحافظ أبى الفضل بن حسين العراقي وأخذ عنه علوماً كثيرةً، إلا أنه اشتغل أيضاً بكتب الزيلعي وذلك لشدة حبه للعلم واجتهاده الكبير، كما أن ابن حجر العسقلاني لم يكن يخفى عليه أنّ الزيلعي أعلى طبقة

(١) ابن الحجر العسقلاني: المصدر نفسه الجزء والصفحة.
(٢) انظر مقدمة نصب الراية ص ٥.
(٣) انظر مقدمة نصب الراية ص٧ نقلا عن محمد زاهد الكوثريّ مع ديل ابن فهد

من العراقيّ، واتصاف الزيلعي بالأخلاق الحميدة والتواضع الجمّ، كلمة في تخريج الأحاديث وعلومه الأخري من معانيه وأسماء رجاله ومتونه وطرقه.

وأعتقد أن كون ابن حجر العسقلاني شافعياً لم يمنعه أن يقصد إلى كتب الزيلعي الحنفي، ولعلّ ذلك كون الزيلعي غير متعصب لمذهبه الحنفي وتحرره عن تلك القيود، ممّا شجع طلبة العلم إلى قصده مباشرةً، أو قصد كتبه، وما ذلك إلاّ بسبب بُعْدِهِ عن التعصب المذهبي، ونبوغه في الحديث وعلومه مما أدى إلى أن اتجهت إليه طوائف كثيرة، يقصدون إليه لينالوا مما منّ الله عليه من العلوم، وخاصة هؤلاء الذين يعتنون بالحديث وعلومه، حتى كثر إقبال الطوائف عليه، إلى جانب تفوق الإمام جمال الدين أبي محمد عبد الله الزيلعي بعلم الحديث وفنونه وشتهرته في ذلك،كان الزيلعيّ أيضاً فقيهاً بارعاً له بعد نظر، حيث أدام النظر والانشغال حتى برع في ذلك.

والحقيقة أنه لم يأت من فراغ أن يصف أهل التراجم والتاريخ بأنه فقيه له دراية في هذا الفنّ، لا سيما الفقه الحنفي، ولا غرابة في ذلك، لأن شيخه الذي أخذ عنه الفقه هو العلاّمة البارع الفقيه الأصوليّ فخر الدين أبو عمرو عثمان الزيلعي صاحب كتاب: (تبيين الحقائق ما اكتنز من الدقائق).

والحافظ جمال الدين الزيلعي رغم أنّه كان حنفياً في المذهب يميل الي طائفة الأحناف، الاّ أنه في الوقت نفسه كان محدثاً بارعاً من أكابر المحدثين الحفاظ في علم الحديث، لديه اطلاع واسع في فن الحديث.حيث أعطى جلّ وقته للدراسة فيه، وقراءته، واطلاعه من معاني أسماء السند وما يتعلق بمتن الحديث وطرقه.

والحافظ جمال الدين الزيلعي كان صوفياً يميل الي الزهد والعبادة، بل وأشاروا الي تدينه وزهده وتصوفه حيث كان يحبّ كثيراً في أن ينزوي في بيته ويخلو فيه، وقال الشيخ محمد أنور الكشميري ثمّ الديوبندي رحمه الله تعالى في ذلك: «كان الحافظ جمال الدين الزيلعي من المشائخ الصوفية الذين ارتاضت نفوسهم بالمجاهدات والخلوات وفرغت قلوبهم عن الرذائل والشهوات»(١).

---

(١) انظر مقدمة نصب الراية للإمام الزيلعي ص ٧.

ولا شكّ أن مثل هذا الرجل الذي زهد في الدنيا وملذاتها، واشتهر بالتواضع وعدم حب الظهور، وانتصار الرأي، جدير أن يكون مرناً سمحاً بعيداً عن التعصب المذهبي، حيث كان يحشد الروايات كما كان لا يناقش ولا يجادل في كثير من المسائل الفقهية رغم مقدرته في ذلك، بل كان دأبه أن يكون متمشياً مع خصومه في المذهب ويسايرهم، رغم أنّه كان يقول في كتبه: «قال الخصوم وذهب الخصوم إلى..».

٣- *آثاره العلمية:*

إنّ من أهمّ الآثار العلمية التي تركها جمال الدين الزيلعي في النواحي الثقافية والعلمية هو أنّه أخرج جيلاً رائعاً فريداً في أسلوبه وعلمه، حيث علّم الحديث وعلومه التي كان الزيلعي بارعاً فيها، بل واعتنى بها حتى أصبح عَلَماً من أعلام الحديث في عصره.

واستفاد منه عدد كبير من المجتمع الإسلامي، غير أنّ هناك طرقاً وأساليب اتبعها طلابه للاستفادة من علمه، فبعضهم استفاد بقراءة كتبه ومصنفاته للإفادة بالكنوز التي حوتها وخاصة ما يتعلق بالحديث وعلومه وفنونه المتنوعة، من حيث إخراج الأحاديث من مظانه الأصلية، وطريقة الوصول إليها سنداً ومتناً.

وهذه الطريقة - أي طريقة مطالعة كتب الزيلعي - فعلها كثير من أهل العلم سواء كان هؤلاء في داخل القطر الصومالي حينما وصلت إليهم مؤلفات الزيلعي حيث قاموا بدراستها وقراءتها ولسان حالهم يقول (هذه بضاعتنا ردت إلينا)*[1]، وهم في هذا قد فعلوا ما فعله المشارقة حين رأوا كتاب العقد المشهور «بالعقد الفريد» لابن عبد ربه الأندلسي المتوفي ٣٢٨هـ، وقاموا بقراءته، فعرفوا أن العلم المكنون في الكتاب مصدره من المشرق الإسلامي وما كتبه ابن عبد ربه الأندلسي إنما استقصى ينبوع مشرقي عربي إلى المغرب الإسلامى ثم رجع إلى موطنه الأصليّ.

---

(١) وذلك أنّ كتب الزيلعي كانت مشهورة في نواحي منطقة الزيلع وضواحيها، وكانت الرحلات العلمية بين الزيلع والأقطار الأخرى لم تتوقف عبر العصور الإسلامية المختلفة.

وحينما بلغ الكتاب الصاحب بن عباد، قال بعد تأمله: « وهذه بضاعتنا ردّت إلينا، ظننت أن هذا الكتاب يشتمل على شيء من أخبار بلادهم، وإنما مشتمل على أخبار بلادنا...) وذلك لما أحس الصاحب بن عباد النزعة المشرقية في كتاب العقد[1].

إذاً فلا غرابة أن يكون لسان حال أهل الصومال وخاصة سكان مدينة زيلع وملحقاتها التي كانت متاخمة للسواحل اليمنية، ولها علاقة وطيدة باليمن والحجاز ومصر، والأخيرة التي أصبحت المسكن قبل الأخير للإمام الزيلعي اشتهرت فيها أعداد كبيرة من أهل منطقة القرن الأفريقي، بل وارتفعت فيها أروقة علمية خصصت للزيالعة والجبرتية، وهم أهل العلم وطلابه الذين وصلوا إلى مصر [2].

ولعل عند رجوع هؤلاء الزيالعة وغيرهم من أبناء المنطقة إلى بلادهم كانوا قد حملوا علوماً ومعارف استفادوا من خلال قراءتهم لكتب الزيلعي خلال تواجدهم في مصر وغيرها من العالم الإسلامي عبر العصور التي تلت الزيلعيّ، أو ربما كان هؤلاء يحملون عند رجوعهم بعض مصنفات الحافظ الزيلعي ويأتون بها إلى موطنهم، ثم يستفيد منه أهل العلم في المنطقة قراءة ومطالعة.

ولم يكن أهل الصومال وحدهم الذين استفادوا من كتب الحافظ الزيلعي وآثاره العلمية، بل هناك أعداد كبيرة من أهل العلم، غير أنّ أهل الصومال استفادوا من مؤلفات الزيلعي عن طريق المطالعة، ومن العلماء الذين استفادوا من الآثار العلميه التي خلفها الزيلعي، الفقيه المحدث محمد بن بهادر بن عبد الله المصري الز ركشي الشافعي بدر الدين أبو عبد الله، حيث كان يستمد كثيرا مما كتبه الحافظ الزيلعي من تخريج الاحاديث للرافعي[3]، وسمى كتابه هذا: «خادم الرافعي»، وهو حاشية عل

---

(١) ياقوت الحموي: مصدر سابق ٤/ ٢١٤- ٢١٥، وانظر محمد حسين معلم: الروايات التاريخية في كتاب العقد ١/ ٢٢.

(٢) انظر الفصل الثاني تحت عنوان: الرحلة العلمية إلى مصر والعلاقات الثقافية بين القطريين.

(٣) انظر ابن حجر العصقلاني: الدرر الكامنة، مصدر سابق ٢/ ٣١٠.

كتاب الرافعي[1]، كما استفاد الحافظ ابن حجر العسقلاني من كتب الزيلعي عند قيامه بتخريج الأحاديث، ويدل على ذلك بعض أقوال العلماء، «فقد قال الفاضل الشيخ عبد الحي اللكنوني في كتاب سماه (الفوائد البهية)، أنه استمد من جاء بعده من شراح الهداية، بل منه استمد كثيراً الحافظ ابن حجر في تخاريجه كتخريج أحاديث (شرح الوجيز للرافعي) وغيره[2].

وأسلوب القراءة كان من دأب العلماء، كما فعل الزيلعي نفسه، حيث كان كثير الاطلاع والقراءة، بل لازم مطالعة كتب الحديث إلى أن خرج أحاديث الهداية، وأحاديث الكشاف، وربما لم يستطع الزيلعي إلا من هذ الطريق يلقيها أن ينجز ما أنجزه في فترة عكوفه على التأليف والكتابة، ولا شك أن الدروس التي كان يلقي الشيخ خلال حلقاته العلميه العامه، أوتلك الحلقات التي كان أهل العلم - مثله - يخصون بها طلابهم في الزوايا والأورقة أو في بيوتهم، ربما كان أيضاً لها أثرها الطيب في النواحى العلمية والثقافية. وعلى هذه الطريقة لاشك أنه أخذ عن الزيلعي كثير من أهل العلم ولاسيما بعد ما وفد إلى الديار المصرية التى التقى فيها كوكبة من أهل العلم وعلى رأسهم شيخه من موطنه الأصلي، فخرالدين أبو عمر عثمان الزيلعي صاحب كتاب (تبيين الحقائق)، لأنه ليس لدينا ما يثبت أن جمال الدين الزيلعي قام بنشاط علمي ينشر العلم والمعرفة في منطقته قبل توجهه إلى مصر، وبالذات مدينة القاهرة التى كان مأواه قبل الأخير - حيث هناك توفي-، ومن أجلّ أثاره العلمية ما خلفه من أثار علمية ودونها قبل موته وأكملها في حياته، ومن هذه الاثار كتبه ومصنفاته، مثل:

١- تخريج أحاديث الكشاف

٢- نصب الرايه في تخريج أحاديث الهدايه

---

(١) عمر رضا كحالة: معجم المؤلفين، مرجع سابق ٣/ ١٧٤ - ١٧٥

(٢) انظر مقدمة نصب الراية ص ٧ وكلها نقولات من الشيخ محمد الزاهد الكوثر في حاشية على ذيل ابن فهد

وهذان كتابان مشهوران في أوساط اهل العلم[1]، في الصومال، غير أن هناك كتاباً آخر تركه الزيلعي وهو كتاب: «مختصر معاني الآثار» للإ مام الطحاوي، وهو من مخطوطات مكتبة رواق الأتراك بالازهر والكوبرلي بالاستانة[2].

ومهما كان فقد أثنى أهل العلم في الصومال على كتب الزيلعي ثناءً حسناً عطراً، وذلك مما كان يستحقه[3].

وللزيلعي فضل عظيم على أهل منطقتة الأولى - منطقته القرن الأفريقي - وليس ذلك فقط في النواحي العلمية والثقافيه، فإنما أيضاً كان له علا قة حميدة بأهل بلاده الأصليين، حيث كان يتابع أحوالهم وهمومهم، حتي إذا أحسّ خطر الأحباش المتعصبين المسيحيين على أبناء بلدته، دافع عنهم قدر استطاعته، حيث دافع عن المسلمين في المنطقة عند سلطان مصر الملك الناصر محمدبن قلاوون، وطلب منه أن يكلف بطريق الإسكندريه، ليأمر ملك الحبشة الردع في ذلك والكف عن ظلم المسلمين وإحراق مساجدهم ومقدساتهم.

وفعلا نفعت شفاعة الزيلعي لدى السلطان، وأحضر السلطان الناصر محمدبن قلاوون، وكلف رئيس كنيسة الإسكندرية بالكتابة إلى الحبشة بمنع الظلم عن المسلمين، فكتب رئيس الكنيسة إلى النجاشي كتاباً يمنعه فيه من ظلم المسلمين[4].

وهذا يدل على مدى ما وصل إليه اهتمام الزيلعي وعلاقته بأبناء بلدته الأولى وعدم انقطاعه عنهم حتى ولو اختار مسكناً آخر. كما أن المراسلات والاتصالات فيما بين الجانبين شملت أيضاً النواحى العلمية والثقافية، وإن لم نجد ما يبرهن ذلك.

---

(١) ابن حجر: المصدر السابق نفسه.

(٢) كما أفاد ذلك الكوثري، انظر مقدمة نصب الراية للإمام الزيلعي

(٣) محمد الطيب بن محمد اليوسف: مرجع سابق ٢/ ٢٩٧

(٤) محمد الطيب: المرجع نفسه ٢/ ٢٩٧.

٤- *وفاته:*

اتفق أهل العلم ممن ترجم لجمال الدين الزيلعي أنه توفي في شهر المحرم سنة ٧٦٢[١]، وتفرد بعضهم بتعيين وفاته في الحادي عشر من المحرم[٢]، وكانت وفاته بالقاهرة حيث دفن فيها، أما تعيين مكان قبره فقد حاول علي باشا مبارك معرفته وتحديده في كتابه (الخطط التوفيقية)، حيث ذكر في عطفة الزيلعي عند باب الوزير، وقال عرفت ضريح الشيخ المدفون بها، غير أنه لم يعين من هو، وفي مقدمة كتاب نصب الراية، أن بعض أهل العلم حاول معرفة ذلك المكان مثل الشيخ عبد الحميد الدسوقي عطية، والإستاذ الفاضل إبراهيم المختار الزيلعي، بالإضافة إلى الشيخ محمد زاهد الكوثر، وقال الأخير فألفينا في آخر العطفة المشارِ إليها سابقاً بيتاً مغلقاً وأطلعنا إلى شباكة، فإذا هو مكتوب على غلاق المرقد الشريف هذا مقام الإمام عبد الله الزيلعى، وكان خارج البيت فوق الباب، كتابة في حجر منحوتة فقرأنا فيه كلمة عبد الله وكلمة الزيلعي، ولكن بعد محاولة وبحث واستعانة بعلماء الآثار اتضح أنه هو (أبو عبد الله) فاتضح أنه غيره. وأكد بعض أهل التخصص بالآثار بأن قبر الزيلعي وضريحه بقرافة القاهر بباب النصر بيد أنه اندثرت المقبرة هناك، فلا يعرف اليوم قبره أحد[٣].

المبحث الثالث: الشيخ عمر الرّضى بن محمد شمس الدّين الملقب بالشيخ أبادر[٤]:

كان الشيخ عمر الرّضى من علماء مدينة هرر المصلحين الذين نشروا الدّين الإسلامي في ربوع هذا القطر الإسلامي، كما كان من الأوائل الذين دافعوا عن حمى الإسلام ودياره وأهله ضد الأعداء الذين كانوا ينتهكون حرمات المسلمين في هرر وملحقاتها.

---

(١) ابن حجر العسقلاني: المصدر السابق ٢/ ٣١٠

(٢) مقدمة نصب الراية ص ٨.

(٣) انظر مقدمة نصب الراية ص ٨.

(٤) ترجمته ومسيرته الدعوية الجهادية مأخوذة من كتاب مخطوط وضعه الشيخ عمر بن صوف حسين القادري البكري، وسمى كتابه هذا: (الكبريت الأحمر في تأريخ سادات الغرر الساكنين في مدينة الهرر)

وعلى الرغم من أنه اشتهر بالشيخ أبادر، إلا أنّ اسمه الحقيقي هو الشيخ عمر الرضى بن محمد شمس الدين، وقد وصل إلى مدينة هرر في يوم الجمعة الخامس عشر من شهر رمضان المبارك سنة اثني عشرة وستمائة من هجرة المصطفى - عليه أفضل الصلاة والتسليم - قادماً من مكة المكرمة. ويقال إنه دخل هرر بمعية الشيخ الشريف يوسف بن محمد الملقب بالبركتلة ولكنه اشتهر في جميع أنحاء ا الصومال باسم الشيخ يوسف الكونين، ورغم أن منطقة هرر كانت غير مستقرة في تلك الفترة، بسبب ما كان يجري فيها من حروب ومناوشات إلا أن الشيخ الجليل اختار النزوح والهجرة إلى تلك المنطقة.

من جانب آخر، فإن منطقة مكة المكرمة في فترة خروج الشيخ أبادر وجماعته كانت غير مستقرة، مثلها مثل المدن في بلاد الحبشة، حيث كانت هناك خلافات عميقة بين الحكام وقتها، حيث كان الملك إذ ذاك بيد الأشراف، وخاصة عصر الشريف قتادة بن إدريس الذي ينحدرمن سلالة سيدنا علي بن أبي طالب - رضي الله عنه -.

وفي التاريخ نفسه وقعت في مكة المكرمة ريح سوداء عمت البلاد، وأصابت الناس في عيونهم برمل أحمر، وكانت هذه الكارثة والمصيبة لها أثرها السيئ في البلاد، إضافة إلى ما وقع من الفتن والحروب والنزاع تجاه الملك والحكم مما أدى إلى نزوح كثير، بل وهاجر بعض الناس، ومن بين هؤلاء الشيخ أبادر وجماعته، وكان من ضمن هؤلاء كما أشرنا إليه سابقاً الشيخ يوسف الكونين.

ومهما يكن، فإن الشيخ أبادير، والشيخ يوسف الكونين قد وصلا معاً إلى مدينة هرر، كانت إذ ذاك خالية من السكان بسبب القحط الشديد والوباء الخطير، حتي تشتت الناس إلى أصقاع مختلفة في البلدان والوديان، وبعد بحث وتدقيق تمّ لهولاءالقادمين، العثور على واحد من الأشراف، عرفوا منه أخبار العباد والبلاد.

ومن بين من كانوا في معية الشيخين الفاضلين، شيوخ آخرون مثل: عمر بن عمر بن محمد شمس الدّين ونجلاه: عمر زياد وعمر دين وأبو يزيد البسطامي، كما كان بمعية الشيخين، الشيخ إسماعيل الجبرتي، والشيخ صلاح الدّين التقيّ وصوف

يحيى المجاهد، الشيخ عثمان بن عمر، والشيخ وُوفله الشريف وحاج اقيرب الأموي، والشريف ملّبان والشريف حُدُن والشريف يوكش والشريف عيدال والشريف دَبَنه والشريف عرب بن يحيى.

وعلى كل حال، فإنّ الشيخين لهما فضل عظيم في استقرار الأمر واستتباب الأمن بين الأمة، ومن الناحية الدينية، فقد سبق أن ذكرنا أن الشيخ عمر الرضى الملقب بالشيخ أبادر كان له دور كبير في نشر الإسلام، حيث كان الشيخ يقوم بجهود مختلفة، حيث كان يلقي الدروس والخطب أحياناً كثيرةً، سواء خطب الجمعة أو خطب العيدين، ومن خلال هذه الدروس والخطب كان يأمر بالمعروف وينهى عن المنكر، ويُعلمُ الناس أمور دينهم، كما كان يقضي بينهم بالحق.

ورغم أن المجموعات المسلمة والقوميات العرقية والمتواجدة في المنطقة كان لها دور كبير في نصرة قادة الإسلام، ومن بينهم الشيخ يوسف الكونين والشيخ أبادر، إلا أن أهل الصومال كان دورهم البارز في صفوف المجاهدين المرابطين.

وبعد فترة وجيزة اتسمت بنشاط إسلامي دعوي من قبل الشيخ عمرالرضى الملقب بأدر وزميله اختاره الناس أن يكون إماماً لهم بعد أن أجمعوكلمتم على ذلك، وبعد أن صار الشيخ عمر الرضى أميراً للامة بعد الإجماع على اختياره، ألقى خطبة بليغة تشبه الخطب التي كان الخلفاء الراشدون يلقونها أمام جماهير المسلمين عقب البيعة العظمى. واختيار الناس للشيخ أبادر لم يمنع أن يكون من المجاهدين الذين يجاهدون في سبيل الله،حيث قام بهذا الدور بكل اقتدار حتى بعد توليه أمر الإمارة في هرر وضواحيها.

والحقيقة كانت مدينة هرر تنعم بحكم عادل من قبل الشيخ عمر الرضى وأعوانه، ونتيجة هذا الحكم العادل أصبحت هذه المدينة مستقرة ليس فيها حرب ونزاع من قبل الأعداء الكفار الذين كانوا يتربصون بالمدينة وأهلها بالتهديد تارة، والحرب مرة أخرى، ولاسيما بعد غزوتين متتاليتين حالف النصر فيها المسلمين بقيادة الشيخ عمر نفسه، غير أنّه سافر إلى خارج مدينة هرر المحروسة في مكان لم تذكره

المصادر التي ترجمت عن الشيخ، ولكن قبل خروج الشيخ من المدينة جعل حفيده الشيخ عمردين نائباً عنه في فترة غيابه، وأوصاه قبل خروجه بأن يكون نائباً عنه خلال غيابه عن المدينة، وأن يؤدي واجبه ومهمته بكل أمانة وحزم وإخلاص، وفعلاً خلال مدة غيبة الشيخ أبادر - وإن لم تكن طويلة - هاجم المدينة بعض الكفار ذوي العدد والعدة، إلا أن المسلمين دافعوا عن مدينتهم وصمدوا على الحق وعلى الطريق المستقيم، بقيادة الحفيد، وذلك في يوم الخميس الأول من شهر رمضان المبارك من سنة ٧٢٩هـ، وتحقق النصر المبين لعباد الله الصالحين، الذين هزموا الكفار وكسروا شوكتهم حتى نالوا الفوز الكبير الذي كانوا يحلمون به، وبعد فترة وجيزة رجع الشيخ عمر الرضى إلى المدينة، وفرح بما حصل لهم من النصر والغلبة على جند الشيطان.

وكان الشيخ أبادر قريباً من المجتمع يشارك في همومهم، ويحبهم كما كانوا يحبونه وأهل بيته، وفي سنة اثنتين وثلاثين وستمائة رجع الشيخ عمر الرضى إلى المكان الذي أتى منه أصلاً، وهو مكة المكرمة برفقة بعض زملائه مثل الشيخ قطب الدين والشيخ إسماعيل الجبرتي والشيخ أبو يزيد البسطاميّ والشيخ صلاح الدين التّقي والشيخ يحيى المجاهد الصّوفيّ وحسب رأيي أن الشيخ توصل إلى هذا القرار المفاجئ، وذلك بعد أن حقق الله على يديه النصر المبين على أعداء الإسلام ودعاة الصليبية، وقبل ذلك حقق الله على يديه نشر الإسلام وإرساء دعائمه في أرض الصومال برفقة من الدعاة والمجاهدين حتى استطاع الشيخ وجماعته المؤمنة التي تربت في أحضانه، أن يتوغل في أوساط الوثنيين والمسحيين، ناشرين عقيدة الإسلام حتى صار المسلمون أقوياء بعد أن كانوا ضعفاء يسوسهم الكفار، تقودهم عقيدة الإيمان، بعد أن كان يقودهم الشرك. ومن هنا فلا غرابة أن تنصرف وجهة الشيخ إلى ميادين أخرى، وذلك بعد أن اطمئن إلى نجاح مشروعه الحضاري وحقق النصر المبين، وكأن نفسه الطيبة اشتاقت إلى بيت الحرام الذي تربى فيه الشيخ عمر الرضى، في مرحلة صباه، وقرر أن يقضي أواخر عمره في رحاب الله وفي بلد الله الأمين، متفرغاً للذكر والعبادة، زاهداً في الدنيا ومشاكلها، ويدل على أن الشيخ قبل رحيله اطمأن على أوضاع المسلمين في هرر وما حولها، أن لمشروع الإسلامي والجهاد المبارك لن ينقطع حتى ولو بعد رحيل الشيخ

إلى منطقة الحجاز، واستمر نشر تعاليم الإسلام وتطبيقه، رغم مفارقة الشيخ وأعوانه من أهل العلم في هرر.

ومع هذا كله فقد رجع الشيخ إلى مدينة هرر المحروسة، وواصل مسيرته الخيرية، من نشر العلم ودعم حركة الجهاد والمدافعة عن مقدسات الإسلام، وحرمات المسلمين إلى أن انتقل إلى رحمة الله.

ورغم أننا لم نجد تحديد تاريخ وفاته الإ أنه من المؤكد أنه كان حياً في يوم الجمعة لخمسة عشر يوماً خلت من شهر ذي القعدة سنة سبعمائة[١].

وخلال رحلة الشيخ عمر الرضى الدعوية والجهادية، تحققت لديه انجازات عديدة كانت سبباً في نشر الإسلام وتعاليمه المجيدة، كما حقق الشيخ خلال حياته نتائج ايجابية، بعد أن أثمرت جهوده الدعوية وجهاده المبارك الدؤوب الصامد أمام كل التحديات المغرضة من قبل أعداء الإسلام، وكان الشيخ له فضل كبير في نشر رسالة الإسلام، وإخراج جيل ممن حملوا راية الإسلام في قلوبهم وأفكارهم، حتى تغلغلت الرسالة المحمدية في أوساط مجتمعات غير مسلمة، حيث صارت مسلمة بعد أن تحولت من الوثنية إلى الإسلام.

ومما يوضح جهود الشيخ الدعوية والجهادية، أن الرُّحالة والمؤرخين أمثال ابن حوقل ذكروا أن سكان منطقة زيلع - التي كانت بوابة هرر - كانوا مسيحين في النصف الثاني من القرن التاسع الميلادي، ولكن بعد فترة، وبالتحديد في القرن الرابع عشر الميلادي صار أغلب السكان مسلمين، كما ذكر ذلك أبو الفداء في كتابه تقويم البلدان، ويرجح بعض المؤرخين أن الشيخ أبادر له فضل عظيم في عملية تحول السكان من المسيحية والوثنية إلى الإسلام، وذلك بفضل جهوده الدعوية، حين دعاهم إلى الإسلام ونشر تعاليم الإسلام الحسنة في القرن العاشر الميلادي[٢].

---

(١) وهذا آخر تاريخ حياته وجدناه من مخطوطة: (الكبريت الأحمر في تاريخ سادات الغرر الساكنين في مدينة الهرر).

(٢) حمدي السيد سالم: الصومال، مرجع سابق / ٣٥٢

المبحث الرابع: الشيخ الحاج على بن عبد الرحمن فقيه[1]:

١- نسبه:

هوالبحر الكبير والعلامة الشيخ الحاج على بن عبد الرحمن فقيه، الإمام المجتهد، والمؤلف القدير، والشاعر البليغ، والشيخ على بن عبد الرحمن فقيه، اشتهر بحاج على (المجيرتين) لأنه ينحدر من قبيلة المجيرتين الكبيرة، ولاسيما فخذ (عمر محمود) تلك القبيلة التى هي من ضمن قبائل داورت الصومالية المشهورة.

٢- ولادته ونشأته وتعليمه الأولى:

ولد الشيخ الحاج على بن عبد الرحمن فقيه في منطقة نكال (Nugaal) قرب مدينة جروى (Garawe) ولكن تاريخ ولادته لم يصل إلينا رغم تتبع المؤلف للكتب التى اهتمت بتاريخ الصومال وعلمائه، وكذلك لمؤلفات الشيخ نفسه رغم أن المؤلف وقف على بعض منها، غير أن ذلك استعصى. ولكن من المؤكد أن مولده كان في أواخر القرن الثامن عشر الميلادي.

أما نشأة الحاج علي عبد الرحمن، فإنه نشأ في بادية نكال حيث كانت هناك أسرته، وقد تربي الشيخ عند والديه خير تريبة. وفي أوائل عمره توجه الحاج علي الي مدارس تحفيظ القرآن الكريم «دكسي»، وعلينا أن نعرف أن تلك الخلاوي التي كان يدرس بها صاحب الترجمة كانت أقل حالاً من نظيراتها في المدن والقرى الكبيرة في بلاد الصومال فإنها تتحرك متى يتحرك السكان.

وهذا مما يفسر عدم حصولنا على أسماء معلمي الشيخ علي بن عبد الرحمن، غير أن الشيخ علي عبدالرحمن استطاع أن يحفظ القرآن الكريم في صباه وفي باكورة عمره، حفظاً محكماً، حيث لم يكن للطفل في هذه المناطقة النائية ما يشغل باله وخاصة إذا

(١) أغلب هذه الترجمة أخذتها من مقدمة كتبها المؤرخ الصومالى الشيخ جامع عمر عيسى، وهذه المقد مة عبارة عن دراسة وحديث عن صاحب الترجمة وهو الشيخ على بن عبد الرحمن بن فقيه وكتابه المخطوط المسماة: "أجوبة الغيبية لسؤلات الغربية "، الجدير بالذكر أن الشيخ جامع حاول إخراج هذا الكتاب لذلك وضع هذه المقدمة لتكون مقدمة للكتاب رغم أنه لم يحقق، بل ما زال مخطوطاً.

هيأت الأسرة لطفلها دراسة القرآن الكريم فقط دون انشغال بأعمال أخرى، كرعي الغنم والإبل، كما كان عادة أهل الأرياف، مثل أسرة الشيخ على بن عبد الرحمن.

وعلي كل حال، فإن الشيخ أتقن حفظ القرآن الكريم قراءةً وكتابةً وكذا حفظاً، ثم بعد ذلك توجهت همة الشيخ العالية إلي أروقة العلم في المساجد وحلقاته في الزوايا، حيث بدأ دراسة العلوم الشرعية التي دائماً كان شيوخها نخبة من علماء البلد، ورغم كثرةُ الشيوخ والمربين الذين تتلمذ عليهم الحاج علي بن عبد الرحمن بن فقيه على يديهم في منطقة «نكال» إلا أن أهل التاريخ يذكرون اسمين جليلين هما: الحاج يوسف محمد فقيه إدريس، وحاج أحمد. ولا شك أنّ الحاج على التقى علماء كثيرين في «نكال» وأخذ عنهم علوماً مختلفةً في مبادئ وأحكام الفقه واللغة العربية والأصول، إلا أنه توجه إلى منطقة بنادر التى كانت تبعد عن مقر أسرته بمسافة بعيدة، وهذا مما يدلّ على حبه وصبره وتعلقه بالعلوم الإسلامية والفنون الدينة المختلفة التى ذاق حلاوتها في صباه.

٣- رحلته العلمية:

والمعروف أن منطقة بنادر حوت بعض المدن أهمّها مقدشو ومركة وبراوة، وأن حاج على بن عبد الرحمن قد تجول في أغلب هذه المدن بحثاً عن علماء المنطقة ومراكز العلم. غير أنه حينما طلب العلم عند علماء منطقة بنادر، وجد بغيته وضالته في مدينة مركة التى مكث فيها فترة من الزمن.

والحقيقة أن السبب الذى أدى إلى انتقال الشيخ من منطقته نكال في شمال شرقي البلاد إلى مركة في أقصى جنوب البلاد التى تبعد عن منطقة نكال كثيراً، هو أهمية مدينة مركة ومستواها العلمي والثقافي الذي كانت تتمتع به في تلك الفترة، حتى اختار الشيخ أن تكون مقامه وسكنه خلال رحلته العلمية، علماً بأنه ينزل على مدينة مقدشو عند مجيئه من منطقته، حيث عبرها إلى أن وصل إلى مركة، لينهل من منهلها العذب، ويلتقي بعلمائها الأفذاذ، وكانت مدينة مركة في ذلك الوقت، موطن الكرماء وملتقى الشرفاء، وكان فيها مجالس العلماء، ولما التقى الشيخ بعلماء مركة أخذ عنهم

علوماً كثيرةً أكملت مراحله العلمية، وبغيته المطلوبة، ومن هنا أكمل الشيخ دراسته العلمية في التفسير والحديث والفقه وغير ذلك من العلوم الشرعية، فتوسعت له فنون الحكمة، كما توسعت آراؤه وأفكاره. وكانت شخصيته قوية، وقريحته بارعة، حتى اشتهر بطلب العلم وما وصل إليه من مستوى علمي رائع. وصار نجما لامعاً وفارساً عجيباً.

ولم تقتصر رحلات الشيخ وجولاته العلمية والثقافية في داخل بلاد الصومال، وإنما توسعت إلى آفاق أخرى حيث رحل الشيخ على بن عبد الرحمن إلى بلاد العرب، ولاسيما منطقة الحجاز، حاجاً ومعتمراً ومتعلماً في مكة المكرمة والمدينة المنورة، ومكث الشيخ مدة من الزمن يطلب العلم على كل من كان في المنطقة من الفقهاء والمحدثين، حتى بلغ شأناً عظيماً في الفقه حيث فاق أقرانه، ثم بعد ذلك حبب إليه السياحة، وتعلقت نفسه بالرحلة، فأخذ يجوب بالأقطار العربية ويجول، ويطوف الديار ويصول، ويقتحم الأمصار، ليلتقي العلماء واحداً تلوى الآخر يستزيد منهم العلم ويستفيد منهم الأخبار وأحوال البلاد والعباد.

ومما يدل علي حب الشيخ على بن عبد الرحمن بن فقيه لطلب العلم، أنه التقى خلال وجوده في منطقة الحجاز علماء كثيرين، وأخذ عنهم علوماً جمةً، ومع ذلك استمر الشيخ في طلبه العلم، وشق طريقه إلى شبه القارة الهندية، ليس لغرض آخر إلا للاستفادة من أهلها، ولاسيما من علمائها الكرام في مدينة كلوجا، ودرس فيها بعضاً من علوم الحديث وعلم الفلسفة، فاكتسب من ذلك ثروة من التربية النفسية والمواهب الشعرية، حتى اتسع أفقه، اتساعاً منقطع النظير، وفاق أقران زمانه في الصومال.

٤- عودته من الهند إلى الصومال:

وخلال وجود الشيخ على ابن عبد الرحمن فقيه في بلاد الهند وخاصة مدينة كجرات التى كانت عامرة بالعلماء والفضلاء، - كما ذكرت طبقات تراجم علماء كجرات - التقى بعلمائها الأفاضل وأخذ عنهم علوماً كثيرةً في مختلف الفنون

والمعرفة، ومما يدل على أن الشيخ على بن عبد الرحمن سافر إلى بلاد الهند لغرض طلب العلم والاستزاده منه روايةً ودرايةً، أنه لم ينقل إلينا سبباً آخر يرتبط برحلته هذه، غير نشاطه العلمي.

وبعد فترة عاد الشيخ إلى الصومال، ولكن وصل إلى منطقته الأصلية في الشمال الشرقي، حيث نزل في ناحية « حابوا « الواقعة في ناحية علولة، ثم تحول إلى بتبالو ثم إلى برعو، ثم إلى بوصاصو، ولم يستقر العلامة الشيخ على بن عبد الرحمن فقيه في مدينة بوصاصو، الساحلية، حتى شرع في السفر والتجوال في أغلب المدن والقرى الساحلية، وهذا التجول والتنقل لم يكن بهدف السياحة، إنما كان هدفه الأصلي تفقد الأمة ومشاركتها أحوالها ونشر العلوم والمعارف التى تلقاها من علماء أفذاد خلال رحلته العلمية في الحجاز والهند. وقد ظهر خلال طوافه وتجواله بأنه صار مشغولاً بنشر العلم، وإلقاء الكلمات الحماسية لإنقاد الأمة، وكان آمراً بالمعروف وناهياً عن المنكر، ويبرهن على ذلك الآثار العلمية التى خلفها، إضافة إلى أشعاره العربية والصومالية التى مازالت لدى الناس بمنطقة الشمال الشرقي يحفظون كثيراً منها حتى الآن*[1].

أما فتاوى الشيخ على بن عبد الرحمن الكثيرة التى اضطر الشيخ إلى أن يجمعها في رسالَة مستقلة، فتؤكد مدى اهتمام الشيخ باصلاح الأمة وأداء رسالته الإسلامية، إحساسا بالمسؤلية الملقاة على عواتق العلماء والفقهاء، واقتداءً بالرسول الأعظم صلوات الله وسلامه عليه. وقبل أن يصل إلى منطقة نكال ولاسيما في (حلن) التى سكن فيها واستمر في أداء رسالته ونشر دين الله تعالى. أما عند ما سكن في (حلن) لم يقف النشاط الدينى للشيخ عند ذلك فقط، بل شرع في قنوات دعوية ودينية أخرى، مثل، بناء المساجد ودور العبادة في المنطقة، حيث قضى وقته بالدروس والقاء العلوم، كما أنه كان يقوم بالفتوى، حيث يفتي الناس، ولكن بطريقة جديدة لم تعرف بها الأمة، حيث كان جواب الشيخ من خلال الشعر والأدب السائر، حيث كان إذا سئل

(١) قرات في جريدة (الرياغ) RIYAAQ الصومالية الصادرة في مدينة (غروبي) GAROWE في إقليم نُكال من أن بعض أحفاد الشيخ شرعوا في جمع أشعاره الصومالية.

بمسئلة يجيب عليها بالشعر الصومالى، ليسهل فهمها ولاسيما العامة، لأنّ الأدب، وخاصة الشعر ومناجيه كان أكثر تأثيراً وأبلغ فهماً من النثر في أوساط أهل الصومال في تلك المناطق وغيرها، واستمر الشيخ على هذا المنوال، يلازم التدريس مع القيام بشؤون الوعظ والإرشاد، يدعو الناس إلى عبادة الله وحده، والتحلي بالأخلاق الفاضلة والحميدة على ضوء الكتاب والسنة النبوية.

٥- *آثاره العلمية:*

وتقصد هنا الآثار الجليلة التى تركها فضيلة الشيخ على بن عبد الرحمن فقيه الصومالى، وهذه الآثارتنقسم إلى قسمين، قسم يتمثل في المؤلفات والمصنفات، وقسم آخر يتمثل في الفكر والمنهج، والقسم الأخير نقصد به مدى ما ترك الشيخ في الأرض، والثمار التى جناها الناس من خلال دروسه العلمية ودعوته النيرة.

والحقيقة أن دعوته أثمرت على الصعيدين: الداخلي والخارجي، وقام بأداء واجبه الدعوى، مثل رده على من تعاطى التنباكة والخمرة، ولعل طريقته في أداء مهمته الدينية الحسنة المتمثلة في الأمر بالمعروف والنهي عن المنكر، كان لها أثرها الطيّب، رغم أنه كان ينهى عما كانت تشتهيه الأنفس وتلذ الأعين، حيث كان يأمر بترك التقاليد والعادات.

ويرى بعض الكتاب أن الشيخ كان مجدداً من حيث أنه نادى بالاجتهاد دون التقليد، وكان يقول: « إن القرآن والسنة هما اللذن يصح عليهما فهم الإسلام دون قياس المتأخرين». وكان يقول أيضاً إن باب الاجتهاد لم يقفل، بل وكان يحث على بالاجتهاد واستنباط الأحكام من الكتاب والسنة متحدياً كل الصعوبات أو الأقطاب المقلدين.

وقيام الشيخ بنشر تعاليم الإسلام وإخراج أجيال ناشئة في رحاب كتاب الله وسنة رسوله، لم يقتصر على الصعيد الداخلي فحسب، وإنما كان الشيخ له جهود جبارة في سبيل نشر العلم والإفتاء في الخارج، وخاصة في زنجبار، المدينة الساحلية

التى تقع في الساحل الأفريقي الشرقي، في عام ١٨٤٥، واستقر الشيخ في زنجبار ما يقارب سنتين تقريباً، يعلم الناس ويفتي فيهم.

وفي يوم من الأيام سُئل في مجلس سلطان زنجبار السيد سعيد برغش مائة وعشرين سؤالاً، فأجاب عنها على الوجه الصحيح، حتى اعترف له سلطان زنجبار بفضله وعلمه، وأسند إليه أمر افتاء سلطنه زنجبار. ويدل على ذلك أنّ علاقة الشيخ كانت تمتد الى بلاط السلاطين والأمراء ليس طمعاً في الدنيا، ولو طلبها لنالها بكل سهولة، وإنما بأداء مهمته الدعويه، وقد ساعده على هذ الأمر، أنه لم يكن يخاف في الله لومة لائم.

وعلى الرغم من علاقة الشيخ الحسنة مع السلطان إلاّ أنه اختار العودة إلى بلده الصومال، وذلك في عام ١٨٧٤م، ورجع من زنجبار إلي مدينة مركة الساحلية التي تقع في ساحل شرق أفريقيا والمطلة علي المحيط الهندي. وكان برفقة الشيخ حينما عاد الي وطنه الصومال خمس سفن ومائة وخمسون رجلاً من طلابه، ونزل في مركة، غير أنّ أمرها لم يكن مستقراً، فأهلها كانوا على وجل، حيث كانت تقع حروب لا ناقة لهم فيها ولا جمل، إلاّ أنّه لم يقف مكتوف الأيدي فيما كان يجري حوله، بل كان دائماً يميل إلي جانب الحق حسب رؤ يته، وحينما اقتتلت قبائل جلدي (Galadi) وبيمال (Biyamaal) انضم إلى صفوف بيمال، لأنه رأى أنّ قبيلة بيحال تحارب من أجل تحرير الأراضي الصومالية، حسب مايراه.

أمّا آثاره العلمية المتعلقة بالإنتاج والتأليف فإن الشيخ ترك كتباً عدةً بمختلف العلوم والفنون، غير أن ما وصل إلينا من هذه المصنفات والرسائل تمزج بين الفقه والتفسير واللغة. ومن الكتب التى ألف الشيخ على بن عبد الرحمن الفقيه التى تناولت جانب تفسير القرآن:

١- كتاب (إرساء الجبلين لإرساخ تفسير الجلالين) وهو محاولة للشيخ لشرح أحد التفاسير المشهورة في القطر الصومالي، ولعل الشيخ رآى حاجة طلبة العلم في الحلقات العلمية، لهذا الكتاب، ثمّ رأى أن يبسط هذا الكتاب ويشرح بعض معانيه ليقرب لهم.

٢- كتاب شرح بسم الله الرحمن الرحيم، سمّاه: «نخائر الغرطلة لجامع أسرار البسملة».

٣- شرح أوائل السور سمّاه: «تبيين أولى العبر إلى معانى فواتح السور».

ولعلنا نستشف من ذلك، أنّ علم التفسير وما يتعلق به كان ناشطاً حياً في الحلقات العلمية المتناثرة في أنحاء القطر الصومالي.

أمّا الكتب والمصنفات التى وضعها الشيخ على بن عبد الرحمن وخاصة تلك المصنفات والمؤلفات التى تختص بالفقه والأحكام الشرعية فمنها:

١- رسالة سمّاها: «كشف الغمام عن أحكام مخالفة الإمام».

٢- وفي مراتب الفقه كتب الشيخ رسالة سمّاها: «كشف القناع عن أولى التعصب والابتداع».

٣- رسالة أخرى سمّاها: «القول المقول لتحريم الملاهى والطبول».

٤- والفتوى وإصدار الأحكام أيضاً كان لها حضور عند الشيخ، فوضع كتاباً سمّاه: «فتح الولى في أجوبة شيخ على». وفي هذا المجال أيضاً وضع كتاباً خاصاً كان يجيب فيه عن أسئلة خاصة موجة إليه وأطلق عليها: «الأجوبة الغيبية للسؤالات الغربية»[1].

وفي مجال اللغة والأدب أيضاً ساهم الشيخ في هذا المبحث، وما ألفه الشيخ في هذا الجانب يبرهن عن المستوى العلميّ الذى كان يتمتع به أهل العلم في الصومال وخاصة في جوانب اللغة.

ولا شكّ أنّ تعرض الشيخ على بن عبد الرحمن لشرح بعض القواميس العربية مثل القاموس المحيط يدلّ على حصيلة الشيخ العلمية واللغوية والأدبية، حيث إنه كتب شرحاً لهذا الكتاب وسمّاه: (القاموس النشيط المبني على القاموس المحيط)، وفي

(١) لدى المؤلف نسخة مصورة، من هذا المخطوط.

المجال نفسه - أي المجال اللغوى - أيضاً كان له جهد، ولكن في هذه المرة تناول ما يتعلق بالجوانب النحوية ولاسيما الأعراب، حيث قام الشيخ بشرح كتاب (عقيلة الأعراب للإمام الشاطبى) وسمّاه: "كشف النقاب عن عقيلة الأتراب" وكتبها بالخط العثمانى.

٦- وفاته:

مات الشيخ على بن عبد الرحمن فقيه في مدينة مركة الساحلية، ودفن عند سطح جبال يقال لها «عكال»، وذلك في عام ١٨٤٩م. وكان الشيخ على بن عبد الرحمن فاضلاً يحبّ الخلوة أحياناً، وكان يكثر الانشغال بالذكر والعبادة، والبحث عن المسائل الدينية في مكان منفصل بعيد عن أعين الناس، وفي الوقت نفسه كان مصلحاً يصلح بين الناس ومجاهداً في سبيل الله ولنصرة الحق لايخاف في الله لومة لائم، حيث كان أحياناً يشدد الإنكار والنهي عن المنكر والفساد بين الناس وكان يردد بترك التقليد والتعصب ويأمر باتباع الحق مهما كان[١]، رحمه الله وأسكنه فسيح جناته.

---

(١) وأغلب الأوصاف التى ذكرناها عن الشيخ موجودة في أشعاره التى مازالت محفوظة لدى الناس في أقاليم الشمال الشرقي، وكذا موجودة عند مقدمة الشيخ جامع عمر عيسى التي أرادها لتكون مقدمة لإحدى كتب الشيخ علي عبد الرحمن بن فقيه.

الفصل الخامس

الإنتاج العلمي والثقافي في الصومال

المبحث الأول: علوم القرآن و الحديث.

المبحث الثاني: الفقه وأصوله.

المبحث الثالث: العقيدة وعلم التصوف.

المبحث الرابع: اللغة وأدابها.

المبحث الخامس: التاريخ والعلوم الأخرى.

الفصل الخامس

الإنتاج العلمي والثقافي في الصومال

في هذا الفصل سوف نتناول الإنتاج الفكري والثقافي لبلاد الصومال من خلال تتبع ما أنتجه العلماء والفقهاء والمبدعون في الصومال، حيث إن هؤلاء قاموا بالتأليف والشرح في أغلب التخصصات العلمية، سواء في الفقه وأصوله والفروض والنحو والتاريخ وغيرها من العلوم والمعارف التي كانت موجودة في العالم الإسلامي. بل نستطيع القول أن الأفارقة عموماً في العصور الإسلامية الزاهية قد قاموا بالإبداع والتأليف، وليس ذلك خاصاً بعلماء المنطقة فحسب، ويكفينا أن ننظر إلى ما ألفه علماء بلاد صنغاي في غرب أفريقيا في هذا المضمار [1].

ومن خلال هذا الإنتاج العلمي و الثقافي الكبير الذي أنتجه أهل الفكر والحضارة يتضح لنا أن العلماء لم يكونوا يعرفون ما يسمى الاختصاص حيث لم تكن لديهم نظم أو طرق معمول بها في العصور الإسلامية الأولى، وليس هذا خاص ببلاد الصومال فحسب، وإنما كان أمراً شاملاً لأنحاء العالم الإسلامي في تلك العصورِ الذهبية، حتى كان العالِم موسوعياً.

وكان هذا الأمر منتشراً في جميع أنحاء المشرق والمغرب، وجارياً استعماله لدى العلماء. وهكذا كانت حلقاتهم وإنتاجهم العلمي، فنرى العالم مفسراً ومحدثاً ومؤرخاً وفقيهاً في آن واحد، ولم تكن الصومال لتشذ عن مثيلاتها من البلدان الإسلامية حيث كانت الصومال جزءاً لا يتجزأ من تلك البلدان [2].

قلة الإنتاج العلمي والثقافي في الصومال وأسبابه:

ولو نظرنا إلى الحياة العلمية عند هؤلاء العلماء يظهر لدينا أن عملية الإنتاج والإبداع الثقافي كانت قليلة، إذا قورنت بالبلدان الإسلامية الأخرى، على الرغم

(١) انظر محمد الفا جالو: الحياة العلمية في دولة صنغاي ص٢٠٩.

(٢) وقد رأينا العلاقات الثقافية والعلمية من خلال الرحلات العلمية بين الطرفين في الفصل الثالث.

من ذلك، إذ إنّ العالم قد اجتمعت فيه أغلب صفات العلم وفروعه، كما توفرت لديه أغلب وسائل التَأليف والإبداع من أدوات الكتابة والرغبة الجامحة، في سبيل الوصول إلى ذلك الغرض، ويعزى ذلك إلى بعض الظروف التي كانت تحول بين تحقيق ذلك أحياناً كثيرة، مثل أن العلماء كانوا مقتنعين بأداء المهمة الأولى لديهم وهي نشر دعوة الإسلام وإخراج أجيال قادرة على حمل رسالة الإسلام.

وإن كان قد ترتب على ذلك وضع رسائل وكتب تحقق هذا المأرب، مثلما كان العلماء والفقهاء في أفريقيا عموماً يؤلفون كتباً ورسائل يشرحون فيها بعض فنون العلم كما كان يفعل العلاّمة الشيخ عثمان بن فوديو الفلانى حيث ترك مؤلفات عديدة، وكان أغلبها يتعلق بالعقيدة وأحكام الشريعة وإصدار الفتاوى للإجابة عما يأتي إليه من المسائل، وكما كان يفعل الشيخ عبد الله بن فوديو أيضاً[1].

وعلى هذه الشاكلة كان أهل العلم في الصومال، رغم أنهم كانوا ينشغلون بنشر رسالة الإسلام في ربوع البلاد وإلى آفاق أخرى في منطقة أفريقيا الشرقية والتزامهم المداومة على إلقاء الدروس من خلال الحلقات العلمية التي كانت تعقد في المساجد والزوايا، وأحياناً كانت تعقد في بيوت العلماء، ورغم ذلك كله كان العلماء والفقهاء يضطرون إلى تأليف كتب ووضع رسائل نفيسة تسهل الصعب من بعض الفنون وتقرب المعاني البعيدة من بعض ضروب العلم، كما فعل ذلك العلامة الشيخ عبد الرحمن بن أحمد الزيلعي حيث وضع بعض مؤلفات تتعلق بعلم الصرف وأبنية الأفعال، حتى يسهل للطلاب فهم هذا الفنّ.

فعل الشيخ عبد الرحمن بن عبد الله الشاشي المقدشي المعروف (بحاج صوفي)، حيث وضع بعض مصنفات تتعلق باللغة العربية وآدابها من الشعر وضروبه، وكذا ما يتعلق بعلم العروض.

---

(١) انظر مثلاً كتابه (تنبيه الإخوان على أحوال أرض السودان) للشيخ عثمان بن فوديو، وكتاب (ضياء السياسات وفتاوى النوازل مما هو من فروع الدين من المسائل)؛ انظر آدم عبد الله الألوري: الإسلام في نيجيريا، والشيخ عثمان بن فوديو الفلاني، الطبعة الثالثة عام ١٣٩٨هـ ١٩٧٨م

وهكذا فعل الشيخ علي بن عبد الرحمن بن فقيه المشهور (بحاج علي المجيرتيني) الذي كان له مصنفات عديدة تتعلق بالتفسير والفقه والفتاوى.

وكما ذكرنا سابقاً أنّ العلماء كانوا مشغولين بنشر الدعوة الإسلامية في المنطقة حيث أعطوا جلّ أوقاتهم وجهودهم في هذا المضمار، بحيث كانوا يجدون صعوبة ضخمة في وضع الكتب والانخراط في ميدان التأليف والإبداع.

ولعل من الأسباب التي حالت دون قيام أهل العلم في الصومال بالإنتاج الوفير والتأليف الكثير - على غرار أقرانهم في العالم الإسلامي - عدم قدرة هؤلاء في إيجاد مصادر وكتب كافية في ميدان التأليف والإبداع، بحيث كانوا يجدون أمامهم صعوبة كبيرة في عملية التأليف، نتيجة شحّ المصادر والكتب المعتمد عليها خلال عملية الإنتاج والتأليف، بخلاف أقرانهم في اليمن والحجاز ومصر والعراق وكذا بلاد الشام الذين كانوا يجدون أمامهم تراثاً ضخماً في الموضوع الذي يرومون التأليف فيه. ومن هنا كان المؤلفون الصوماليون يختلفون عن غيرهم ممن لم يكن لديهم صعوبة في إيجاد تراث علميّ يستخدمونه ويوظفونه في علمية الإنتاج والحركة الثقافية، بحيث لم يكن يُجابهم ويعتريهم مثل هذه المشاكل.

والحقيقة أننا نستطيع أن نلاحظ قيمة الإنتاج الفكري في الصومال عبر القرون الإسلامية الزاهية، حيث كان بعضها هزيلاً لا قيمة له، كما أنّ بعضها تكرار لما هو موجود في بطون الكتب السابقة، لاسيما الكتب الفقهية وكتب الحديث، وكذا بعض الكتب الصوفية وخاصة تلك الكتب المقلدة للكتب التي تناولت مدح الرسول ﷺ، ومن السهل ايجاد مثل هذه الكتب التي وضعتها أيدي علماء ومثقفين من أهل الصومال.

وقد وجدنا مصاحف خطية كثيرةً كتبت قبل قرون عديدة[١] رغم تباين كاتبيها وتنوع خطوطها وتاريخها[٢].

---

(١) لاشك أنّ تلك المصاحف القرآنية القديمة لها قيمتها التاريخية والحضارية من حيث الكتابة والخطوط والأقدمية وغير ذلك.

(٢) انظر د. حسن مكي: السياسات الثقافية والصومال ن مرجع سابق ص ٦٣

وليس معنى ذلك أن الإنتاج الفكري والثقافي لبلاد الصومال كان كله هزيلاً ومكرراً، لا قيمة له، بل إن البعض من هذه المؤلفات رغم قلتها، امتازت بالأصالة والإبداع.

ونلاحظ فيما مضى أن عملية الإنتاج والإبداع الفكري من حيث التأليف ووضع الكتب كانت قليلة جداً لا سيما إذا نظرنا إلى ما كان موجودا في الأقطار المتاخمة للصومال مثل اليمن والحجاز وكذلك بلاد السودان وغيرها.

وتعزى قلة الإنتاج الفكري والثقافي في بلاد الصومال في العصور الوسطى إلى كون الرواد الأوائل من العلماء كانوا قد وجهوا جلّ جهودهم لنشر الإسلام والجلوس على مقاعد التدريس وإيصال تعاليم إسلام إلى المجتمع، وقد أثر هذا الأمر على الحياة الثقافية في الصومال من ناحية الإنتاج والتأليف، كما أثر على تعريب المجتمع وانتشار اللغة العربية في البلاد[1].

وثمة سبب آخر له علاقة بقلة الإنتاج الثقافي والعلمي في الصومال، وهو السيطرة البرتغالية على المنطقة وهجماتهم على بعض أجزاء جنوب بلاد الصومال التي كانت غنية بمراكز تشع بنور العلم والمعرفة. ولا شكّ أن ذلك له أثره السلبي في علمية الإنتاج، بعد اختفاء بعض المؤلفات والكتب، لأن البرتغاليين حين أحرقوا بعض هذه المراكز في براوة ومقدشو أحرقوا من ضمن ذلك بعض المخطوطات والكنوز العلمية التي كانت تزخر بهاهذه المدن والمراكز.

ومن هنا حصل ما حصل للتراث من الإهمال والنهب والإتلاف من قبل الغزاة الأوربيين سواء في فترة الغزو البرتغالي الذي حدث في أواخر القرن الخامس عشر الميلادي من خلال محاولتهم للنزول في المدن الصومالية الساحلية واقتحامها، مثل براوه ومركة ومقدشو، وحينما أيقنوا شدّة مقاومة أهل البلاد، وأنهم غير راضين لاستقبالهم استقدموا المدافع إلى تلك المدن وأحدثوا تدميراً وحرقاً، كما أنّهم تمكنوا

(١) حسن أحمد محمود: مرجع سابق ص٤٨٨؛ وانظر أحمد جمعاله: التعليم الإسلامي في الصومال، مرجع سابق ص١٧

من سرقة بعض الكتب التي كانت محفوظة في الخزائن في تلك الفترة بعد اقتحامهم لها كما استطاع هؤلاء نهب وسرقة بعض هذه الكنوز القيّمة والمخطوطات النفيسة مثل ما عملوا في كلوة، حيث أخذوا منها كتاب نفيس يؤرخ لتاريخ منطقة شرق أفريقيا وحضارتها الإسلامية، من ضمن الكتب والوثائق العربية العريقة، مثل الوثيقة العربية التي عثروها عليها عام ٩١٠هـ الموافق سنة ١٥٠٥م(١).

وفي عهد الاستعمار الأوربي حدثت أيضاً أضرار جسيمة للتراث الإسلامي و العربي بالصومال. حيث وقعت سرقات منظمة لبعض المكتبات العامة والخاصة، وقد أشار المؤرخون إلى بعض هذه الكتب التي وصلت إلى أيديهم، مثل: «كتاب الزنوج» الذي يُعدّ من أهم الكتب التاريخة والحضارية التي تؤرخ لبلاد الصومال خاصةً ومنطقة شرق أفريقية عامةً، وهذا الكتاب وُجِد في مدينة مقدشو، وبالتحديد عند مكتبة قاضي مقدشو الشهير، الشيخ أبوبكر بن محي الدين مكرم، وذلك في عام ١٩٢٣م(٢).

وما حدث في الصومال من سرقة وتهب للتراث لا يشذ عما حدث في البلدان الإسلامية الأخرى. وما نشاهده اليوم من احتفاظ بعض الدول الأوربية في مكتباتها ومراكزها البحثية، من الكتب الخطية من تراث عربي إسلامي، إنما يرجع إلى نتيجة ما ذكرناه، بالإضافة إلى عوامل الإغراء والثراء، نتيجة استفادة الحالة الاقتصادية السيئة والأوضاع المتردية لبعض البلدان في فترة الاستعمار.

ثم كانت الطامة الكبرى للتراث في بلاد الصومال، عندما دخلت البلاد بحروباً أهلية طويلة، حيث قضت هذه الحروب المجنونة على الكثير من المعالم الحضارية والمآثر الإسلامية والتراث العريق، فاحترقت الآلاف من خزائن المكتبات العامة والخاصة، ومن بين هذه المكتبات: المكتبة الوطنية والمتحف القومي ومكتبة الأكاديمية للعلوم والآداب وعدد من المكتبات الحكومية والخاصة.

---

(١) السيد حمدي سالم: مرجع سابق ١/ ٣٥٥

(2) Cerulli: op. cit , pp 231 – 251.

وهذا المؤرخ الإيطالي شروللي قام بنشر هذه المخطوطة في ذيل كتابه من ص ٢٣١ - ٢٥١، ويظهر أن كثيراً من معلومات كتابه اعتمد على هذه الخطوطة المهمة، كما ذكر ذلك نفسه.

كما مزقت كتباً لا تعدّ ولا تحصى، وهذا دليل واضح على أن قلة الإنتاج الفكري والعلمي في الصومال يرجع إلى نتيجة ما ضاع من التراث الضخم.

من ناحية أخرى فإن هجر مئات من العلماء والمثقفين من ضمن آلاف المهاجرين من أهل البلاد، كان له أثره السيئ أيضاً، وبالتالي تؤثر علي عملية التأليف والإبداع والإنتاج الفكري والثقافي.

المبحث الأول: القرآن والحديث وعلومهم:

١- التفسير وعلومه:

لا شكّ أن علوم القرآن تعتبر عند المسلمين من أهمّ وأجل العلوم التي ينشغل بها المسلمون عبر العصور، وقد قدم المسلمون في هذا المجال إنجازات باهرة تفوق التصور، وذلك لكون هذا الأمر مرتبط بكتاب الله تعالى الخالد الذي هو دستور الأمة الإسلامية ومصدر تشريعها.

ومن هنا فلا غرو أن نرى تلك الدراسات التي أنجزت وتحققت في ميادين جمع القرآن الكريم بمختلف قراءاته حتى ظهر عدد كبير استطاع حفظ كتاب الله عن ظهر قلب.

كما كانت الأمة تحرص منذ العصر النبوي حتى يومنا هذا على تعليم أبنائها القرآن الكريم والمداومة على حفظه وقراءته وتجويده تنفيذا لقول المصطفى ﷺ: (خيركم من تعلم القرآن وعلّمه)(١).

والعلوم المتعلقة بالقرآن الكريم كما هو معروف هي:

«معرفة سبب النزول، معرفة المناسبة بين الآيات الفواصل، معرفة الوجوه والنظائر، علم المتشابه علم المبهمات، أسرار الفوائح، خواتم السور المكي والمدني، أول ما نزل، على كم لغة نزل، كيفية إنزاله بيان جمعه ومن حفظه من الصحابة معرفة

---

(١) ابن حجر: فتح الباري، مصدر سابق ٩/ ١٤

تقسيمه، معرفة أسمائه، معرفة ما وقع فيه من غير لغة الحجاز، معرفة ما فيه من غير لغة العرب، معرفة غريبه، معرفة الأحكام)[1].

وهذه الأنواع التي تحدث عنها السيوطي، تطرق إليها أهل العلم في الصومال قديماً وحديثاً، ومن البديهي أن يهتم أهل الصومال من أهل العلم بالقرآن الكريم وعلومه، إذ كان النظام التعليمي عبر النظام المتمثل بخلاوي تحفيظ القرآن الكريم والحلقات العلمية في المساجد والزوايا له أثره البالغ، حيث إن الطفل الصومالي يشرع في تحفيظ القرآن الكريم وتجويده وتعلمه منذ نعومة أظفاره، كما أنّ طلاب العلم توجهوا إلى أقطار مختلفة في العالم الإسلامي مثل اليمن والحجاز ومصر وبلاد الشام لغرض تعلم العلوم الشرعية، وأولها القرآن الكريم وعلومه حتى ظهرت أروقة خاصة لطلاب العلم من الزيالعة والجبرتة في القاهرة وأزهرها العريق، ودمشق وجامعها الأموي. علماً بأن طلبة العلم من الزيالعة كرسوا وقتهم للاستفادة من هذه المراكز، حتى أصبحوا أول المستفيدين من ذلك، فقد أوقفوا حياتهم ونذروا وقتهم للصلاة والقراءة والذكر لا يفترون عن ذلك[2].

ومن هنا فلا يستغرب أن تظهر في بلاد الصومال كوكبة من أهل العلم ساهمت في إثراء القرآن الكريم وتفسيره وعلومه وكل ما يتعلق به ويسهم في خدمته.

والحقيقة أن تعلق الصوماليين بالقرآن الكريم وتعلمه وحفظه وخدمته لم يتوقف فترة من الفترات، ويدلّ على ذلك النتائج العلمية والثقافية التي نراها اليوم وأنتجها أهل الصومال، بل وما زالوا ينتجونه حتى الآن، مثل غيرهم من الشعوب الإسلامية التي تجعل القرآن دستوراً لحياتهم ومنهجاً لطريقتهم في المعيشة، وخدمة أهل العلم في الصومال للقرآن الكريم وعلومه المختلفة لم تكن على وتيرة واحدة وفي مجال معين، وإنما جاءت على وجوه متنوعة رغم قلتها، ومن تلك الوجوه والقنوات أن حاول بعضهم في شرح وتبسيط تفاسير كانت موجودة ومشهورة،

---

(١) السيوطي: الإتقان في علوم القرآن ١/ ٥-٦، الطبعة الثانية، القاهرة، عام ١٣٤٣هـ/ ١٩٢٥م

(٢) ابن بطوطة: مصدر سابق ١/ ٧٢

والسبب في ذلك كونها اشتهرت في أو ساط أهل العلم وطلبته، كما فعل العلاّمة الشيخ علي بن عبد الرحمن فقيه المعروف (بحاج علي المجيرتيني) حيث وضع كتاباً يشرح فيه بل ويحاول في تبيسطه مثل كتاب (تفسير الجلالين) وسمّاه: (إرساء الجبلين لإرساء تفسير الجلالين)، وتفسير الجلالين كان مشهوراً في أوساط أهل العلم في الصومال شيوخاً وطلاباً، ومن هنا شرح الشيخ في تبسيطه وشرحه، ولعل الشيخ لاحظ الحاجة إلى ذلك، ولما رأى أنّ طلبته يحتاجون إلي ما يساعدهم في هذا الأمر مثلما فعله الشيخ.

والعجيب أنّ الشيخ علي بن عبد الرحمن وضع كتاباً آخر يفسر بعض السور من القرآن الكريم، وهذا الكتاب شرح أوائل السور وسمّاه: «تنبيه أولى العبر إلى معاني فواتح السور»، وكان الشيخ لا حظ أيضاً الحاجة في ذلك ثم شرع في مشروعه التفسيري.

ولم يتوقف قلم الشيخ علي بن عبد الرحمن فقيه الصومالي بل واستأنف مشروعه التأليفي الذي يسهم في خدمة كتاب الله تعالى حتى كتب رسالة يشرح فيها بسم الله الرحمن الرحيم في كتابه: (شرح بسم الله الرحمن الرحيم).

غير أنّ إسهامات أهل الصومال في خدمة القرآن اتبعت منحى آخر ووجهاً مختلفاً من ذي قبل، حيث إن بعضهم قاموا بتحقيق بعض الكتب التفسيرية من التراث الإسلامي الذي ما زال كثيراً منه مخطوطاً لم ير النور، ولم يحقق تحقيقاً علمياً. كما فعل الشيخ الفاضل عثمان معلم محمود شيخ، حيث قام بتحقيق ودراسة كتاب: (تفسير إسحاق بن إبراهيم البستي (تـ ٣٠٧ هـ)، ولا شكّ أنّ في ذلك خدمة جليلة وعمل رائع يسهم في إثراء خدمة القرآن الكريم وعلومه.

وكذا فعل فضيلة أحمد حاج محمد عثمان المشهور (بشيخ أحمدإمام) حيث قام أيضاً بتحقيق ودراسة كتاب جلال الدين السيوطي (٩١١هـ)، المسمّى (شواهد الأبكار وشوارد الأفكار)، وهو حاشية على تفسير البيضاوي، إضافة إلى دراسة مؤلف الكتاب وهو جلال الدين السيوطي.

وللشيخ الفاضل أحمد عمر عبد الله الصومالي عمل رائع يخدم القرآن وتفسيره حيث عمل علي إعداد مشروع علمي أطلق عليه: (استدراكات ابن كثير على ابن جرير في تفسيره).

ولا شكّ أنّ كلّ هذه الأعمال العلمية ساهمت في خدمة القرآن وعلومه وبرهنت على مدى محاولات الصوماليين وانجازاتهم في ذلك المجال قديماً وحديثاً.

ولم تتوقف جهود أهل الصومال في خدمة القرآن وعلومه، بل واتبعت منحاً آخر ووجهاً مغايراً بالذي عن سابقه، حيث ركز بعض أهل العلم علي جوانب عملية معينة لها صلة كبيرة بعلوم القرآن مثل كتاب: (أصول التفسير بين شيخ الإسلام ابن تيمية وغيره من المفسرين) للشيخ الفاضل عبد الله ديريه أبتدون.

ولفضيلة أحمد طاهر أويس إسهام علمي قوي في مناهج التفسير وتأثيراته العقيدية، وما قام به الشيخ أحمد طاهر أويس من مجهود علميّ، ودراسة هادفة، كشفت حقائق كامنة كانت انتهجتها فرقة الشيعة وأطلق عمله العلمي: (كشف الاتجاه الرافضي في تفسير الطبرسي الموسوم بمجمع البيان لعلوم القرآن).

وعملية تخريج بعض السور والآيات القرآنية كانت أيضاً لها نصيب، ومن ذلك ما قام به الشيخ الكريم محمد عبده عبد الرحمن، حيث أعدّ كتاباً سمّاه: (تخريج أحاديث سورة الرعد من تفسير ابن كثير).

أما مجال الناسخ والمنسوخ وقواعد الأصول الأخرى المتعلقة بالقرآن الكريم فكان له أيضاً حضور عند أهل العلم في الصومال.

ولا شكّ أنّ ماقام به فضيلة الشيخ عثمان معلم محمود شيخ من الدراسات والجهود العلمية تجاه خدمة العلم، لا سيما كتاب الله تعالى، أمر علمي جليل، من ذلك كتابه: (الآيات المدعى نسخها بآية السيف مع بيان تقتضيه هذه الآية).

وقد اتجهت أقلام أهل الصومال إلى طرق بعض الأبواب العلمية المتعلقة بكتاب الله تعالى لا سيما التطرق إلى بعض الموضوعات التى ذكرت في القرآن الكريم،

بل وتمّ طرح ذلك الموضوع بطريقة علمية تظهر الحوار القرآني تجاه ذلك الأمر مثل كتاب:(المنافقون في القرآن الكريم)، ومثل كتاب: (قيام المرأة في سورة النساء) وكلا الكتابين ألفهما ووضعهما فضيلة محمد يوسف عبده. والموضوعات من أهمّ القضايا التي اعطاها القرآن، اهتماماً كبيراً حتى جاءت سورتان من سوره تحملان الأسمين وهما: (سورة النساء وسورة المنافقون).

ولا ريب أنّ المسلمين لعبوا دوراً كبيراً في خدمة كتاب الله وسنّة رسوله منذ بدايات نزول القرآن على رسول الله ﷺ، حيث وجد في حياة رسول الله من يكتب الوحي الذي كان ينزل على رسول الله صلّى الله عليه وسلّم من صحابة رسول الله واستمر الأمر على هذا المنوال حتى طوّر المسلمون علوم القرآن الكريم وظهرت كتب ورسائل ملأت مخازن البلاد مخطوطة ومطبوعة.

٢- *الحديث وعلومه:*

يعدّ علم الحديث من أفضل العلوم الشرعية وأشرفها بعد كتاب الله تعالى، كما قال أبو سعد السمعاني: «اعلم وفقك الله أنّ علم الحديث أشرف العلوم بعد العلم بكتاب الله سبحانه وتعالى»[(١)].

ومن هنا فلا يستغرب إذا أصبح جلّ اهتمام علماء المسلمين مُركزاً وموجهاً إلى تعليم الحديث ودراسته وتدوينه وتمييز صحيحه من ضعيفه وموضوعه من حسنه وغريبه، حتى نمت دراسته وارتقت بحيث تطور علمه ودراسته إلى حدّ انبهر المستشرقون من أعمال هؤلاء المحدّثين المسلمين الذين تفننوا في إبداعه وتطويره، حتى احكموا الموضوع وتصدوا لجميع المحاولات التي حاولت المساس به.

وانطلاقاً من أهمية هذا الفنّ، حرص المسلمون على العناية بالحديث منذ العصور الإسلامية الأولى، وكان أهل العلم من أهل الصومال من ضمن جملة المسلمين الذين عنوا بدراسة الحديث الشريف، والسنة المطهرة عبر العصور الإسلامية، حتى في

---

(١) السمعاني، أبو سعد عبد الكريم بن محمد بن منصور التميمي المتوفي سنة (٥٦٢هـ١١٦٦م): أدب الإملاء والاستملاء ص٣ مطبعة ليدن ١٣٧١هـ/ ١٩٥٢م.

العصور المتأخرة، حيث إننا نجد دراسات جامعية عصرية[1] ساهمت في إثراء هذا الفن، كما سنشير إليه في الصفحات التالية.

وكلما ذكر علم الحديث وعلومه وإسهامات المسلمين في ذلك، يفتخر أهل الصومال بأن لهم في ذلك فضل كبير من خلال بعض أهل العلم من أهل الصومال الذين برعوا في هذا الفنّ، بل ولهم إسهامات في ذلك، سواء كان هؤلاء بعض الزيالعة أو الجبرتية أو بعض المقدشيين أو غيرهم، حيث يخطر ببالهم من أول الوهلة جهود هؤلاء المحدثين الأخيار، الذين ذاع صيتهم، وارتفع شأنهم في ذلك الفنّ، مثل المحدث الحافظ المتقن البارع أبو محمد جمال الدين عبد الله بن يوسف بن محمد الزيلعي، وقد وضع لخدمة حديث رسول الله ﷺ وعلومه كتاباً سماه «نصب الراية في تخريج أحاديث الهداية». كما قام بجهود علمية تتعلق بعلم الحديث وضروبه المختلفة.

ومن هؤلاء أيضاً الذين خدموا أحاديث رسول الله ﷺ، الفقيه أبو عبد الله محمد بن علي بن أبي بكر المقدشي معيد البادرائية. ومن المحدثين الصوماليين الذين أثروا الحياة العلمية لا سيما فيما يتعلق بالحديث وعلومه، وكانت لهم مدارس خاصة، بل وتتلمذ على أيديهم نخبة من أهل العلم في العالم الإسلامي، الشيخ أبوعلي ابن أبي بكر بن علي بن الحسين ابن أحمد بن يوسف بن أسد التميمي الجوهري المقدشي، ويعرف بابن البلوي، غير أنه اشتهر بنسبته إلى مقدشو[2].

ويكفي فضل بعض المقدشيين والزيالعة في الحديث وعلومه، أن كبار المحدثين في العالم الإسلامي مثل الحافظ بن حجر العسقلاني والحافظ الذهبي أخذوا بعض شيء من علم الحديث من هؤلاء المقدشيين أو الزيالعة مباشرة أو عن طريق

---

(١) ويجدر الإشارة إلى أن هذه الدراسات الأكاديمية نال بها أصحابها درجات علمية أجيزت من قبل جامعات عالية مثل: جامعة أم القرى بمكة المكرمة، والجامعة الإسلامية بالمدينة المنورة، وجامعة الإمام محمد بن سعود الإسلامية بالرياض، وجامعة الأزهر الشريف، وجامعة محمد الخامس بالمغرب، وغير ذلك.

(٢) ابن ناصر الدين: توضيح المشتبه، مصدر سابق ٨/ ٢٤٤

شيوخهم[١]. وقال ابن حجر العسقلاني في كتابه (تبصير المنتبه بتحرير المشتبه) قال: «وشيخنا أبو عبد الله محمد بن محمد بن أحمد شمس الدين المقدشي حدثنا عن ابن عبد الهادي..»[٢].

ومن الكتب التي انتجها أهل العلم في الصومال وتتعلق بالحديث كتاب: (مرويات أبي بكرة رضي الله عنه- في مسند الإمام أحمد) للشيخ الفاضل أبي بكر بن علي الصومالي، والمؤلف رتب الأحاديث على الأبواب الفقهية على ما سار عليه أصحاب المصنفات من المحدثين، فجمع الأحاديث المتعلقة بكل موضوع في مكان واحد، ثم تكلم على أسانيد الأحاديث ورجالها، حيث ترجم لكل راو منهم ترجمة موجزة، ثم قام بتخريج الأحاديث، حيث حاول الوصول إلى المراجع، وبالتالي حكم علي الأحاديث حسب ما كان يظهر له من قوة وضعف مع عنايته ضبط غريب الأحاديث وبيان معانيها بعبارة واضحة، وذلك بالرجوع إلى كتب غريب الحديث وكتب اللغة، كما أن الشيخ أبا بكر بن علي بّين شيئاً من فقه الأحاديث وما يستفاد منها من أداب إسلامية مع عزِو الأقوال إلى مصادرها الأصلية. ومن الفوائد في الكتاب أنّ القارئ يجد تراجم عن أئمة ثلاثة ترجم لهم المؤلف وهم: القطيعي أحمد بن جعفر بن حمدان والإمام أحمد بن حنبل، وكذلك الإمام عبد الله بن الإمام أحمد بن حنبل، ويقع الكتاب في ٣٢٤ صفحة.

وجهود أهل العلم في الصومال وإسهاماتهم في علم الحديث حديث وصل إلي قيام بعضهم بتحقيق التراث المخطوط المتعلق بالحديث وعلومه، وعلى سبيل المثال لا الحصر، ما قام به فضيلة الشيخ علمي طحلو جعل في تحقيق كتاب (الكامل في ضعفاء الرجال لابن عدي). و عمل الشيخ يبدأ من بداية ترجمة حماد بن جعفر إلى نهاية الترجمة للحسين بن علي بن الأسود.

---

(١) الذهبي: معجم الشيوخ « المعجم الكبير »، مكتبة الصديق، تحقيق استادنا الدكتور / محمد الحبيب الهيلة، ٢/ ٢٥١؛ وانظر أيضاً ابن حجر العسقلاني: الدرر الكامنة في أعيان المائة الثامنة، مصدر سابق ٢/ ٣١٠

(٢) ابن حجر العسقلاني: التبصير المشتبه مصدر سابق، ٤/ ١٣٨٤

ويتكون هذا الكتاب في مجلدين يصل عدد صفحاته حوالي ١٠٠٠ صفحة.

ومن جهود أهل العلم أيضاً في هذا المنحى ما قام به الشيخ الفاضل شريف عثمان بن أحمد السقاف في تخريج أحاديث وأثار من كتاب: (أصول السرخسي وخاصة القسم الثاني).

وقبل قيام المؤلف بالتحقيق والدراسة حول هذا الكتاب ترجم المؤلف للإمام السرخسي، حيث ذكر اسم المؤلف ونسبه ونشأته ومكانته العلمية وثناء العلماء عليه، وأشهر شيوخه وتلاميذه ووفاته. والمؤلف اشتغل في بتخريج الكتاب والدراسة عليه، ويصل عدد الأحاديث والاثار في الكتاب قرابة ٥٣٠ حديثاً وأثراً.

ومن الكتب في هذا المجال ما قام به بتحقيقه الشيخ مُحمُد محمود مُحمُد، حيث حقق الجزء الثالث من القسم السابع من سنن الإمام النسائي واشتغل الشيخ بضبط الأحاديث وتخريجها، وبيان درجة أسناد كل منها، كما علق كل شيء له علاقة في هذا المضمار.

ومن المؤلفين والدارسين من أهل العلم والحرص الشيخ محمد علي فارح حسن، حيث حقق كتاب معالم السنن في شرح سنن أبي داود للإمام الخطابي، ومن نافلة القول أنّ الشيخ محمد على اجتهد على أن يخرج هذا الكتاب مع تخريج ودراسة القسم الأول من بداية الكتاب إلى أول كتاب الجنائز، علماً أن المحقق لم ينس ترجمة الإمام الخطابي وعصره وحياته الشخصية والعلمية، ويمتاز هذا الكتاب بأن الإمام الخطابي أضاف إلي الكتاب من علمه الغزير عند شرحه الكتاب وتظهر بسماته في تعليقاته المتعلقة بالحديث والفقه واللغة العربية.

ومن ذلك المجهود أيضاً ما قام به الشيخ الفاضل أحمد حاج محمد عثمان حيث قام بتحقيق: (كتاب التعيين في شرح الأربعين). والمؤلف قام بإخراج كتاب التعيين في منتهى الروعة والإتقان، حيث حقق نصوصه مع تعليق في بعض الأحيان. وكتاب التعيين وضعه العلامة المتقن نجم الدين سليمان بن عبد القوى الطوفي الحنبلي المتوفي

سنة ست عشرة وسبعمائة، وكتابه من أوائل شروح الأربعين النووية، وقد أتم الطوفي شرحه الذي وصل مئات الصفحات في ستة عشر يوماً، مع ما فيه من مباحث شائكة حيث بدأ في ثلاثة عشر ربيع الثاني سنة ثلاث عشرة وسبعمائة، وفرغ منه في ثمانية وعشرين منه، وهذا يكشف عن مقدرة صاحبه في التأليف وسرعة الإنجاز ومكانته معرفة على الأحاديث لفظاً ومعنى، واقتناص الفوائد منها، واستنباط الفوائد الأصولية، والفرعية، ووظف القواعد الأصولية فيها.

والحقيقة أن عمل المحقق لم يكن مجرد إخراج النصّ على صورته التي أرادها العلامة الطوفيّ فقط، وإنّما كان يقوم أحياناً بتعليق علي النصوص والتنبيه على الهنات والقصور، كما ترجم المحقق لصاحب الكتاب ونسبته إلى التشيع، وآثاره. ويقع هذا الكتاب في ٣٦٤ صفحة[1].

ومن الكتب في هذا المجال كتاب: (مطابقة الاقتراحات العصرية لما أخبر به سيّد البرية) للشيخ أبي الفيض أحمد بن محمد بن الصديق الغماري الحسني، وقام الشيخ محمود محمد عبد الصمد الشبلى الصومالي بتحقيق هذا الكتاب ودراسته دراسة علمية، مع تبيين الشيخ الشبلي الحقائق وغير الحقائق التي وردت في الكتاب. وقد عرض المحقق كل ما توصل إليه من النتائج في الكتاب. وعموماً أن الكتاب في حدود ٥٠٠ صفحة.

ومن ناحية أخرى خاض أهل العلم في الصومال أيضاً في وضع كتب تتناول علم الحديث وما يطلق عليه مصطلح الحديث، إذ لم يكن هؤلاء ينتجون فقط الحديث ورواياته.

ومن هؤلاء الذين ألفوا في علم الحديث ونقد الأسانيد، الشيخ علي طحلو جعل، حيث ألف كتاباً سمّاه: (نقد الرواة عند المحدثين في القرون الثلاثة الأولى) وقام المؤلف بدراسة وافية في تتبع مراحل نقد الرواية ومناهجها، وهذا الكتاب يصل إلى ٦٠٠ صفحة.

---

(١) طبع بمؤسسة الريان، بيروت عام ١٤١٩هـ

والمؤلف له أيضاً إسهامات أخرى في هذا المجال مثل كتاب سماه: (وظيفة النقد عند المحدثين)[1]، وكذلك كتاب: (إتجاهات المحدثين في رواية الحديث الضعيف[2]، وهي دراسات قام بها فضيلته ليسهم في إثراء هذا المجال المهم عند المحدثين قديماً وحديثاً.

ومن ذلك أيضاً كتاب: (الثمار اليانعة في أحكام الشاهد والمتابعة) للشيخ محمود محمد عبد الصمد أبو عبد البارئ الشبلي. وهذا الكتاب يتحدث المؤلف فيه عن الحديث وما يعرف بعلم مصطلح الحديث، لاسيما في أقسامه وأبواب المتابعة والشواهد، و الكتاب يقع في ١٥٠ صفحة.

وأهل العلم في الصومال اتبعوا أيضاً منهجاً معيناً يخدمون به الأحاديث وعلومها ورواتها، وكانت الدراسة حول رواة الحديث، وحفاظه، تُعدّ إسهاماً جديداً وخدمة فريدة لإظهار خبرة هؤلاء العلماء وعلومهم في هذا الشأن من خلال دراستهم وتتبع آثارهم، ومن هذه الدراسات ما قام به الشيخ مُحُمد محمود مُحُمد الذي اعتنى بدراسة الحافظ عبد الغني المقدشي وجهوده في السنة النبوية، وهو كتاب ضخم وتناول جهود الحافظ عبد الغني المقدشي وآثاره وآراءه واجتهادته في الحديث وعلومه، والشيخ محمد سمي كتابه: (الحافظ عبد الغني المقدسي وجهوده في السنّة النبوية)، والكتاب ضخم وما زال مخطوطاً.

ومن ذلك أيضاً ما قام به الشيخ الفاضل أحمد حاج عبد الرحمن محمد من دراسة نفيسة جديدة من نوعها، فريدة في عرضها وترتيبها، حيث وضع كتاباً سمّاه:(الحافظ مغلطاي وجهوده في علم الحديث)، والمؤلف ذكر في البداية ترجمة الحافظ مغلطاي وعصره وبيئته، والحالة السياسية والعلمية التي عاصرها،وتأثر بها وأثر فيها. وكتب المؤلف ترجمة الحافظ مغلطاي باسهام وتدقيق، حتى إنه ذكر نسبه

(١) جزء من هذا الكتاب نشر في مجلة المرابطون التابعة لجامعة الإمام محمد بن سعود الإسلامية بفرعها في موريتانيا في عددها (٤ع) في عام ١٤١٦هـ.

(٢) وهي دراسة حديثة تتعلق بعلم الحديث، وقد نشر في مجلة «المرابطون» الصادرة من جامعة الإمام محمد بن سعود الإسلامية بموريتانيا في عددها الثاني في عام ١٤١٤هـ.

ومولده ونشأته ورحلاته العلمية والمناصب التي تقلدها، مع ذكر آثاره ومصنفاته ومذهبه وعقيدته والثناء عليه ووفاته. والشيخ أحمد ناقش كثيراً من آثار مغلطاي في علوم الحديث.

المبحث الثاني: الفقه وأصوله:

وكما ذكرنا سابقاً فإن علم الفقه والتصوف يعدّ من أهمّ العلوم التي اهتمّ بهما أهل الصومال، وكانت أكثرها تطورا ، بل وأوسعها قبولاً في أوساط أهل العلم وطلابه في الصومال. ونظراً لارتباط علم الفقه وعمق اتصاله بالدين الإسلامي ومصادره الأصلية المتمثلة في الكتاب والسنّة النبوية الشريفة - على صاحبها أفضل الصلاة والسلام - فلا يستغرب إذا بذل أهل الصومال جهوداً حثيثةً في سبيل تعلمه والتعلق به والنيل من مناهله ومنابعه الأصلية. لأنّ هذا العلم - أي علم الفقه - يُعدّ من أهمّ العلوم الإسلامية التي لها علاقة مباشرة بسلوك المسلم ومعاملته الدينية والدنيوية، وتنظيم أحواله وعلاقاته المختلفة.

ومن هنا أصبح علم الفقه وأصوله من أكثر فروع العلم تطوراً وأوسعها قبولاً، ليس في أوساط الفقهاء والعلماء فحسب، وإنما في أوساط طلبة العلم وعامة النّاس.

ويعرف ابن خلدون الفقه تعريفاً شاملاً لحياة المسلم حيث قال: « هو معرفة أحكام الله تعالى في أفعال المكلفين بالوجوب والحذر، والندب والكراهة والإباحة، وهي متلقاة من الكتاب والسنّة وما نصبه الشارع لمعرفتها من الأدلة، فإذا استخرجت الأحكام من تلك الأدلة قيل لها: فقه وكان السلف يستخرجونها من تلك الأدلة على اختلاف فيما بينهم»[(١)].

غير أنّ أهل الصومال اقتصروا على مذهب واحد، وهو المذهب الشافعي نسبة إلى الإمام محمد بن إدريس -رحمه الله - وكان روّاد هذا المذهب إلى بلاد الصومال

(١) ابن خلدون- المقدمة ص ٤٤٥ الطبعة الرابعة - دار إحياء التراث العربي - بير وت -لبنان- ١٤٠١هـ ١٩٨١م

من علماء أهل اليمن وفقهائها،حيث كانت اليمن من أهمّ وأكبر الروافد العلمية والثقافية في الصومال[1].

ومع هذا كله فإن بعض أهل العلم من أبناء الصومال تمذهبوا بمذهب أبي حنيفة النعمان بن بشير -رحمه الله- وانتشر هذا المذهب، لا سيما وسط أهل الزيلع بل وصار بعضهم من أعمدة هذا المذهب حتى وضعوا كتباً أصبحت فيما بعد عمدة للمذهب ومرجعاً مهمّاً للفقه الحنفي.

ومن بين هؤلاء الشيخ العلامة الفقيه الزيلعي فخر الدين أبو عمر عثمان بن علي الزيلعي صاحب كتاب: (تبيين الحقائق لشرح كنز الدقائق)، ويعدّ هذا الكتاب من أهمّ كتب الحنفية.

ومن بين هؤلاء الزيالعة من الأحناف الذين تمذهبوا بمذهب أبي حنيفة، المحدث الزيلعي جمال الدين أبو محمد عبد الله بن يوسف بن محمد صاحب كتاب (نصب الراية في تخريج أحاديث الهداية).

غير أنّ أغلب النتاج الفكري والثقافي والعلمي المرتبط بالفقه كان على المذهب الشافعي، لشهرة هذا المذهب في أوساط أهل العلم وغيره من عامة النّاس، وهذا الأمر ليس خاصاً بأهل الصومال فحسب، وإنما المذهب الشافعي كان منتشراً – وما زال حتى الآن – في جميع أرجاء منطقة الشرق الأفريقي.

ومن بين كتب الفقه، كتاب: (حاشية الشاشي) للشيخ أحمد بن عثمان محمد الشاشي المقدشي المعروف (بأحمد منير) وهي حاشية وضعها الشيخ أحمد عثمان لتكون هوامش أو حاشيةً على كتاب:(إعانة الطالب الناوي في شرح إرشاد الغاوي) لابن عبد الله الحسين بن أبي بكر النزيلي، وما زالت هذه الحاشية مخطوطة لم تر النور حتى الآن[2].

---

(١) ارجع إلى المبحث الأول من الفصل الثاني حيث ناقش المؤلف تاريخ وصول المذهب الشافعي إلى اليمن ثمّ إلى الصومال.

(٢) علم المؤلف أنها نشرت في القاهرة ولكن لم يقف عليها.

وأشار المؤلف إلى هذه الحاشية في مقدمة كتاب إعانة الطالب الناوي عند تحقيقه ودارسته قائلاً: لي حاشية سميتها «حاشية الشاشي»[1].

ومن الكتب الفقهية أيضاً كتاب: (الاعتماد في حلّ ألفاظ الإرشاد) للمؤلف السابق نفسه، وهو الشيخ أحمد بن عثمان الشاشي المقدشي، وهذا الكتاب يفسر ويبسط بعض الألفاظ الصعبة والغامضة من كتاب الإرشاد مع شرح لطيف، ويعتمد أهل الشافعية في الصومال غالباً عليه، وهو على طريقة مذهب الإمام الشافعي.

والشيخ أحمد بن عثمان الشاشي المقدشي أيضاً له جهود فقهية تختلف عمّا سبق، حيث قام بتحقيق ودراسة كتاب: (إعانة الطالب الناوي شرح إرشاد الغاوي في مسالك الحاوي)، لأبي عبد الله الحسين بن أبيّ بن إبراهيم النزيلي، علماً بأن التحقيق والدراسة حول الكتاب تمّا عن طريق المشاركة مع أحد علماء الأزهر وهو الشيخ محمود المتجلي خليفة، وعموماً فإن الكتاب يشتمل على عدّة مسائل لم يحوها غيره من المتون الموجزة، والشيخ أحمد أعطى نبذة قصيرة عن الكتاب ومؤلفه ونسخ الكتاب والمنهج الذي اتبعه خلال تحقيقه وتصحيحه، كما قام بترجمة ضافية للمؤلف، وكذا بتعريف لمؤلف متن الإرشاد. وهذا الكتاب يقع في مجلدين ضخمين، وطبع بالقاهرة سنة ١٤١٥هـ الموافق ١٩٩٥م.

ومن الكتب الفقهية التي قام أهل العلم في الصومال بتحقيقها ودراستها، خدمة للعلم، كتاب: (الإعلام بفوائد عمدة الأحكام) لسراج الدين عمر بن علي المشهور بابن الملقب المتوفي سنة ٨٠٤هـ، للشيخ أحمد حاج عبد الرحمن محمد، ويبدأ تحقيقه من باب الوتر إلى كتاب الجنائز.

فبدأ المؤلف دراسته حول الكتاب وترجمة الشيخ عبد الغني المقدشي صاحب كتاب «عمدة الأحكام ثم ترجمه لابن الملقب شارح العمدة»، كما قام المؤلف بدراسة وافية حول شروح العمدة وبيان المطبوع منها والمخطوط، وبالأخصّ شرح ابن الملقب الذي نحن بصدد الحديث عنه.

---

(١) انظر مقدمة إعانة الطالب الناوي في شرح الإرشاد الفاوي ص ي.

ومن الكتب الفقهية في هذا المجال كتاب أطلق عليه: (كتاب الفرائض والوصايا) من كتاب الحاوي الكبير للإمام الماوردي أبي الحسن علي بن محمد الماوردي المتوفي سنة (٤٥٠هـ)، وقد قام بتحقيق هذا الكتاب ودراسته فضيلة الشيخ الفاضل الأصولي أحمد حاج محمد شيخ ماحي، فتحدث المؤلف في البداية عن ترجمة كاملة للمؤلف، اسمه وكنيته ولقبه، ونشأته وحياته، وشيوخه وتلاميذه، ومنزلته العلمية، وآثاره العلمية مع الدراسة حول كتاب الحاوي الكبير لا سيما كتابي الفرائض والوصايا. مبيناً منهجه في كتابه، ومصادره، ونسخ الخطية التي اعتمد عليها في أثناء تحقيق جزء من كتاب الحاوي الكبير، وخاصة كتابا (الفرائض والوصايا)، كما تطرق المؤلف إلى كتاب الوصايا من الكتاب نفسه، فتناول كتاب الوصايا ومايتعلق به من الوصية للقرابة، وما يكون رجوعاً في الوصية، والمرض الذي تجوز فيه الوصية، ومالا يجوز في الوصية ويقع الكتاب في ١٢٣٦ صفحة من مجلدين ضخمين.

وأهل العلم في الصومال تناولوا علم الفرائض ولهم إسهامات في ذلك قديماً وحديثاً، وهذا يدلّ على أنّ الأقلام الصومالية طرقت أبواباً عديدةً وفصولاً متغايرة في علم الفقه حيث لم يقتصر عملهم على نوع معين من أنواع الأحكام الشرعية وفروع الفقه الإسلامي.

ومن هؤلاء الذين انتجوا كتباً ورسائل نفيسة تتعلق بعلم الفرائض، الشيخ الفاضل أبو محمد نور الدين علي بن أحمد السلفي رحمه الله [1] وله رسالة صغيرة سمّاها: (الفرائض)، ولأهمية هذه الرسالة صارت مقرراً في معهد كيسوني العلمي في ممباسا في دولة كينيا. والشيخ نور الدين علي بن أحمد كان يشار إليه بالبنان في أوساط أهل العلم فيما يتعلق بعلم الفرائض حيث كان بارعاً ومتبحراً فيه، وقد تتلمذت عليه أعداد كثيرة من طلبة العلم وأخذوا عنه علوماً كثيرةً، وكان علم الفرائض من أهمّ ما أخذوه عنه، على الرغم من أنّ الشيخ اشتهر في بدايات أمره، بعلم التوحيد ومحاربة البدع والمبتدعين، والجدير بالذكر أن رسالته في علم الفرائض ما زالت مخطوطة لدى

(١) راجع محمد حسين معلم: ترجمة حياة الشيخ نور الدين علي بن أحمد في جريدة (المسلمون)، العدد ٥٦٥ الجمعة ٩/ ٧/ ١٤١٦هـ الموافق ١/ ١٢/ ١٩٩٥م.

أحد أبنائه، والمؤلف له أيضاً كتاب آخر يتناول الموضوع نفسه وهو كتاب: (المواريث الشرعية في المذاهب الأربعة)، ويتناول أيضاً علم الفرائض غير أنّ المؤلف توسع حتى ضمّ كتاباً إلى آراء الفقهاء الأربعة مما يدل على سعة إطلاعه وتحرره عن التمذهب حيث لم يقتصر اعتماده على المذهب الشافعي الذي هو سائد في منطقة القرن الأفريقي وغيرها من المناطق في شرق أفريقيا.

وممن اشتهر في هذا الفنّ - أي علم الفرائض - وله أسهام علميّ، الشيخ علي بن مؤمن الشافعي الصومالي، وله كتاب سمّاه: (فتح الغوامض لمريد علم الفرائض)، وهو كتاب يشرح كتاب الفرائض من كتاب المنهاج للإمام النووي - رحمه الله، والمؤلف استطاع أن يخرج كتاباً يشرح في أحدها كتب معتبرة في المذهب الشافعي، وقام بشرح واف حتى يستطيع القارئ أن يفهم المقصود، غير أن سبب تأليفه كان بعد أن طلب منه بعض أصحابه وطلاب علمه أن يضع لهم شرحاً يسهل لهم فهم كتاب الفرائض من كتاب المنهاج المعروف، وفي ذلك يقول المؤلف في مقدمة كتابه: ((طلب منى بعض المحبّين أن أجعل شرحاً وجيزاً على كتاب الفرائض من منهاج الإمام النووي -رضيّ الله عنه - ونفعنا به، فأجبته لما طلب راجياً من الله الإعانة ومؤملاً الدخول في حديث (والله في عون العبد ماكان العبد في عون أخيه)، وليس لي فيه إلا النقل من كتب الفقهاء المعتبرين ومن أفواه من لقيت منهم -رضيّ الله عنهم- وذلك هو الإتيان بالمقدور والميسور لا يسقط بالمعسور وسمّيته «فتح الغوامض لمريد علم الفرائض».

ويمتاز هذا الكتاب بأن مؤلفه كتب بعض الفوائد التي ظهرت لديه من خلال شرح الكتاب،كما أنّه ظهرت براعته في هذا الفنّ وإتقانه فيه، ويعدّ هذا المؤلف من العلماء القلائل الذين كان يضرب بهم المثل في الصومال في علم الفرائض، والكتاب عموماً صغير الحجم ويقع في ٦٧ صفحة، وطبع بدار العالم العربي بالقاهرة عام ١٤٠٧هـ ١٩٨٧م.

ومن الكتب الفقهية وخاصة في علم الفرائض كتاب: (الإيجاز في علم التوارث) للشيخ بشير محمد عثمان المقدشي الصومالي، والكتاب يتناول بعض المواضيع التي

تتعلق بعلم الفرائض وقد حوى المؤلف معتمد الأقوال من الأئمة الأعيان الذين تبحروا في علم الفرائض، وقد أورد المؤلف معظم أقوال الفرضيين بأسلوب سهل العبارة، ولطيف الإشارة، واستخدم أعذب الألفاظ وأحلاها وأسهلها وأجلها، وبدأ كتابه بمقدمة مختصرة تناول فيها معنى كلمة الفرائض لغةً واصطلاحاً، وذكر واضع هذا العلم وموضوعه وثمرته وحكمه، ثم ذكر التركة وما يتعلق بها من حقوق وشروط الإرث وأركانه وأسبابه، كما تناول موانع الإرث والورثة، والفروض ومن يرث بها، وذكر توريث الجدات والعصبة سواء العصبة بنفسه والعصبة مع غيره والولاء، وتناول إرث بيت المال والردّ، والمشركة، وذكر الحجب والمحجوب وحاجبه، وكذا أحوال ذوي الفروض، ثم بعد ذلك ذكر أبواب النسب والمناسخات وما يتعلق بعلم الفرائض الأخرى، والمؤلف حرص على أن يسهل الموضوع لطلبة العلم ويقرب مسائل علم التوارث حيث استخدم ألفاظاً رفيعة ومقاصد أنيقة[1].

ومن الكتب التي تتعلق بعلم الفرائض والتي انتجها أهل الصومال كتاب: (الغيث الفائض في علم الفرائض) وهذا الكتاب للمؤلف السابق نفسه، وهو كتاب نفيس ومطول جداً، ويتناول علم الفرائض، ولشدة طوله إضطر المؤلف وهو الشيخ بشير محمد عثمان المقدشي الصومالي إلى اختصار الكتاب، فشرع في ذلك حتى أخرج الكتاب السابق المسمى: (الإيجاز في علم التوارث).

ولأهل العلم في الصومال خدمات في مجال الفقه وأصوله، ومنهم من ساهم في مجالات الفقه العام كما رأينا آنفا، ومنهم من ألف كتباً في مجالات الفقه الخاص، ومثل هذه الكتب كتاب: (تحفة الأحباب بآداب الطعام والشراب) من تأليف أبي عبد الباري محمود بن محمد الشبيلي الصومالي، وكتابه هذا يتناول آداب الطعام والشراب، كما يظهر من عنوانه، وهو دراسة حديثة فقهية شامله عن الآداب الشرعية للطعام والشراب مقرونة بأدلتها من الكتاب والسنة، بأقوال العلماء فيها، وتبرز أن الشريعة الإلهية المطهرة كاملة وموضحة لكل ما يحتاجه المرء في حياته حتى آداب الطعام والشراب التي لا أحد

(١) والكتاب طبع بمقدشو عام ١٤٢٠هـ - ١٩٩٩م، الطبعة الأولى في مطبعة مركز الصومال Somali Printing Center.

يستغني عنها في حياته، وقدم المؤلف أداباً عاماً ومقدمات عن الطعام والشراب التي ينبغي لكل مسلم أن يتحلي بها ويتمثلها لمغذاها والسير على منهجها، كالاجتماع على الطعام ليبارك فيه، والتيامن فيه، وتبريد الطعام والشراب وغيرها من المبادئ والآداب. والمؤلف يورد جملةِ من الأدعية والأذكار الواردة عن النبيّ ﷺ بعد الطعام والشراب لزيادة البركة ولشكر النعمة والكتاب يقع في ١٠٤ صفحة[(١)].

ومن الكتب فيما ذكرنا أيضاً كتاب: (الثبات في خطر القات) لمؤلف يسمى: عبد المؤمن الأفجويي، وهو كتاب يتحدث عن حكم شجرة القات التي لها أضرار جسيمة وآثار سيئة على الفرد والمجتمع، وقام المؤلف بتعريف القات، وطرق تعاطيه ثم ناقش إذا كان القات نوعاً من المخدرات، وأضرار القات المختلفة وأدلة تحريمه من الكتاب والسنّة، وكذا من أقوال العلماء قديماً وحديثاً، وكذا الأطباء. وقام المؤلف بالردّ على من أباح تعاطيه، واختتم كتابه هذا ببعض نصائح لمن ابتلي بهذا الداء.

والكتاب صغير الحجم، وقد اعتمد صاحبه على مجموعة من المصادر والمراجع القوية التي لها صلة بالموضوع[(٢)].

ومن الكتب الفقهية أيضاً رسالة وضعها أحد الفقهاء الصوماليين، وهو العلاّمة شيخ حاج علي بن عبد الرحمن فقيه-رحمه الله- وسماها: (كشف الغمام عن أحكام مخالفة الإمام)، وحاج علي له كتب ورسائل مفيدة أخرى في علم الفقه ومراتب أبواب الفقه مثل (كشف القناع عن أهل التعصب والإبتداع)، وكذلك رسالة فقهية أخرى سماها: (القول المقول لتحريم الملاهى والطبول) وكل هذه الكتب والرسائل ما زالت مخطوطةً لم تخرج إلى النور، وقد اطلعت على بعضها، في حين أن البعض الآخر وجدت أخبارها في أحد كتبه مشيراً إليها، كما أشار بعض الكُتّاب من أهل الصومال إلى مؤلفات الشيخ[(٣)].

(١) طبع بمطبعة دار السلام بالقاهرة في مصر عام ١٤٢٥هـ - ٢٠٠٥م.

(٢) وقد اطلعت على صورة من مخطوط الكتاب.

(٣) انظر على سبيل المثال الشيخ جامع عمر عيسى: عند محاولته لتحقيق بعض كتب الشيخ، وهو مخطوط لم يطبع حتى الآن. وانظر أيضاً الشيخ عبدالله بن عمر الصومالي: مسيرة الإسلام في القرن الأفريقي ص١٥٣ - ١٥٤.

ومن الكتب الفقهية أيضاً كتاب (أحكام الصلاة) وكتاب (أحكام الجنائز) وكلا الكتابين للشيخ نور الدين علي بن أحمد وهما مخطوطان حتى الآن، والمؤلف له أيضاً كتاب آخر سماه: (أحكام الفطرة) وهو أيضاً مخطوط لم ينشر بعد.

وعلم أصول الفقه كان له حضور أيضاً عند أهل العلم في الصومال، وإن كان لم يصل إلى الدرجة التي وصل إليها علم الفقه.

ومن هذه الكتب: كتاب: (حجية الإجماع في الشريعة الإسلامية) للشيخ أحمد حاج بن محمد شيخ ماح، وفي البداية استهل المؤلف في كتابه بالأدلة الشرعية في الإسلام وحقيقة الإجماع وتعريفه وأركانه، وكذا الاتفاق وبم يتحقق، كما بين حقيقة المجتهد، ثم ذكر المتفق عليه وبيان أنّه هل يختص بالأمور الدينية أو يعمّ كل الأمور، وتطرق المؤلف في حجية الإجماع بإسهاب مع بيان آراء الأصوليين فيه وشروطه. وهذا الكتاب يقع في ٢٤١ صفحة.

ومن الكتب التى تناولت مجال الأصول في الفقه الإسلامي، دراسة قام بها فضيلة الشيخ باشنا إبراهيم محمود حيث وضع كتاباً أطلق عليه: (على بن ابى هريرة وآراؤه الفقهية)، وعلى الرغم من أن العلامة على بن أبى هريرة من كبار الشافعية، وأن آراءه الفقهية تحوم حول المذهب، إلا أن المؤلف استطاع أن يقارن هذه الأقول والآراء وأقوال الفقهاء الآخرين سواء كانوا شافعيين أو غيرهم ليظهر قيمة ما توصل إليه المؤلف.

وهناك دراسات قامت بتحقيق التراث الإسلامى المتعلق بالفقه وأصوله، وكان أهل الصومال لهم حظّ كبير في ذلك مثل ما قام به الشيخ إبراهيم شيخ إسحاق في تحقيق كتاب: (مقتصر قواعد الزركشى) للشيخ عبد الوهاب أحمد بن على الشعرانى (٩٧٣هـ)، واستطاع الشيخ إبراهيم أن يخرج هذا الكتاب إخراجاً علمياً، كما أراد مؤلف الكتاب مع التحقيق والتدقيق والدراسة حول المؤلف وكتابه.

والإنتاج الفكرى والثقافي في الصومال لا سيما فيما يتعلق بالفقه وأصوله لم يقتصر فقط على إنتاج الكتب والرسائل الفقهية، وإنما هناك إنتاج من نوع آخر، وهو

أن أهل الصومال أسسوا مدارس فقهية لاتضاهيها مثلها في منطقة الشرق الأفريقي، وخاصة ما يتعلق بالفقه الشافعي الذى هو سائد وشائع في المنطقة.

ولاشكّ أننا لا حاجة لنا إلى أن نشير إلى هذه المدارس والمراكز التى اختصت بعلم الفقه، كالجزء الجنوبى للبلاد، وخاصة بعض المدن التى اشتهرت في هذا الفن، بل وما زال طلاب العلم يفدون إليها ينهلون من مناهلها ويحرصون على الاستفادة من حلقاتها الفقهية، مثل مدن بارطيرى ومركه ومقدشو وكذا مدينة هرر.

وقد أشرنا فيما سبق إلى أن بعض هذه الحلقات كانت تشد إليها الرحال من بعض الأقطار الأخرى من خارج الصومال حتى يصلوا إلى القطر الصومالي لا لغرض آخر إلا لطلب العلم وخاصة الفقه الإسلامى الذى اشتهر به أهل الصومال وبرعوا فيه كحلقة الشيخ محمد بن عبد الصمد الجهوي في مدينة مقدشو وكان يقرأ فيها بعض الكتب الفقهية ويدرسها لطلبة العلم ومن تلك الكتب: (التنبيه والوجيز والوسيط)[(١)].

ومن القنوات الفقهية الأخرى التي كانت مزدهرة في المراكز العلمية والأروقة الثقافية في بلاد الصومال ما يتصل بمجال الفتوى وما يتعلق بها، حيث لم يكن يخلو مثل هذا النشاط العلمي في الجلسات العلمية، بل إنها تطرقت أيضاً إلى مجال الفتوى ولم يكن أهل العلم عاكفين فحسب على التدريس وقراءة الدروس، إذ أن الأمة لم تكن تستغنى عن هذا المجال، ومن هنا كان أهل العلم والاجتهاد يدلون بدلوهم في هذا الميدان، وأحياناً إذا استعصى أمر الفتوى لظروف ما، يضطر بعض أهل العلم إلى الاتصال إلى بإخوانهم في العالم الإسلامي لكي يجدوا جواباً شافياً ومقنعاً في ذلك.

وقد أشار بعض الباحثين إلى أن اهل الصومال كانوا أحياناً يلجأون إلى أخوانهم في مصر، حيث كانوا يستفتونهم في بعض المسائل التى تصعب عليهم، لاسيما علماء الأزهر، إذ كان الأزهر يلعب دوراً مهماً في إصدار الفتوى ويرسلها إلى الصومال[(٢)].

---

(١) باعلوى: مصدر سابق ص١٩٠

(٢) عبد الرحمن محمد النجار: رحلة دينية إلى أفريقيا، مرجع سابق ص ١١٥.

من ناحية أخرى كانت تصل إلى أهل العلم في الصومال بعض المسائل الفقهية والشرعية المستعصية من أقطار أفريقية أخرى أو من داخل البلاد. كما حصل ذلك للشيخ علي بن حاج عبد الرحمن فقيه، حينما وصلت إليه رسالة مكتوبة من أقصى الحدود الصومالية من ناحية الغرب مع الحبشة تسأل عن بعض المسائل ليجيب عنها ويعطي جواباً شافياً ومقنعاً لمن استفتاه، وما كان الشيخ علي بن حاج إلاّ أن يجيب في ذلك فأصدر كتاباً كاملا سماه (الأجوبة الغيبية للسؤالات الغربية)، غير أنه لما كثرت الأسئلة للشيخ وكثر من يستفتيه إليه شرع أن يضع كتاباً يجيب فيه عن بعض هذه الأسئلة ويضع بعض قواعد للفتيا والمستفتى له فسمى كتابه هذا: (فتح الوليّ في أجوبة الشيخ علي)، وهكذا كان دور أهل العلم في الصومال، وخاصة الفقهاء الذين برعوا في الفقه وفاقوا أقرانهم، حتى لجأت الأمة إليهم تستفتيهم وتسألهم عن أمور دينهم.

المبحث الثالث: العقيدة وعلم التصوف:

والمتمعن للإنتاج الفكري والثقافي لأهل الصومال يلاحظ أنّ مجالا التصوف والفقه قد أخذا حظا عظيما في عملية الإنتاج والإبداع، ونستطيع القول بأن هذين المجالين قد لعبا دورا بارزا في الحركة الثقافية، بل إنه قد انحصرت الحركة الفكرية في إطار هذين المصدرين إذلم يعرف الصومال في الأزمنة السحيقة بشكل كبير حتى في منتصف القرن الماضي إلاّ في هذا المنحى[1]، وما وجد من غير ذلك فيعتبر ضئيلاً ولا يساوي أو يعادل هذين المجالين.

والمعلوم أن علماء الصوفية في شرق أفريقيا عموماً وبلاد الصومال خصوصاً كان لهم دور بارز في نشر الإسلام، بل وأسهموا في إبلاغ رسالة الإسلام إلى أنحاء كثيرة في المنطقة في فترة مبكرة، وقد كان من إسهاماتهم إنشاء مراكز إسلامية عني فيها بتدريس أصول الدين لتلك المجتمعات الإسلامية، وعرض العقيدة الإسلامية على غير المسلمين.

---

(١) حسن مكي: مرجع سابق ص٥٢.

والصوفية دخلت إلى الصومال كغيرها من البلاد في شرق أفريقيا بواسطة علماء اليمن والحضارمة الذين استقروا فيما بعد في المدن الساحلية مثل مقدشو وزيلع وبربرة وبراوة ومركة [١]، وكان لهم أثر كبير في نفوس الأمة، رغم ما طرأ عليها من الانحرافات العقدية والفكرية، إلاّ أنّ أساسها كان نشر الإسلام ودعم عقيدته السمحة وعرضها على الناس كافة بالمثابرة، ونحن لاننسى الدور البارز الذي لعبته الحركة الصوفية في هذا المنحى، وما حققته من إيجابيات في ونشر الإسلام، غير أن هذه الحركة تسربت إليها في الآونة الأخيرة عقائد وأفكار منحرفة لاتمت بشيء من الصلة للعقيدة الإسلامية الصحيحة بصلة حتى أصبحت الصوفية موضع انتقاد يستهدفها المصلحون من دعاة السلفية [٢].

وإذا ضربنا بعض الأمثلة على ذلك فهناك عدد كبير لا يستهان به من الكتب وضعها أهل العلم في الصومال من الطرق الصوفية بمختلف طرائقهم ومشائخهم، ومشاهيرهم ومذاهبهم من القادرية [٣] والأحمدية [٤] والصالحية [٥].

ومن هذه الكتب التي ألفها أبناء الصومال كتاب يحوي خمس رسائل مطولة ويسمى مجموعة القلنقولي نسبة إلى قرية قلنقول التي تقع في غرب الصومال، وهي مسقط رأس صاحب الكتاب وموطن دفنه وهو الشيخ عبد الله بن معلم يوسف القطبي، والرسائل الخمسة هي:

---

(١) أحمد ريراش: مرجع سابق ص١٧٧-١٧٨.

(٢) حسن مكي: المرجع السابق ص٥٣.

(٣) هي أقدم طريقة دخلت في شرق أفريقيا بواسطة التجار اليمانية والحضارمة وتنتسب للشيخ عبد القادر الجيلاني (ت٤٧٠) وانتشرت هذه الطريقة بالقطر الصومالي انتشاراً واسعاً (عبد الرحمن نجار: رحلة دينية ص٦٤-٦٧.)

(٤) الأحمدية: ويقال لها الإدريسية أيضاً نسبة إلى مؤسسها أحمد بن إدريس، صاحب كتاب «كنوز الجواهر النورانية» في قواعد الطريقة الشاذلية، وأدخل هذه الطريقة إلى الصومال بعد أن نشرها الشيخ علي ميه الصومالي (عبد الرحمن النجار: المرجع السابق ص٦٧.)

(٥) ٣ الصالحية: وتنتسب إلى محمد بن صالح، ابن أخ إبراهيم الرشيد ونشر هذه الطريقة في القطر الصومالي الشيخ محمد جوليد، غير أنّ السيد محمد عبد الله حسن يعدّ من أبرز أتباعها (عبد الرحمن النجار، رحلة دينية في أفريقيا، مرجع سابق ص٦٨-٦٩).

١- رسالة عقيدة أهل السنّة والجماعة.

٢- سراج الظلام في سلسلة السادة الكرام.

٣- تحذيرات بليغة تسمى بالسكين الذابحة على الكلاب النابحة.

٤- نصر المؤمنين على المردة الملحدين مع بقية أحكام الدين.

٥- أنيسة العاشقين في تذكر المحبين.

والكتاب عبارة عن ردود على الخصوم بالطريقة الصالحية وغيرهم ممن اعترض علي أفكار الطريقة القادرية وعقائدهم التي ينتمي إليها المؤلف، وقد استخدم المؤلف عبارات ذات لهجة شديدة، كما تناول الكتاب وناقش بعض قضايا عقدية وأخلاقية وأمور فقهية. وفي الجزء الأخير تناول المؤلف باباً خاصاً لعلم التصوف وما يتعلق به، والكتاب فيه نظم ونثر، وقد أورد المؤلف نظماً كثيرا وقصائد عدةً، كلها تتناول التصوف ومدح الرسول ﷺ ومدح بعض الصالحين وذكر مناقبهم.

ومن هذه القصائد: قصيدة الحاج صوفي في نظم أسماء الله الحسنى، وقصيدة الشيخ قاسم بن محي الدين البراوي، وقصيدة مهيجة الأفراح في مدح خير الأشباح للشيخ الزيلعي، والقصيدة المسماة: النفحة المسكية في مناقب غوث البرية للمؤلف، وقصائد أخرى. والكتاب يتكوّن من جزأين، الأول يقع في ١٥٩ صفحة، والثانى يقع في ١٩٨ صفحة، وطبع بمطبعة المشهد الحسينى، بالقاهرة.

ومن هذه الكتب كتاب: (إرشاد الأذكياء في حكم التوسل بالأولياء) ومؤلفه الشيخ علي بن حاج إبراهيم والكتاب يعزز رؤية صاحبه حول التوسل مستدلا ببعض الآيات القرآنية والأحاديث النبوية حسب ما يراه صواباً، وقد وضع الكتاب أساساً للدفاع عن بعض المعتقدات الصوفية، كما أنّ صاحبه يهاجم الذين يعارضون شطحات وترهات الصوفية كما هو موجود في كتاباتهم مثل كتاب: (الفيوضات الربانية في المآثر والأوراد القادرية) الذي كتبه الحاج إسماعيل بن السيد محمد سعيد القادري، وعموماً فإن الكتاب يكشف عن طبيعة الصراع الدائر بين المتصوفة ومخالفيهم[(١)].

---

(١) انظر حسن مكي: مرجع سابق ص٥٣.

وقد استخدم المؤلف كتابه بعبارات سلسلة لا غموض فيها ولا ركاكة، كما حذر من تكفير المسلمين بسبب التوسل بالصالحين والتبرك بهم، ويقع في ٥٨ صفحة، وطبع بمطبعة الحكومة بمقدشو عام ١٩٧٧م وأعيد طبعه في رمضان سنة ١٤٠٢هـ في طبعته الثانية.

والشيخ علي بن حاج إبراهيم له أيضاً كتب أخرى في مجال التصوف مثل كتاب: (المواهب الربانية في حكم شطحات الجيلانية)، وهذا الكتاب أيضاً يدافع صاحبه عن بعض المعتقدات الصوفية ومصادر فكرهم مثل كتاب الفيوضات الربانية في المآثر والأوراد القادرية، واستهل الكتاب ببعض المناقب للشيخ عبد القادر الجيلاني ونبذة عن بعض كراماته، وناقش الكتاب قضية العقيدة وما يتعلق بها من الشؤن الاعتقادية وفند الكتاب أغلب المسائل التي تتعلق بالقضية، واستدل صاحب الكتاب ببعض الأدلة والبراهين من الكتاب والسنّة وأقوال العلماء، غير أنّ أغلب أدلته من أقوال العلماء الصوفية وأخرى من علماء وحدة الوجود في الاتحاد والحلول، كالحلاج وابن ابي يزيد المسبحاني. والكتاب يقع في أكثر من ثلاثين صفحة، وطبع بمطابع الحكومة الصومالية عام ١٩٨٢م الموافق ١٤٠٢هـ.

ومن هذا النوع من الكتب كتاب: (خاطر الإلهام في تخميس عقيدة العوام) للشيخ عبد الرحمن بن الشيخ عمر العلي الورشيخي، والكتاب عبارة عن قصائد ومدائح نظمها الشيخ عبد الرحمن بن الشيخ عمر بن الشيخ محمد، حيث خمس قصيدة عقيدة العوام التي نظمها الشريف السيد أحمد المرزوقي، إضافة إلى أنّ المؤلف الشيخ عبد الرحمن عمل زيادة بيت الجواب في أول القصيدة تتميما للفائدة - حسب قوله- كما عمل زيادة بيت ينظم أسماء أولى العزم من الأنبياء الخمسة مع تخميسه بإشارة بعض أخباره. ويقول المؤلف في مقدمة كتابه هذا: «قد خطر لي خاطر في صبيحة يوم الخميس ٢١من شهر جمادي الأولى سنة ١٣٩١ هـ أن أخمس قصيدة عقيدة العوام للشريف السيد أحمد المرزوقي رحمة الله تعالى، لكثرة الانتفاع بها وسهولتها لتعليم الصبيان والنساء العقائد التي يجب تعلمها وتعليمها علينا تبركًا بها، لأنها من القصائد

النافعات، فإنها إلهية ونبوية وملائكيه وغيرهم من الكتب السماوية وبقية الواجبات، وبدأت تخميس البيت الأول في يوم الخميس وشرعت في المقصود في ليلة الجمعة المتصلة بتلك الخميس وقد سهل الله لنا أسباب التخميس. وقد تم تسويده في ليلة الإثنين ٢٥ جمادي الأولى من السنة المذكورة بعون الله وتوفيقه، وسميته بخاطر الإلهام في تخميس عقيدة العوام. والكتاب جاء بديل كتاب إرشاد الغاوى في تخميس المجموع الحاوى للمؤلف شيخ أحمد بن شيخ بن محمد الكبلى، واعتنى بطبع هذا الكتاب ونشره الشيخ على بن محمد يلحو ورفقاؤه مع ملاحظات الشيخ قاسم بن الشيخ عبد الرحمن بن شيخ عمر.

والمؤلف له أيضاً كتب أخرى في هذا المنحى مثل كتاب: (مذهبة الأحزان في نظم خاصة أهل الأيقان))، وهذا الكتاب نشر على شكل مخطوط بعد تصويره ومكتوب بخط جميل مقروء، وهو عبارة عن بعض توسلات وذكر الكرامات لبعض الصالحين حسب ما يراه المؤلف وقام بوصف هؤلاء وتوسلاتهم، ونظم أسماءهم وألقابهم حسب قواعد النظم والشعر بقالب شعرى رائع موزون مع قافية، ورتب ذلك حسب الحروف الهجائية.

أما الدافع لوضع الكتاب وتأليفه فيذكر المؤلف في مقدمته: (... لما رأيت كتاب جامع كرامات الأولياء لشيخنا الشيخ يوسف بن إسماعيل النبهانى رحمه الله تعالى وما حواه من كرامات الأجلة الأعيان، وكنت مولعاً بمطالعة آثار الصالحين وكراماتهم وأخبار السلف الأتقياء السابقين، أحببت أن أنظم أسماء من فيه من الكرام أوألقابهم أووصفهم المذكور في الكتاب بحسب ماتيسر لى نظم الشعر بإقامة وزنه وتوسلاتهم، وعلى كل حال والكتاب عبارة عن منظومة بأسماء الأولياء الذين ورد ذكرهم في كتاب شيخ يوسف بن إسماعيل البنهانى [1] والكتاب مازال مخطوطاً كما ذكرناه آنفاً وقد أنهى نسخه، أبو حسين بن شيخ بن محمود بن محمد الصومالي في صبيحة يوم الإثنين ٢٠ من ذى القعدة سنة ألف وثلاث مائة مائة وتسعين من هجرة المصطفي ﷺ، والكتاب يقع في ٥٣ ورقة (صفحة)، وفي كل صفحة ١٦ سطراً.

---

(١) انظر حسن مكى: مرجع سابق ص ٥٥

ومنها أيضاً كتاب (المنتخب في شرح أوراد مرحب) للشيخ عثمان بن شيخ بن عمر بن شيخ داوود. وهذا كتاب فيه آثار تدل على فضائل الذكر والأوراد مع تخريج هذه الآثار والأحاديث ولكن حسب منظور المؤلف، كما قام بشرح بعض الكلمات وتصحيح الألفاظ وغير ذلك، وبعد التمعن والفحص يتضح أن هذا النوع من الأذكار والأوراد أنها ليست موافقةً لما ترجح عند أهل الاختصاص والترجيح في علم الحديث ممن اشتغل فيما يعرف بعلم مصطلح الحديث، والكتاب يقع في ١٠١ صفحة، وطبع في الرابع من ذى القعدة عام ١٤٢٢هـ.

ومن الإنتاج الصوفي كتاب: (الحزب الفاتحة والدعاء المجربة جامعة) هذا الكتاب بجملته يتناول الأذكار والأوراد الحزبية الصوفية، واستدل صاحب الكتاب بآثار كثيرة غير أن هذه الآثار تحتاج إلى تدقيق وفحص وتمييز صحيحها من سقيمها كما استدل المؤلف ببعض الحكايات والقصص المتعلقة بالأمم السابقة لايعرف من أين استقاها، والكتاب نسخة من الفكر الصوفي في بلاد الصومال، ومن ضمن سلسلة الكتب التى وضعها علماء الصوفية ويقع الكتاب في ٨٦ صفحة، وقام بتصحيحه معلم أحمد كبير، وطبع بمطبعة الحكومة الصومالية يوم الثلاثاء ١٣ صفر ١٤٠٠ هـ الموافق اينابر سنة ١٩٨٠م على نفقة الحاج جامع سعيد.

وعلماء الصوفية في الصومال تناولوا أيضاً تراجم ومناقب بعض مشائخهم، ومن ذلك كتاب: (الفيض الرحماني في نبذة من مناقب الجيلاني للشيخ عبد الرحمن الزيلعي، وهذا الكتاب تتبع نسب الشيخ عبد القادر الجيلاني و أوصل نسبه إلى الحسن بن علي بن أبي طالب رضي الله عنه،ثم تناول سيرته مبتدأ بمولده ورحلاته، وما قاله عنه الشيخ العز بن عبد السلام واختتم الكتاب بذكر بعض كرامات الشيخ عبد القادر الجيلاني[1].

ومن الكتب التي تناولت حياة العلماء الصوفية ومناقبهم كتاب: (الجوهر النفيس في خواص الشيخ أويس)، والكتاب تناول في البداية ترجمة الشيخ أويس

(١) حسن مكي: مرجع سابق ص٤٥.

وذكر بعض سيرته ثم شرع في ذكر كيفية الدخول في الطريقة القادرية والانتماء إليها لا سيما فرعها الأويسية. ويضمّ الكتاب عدداً من القصائد مرتبةً حسب الحروف الهجائية، والكتاب فيه شطحات صوفية كبيرة وترهات عظيمة، نسأل الله العافية[1].

ومن الكتب التي وضعها أهل التصوف في الصومال كتاب: (المجموع الحاوي مولد التقريب إلى الله تعالى وإلى حبيبه المصطفي ﷺ) للشيخ عبد الرحمن بن عمر، والكتاب عبارة عن مجموعة قصائد في مدحه ﷺ، والكتاب تناول سيرة الحبيب المصطفي من ولادته وهيئته وصفاته وبعض معجزاته، و مجموع هذه القصائد هي ٣١٥ بيتاً، وفي آخرالكتاب توجد قصيدة وضعها المؤلف لمدح الشيخ عبد القادر الجيلاني، والدعاء له، وقد ورد في القصيدة بعض مخالفات شرعية وعقدية، حيث يستثغيث المؤلف، بالشيخ عبد القادر الجيلاني ويطلب منه العون والمساعدة من دون الله، وتقع هذه القصيدة في ٢٢ بيتاً.

كما أورد المؤلف قصيدة أخرى في مناقب الشيخ عبد القادر الجيلاني، تناولت نسب الشيخ عبد القادر الشريف مبيّناً أنه ينحدر من الأشراف الحسنية، كما تناولت أحوال الشيخ وسيرته وبعض مناقبه أيضاً، وورد في الكتاب قصيدة أخرى بنفس النمط في مدح وسيرة الرسول وأنبياء آخرين، واختتم المؤلف كتابه هذا بفضل الصلاة على النبيّ ﷺ.

والحق أن التراث الصوفي في الصومال له قدم إذ انتشر التصوف في الصومال مع انتشار الإسلام بشرق أفريقيا، غير أنّه في القرنين الأخيرين نرى أنّ هذا التراث صار « مستغرقاً في القضايا المطلقة كحبّ الرسول ﷺ ومتابعة الترقيات الروحية بترديد الأوراد والأذكار، والفناء في حبّ الصالحين كالجيلاني وغيره فهي ثقافة تعالج أشواق الروح ولاتنزل إلى عالم الأرض وتنشغل بأوضاع ساكنيها وأوضاعهم السياسية والاجتماعية»[2].

---

(١) حسن مكي: مرجع سابق ٤٥.

(٢) حسن مكي: مرجع سابق ص٥٥.

وهذا التراث تسرب إلى فكره وعقائده، انحرافات خطيرة في النواحي العقدية، ومن هنا تعرض بعض أهل العلم في الصومال لهذا التراث وقاموا بمناقشته من خلال كتاباتهم وإنتاجهم العلمي، وكان قبل ذلك ينحصر الأمر في الردود القولية غير المكتوبة، ولكن في أواسط القرن الماضي ظهرت كتابات ورسائل صغيرة وكبيرة تفند وتناقش ما تركه وكتبه علماء الصوفية من أهل البلد.

ومن أوائل الكتب والرسائل التي ظهرت في هذا الصدد كتاب (هداية المستفيد في علم التوحيد) لصاحبه الشيخ أبى محمد نور الدين علي بن أحمد الصومالي الأزهري، ويتضح من عنوان الكتاب أنه على أبواب التوحيد وما يتعلق به من النواحي العقدية، كما يتناول ما يجب على المسلم أن يعتقد على وفق ما اعتقده السلف الصالح واستخدم صاحب الكتاب أسلوباً سهلاً جيداً، والكتاب على طريقة السؤال والجواب ليسهل فهمه للطالب. ولعلّ صاحب الكتاب قصد إلى ذلك أن يتخذه القارئ عوناً له ليستخدمه عند مناقشتة مع الآخرين من أهل الصوفية والبدع، حتى يكون ذلك سلاحاً قويّاً، لكي يقويّ رأيه من خلال ما استفاده من الكتاب.

والكتاب ناقش بعض قضايا التوحيد وأركان الاعتقاد لا سيما فيما يتعلق بتوحيد العبادة وفند حوالي ٢٢٨ مسألة في صلب الاعتقاد والتوحيد، كما أورد ٤٦٨ أية من كتاب الله و٣٣ حديثاً شريفاً، والكتاب طبع بالقاهرة، بمطبعة أنصار السنّة المحمدية عام ١٣١٨هـ ١٩٦١م.

وقد أدت قناعة المؤلف إلى أن وضع رسائل وكتباً أخرى وأغلبها على هذا النمط حيث لم يخالف نهجه ضد التصوف وتطرفاتها العقدية، ومن هذه الرسائل:(القول السديد في النهي عن التنديد) طبع بمصر أيضاً ومن كتبه: (نواقض الإسلام)، وهذه الرسالة نشرتها في مجلة الهدى النبوي المصرية بمقالات متسلسلة عام ١٣٧٩هـ.

و (رسالة التعظيم المشروع للرسول وتعظيم المبتدع) نشر بمجلة نور الإسلام لإدارة الوعظ بالأزهر ١٣٧٩هـ في مقالات متسلسلة. ومن رسائله التي تتناول هذا

الموضوع رسالة (شجرة التوحيد وشجرة الشرك) غير أنّ هذه الرسالة ما زالت مخطوطة حتى الآن، ومن الرسائل أيضاً رسالة الشفاعة وهي مخطوط أيضاً[١].

المبحث الرابع: اللغة العربية وآدابها:

وأهل الصومال كانوا بارعين في اللغة والأدب، وإنّ كثيراً من أهل العلم استطاعوا أن ينشدوا أشعاراً كثيرةً مختلفة، غير أننا لم نعثر علي أغلب هذه الأشعار والقصائد ولكن بعد تتبع المصادر والمراجع العربية نجد أشعاراً كثيرةً قالها بعض شعراء أهل الصومال مثل القصيدة اللامية التي وضعها عبد الرحمن بلفقي وقد سمي لا ميته (رفع الإيثار عن مفاتح الأسرار) ومن بين أبياتها:

بيني وبين الحافظــين ثلاثة   واثنان بالفقهاء كان وصالي[٢]

وقد حظيت اللغة العربية باهتمام كبير وواسع النطاق لدى أهل العلم والثقافة في الصومال، كما اهتم أهل الصومال عموماً باللغة العربية وضروبها اهتماماً شديداً، وكانوا يرون أنّ تعلم العربية وأدابها وأقسامها مهم في حياة العالم والمثقف وبدونه لا يمكن فهم الإسلام فهما صحيحاً.

ومن هنا اقترن انتشار اللغة بانتشار الإسلام، بل إنّ الدعوة الإسلامية وانتشارها صار جنباً إلى جنب مع اللغة العربية على اختلاف تخصصاتها. وهذا الأمر هو ما كان أيضاً منتشراً وموجوداً في أقطار كثيرة أخرى في أفريقيا.

وقد ذكرنا في المبحث الثالث من الفصل الثاني أهمية اللغة العربية عند أهل الصومال، حيث وصل الأمر بأنّ رأوا أنها من العلوم المساعدة على تعليم الدّين الإسلامي وأنة من المستحيل أن ينجح الشخص المثقف في تعلم الدّين بدون تعلم اللغة العربية، وأطلقوا عليها علم الآلة التي تبلغهم وتوصلهم إلى فهم الدين الإسلامي القويم وعلومه المتنوعة[٣].

---

(١) انظر محمد حسين معلم: ترجمة الشيخ نور الدين علي بن أحمد في جريدة المسلمون العدد ٥٦٥ في ٩/ ٧/ ١٤١٦هـ الموافق ١/ ١٢/ ١٩٩٥م، وفيها ترجمة مختصرة عن الشيخ وحياته الفكرة والدعوية.

(٢) انظر الشريف العيدروس: مرجع سابق ص ج.

(٣) راجع في المبحث الثالث من الفصل الثاني من هذا الكتاب.

وكانت بعض المدن أبرز من غيرها من حيث الاهتمام والانتشار، حيث كان يجرى في مراكزها ومدارسها دراسات تخص اللغة العربية، وخاصة المدن الساحلية الصومالية من زيلع وحتى براوه، بل وإن بعض هذه المدن مثل براوه في أقصى جنوب الصومال اشتهرت بأنشطتها العربية وما يتعلق بالعلوم العربية والأدبية حتى صارت كعبة المعرفة يفد إليها طلبة العلم من الأماكن الأخرى، بفضل علمائها وأدبائها وحلقاتها العلمية المزدهرة بالعلم والنشاط والحيوية.

وقد تحدثنا عن نوعية العلوم التي كانت تدرس في الحلقات العلمية بالصومال، وخاصة الدروس والمواد التي تتعلق باللغة العربية وآدابها، ورأينا أن هذه الحلقات والزوايا كانت تدرس أغلب العلوم العربيه من نحو وصرف وبلا عة وعروض ومنطق وغير ذلك، من فنون اللغه العربيه.

وأهل الصومال كغيرهم من المسلمين في العالم الاسلامي كانو يرون أنّ معرفة اللسان العربي ضرورة لفهم الشريعة الاسلامية، وأنّ التبحر فيها الوصول الى غور معانيها يصعب على الشخص بدون إتقان اللغه العربيه، وهذا يتفق أيضاً مع ما ذكره العلامة ابن خلدون: (معرفة اللسان العربي ضرورية لأهل الشريعة، إذ أخذ الأحكام الشرعية كلها من الكتاب والسنّة وهي بلغة العرب ونقلها عن الصحابة والتابعين عرب وشرح مشكلاتها من لغاتهم فلا بدّ من معرفة العلوم المتعلقة بهذا اللسان لمن أراد علم الشريعة)[1].

والجدير بالذكر أنّ العلماء والأدباء ما كانوا يشجعون على خدمة العربية وسلامة ألفاظها ومعرفة صحيحها وسقيمها وقواعدها مقابل مال، بل لأنهم كانوا يرون أنّ خدمة هذا الأمر خدمة للدين الإسلامي وهذا يوافق ما ذهب إليه ابن منظور حيث كان ذلك دأب العلماء وقال: «إني لم أقصد سوى حفظ هذه اللغة النبوية وضبط فضلها، إذ عليها مدار أحكام الكتاب العزيز والسنّة النبويّة، وذلك لما رأيته قد غلب في هذا الأوان من اختلافات الألسنة والألوان»[2]، وهؤلاء رغم أنهم كانوا يجيدون لغاتهم المحلية إلاّ أنهم أعطوا جلّ اهتمامهم للعربية.

---

(١) ابن الخلدون: المقدمة، مكتبة النهضة المصرية، ص٥١٠.

(٢) ابن المنظور: لسان العرب، المقدمة ص٧، دار صادر-بيروت- ١٣٧٤هـ ١٩٥٥م.

ومن هنا ترك كثير من علمائها وأدبائها نتاجاً علمياً ولغوياً وأدبياً، وبذلوا جهوداً جبارةً لخدمة العربية ونشرها من خلال منابرهم وحلقاتهم ودروسهم العلمية المعتادة بالإضافة إلى أنهم خدموا اللغة العربية من حيث البحث والجمع والتأليف حتى نتج عن هذا المجهود الكبير والاهتمام البالغ تراثاً ضخماً لا يمكن حصره لأنّ أهل الصومال - وخاصة المؤلفين - كلفوا أنفسهم بوضع كتب ورسائل تخدم اللغة العربية، كما أنهم وضعوا قصائد وأشعاراً تبرهن علي مدى نبوغهم وتفوقهم في ميدان الشعر العربي بمختلف بحوره وقوافيه.

وعلى الرغم من أنّ التراث الثقافي العربى في الصومال المتعلق بالنواحي اللغوية والأدبية قديماً وليس جديداً إلاّ أن عطاءه مازال مستمراً حتى الآن وسوف تكون نظرتنا تجاه هذا التراث الضخم من هذه الزاوية - أي ربط حاضر هذا التراث بماضيه -، وفي ذلك سوف نختار بعض عينات من هذا التراث الكبير الذي تحقق على أيدي أهل الفكر والثقافة من أهل الصومال، حيث لا نستطيع أن نصل إلى كلّ ما أنتجه أهل الصومال مما يتعلق باللغة العربية وعلومها وآدابها، وذلك لأن كثيراً منه قد ضاع بسبب الظروف التي طرأت على الساحة الصومالية، وعدم استقرار الحالة الأمنية.

ولعدم توفر معاجم وقواميس استوعبت هذا التراث ووضعت له فهرسة، يصعب علينا المعرفة الكاملة للتراث الثقافي. ولسد هذا الفراغ أرى أنّه يتطلب إلى جهداً جماعياً، كما يتطلب وعون كبير، ونَفَس طويل، لكي نحقق نتيجةً إيجابيةً في هذا المجال. غير أننا نختار بعضاً من هذا التراث الضخم على اختلاف الأزمنة حسب ما توفر لدينا.

ومعلوم أنّ طالب العلم في الصومال بعد إتمامه تعليم القرآن الكريم في مرحلة الكتاتيب، ونجاح الطفل في ذلك قراءةً وحفظاً وكتابةً، كان ينصرف إلى إكمال رحلته العلمية الطويلة، وكانت دراسة علوم اللغة العربية، لا سيما علم النحو والصرف من أوائل ما كان يهتمّ به طالب العلم المبتدئ، ومن هنا لم يكن من الغرابة بمكان من أن يضطر أهل العلم في الصومال وأساتذة الحلقات العلمية في المساجد والزوايا لتأليف

ووضع كتب مفيدة، ورسائل نفيسة في علمي الصرف والنحو، لأنّهم -كما ذكرنا سابقاً-كانوا يرون أنّ تعلم النحو والصرف وسيلة لفهم الشريعة والدين وليس غاية بذاته، وأنّ فهم الشريعة والتفقه في الدين من أكثر الأعمال وجوباً من وجهة نظرهم لذا، فقد التمس كثير من طلاب العلم الاستمرار والمحاولة للمزيد من المعرفة والتعمق في العلم.

١- علم النحو:

فيما يخص الدراسات النحوية، فقد كان لأهل الصومال إسهامات وجهود لا بأس بها، نظراً لأن أهل الصومال كانوا يرون أن دراسة علم النحو مرتبطة بالدين الإسلامي، بل إنهم يُعدّونها مدخلاً أساسياً لجميع العلوم الدينية، ومن الصعب التبحر في العلوم الشريعة دون إتقان علم النحو، ومن هنا فقد أعطوا اهتماماً كبيراً لهذا الجانب.

وقد قام أهل الصومال بتأليف كتب تتعلق بهذا المنحى، اسهاماً مهماً في خدمة اللغة العربية، علماً بأن جهودهم في ذلك تركزت في مسلكين هما: مسلك التأليف والإبداع من ناحية، وإخراج كتب التراث العربي وتحقيقها من ناحية أخرى، وقد نجحوا في ذلك حيث قاموا بتأليف كتب خاصة بالنحو، كما أنهم قاموا بتحقيق بعض كتب التراث النحوي، وإن كان ذلك قد تمّ في الفترة الأخيرة.

ومن بين الكتب النحوية التى أنتجت لتسهم في في هذا الحقل، كتاب: (كشف النقاب عن غيلة الأتراب)، وضعه الشيخ علي بن عبد الرحمن فقيه، والكتاب يشرح كتاب (عقيلة الإعراب للإمام الشاطي). وعلى العموم، فإن كتاب الشيخ علي بن عبد الرحمن الصومالي مكتوب بالخط العثماني، ولا زال مخطوطاً.

ومن مجهودات أهل الصومال في مجال النحو ما قام به الشيخ أحمد عبد اللطيف عثمان حيث وضع كتاباً سماه: (الاستغناء في اللغة العربية). والكتاب يتناول جملة من علم النحو، وفي البداية تحدث المؤلف عن أمثلة الاستغناء في العربية، ولمّ شتيته وحدد

مواطنه ووسع من مجاله، حتى لا يكون محصوراً في مسائل لغوية فقط بل أدخل فيه مسائل نحوية وصرفية كثيرة وتحدث المؤلف أيضاً عن مفهوم الاستغناء وشروطه ودواعيه، ثم دراسة الاستغناء في الجملة الاسمية المكونة من المبتدأ والخبر في الحال أو في الأصل، وكذلك في الجملة الفعلية التى تتألف أساسا من الفعل والفاعل: ومدار الاستغناء فيها كما يتناول الكتاب الاستغناء في الجملة المشتركة مع شرح. كما تناول المؤلف الاستغناء في الصيغ سواء الصيغ الاسمية والفعلية وتصريفاتها، وكذلك الاستغناء بالأفعال المزيدة عن مجرداتها، ثم تحدث الكتاب عن الاستغناء عن بعض الأدوات العاملة وغير العاملة، وهذا الكتاب مفيد جداً ويقع في ٤٢٣ صفحة، وقد قام المؤلف نفسه أيضاً بدراسة وافية لكتاب (شرح تحفة الطلاب) للعلامة أحمد بن محمد الهامم المتوفي ٨١٥ هـ) وأصل الكتاب يبحث في الجملة وشبهها و في الأدوات التى يكثر ورودها في الكلام وفي العبارات. ومما يزيد قيمة هذا الكتاب أنه يحتوى على نقولات من كتب مفقودة قيمة ضاعت أصولها.

٢- *علم الصرف:*

ومن الكتب التي ألفها علماء الصومال والتى تتعلق بعلم الصرف كتاب: (حديقة التصريف في علم التصريف) وهو عبارة عن أرجوزة نظمها الشيخ عبد الرحمن بن أحمد الكسلاني الزيلعي، وفي أبواب علم الصرف وأبنيته فجاءت جملة كافية لمقاصد هذا الفنّ حاوية، كما ذكر المؤلف نفسه في مقدمة رسالته. غير أنه قد استخدم بعض الألفاظ والأساليب القديمة التي لا تتطابق في عصره عند وضع كتابه هذا، ولعله كان يقلدبه ما كان عنده من المصادر التي كتبت في العصر العباسي ومهما كان فإن هذه الأرجوزة مشهورة في بلاد الصومال ومحفوظة لدى طلاب العلم، ومتداولة بين أهل العلم ولكن هذا الكتاب أصبح غامضاً غير واضح يصعب فهم مراده، ومعرفة ألفاظه ومعانيه من قبل طلاب العلم، ومن أراد أن ينهل منه مناهله.

وهذا الأمر ما أحسّ به المؤلف نفسه فاضطر إلى وضع كتاب آخر يحل ألفاظ هذه الأرجوزة، ويبيّن مرادها، فسمّاها: (فتح اللطيف شرح حديقة التصريف) وهو

يتناول أيضاً أبواب الصرف، وقال في مقدمة كتابه مبيّناً سبب تأليفه: « لما وضعت هذه الأرجوزة المسمّاة بحديقة التصريف في علم التصريف فجاء بحمد الله جملة كافية لمقاصد هذا الفنّ حاوية،سنح لي أن أضع عليها شرحاً يحل ألفاظها،ويبيّن مرادها فجاءت بحمد الله كتاباً جامعاً للمرام، ومناسباً للمقام وسمّيته فتح اللطيف شرح حديقة التصريف.» (١)

إذاً هذا الكتاب شرح وتبسيط لكتاب آخر وضعه المؤلف نفسه، وهو شرح نفيس يتناول أبواب الصرف من أبنية الفعل المجرد وتصاريفه، وفي حكم اتصال تاء ضمير أو نون بالفعل الماضى الثلاثي المعتلّ العين وألقاب الأفعال، وأبنية المزيد فيه، وفي المضارع والأمر، وأبنية أسماء الفاعلين والمفعولين، وأبنية الكثرة والمبالغة والمصادر، والمفعل والمفعِل بناء المفعلة وبناء الآلة. وهذا الكتاب يعتبر أروع مشروع في علم الصرف.

وهناك كتاب آخر تناول علم الصرف أيضاً وهو كتاب: (نثر الجواهر في قاعدة الصرف الفاخر) لمؤلفه الشيخ عبد الرحمن بن الشيخ عمر الأبغاليّ العليّ الورشيخيّ، وتحدث في كتابه عن علم الصرف وقاعدته، ووضع المؤلف هذا الكتاب ليكون شرحاً للامية الأفعال التي ألفها الإمام محمد بن مالك رحمه الله، ولعله شعر أنّ طلبته استعصى عليهم فهم لامية الأفعال الصرفية، لذلك وضع كتابه هذا ليسهل لطلبة العلم والراغبين في هذا الفنّ، وكان أصل هذا الكتاب شرحاً للامية الأفعال باللغة الصومالية للشيخ آدم محمود الصومالي، ثم شرح المؤلف ليحول هذا الشرح المعروف في القطر الصومالي بالقاعدة «الشيدلية» إلى اللغة العربية وسمّاها باسمين أحدهما (نثر الجواهر في قاعدة الصرف الفاخر) وثانيهما: (التحفة السنيّة في قاعدة لامية الأفعال الصرفية)، وصاحب هذا الشرح مشهود له بالتفوق في هذا الفنّ، وأنّه بذل جهداً كبيراً لإخراج الكتاب، حيث هذبه غاية التهذيب، وبسطه ليفهمه الطالبون، وحلّ المشكلات بطريقة السؤال والجواب، حتى صار الكتاب جامع القواعد وحاوى المقاصد.

(١) هذا الكتاب يقع في ٨٨ صفحة، وطبع بمطبعة مصطفي البابي الحلبي بمصر في يوم الأربعاء ٢٠ رجب سنة ١٣٥٧هـ.

ومن الكتب الصرفية أيضاً التى وضعها بعض أهل العلم في الصومال كتاب وضعه الشيخ أبو بكر حسن معلم وسمّاه:(الغيث الهطال في شرح لامية الأفعال) وكما يبدو من الكتاب فإنّه يتحدث عن علم الصرف وتصريف الأفعال وأبنيتها وفي الدراسات المعجمية والقاموسية.

ومن الذين تناولوا هذا الفنّ ووضعوا له كتباً، الشيخ عبد الحكيم علي حسين المقدشي الذي وضع رسالة صغيرة سمّاها: (منظومة التيسير في صيغ الأجزاء عند التغيير) وهي نظم بشرح في صيغة التفاعيل في أجزاء متغيرة، والرسالة صغيرة الحجم، وقسمها صاحبها إلى عشرة أجزاء وهي عبارة عن منظومة شعرية من بحر الوافر، وتبلغ عدد أبياتها خمسة وثمانين بيتاً، وأنّي رأيت صورة من مخطوطة أصلية بخط صاحبها، ولها هوامش بسيطة تفسر بعض معانى الكلمات الغامضة والألفاظ المبهمة[1].

٣- علم العروض:

لقد عرفنا مكانة الشعر العربي في الصومال، وأنّ الصوماليين كان لهم وذوق إسهام في هذا المنحى فوضعوا دواوين شعرية باللغة العربية، كما وضعوا قصائد وملحقاة شعرية في مختلف الأوزان والبحور، فظهر بينهم فطاحل أظهروا قرائح شعرهم وذوقهم وإحساسهم الشعري، وهذا لا يستغرب في مجتمع كان له إلمام بعلمي العروض والقافية، وأنّ أغلب الحلقات العلمية التي كانت تعقد في المساجد والزوايا، وفي المراكز العلمية في الصومال، كانت تضمّ علمي العروض والقافية، بل وقلّما تخلو منها دراسة علم العروض، لذلك برز من بين أهل العلم في الصومال من كان له إسهام علمي في ذلك، أو وضع كتاب في هذا المضمار، وإن كانت أغلب الكتب والرسائل التي تختص بهذا المجال ضاعت قبل أن تخرج إلى النور من بين التراث الإسلامي الذي ضاع، كما ذكرنا من قبل، ومع ذلك فهناك كتب ورسائل ظهرت في الساحة العلمية والثقافية في البلاد، وتنقسم بين مخطوط ومطبوع.

---

(١) لم يصل العلم المؤلف حتى الآن أنها طبعت.

ومن بين هذه الرسائل والكتب التي تناولت مجال العروض والقافية، كتاب وضعه العلاّمة الشيخ أبو عبد الله عبد الرحمن بن عبد الله المقدشي الشاشي الملقب بحاج صوفي المسمّى: (الجوهرة السامية في علمي العروض والقافية). وتحدث الشيخ من خلال تلك الرسالة الصغيرة عن علمى العروض القافية، وتقع هذه الرسالة في ١٤ ورقة مكتوبة بخطّ جميل رائع وواضح.

ومن الكتب التي ألفت في المجال أيضا كتاب: (كشف المعاني القافية شرح الجوهرة السامية)، وهذا الكتاب عبارة عن شرح لكتاب حاجي صوفي المذكور آنفاً، وقد قام بهذا الشرح الشيخ أحمد بن عثمان بن محمد الشاشي المقدشيّ، وقد أبدع الشارح في شرحه حيث كشف عن غوامض المنظومة ومكنون سرها، حيث قرّ بها لطالبها وسماها: (كشف المعاني القافية).

ويظهر أنّ المؤلف نفسه كان له إلمام واسع في علمي العروض والقافية، حيث تجلت قريحته عند شرح المنظومة، واستطاع أن يعر ض شرحه بعبارات سهلة، وأسلوب ميسر، وألفاظ رفيعة تحوي المعاني الدقيقة، وفي ذلك يقول المؤلف الشارح في مقدمة كتابه: «فأرجوا أن يكون شرحاً يحل ألفاظها ويبيّن مرادها ويتمم مفادها ويذلل صعوبتها ويكشف نقابها، وسمّيته: «كشف المعاني الخافية شرح الجوهرة السامية».

ويمتاز هذا الكتاب بأنّ مؤلفه استفتحه بمقدمة ذكر فيها نبذة مفيدة مختصرة عن مبادئ علم العروض، من تعريفه لغةً واصطلاحاً وثمرته،كما تحدث عن موضوع علم العروض وفضله ونسبته وواضعه وعرض بإيجاز اسم هذا الفنّ واستمداده وحكمه ومسائل قضاياه والشارح خاض غمار الكتاب ولم يوصم بالإخلال، ولا بالإسهاب. وهذا الكتاب له ميزة أخرى وهي أنّ ذيله يضم صورةً من نسخة المخطوطة الأصلية التي تقع في ١٤ ورقة. أما الكتاب فيقع في ٢٤٠ صفحة وطبع في عام ١٤٠٨هـ الموافق ١٩٨٨م.

٤- المعاجم والقواميس اللغوية:

وخلال تتبعي للإنتاج الثقافي والعلمي الذي خلفه أهل العلم في الصومال ظهر لي - حسب قراءتي - أن مجال تأليف المعاجم، ووضع القواميس اللغوية، يُعدّ شبه نادر أو معدوم، وليس له أثر كبير ملموس يذكر. وأعتقد أن ذلك كان يتطلب مجهوداً كبيراً، حتى يتمّ إنجازه وتحقيقه، ولم يكن من السهل أن يحقق ذلك عند أهل العلم في الصومال الذين كانوا مشغولين في الجوانب الأخرى من نشر الإسلام ورفع راية التوحيد، ليس في بلاد الصومال فحسب، بل في جميع ربوع منطقتي القرن الأفريقي وشرق أفريقيا، حيث كانت تنصب أغلب جهود علماء المسلمين في المنطقة - سواء من أهل البلاد الأصليين أو هؤلاء الذين وفدوا إليها من أقطار إسلامية أخرى - على انتشار الدعوة الإسلامية وإرساء قواعدها في المنطقة.

ولاشك أن ذلك كان له أثره في جميع الميادين العلمية والثقافية، وليس في ميدان التأليف والإبداع فقط، وإنما أيضاً في ميدان التعريب - أي عروبة اللسان - لأن أهل الفكر و الثقافة، كانت لديهم أوليات أخرى، جعلتهم ينشغلون عن وضع الدواوين والمعاجم والقواميس العربية.

ومع هذا، فنجد إنتاجاً علمياً تركه أهل العلم في الصومال مما يتعلق بميادين وضع قاموس لغوي أو شرحه، وكذا مجهود تأليف معجم يخدم اللغة العربية. كما فعل ذلك العلامة الشيخ علي بن عبد الرحمن فقيه، الذي وضع كتاباً سماه: (القاموس النشيط المبني على القاموس المحيط) وهو شرح للقاموس المحيط للعلامة الفيروز أبادى.

المبحث الخامس: التاريخ والعلوم الأخرى:

١- السيرة النبوية والتاريخ:

يُعدّ علم التاريخ من بين العلوم التي حازت اهتمام وعنايه أهل العلم في الصومال، كما كان المسلمون في العالم الاسلامي قد اهتموا بعلم التاريخ اهتماماً

كبيراً، كذلك أهل الصومال أعطوا اهتماماً لهذا الفن، تبعاً لاهتمامهم بمختلف أنواع المعارف والعلوم على حسب تفاوتها تطبيقاً لما جاءت به الشريعة الغراء السمحاء من حث على التعلم والتعليم إضافة إلى أسباب تشريعية وتنظيمية. ومن هنا فلا نستغرب إذا اهتمّ أهل الصومال بهذا الفن، وكتبوا في فنونه وأنواعه المختلفة في التاريخ العام والمحلي، وتواريخ الدول والمدن[1]، والسيرة وأخبار أخري.

والجدير بالذكر أنه ليس بالضرورة أن يكون المؤلف لكتاب ما يتعلق بالتاريخ والأخبار أن يكون مؤرخاً له جميع صفات المؤرخ، ومن خلال تتبعنا للإنتاج التاريخي لأهل الصومال يلاحظ أن من بين مَنْ كتب الكتب والرسائل في التاريخ، كانوا علماء اهتموا بالتاريخ أوشاعراً ألفّ شعراً أوقصيدةً تطرقت إلي النواحي المتعلقة بالسيرة النبوية وأخبار الأولين، أوكان هذا المؤلف شخصاً عادياً له اهتمامات تاريخية وهذا ليس معناه أنّ كلّ من كتب التاريخ من أهل الصومال لم يكن مؤرخاً، بل هناك نخبة من المؤرخين تخصصوا في علم التاريخ أوكانوا هواة كتبوا في مجال التاريخ وساهموا فيه. والمؤلفون الصوما ليون كان هم دور كبير في كتابة ووضع رسائل تتناول السيرة النبويه الشريفه- علي صاحبها أفضل الصلاة والتسليم- غير أننا ينبغي أن نشير إلى أن أهل العلم في الصومال ساهموا في كتابة السيرة النبوية وما يتعلق بحياة الرسول ﷺ وصحابته الكرام - رضوان الله عليهم أجمعين- في أوجه مختلفة، فبعضهم ساهم في وضع كتب تتناول هذا الجانب، بحيث أن بعض الآخرين شرعوا في وضع قصائد وأشعار تناولت حياة الرسول وفضله ومدحه حبّاً للرسول ﷺ وتبركا بهذا الطريق والأسلوب العلمي، وأغلب من عبر عن فكره وعلمه عن طريق الشعر والقصيدة هم من أهل الصوفية.

ومن هذه الكتب التي تحدثت عن سيرة الرسول كتاب: (دليل العباد إلي سبيل الرشاد) وهو ديوان جمع فيه مجموعة من قصائد ونظم وشعر وضعه الشيخ العلامة عبد الرحمن بن عبد الله المعروف (بحاج صوفي) الشاشي المقدشيّ -طيب الله

---

(١) وإن كان في ذلك قليلا جداً حسب ما وجدناه من التراث الصوماليّ المتوفر لدينا حتى الآن.

ثراه- وقد تناولت أغلب هذه القصائد سيرة الرسول ﷺ ومولده وشيئاً من حياته الاجتماعية والدينية.

ولأ همية هذا الكتاب وتعلق بعض الباحثين من أهل العلم به قام بعض المؤ لفين بشرح بعض قصائد أو أشعار حاجي صوفي. ولا شكّ أنّ قيمة هذا الديوان ظهرت بعد صدور هذه الشروح. ومن الذين قاموا بذلك الشيخ: أحمد بن عثمان الشاشي المقدشي الذي ألف كتاباً سمّاه:(جواهر البحر المعين شرح القصيدة اللا مية شجرة اليقين) وهذا الكتاب يشرح قصيدة الشيخ عبد الرحمن بن عبد الله الشاشي المقدشي وهذه القصيدة العصماء والدرة البيضاء والروضة الفيحاء، وردت في ديوان الشيخ عبد الرحمن الصوفي المسمى: (دليل العباد إلى سبيل الرشاد) وقد جاء اختيار الشيخ أحمد بن عثمان للمنظومة اللامية حيث قام بالشرح والتعليق عليها. والحق أن هذه المنظومة جديرة بالشرح والدراسة، وقد قدم لها بمقدمته « تريك أنك تقرأ كتاباً بكلّ معنى الكتاب وتقرأ لأديب كبير له اقتدار على القول وسيطرة تامة علي الصياغة الرفيعة والتراكيب الجميلة والمعاني الجمة والفكر الناصح الخصب»[1].

وهذا الشرح الوافي إنما فعله الشارح لينتفع به الطالب المحب ويفلح ويتخلق بالأخلاق المحمدية ويقتفي سنته البهية، والجدير بالذكر أن قصائد الشيخ صوفي في متنهى الجمال، غير أن أروع ما تتميز به تلك القصيدة اللامية التي مدح بها سيدنا رسول الله ﷺ من خلال الكتاب نلمح أن مؤلفه فيه ذكاء فذ وخيال خصيب وحكمة سديدة، وحسن التصوير، والكتاب يقع في ٣٠٦ صفحة[2].

والحق أن هذا الديوان يحتوي قصائد وأبيات تحتوي على تقديسات الله تعالى ومعجزات الرسول الاعظم صلوات الله وسلامه عليه وعلي جانب كبير من علم التوحيد وعلم التصوف ومدحه ﷺ وبعض التوسلات. والشيخ عبد الرحمن بن عبد الله له أيضاً أشعار أخر عبر ماورد في هذا الديوان المسمى: (دليل العباد في سبيل

---

(١) هكذا وصف الشيخ محمد عبد الغنى سراج الكتاب في تقريظه وهو من علماء الأزهر انظر ص٣٠١.

(٢) طبع هذا الكتاب بمصر عام ١٩٨٧م.

الرشاد) ومن هذه القصائد ما ورد في كتابه المسمى: (أنسية العاشقين في معجزات سيد المر سلين) وقد قام أحد الشيوخ الصوماليين القاطنين في جيبوتي بشرح هذا الكتاب وهو الشيخ بشير بن محمد بن عبد الر حمن حيث قام المؤلف بالشرح المذكور حيث شرع بضبط أبيات هذه المنظومة الشعرية التي تقع في ثلاثمائة وثمانية وستين بيتاً، وشرح بعض ألفاظها الغامضة ليقرب معانيها إلى القارئ البسيط الفهم والادراك.

والحقيقة أن هذه المنظومة الشعريه تعرض جزءاً من سيرة المصطفي عليه السلام ومعجزاته الخالدة وشما ئله الكريمه الفواحة العطرة.

ومن الكتب التي تناولت سيرة المصطفى - عليه أفضل الصلاة والسلام - كتاب موسوم بـ (تنبية الأنام في مدح سيد المرسلين) للشيخ خليف بن زياد، وهو كتاب كبير حلّي ببعض الدرر والنظم والقصائد النفيسة في مدح النبي ﷺ[1].

ومن الكتب التي تحدثت عن سيرة آل رسول الله ﷺ كتاب: (وردية الليب في فضل الحبيب) كتبه الشيخ علي بن حاج بن أحمد بن صديق البكري الصديقي، وكان سبب تأليف هذا الكتاب أن الوالي البور سعيدي، سلطان سلطنة زنجبار أرسل إلى الشيخ علي بن مي بن حاج علي، الساكن في مدينة مركة وسأله الحيّ أفضل أم الميت؟. وذلك أن أحد القساومة النصارى جاء إلى الوالي البورسعيدي فطرح عليه السؤال الحيّ أفضل أم الميت فأجاب الوالي بأن الحيّ أفضل من الميت، فقال القسّ إذاً عيسى أفضل من محمد، لأنّكم تقولون إنّ عيسى حي لم يقتل بل رفعه الله و أنه سينزل في آخر الزمن، ومحمد مات، فتحيّر الوالي، وراسل إلى الشيخ علي بن مي المركي الصومالي رسالة يطلب فيها إجابة هذا الأمر.

والشيخ بدوره وضع كتاباً يجيب فيه عن هذا السؤال، وقد بدأ المؤلف حديثه بمعنى الفضيلة ومدلولها مازجاً كلامه بالمنطق وعلم الكلام، وناقش الأفضلية حيث بحث المسألة برمّتها في منظور حسّي، واستدل الشيخ علي بن مي في ذلك من الكتاب والسنة وبعض أقوال العلماء كالشيخ أحمد بن حجر الهيتمى والشيخ جلال الدين

(١) والكتاب كان مخطوطاً، وربما طبع في مصر، كما بلغني في ذلك، والله أعلم.

السيوطي والشيخ محمد البوصيري والشيخ إبراهيم بن محمد البيجوري. والكتاب يحوي بعض الأشعار والقصائد، واختتم الشيخ كتابه بقصيدة شعرية يمدح فيها الرسول ويظهرحبّ الرسول - الله ﷺ - والكتاب مازال مخطوطاً في ١٢ ورقة في كل ورقة ١٣ سطراً.

ومن تلك الكتب التي تناولت جزءاً من سيرة المصطفي ﷺ كتاب (المجموع الحاوي) وهو مجموع جمع فيه قصائد ومدائح، فابتدأ المؤلف قصيدة في مدح النبي ﷺ وعددُّها ٢٥ بيتاً، ثم أردفها قصيدة نظمها في مولد النبي ﷺ في القصيدة الطويلة وعددها ٣٢٩ بيتاً، وهي من بحر المتقارب،وطبع بالقاهرة سنة ١٣٩٧هـ وعددها ٨٨ صفحة. وهذا الكتاب ألفه الشيخ عمر العلي الأبغالي الورشيخي.

ومن كتب السيرة التي ألفها أهل العلم في الصومال كتاب (هداية المسلم إلى حب الرسول ﷺ)، للشيخ عبدالرزاق بن الشيخ بن علي زياد بن الشيخ نور الدين الصومالي، والكتاب يتضح من عنوانه أنه يتعلق بسيرة النبي ﷺ العطرة من ولادته إلى وفاته. والكتاب مازال مخطوطالًم يطبع.

وإذا نظرنا إلى الإنتاج العلمي والثقافي الذي خلفه أهل الصومال يتضح لنا أنّ الأقلام الصومالية كان لها حظ في كتابة المناقب والتراجم، إذ أن فن الترجمة وكتابة السيرة لشخصيات لها علاقة بالتاريخ عبر العصور المختلفة أمر كان معروفاً عند المسلمين في العالم الإسلامي غير أنه ينبغي أن نعرف أن أغلب تلك الأقلام تنطلق من منظور فكري عقدي، حيث إن جلها وضعها علماء التصوف الذين ترجموا لبعض مشائخهم، وذكروا مناقبهم، كما أن بعضها وضعها بعض العلماء الذين ينتمون إلى مدارسهم الفكرية والثقافية.

ومن هذه الكتب، كتاب ألفه الفقيه العلامة المؤرخ الفلكي الطبيب الشيخ محمد بن أحمد محمود الشاشي المقدشي الصومالي المعروف (بشيخ أبا) وكتابه هذا يطلق عليه (الغيث الهطال في تاريخ الصومال)، ورغم أن هذا الكتاب مازال مخطوطاً إلا أنه حوى أغلب تراجم علماء الصومال وأعيانهم لاسيما طبقات العلماء والفقهاء

وأهل التصوف، ويمتاز هذا الكتاب بأن مؤلفه سار على وضع تراجم لكل مائة سنة طبقة خاصة، أي طبقات على حسب القرن. وهذا الكتاب يفيد الباحثين في تاريخ الصومال، لاسيما فيما يتعلق بالحياة العلمية والثقافية.

ومن بين هذه الكتب كتاب:(جلاء العينين في مناقب الشيخين) وهذا الكتاب وضعه الشيخ عبدالرحمن بن الشيخ بن عمر العلي الأبغالي الورشيخي، وتناول تاريخ شيخين وذكر فضلهما ومناقبهما، وهما الشيخ حاج أويس القادريّ، والشيخ عبدالرحمن الزيلعي. وينبغي أن نعرف أن الشيخ عبد الرحمن بن عمر العلي الورشيخي جمع هذا الكتاب الذي هو عبارة عن رسالتين هما: (أنس الأنيس في مناقب الشيخ أويس) وكتاب:(راحة القلب المتولع في مناقب الشيخ عبدالرحمن بن أحمد الزيلعي) الكتاب الأول وضعه وألفه الشيخ قاسم بن محي الدين البراوي، ويقع في ٥٨ صفحة، ويدور حول ذكر مناقب الشيخ أويس بن محمد القادري الصومالي، أمّا الكتاب الثاني فيطلق عليه: (راحة القلب المتولع في مناقب الشيخ عبد الرحمن بن أحمد الزيلعيّ) وكتب هذا الكتاب الشيخ عبدالرحمن بن عمر ثم ضمّ بين الكتابين وأطلق عليهما اسم: (جلاء العينين في مناقب الشيخين) والكتاب الأخير يتناول فقط مناقب الشيخ عبدالرحمن الزيلعي وزيّن بعض قصائد ونظم شعرية، ويجلي فيها بعض كرامات الشيخ وتوسلاته.والكتاب يقع في ١٠٢ صفحة. ولمّا جمع المؤلف الكتابين اختار اسماً يجمعها وهو جلاء العينين في مناقب الشيخين.

ومن الكتب التي تناولت بالتراجم ومناقب العلماء كتاب: (تذكرة أهل اليقين في مناقب الشيخ محي الدين) وألف هذا الكتاب الشيخ علي بن مؤمن الشافعي الصومالي، وتحدث فيه عن بعض مناقب الشيخ محيي الدين بن الشيخ محمود وبعض آثاره، ورتب كتابه هذا على مقدمة وبابين وخاتمة، وعموماً الكتاب يتناول في البداية ترجمة شاملة عن الشيخ، نسبه وأولاده وآثاره، ثم عرج المؤلف إلى ذكر بعض مناقب الشيخ محي الدين وكراماته، واختتم كتابه بسرد بعض قصائد ونظم في مدح الشيخ لبعض محبيه ومريديه. والكتاب فيه بعض شطحات وخرافات، ربما بعضها يؤدي بصاحبها إلى الخروج عن الملة إذا اعتقد واضعها في هذا الأمر، بعد إقامة الحجة

والبراهين عليه. ومع هذا فإن هذا الكتاب لا يخلو من المنفعة التاريخية وخاصة جانب ترجمة الشيخ محي الدين، وأولاده، والعصر الذي عاش فيه، وكذلك أحواله ومحيطه الديني[1].

ومن الكتب في الترجمة وذكر المناقب كتاب:(سر الأسرار في مناقب الشيخ نور حسين) والكتاب رغم صغر حجمه تناول ترجمة وافية لحياة الشيخ نور حسين بن معلم وهو أحد علماء الصومال الذين عاشوا في جنوب البلاد، وفي الكتاب ذكر عن أخبار الشيخ من ولادته ونشأته ورحلاته العلميه، علما أن هذا الكتاب يحوي بعض الخرافات ومايخالف عقيده أهل الاسلام، فالكتاب مصدر للتاريخ الصومالي. ورغم أن واضع هذا الكتاب لم يبيّن اسمه إلاّ أنه يظهر أنّ المؤلف كان من ضمن طلبة الشيخ ومريديه ومحبيه، حيث كان يلازم الشيخ في أغلب الأوقات وفي حله وترحاله، والكتاب يقع في ٤٣ صفحة[2].

وقد طور أهل الصومال فنّ الترجمة وذكر السير أو ما يعرف بالسيرة الذاتية إلى أن وصل الأمر بأن ترجم بعض العلماء لأنفسهم، حيث تناولوا ترجمتهم بأنفسهم، مع ذكر معاصريهم والبيئة التي عاشوا فيها، ومن بين هذه الكتب كتاب: «كفاح الحياة» للشيخ إبراهيم حاش محمود الصومالي علي غرار ما كان يفعل بعض العلماء في ترجمة حياتهم بأنفسهم لتكون في ذلك فائدة لغيرهم، وتعرف الأمة بعض القضايا والأحداث التي كانت غامضة أو أصبح تفسيرها صعب، كما فعل ذلك الإمام جلال الدين السيوطي المتوفي ٩١١هـ، حيث ترجم لنفسه في كتابه: (بغية الوعاة).

وعموماً فإنّ كتاب « كفاح الحياة « يؤرخ لحياة الشيخ إبراهيم حاش محمود، ويبرز مظاهر كفاح مرير مرت بالمؤلف في حياته منذ نعومة أظفاره والتي كان من

(١) طبع هذا الكتاب بمطبعة مصطفي البابي الحلبي، بالقاهرة في ٢٢ ذي الحجة سنة ١٤٠٧هـ، الموافق ٢٢ يولية سنة ١٩٨٧م.

(٢) رغم أنّ هذا الكتاب لم يوضح اسم مؤلفه وتاريخ طبعه وكذلك المطبعة، إلا أنّني عرفت أنه طبع بمطابع الحكومة بمقدشو في الصومال.

الصعب التعرّف عليها بدون تناول الشيخ لذلك، فضلاً عن أن بالكتاب بعض الشخصيات التي كانت لها وجاهتها ولعبت دوراً حقيقياً في الحياة حياة المؤلف.

وهناك كتب تناولت تاريخ الصومال العام حيث لعب المؤلفون الصوماليون أدواراً ايجابيةً في وضع الكتب التي تحكي عن تاريخ منطقة القرن الأفريقي عموماً وبلاد الصومال خصوصاً. وهذه الكتب يتناول بعضها تاريخ الصومال في النواحي السياسية والاجتماعية والاقتصادية والعلمية والحربية وغير ذلك، في حين أن بعضها يتطرق فقط إلى بعض الجوانب أو في مواضيع معينة تؤرخ فقط لنقطة ما.

ومن الكتب التي تناولت تاريخ الصومال العام كتاب: (بغية الآمال في تاريخ الصومال)[1] للشريف ابن عيدروس بن الشريف علي العيدروسيّ النضيري العلوي المقدشي،وكتابه هذا يُعدّ من أهم الكتب التي تطرقت إلى تاريخ الصومال وحوادثه وتطوراته التي طرأت على الشعب الصومالي في مختلف العصور والدهور.

والحقيقة إن المؤلف تناول تاريخ الصومال عامةً وبعض ملوكها، وسكانها وعمرانها، والدّين الذي تعتقد الأمة قبل الإسلام بثمانية قرون إلى عصره. ويمتاز هذا الكتاب بأنه مزين بالخرائط والصور الفنية لبعض ملوك ذلك العصر ومن تلاهم، ويتحدث الكتاب بإسهاب عن تاريخ مقدشو وتسميتها بذلك، وأحيائها، ومدينة مركة وبراوي وورشيخ وغيرها، كما يتحدث الكتاب عن القبائل المهاجرة التي سكنت الصومال لاسيما مقدشو وبراوه ومركه، وذكر بعض عاداتهم وتقاليدهم، ويتحدث أيضاً عن الأنساب والقبائل الصومالية، والحكومات المحلية التي مرت بالبلاد، وكذلك التدخلات الأجنبية من القوى الخارجية، بين بلاد الصومال وسلاطين زنجبار وعمان.

والجدير بالذكر أن الكتاب تناول أيضاً أخبار تاريخ الأنبياء إبتداءً من نبينا آدم عليه السلام حتى نبينا محمد ﷺ، كما تناول أخبار الدول الإسلامية التي مرت بالتاريخ، ولاشك أن هذا الكتب يعتبر من أهمّ وأفضل كتب تناولت تاريخ بلاد

---

(١) هذه الكتاب طبع بمطبعة الإدارة الإيطالية الوصية على الصومال بمقدشو في ١٢ شوال ١٣٧٤هـ الموافق ٤ جونيو ١٩٥٥م.

الصومال، وأهم مصدر تاريخي وخاصة أنّ المؤلف اعتمد على الوثائق والمخطوطات وبعض كتب وضعها أهل السواحل والمؤرخون الآخرون.

ومن الكتب التي نهجت مثل هذا النهج كتاب: «كشف السدول عن تاريخ الصومال وممالكهم السبعة»، للشيخ أحمد عبد الله ريراش الصومالي، وكتابه يتناول تاريخ الصومال في العصور القديمة والوسيطة والحديثة في مناحي الحياة السياسية والاجتماعية والدينية، غير أنه يركز جلّ اهتمامه على السلطنات الإسلامية المحلية التي كانت تمتدّ من أقصى جنوب البلاد إلى البحر الأحمر، ويذكر بشكل خاص الممالك السبعة التي اشتهرت فيها ممالك الطراز الإسلامي.

والحقيقة أن هذا الكتاب يُعدّ مصدراً مهماً لتاريخ منطقة القرن الأفريقي عموماً وتاريخ السلطنات الإسلامية وممالكهم في الجزء الشمالي والغربي لبلاد الصومال، والتي كانت تصارع وتقارع دوماً الحبشة المسيحية، وميزة هذا الكتاب أنه يعتمد على كتاب مخطوط قديم لم ينشر من قبل، ويتحدث عن الملوك والسلاطين المسلمين الذين أسسوا الممالك السبعة وغيرها، وتاريخ حروبهم وجهادهم، وكذا عن تاريخهم السياسي والحضاري والاقتصادي، والمخطوط يسمى: (تاريخ عمرو لسمع وإمبراطوريته) للشيخ أبي بكر باعلوى المتوفى في سنة ٩٥٠ هـ.

وميزة هذا المخطوط أن المؤلف كان معاصراً ومرافقاً لحركة الجهاد الإسلامي ضد الأحباش المسيحين، علماً بأن هذا المخطوط بكامله منشور بخطه الأصلي في ذيل الكتاب. أما كتاب « كشف السدول» الذى نحن بصدده ففيه أيضاً قطوف عن تاريخ الصومال الإسلامي وأطواره التاريخيه، بحيث يتحدث عن تاريخ دخول الإسلام وانتشاره في الصومال، وأصل الصومال وأقسامهم، وفيه أيضاً أخبار حركة الجهاد التي كان يقودها الإمام أحمد بن إبراهيم جران ضد الأحباش وحلفائهم البرتغاليين. والكتاب يتألف من ١٦ باباً ويقع في ٢٥٣ صفحة ويضم بعض صور ووثائق مفيدة قد لاتوجد في غيره، سواء كان ذلك من الشخصيات التاريخيه والأماكن الأثرية المهمة[1].

---

(١) طبع هذا الكتاب بمطابع وكالة الدولة للطباعة والنشر في مقدشو عام ١٩٧١م.

٢- العلوم الأخرى:

نعني بذلك العلوم البحتة، إذ إنّ الحديث عن دور علماء الصومال والمبدعين في مجالات العلوم البحتة من طبّ وصيدلة وهندسة وفلك وما إلى ذلك، يكاد يكون معدوماً، وذلك كون المصادر والمراجع المتوفرة لدينا لا تمدنا بمعلومات وافية عن هذه المجالات العلمية، مع علمنا بأن الصوماليين كتبوا فيها يتعلق ببعض هذه العلوم عبر العصور، ولا يمكن لأي شعب من الشعوب أن يكون مكتوف الأيدي ليس له اسهام في مثل هذه المجالات المهمة في الحياة الإنسانية - ولو كان هذا الاسهام متواضعاً - فمثلاً فيما يتعلق بعلم الطبّ وما يتعلق به كان لهؤلاء اسهامات فريدة، حيث إنهم بذلوا جهودا مضنية في سبيل إنجازات علمية قيمة تدفع علم الطبّ نحو الأمام، لاسيما فيما يتعلق بصناعة الأدوية من الأعشاب، ولاشكّ أنّ هذا الأمر كان يأتي عندهم في مقدمة العلوم التطبيقية من حيث العناية والاهتمام وحاجة الناس إليها.

والحقيقة أنّ ذلك لا يستغرب نظراً لاحتكاك الصومال مع قوى خارجية أخرى عبر العصور المختلفة، وأنّ هذه القوى الخارجية لها سبق وخبرة في المجالات العلمية، مثل احتكاكهم بالحضارات المصرية في العصر القديم، حيث كان الفراعنة يهتمون بتبادل الرحلات والاحتكاك معهم اقتصادياً واجتماعياً وسياسياً، كما أنّ الصومال كان لها علاقة طيبة مع الحضارات القديمة الأخرى، كالحضارة العربية والهندية والإغريقية والصينية والفارسية، فضلاً عن أنها كانت تتمتع بحضارة تليدة بلورها أهل الصومال عبر عصورهم المختلفة في مجالات عدة[١].

أ- أما علم الطبّ:

فقد كان معروفاً في الصومال، أن بعض العلماء كانوا يستخلصون عقاقير طبية من عصارات بعض الأشجار المحلية، وكان المجتمع الصومالي يتوجه إلى أولئك الذين يزاولون إنتاج وصناعة هذه العقاقير، لأخذ وصفة طبية يتطببون بها حينما يصابون ببعض الأمراض[٢].

---

(١) انظر محمد علي عبد الكريم: مرجع سابق ص٥٣.

(٢) أحمد جمعالة: التلعيم الإسلامي في الصومال، مرجع سابق ص١٧.

ورغم وجود أطباء محليين في الصومال وانتشار الأدوية والعقاقير الطبية، إلا أننا لم نعثر على أنواع العقاقير والأمراض التي يتطبب بها، كما أننا لم نعثر على قائمة من أسماء الأطباء الذين كانوا يمارسون مهنة الطبّ، غير أنه من المعروف أن مهنة الطب، لاسيما طبّ الأعشاب وما يعرف بالطب البلدي كعمل الكيّ وجراحة العظام، كانت بالوراثة، إذ إنّ العالم كان يترزق منها، ولا يبوح بسره الطبي المهني إلى شخص آخر، وكان هذا النوع منَ الطبّ ينتشر عن طريق تلقى وأخذ تجربة على يدّ العالمِ الطبيب المجرب.

وقد وجدت في الصومال صناعات وحرف مختلفة مثل: الحدادة والصباغة والحياكة والنجارة، كما وجدت مهن البناء وصناعة الأحذية والأسلحة والأدوات المنزلية والأواني والآثاث وغير ذلك من الصناعات والحرف الأخرى التي كان يستخدمها المجتمع، ومن الصعوبة بمكان القيام بحصر تلك المهن والحرف وجعلها في قائمة معينة أو في معجم محدد، بسبب بعد الزمن واندراس بعضها، وخاصة إذا مات أصحابها الذين استأثروا بها دون سواهم ولم يعلموها غيرهم، بالاضافة إلى أن بعض هذه الحرف والصناعات الكثيرة وفد أصلها من خارج القطر الصومالي ولم يكن لها جذور أو أصل، أو أنّ بعض هذه الأعمال كانت صغيرة الحجم لا قيمة كبيرة لها.

والحقيقة أنّ بعض الصناعات والحرف كانت تتم على شكل بدائي ثم أخذت تتطور وتحدث تقدماً، غير أنّ أغلب الحرف والصناعات كانت تعتمد على طريقة تقليدية بدائية، وكان هناك معلمون يقومون بالتعليم والإرشاد النظري والتطبيقي معاً، بعيداً عن الأسس العلمية المتقدمة بل ليس لها قواعد مستنيرة تتبع وتستفيد من الخبرات السابقة.

وقد كانت بعض هذه الحرف حكراً على أسر معينة أو طبقة بعينها على أساس وراثيّ محض، بحيث لا يشترك معهم في مزاولتها أحد من المجتمع، بل يتوارثها أباً عن جد، وجيلا عن جيل(١)، مثل صياغة الذهب وصناعة الأسلحة ونسيج الثياب

(١) محمد علي عبد الكريم وأخرون: المرجع السابق ص ٦ – ٧

والقماش وصبغتة. وبعض هذه الصناعة كانت منتشرة في جميع ربوع الصومال، على حين أن بعضها كانت منحصراً في جزء معين من البلاد.

ومن بين الصناعات الصومالية التي ذاع صيتها صناعة الأقمشة. وحينما زار الرحالة ابن بطوطة لفت نظره تلك الصناعات وعبر عن ذلك بقوله: «جاءني القاضي والطلبة وأحد وزراء الشيخ وأتوني بكسوة. وكسوتهم فوطة خز يشدها الإنسان في وسطه عوض السراويل، فإنهم لا يعرفونها، ودراعة من المقطع المصري معلمة، وفرجية من القدسي مبطنة، وعمامة مصرية معلمة وأتوني بأصحابي بكُسى تناسبهم...»(١).

ولم يقتصر الأمر على ذلك، بل إن الصومال أصبحت سوقاً كبيراً للأقمشة، وكان يأتي إليها بعض أنواع الأقمشة التي لا توجد في المنطقة برمّتها، وقد حرص كثير من التجار على التردد على بلاد الصومال لغرض التجارة ومزاولة عملية البيع والشراء، كما فعل ذلك أحد التجار المشايخ اليمنيين، وهو أبو بكر بن محمد بن محمد الشهاب القرشي حيث أرسل عبداً له إلى شمال بلاد الصومال، وخاصة مدينة زيلع ليبيع له بعض القماش، وقد فعل ذلك، وبعد وصوله إلى أرض الصومال (زيلع) وقيامه بمزاولة التجارة، وجد ربحاً في عمله هذا، ويقال إنّ الربح وصل إلى خمسمائة دينار(٢).

أما في مجال الفلك:

فقد اشتهر أهل الصومال بالتنجيم و معرفة أحوال الطقس وتقلباته الموسمية، كما كانوا يعرفون تبعاً لذلك مواسم الأمطار وأحوال البحار، وكذا الأحوال الموسمية في صيد الأسماك وأنواعه ومواطن وجوده في أعماق البحار، وكذا الزراعة وما يتعلق بها من الحبوب وأشكاله (٣)

---

(١) ابن بطوطة: مصدر سابق ١/ ٢٦٢ - ٢٦٤

(٢) السخاوي: الضوء اللامع، مصدر سابق ١١/ ٨٧

(٣) محمد علي عبد الكريم: مرجع سابق ص٥٣.

وعلي الرغم من أنه ليس لدينا نقولات تبرهن على ذلك المستوى الذي نحس به اليوم، إلاّ أننا نستطيع أن تستنتج مما لدينا من الشواهد والأدلة فيما يتعلق بعلم الفلك، من أن أهل الصومال قد عرفوا هذا العلم واستفادوا منه في استخدام سفرهم في الليالي المظلمة والسير في البحار وأوقات شروق الشمس وغروبها، لدينا اليوم تقويم لمواقيت الصلاة في منطقة مقدشو وضواحيها، وضعها أحد الماهرين في هذا العلم قبل عشرات السنين، وهو العلامة المؤرخ الفلكي الطبيب الشيخ محمد أحمد محمود الشاشي المقدشي المشهور «بشيخ أبا» الذي وضع هذا التقويم، وما زال يستعمل ويستخدم هذا التقويم في مقدشو في أوقات الصلاة وطلوع الفجر والشمس وكذا غروبها حتى يومنا هذا[1].

ولا غرابة في ذلك لأن الشيخ محمد أحمد محمود لديه حنكة وخبرة في هذ المجال، حيث تعلم على يد جده الذي كان عالماً في علم الفلك، وقد حرص الجد أن يعلم حفيده هذا العلم الذي لم يكن منتشراً في أوساط العامة.

ويقول الشيخ أحمد بن عثمان الشاشي المقدشي مترجماً لشيخه الشيخ محمد أحمد محمود: «وقبل أن يناهز البلوغ تفرس فيه الجد الذكاء وتأهُّلَه للتعليم فعلمه مبادئ علم الفلك والعلوم الرو حانيه والطب والتاريخ والأنساب، وأجازه إجازة عامة في ممارسة ذلك توريثاً لما ورثه اباً عن أب الي الرابع عشر منهم..»[2].

ورغم أهمية هذا الموضوع فإنّ المصادر التاريخية والحضارية لا تمدنا بمعلومات تتعلق بذلك المجال.

وما نحكيه إنما هو قطوف ضئيلة في ثنايا كتب مختلفة، وبعضها حكايات شفهية رواها الأخباريون الصوماليون إضافة إلى ما وصل إلينا من بعض الأخبار تفيد في

(١) وقد قورن هذة التقويم الذي وضعه الشيخ أبا مع تقويم وضعه قسم الفلك لجا معة محمد بن مسعود في الرياض بمجهود بذله الأخ الفاضل الأستاد عبد العزيز حسن يعقوب، علماً أن التقويم الأخير كان يشمل جداول الصلوات ومواقيتها على أغلب المدن الصومالية، فأصبحت النتيجة واحدة مما يدل على د قة الشيخ في ذلك وتفوقه في علم الفلك.

(٢) أحمد عثمان محمد الشاشي المقدشي: كشف السر المخبّأ في ترجمة الشيخ أبا ص ٢، مخطوط غير منشور.

المجال من خلال الأدب الصومالي لا سيما الشعر، مثل تلك المعلومة التي تناقلها أهل البلاد المتمثلة بشعر صومالي خلد بعد ذلك التجارب العلمية، حيث يصف الشاعر الصومالي هنا مجموعة من الأمراض المشهورة في بيئتة وقال فيما معناه:... (كلّ هذه الأمراض السالفة الذكر وأمراض أخرى لا يسمح المجال لذكرها، اشتهر الصوماليون في علاجها ببساطة عن طريق إجراء العمليات الجراحية وتضميد بعضها وجبر الكسور واستخدام الكيّ لإيقاظ الشرايين وربط اللحاء بالعظام المشقوقة).

والحقيقة أن المتحف الوطني في الصومال كان يعج بآثار ومخلفات حضارية وتاريخية من السيوف والدروع والخزف والصناديق والأدوات المنزلية القديمة وغير ذلك، غير أنّه مما يؤسف له أن كل ذلك انتهى وصار إلى الفناء والتدمير عقب الحروب الأهلية التي اندلعت ببلاد الصومال في الفترة الراهنة. وقد اندثر قبل ذلك الكثير من التجارب العلمية للعلماء وضاعت تجاربهم وخبراتهم.

الخاتمة

يتضح جليا من خلال هذا الكتاب أن بلاد الصومال كانت تتمتع بعلاقات مع الأمم عبر العصور الماضية قبل بعثة النبي ﷺ، غير أن أهل الصومال كانت علاقتهم قوية مع اليمن والحجاز وكذا مصر، كما أن هذه العلاقة بدأت أول ما بدأت بالجوانب الاقتصادية والتجارية، على الرغم من أن علاقة المصريين القدامى مع الصومال كانت تتسم بطابع ديني وعقدي، حيث كان يرى الفراعنة أن بلاد البونت (الصومال) تذخر بالتوابل التي لها علاقة بالطقوس الدينية، بل إن بعضاً منهم كان يعتقد أن بعض آلهتهم يقطنون بالصومال، مما جعل هؤلاء يرونها بأنها بلد متميز له قداسته، ووصل الأمر إلى أن توجه بعض منهم بصلاته وشعائره التعبدية نحو الصومال.

غير أن هذه العلاقة تبلورت عبر القرون وتحولت إلي علاقات ثقافية وعلمية، ولاسيما بعد ظهور نور الإسلام بالجزيرة العربية، حين وصل بعض الصحابة إلى منطقة القرن الأفريقي فرارا بدينهم وعقيدهم من جبروت قريش. ثم بعد ذلك توالت الهجرات العربية والإسلامية إلى الصومال وغيرها من منطقة الساحل الشرقي لأفريقيا، وكانت لهذه الهجرات آثار دينية وثقافية واجتماعية وحضارية. كما أن أهل الصومال قاموا بعد ذلك بجولات إلى الأقطار العربية مثل اليمن والحجاز ومصر والشام...، مما كان له أيضا مردوده العلمي والثقافي.

وأهل العلم في بلاد الصومال اعطوا جلّ اهتمامهم لنشر عقيدة الإسلام وإرساء قواعده في المنطقة، وقد تحقق ما أراده هؤلاء في أرض الواقع، بحيث انتشر الإسلام في بلاد الصومال انتشارا واسعا، غير أن هذا الأمر قد أثر على الجوانب الثقافية والعليمة، وخاصة حركة التعريب والانتاج العلمي، بحيث لم تنتشر اللغة العربية إلا في أوساط المثقفين والعلماء، كما لم يوجد إنتاج علمي وثقافي كبير، على غرار ما كان في البلدان العربية الأخرى المتاخمة للصومال، مثل اليمن والحجاز والشام ومصر. وإن وجد نتاج ثقافي وعلمي في أغلب فنون العلم والمعرفة، وقد توصل المؤلف من خلال دراسة الموضوع إلى جملة من النتائج أهمها:

- أن أغلب القبائل الصومالية تنتمي إلى عنصر سامي عربي، وبالذات السّلالة القرشية، ولكن الدراسة أثبتت بأن الصوماليين حاميو الأصل، وإن خالطتهم دماء عربية.
- أن هذا الانتماء ليس إلا حباً للدين الإسلامي، وولاءاً للرسول وأسرته.
- أن بعض المدن الساحلية الصومالية كانت أكثر شهرة من الصومال نفسها، بحث لم يذكر الرحالة والجغرافيون القدامى اسم الصومال إلا في القرن التاسع الهجري، الخامس عشر الميلادي، في حين تناولت هذه المصادر أسماء المدن في ثنايا الكتب، مثل: زيلع، حافون، مقدشو، مركة، وبراوة، في القرن الثاني والثالث الهجريين.
- وصلت إلى بلاد الصومال عناصر عربية وفارسية من موطنهم الأصلي، بدوافع دينية وسياسية واقتصادية، وأن هؤلاء المهاجرين كانت لهم آثار دينية واجتماعية وحضارية واقتصادية.
- نشطت الحركة العلمية والثقافية في بلاد الصومال فترة من الفترات، حتى وفد إليها بعض طلبة العلم من أقطار أخرى، لكي ينهلوا من مناهلها العلمية.
- انتشر الدين الإسلامي وتعاليمه السمحة في أوساط المجتمع الصومالي بشكل كبير، حتى صار كل السكان مسلمين، بسبب جهود العلماء و المصلحين.
- أن اللغة العربية لم تنتشر في أوساط المجتمع الصومالي، وبالتالي لم يحصل تعريب كلي، لأسباب منها: أن العلماء أعطوا جل اهتمامهم للدعوة إلى الإسلام، ولم يكن همهم ينصب على تعريب المجتمع أكثر مما كان ينصب على انتشار الدين الإسلامي، بالإضافة إلى أنه لم تحصل هجرات كبيرة ضمت قبائل عربية بأكملها، على غرار ما حصل في هجرات قبائل يني هلال وبني سليم وجهينة في مصر والسودان والمغرب العربي. كما أن الصومال لم تشمله حركة الفتوح والجهاد الإسلامي الذي من خلاله تتحرك جحافل المجاهدين وأهاليهم، ويحصل الاندماج والمصاهرة. فضلاً عن أن الصومال لم تكن تقع في طرق الحج الذي له أثره الثقافي والاجتماعي.

- انحصرت اللغة العربية في أوساط العلماء والمثقفين، وفي المراكز العلمية والثقافية وأروقة العلم فقط.

- حصل تبادل ثقافي وعلمي بين الصومال وبعض الأقطار العربية مثل: اليمن والحجاز ومصر.

- ظهور جهابذة من أهل العلم من أهل الصومال في الساحات العلمية والثقافية في الداخل والخارج.

- حقق أهل العلم والثقافة من أهل الصومال نتاجا علميا وثقافيا، في مختلف ضروب العلم والمعرفة، وإن لم يصل هذا الإنتاج إلى ما وصل إليه في البلدان الإسلامية الأخرى مثل: اليمن والحجاز والعراق والشام و مصر والسودان..

- هكذا كان المهاجرون يحملون طابعاً جديداً بالإضافة إلى نشاطهم التجاري القديم، وهذا الطابع الجديد يتمثل في عقائدهم ومذاهبهم التي سادت في بلادهم، نتيجة ظهور الإسلام وماتلاه من نشوء الفرق المذاهب الواحدة تلو الأخرة لنشر الدعوة

قائمة المصادر والمراجع

أولاً: الوثائق

- الشيخ أويس بن أحمد القادري البراوي: رسالة بعثها إلى شيخه الشيخ عبد الرحمن بن عبد الله الشاشي المقدشي، المعروف بحاج صوفي، وهي مكتوبة بورقة كبيرة، وعددها صفحتان

- الشيخ عبد الرحمن بن عبد الله الشاشي المقدشي: رسالة يجيب فيها رسالة بعث بها الشيخ أويس بن أحمد القادري البراوي، هذه الرسالة مختومة بختم فيه عبارة:» لا إله إلا الله شيخ عبد القادر شيء لله، وأختام أخرى.

- الشيخ علي بن عبد الرحمن فقيه: رسالة فيها أسئلة وجه بها حاج علي إلى شيخه الإمام وعمدته الهمّام القاضي محي الدين بن شيخ القحطانيّ، وفيها أيضاً بعض أجوبة القاضي محي الدين بن شيخ القحطانيً، وهي ضمن مجموعة رسائل موجودة في مكتبة الشيخ أبا الخاصة.

- الشيخ محمد أحمد محمود الشاشي المقدشي المشهور بشيخ أبا: مواقيت الصلاة بمدينة مقدشو عاصمة الصومال، ولديّ المؤلف من هذا التقويم.

ثانياً: المخطوطات:

- الشيخ أحمد عثمان محمد الشاشي المقدشي: كشف سرّ المخبأ في ترجمة الشيخ أبا، وهي ١٢ ورقة، ولديّ صورة مكتوبة الحاسب الآلي، وجدتها من مكتبة (الشيخ أبا) العامرة الخاصة، وأهداها لي المؤلف

- الشيخ جامع عمر عيسى: تاريخ القرن الأفريقي عبر العصور (مخطوط لم يطبع حتى الآن).

- الشيخ عبد الحكيم علي حسين المقدشي: (منظومة التيسير في صيغ الأجزاء عند التغيير) مخطوط ولديّ المؤلف نسخة مصورة.

- الشيخ عبد الرحمن بن الشيخ عمر العلي الورشيخي: مذهبة الأحزان في نظم خاصة أهل الأيقان، مخطوط نشرة منه نسخة ضوئية.

- عبد القادر علسو عسبو (دنان): مقالات عن التاريخ السمالي، (مخطط غير منشور) وهي محتفظة لدى صاحبها، و عددها ٨ ورقة.

- الشيخ علي بن حاج بن أحمد بن صديق البكري الصديقي: وردية اللبيب في فضل الحبيب، النسخة الأصلية عند ورثة الشيخ.

- الشيخ على بن عبد الرحمن بن فقيه: أجوبة الغيبية لسؤلات الغربية، مخطوط غير منشور، ولدى المؤلف نسخة مصوّرة.

- عمر بن صوف حسن القادري البكري: الكبريت الأحمر في تاريخ سادات الغرر السّاكنين في مدينة الهرر، أصل هذه المخطوطة يحتفظها بعض مسلمي هرر، ولدى المؤلف نسخة مصوّرة.

- الشيخ محمد أحمد محمود الشاشي المقدشي المشهور بشيخ أبا: مجموعة أسئلة وأجوبتها حول تاريخ وحضارة مدينة مقدشو وبعض المدن الساحلية في جنوب الصومال، المخطوط ثماني صفحات، ولدى المؤلف النسخة الأصلية.

ثالثاً: الرسائل الجامعية:

- أحمد جمعاله محمد: مملكة أوفات الإسلامية في منطقة القرن الأفريقي وآثارها الحضارية، ١٢٠٠ - ١٥٠٠م، السودان، الخرطوم، جامعة أم درمان الإسلامية، رسالة ماجستير في التاريخ، ١٩٨٥م.

- أحمد شيخ حسن أحمد قطبي: طرق تدريس القرآن الكريم والعلوم الإسلامية واللغة العربية في الصومال، السودان، الخرطوم، جامعة أم درمان الإسلامية، كلية التربية، إبريل ٢٠٠٠م. رسالة مقدمة لنيل درجة الدكتوراه في التربية.

- بشير أحمد صلاد: التاريخ السياسي لسلطنة عدل الإسلامي في القرن الأفريقي (٨١٨هـ/ ١٤١٥م ٩٤٩هـ / ١٥٤٣م)، العراق، بغداد م جامعة الدول العربية لمنظمة العربية للتربية والثقافة والعلوم معهد التحوث والدراسات العربية، بغداد، قسم البحوث والدراسات التاريخية، جزء من متطلبات الحصول على درجة الماجستير في الدراسات التاريخية، ذي الحجة ١٤٠٧هـ، أب ١٩٨٧م.

- شده علي كبه علي: برنامج مقترح لأعداد معلمي اللغة العربية في المؤسسات غير النظامية في الصومال، السودان، الخرطوم، معهد الخرطوم الدولي للغة العربية التابع بالجامعة الدول العربية، المنظمة العربية للتربية والثقافة والعلوم، بحث تكميلي لنيل درجة ماجستير في تعليم اللغة العربية للناطقين بغيرها، عام ٢٠٠٠م.

- عبد الله حسين حسن محمد فارح: الأدب العربي في القرن الأفريقي، باكستان، اسلام أباد، الجامعة الإسلامية العالمية في إسلام أباد، ماجستير، في عام ١٩٩٣م.

- عمر أحمد وهلية: تأثير اللغة الصومالية في اللغة العربية، مصر، القاهرة، معهد البحوث والدراسات العربية بالقاهرة، قسم الدراسات الأدبية واللغوية من جامعة الدول العربية في ١٩/ ٦/ ١٩٩٢م، دبلوم.

- عمر أحمد وهلية: الألفاظ العربية في اللغة الصومالية، مصر، القاهرة، معهد البحوث والدراسات العربية بالقاهرة، قسم البحوث والدراسات الأدبية واللغوية، درجة الماجستير، في عام ١٩٩٣.

- عمر أحمد وهلية: بناء الجملة في اللغتين العربية الصومالية قدمت هذه الدراسة إلى معهد البحوث والدراسات العربية، قسم البحوث والدراسات الأدبية واللغوية، التابع لمنظمة العربية للتربية والثقافة والعلوم بجامعة الدول العربية، درجة الدكتوراه، في ١٤١٩هـ ١٩٩٩م.

- محمد حاج مختار حسن: تاريخ الاستعمار الإيطالي في الصومال حتى عام ١٩٠٨م، مصر، القاهرة، جامعة الأزهر، كلية اللغة العربية، قسم التاريخ والحضارة، رسالة الماجستير، عام ١٩٧٣م.

- محمد حاج عمر شيخ محمد: الحضارة الإسلامية في شرق أفريقيا، مصر، القاهرة، جامعة الخرطوم، كلية الآداب، قسم التاريخ، ماجستير في التاريخ، جمادى الأولى ١٤٠٣هـ-مارس ١٩٨١م.

- محمد الفا جالو: الحياة العلمية في دولة صنغاي خلال فترة ٨٤٢-٩٦٩هـ/ ١٤٦٤-١٥٩١م، المملكة الغربية السعودية، مكة، جامعة أم القرى، كلية الشريعة الدراسات الإسلامية، قسم الدراسات التاريخية الحضارية رسالة لماجستير.

- محمد حسين معلم: الروايات التاريخية في كتاب العقد الفريد لابن عبد ربه الأندلسي (٣٢٨هـ) المتعلقة بالخلفاء الأمويين، (٤١ -١٣٢هـ)، المملكة العربية السعودية، مكة المكرمة، جامعة أم القرى، كلية الشريعة والدراسات الإسلامية، قسم الدراسات العليا التارخية والحضارية، رسالة ماجستير في التاريخ الإسلامي، ١٤١٨هـ/ ١٩٩٧م.

- مُحُمد محمود مُحُمد: تحقيق وتخريج الجزء الثالث من القسم السابع من السنن الإمام النسائي للإمام النسائي، مصر، القاهرة، جامعة الأزهر الشريف، في تخصص الحديث الشريف بجامعة.

- يوسف عبد يوسف: الكنيسة والحركات القومية في شرق أفريقية، مصر، القاهرة، جامعة القاهرة، رسالة دكتوراه.

رابعاً: المصادر العربية

- الشيخ أحمد بن حسين بن محمد: مناقب العارف بالله والدال عليه إمام الشريعة وفخر الحقيقة الأستاذ الشيخ إسماعيل الجبرتي، مكتبة ومطبعة مصطفى البابي الحلبي وأولاده، سنة ١٩٤٥م.

- أحمد الحفني القنائي: الجواهر الحسان في تاريخ الحبشان، ط١، القاهرة.
- أحمد بن ماجد: ثلاثة أزهار في معرفة البحار، تحقيق ونشر تيودور شوموفسكي، ترجمة وتعليق د/ محمد منير مرسي، عالم الكتب، القاهرة، ١٩٦٩م.
- أحمد بن ماجد: الفوائد في أصول علم البحر والقواعد والفصول، تحقيق وتحليل إبراهيم خوري، سنة ١٩٨٩م.
- الإدريسي، أبو الحسن محمد بن إدريس الحموي، الحسني، الطالبي، المعروف بالشريف الإدريسي(ت ٥٦٠): نزهة المشتاق في احتراق الآفاق، الطبعة الأولى، عام ١٩٨٩م، عالم الكتب للطباعة والنشر والتوزيع. سنة النشر: ١٩٨٩م.
- إسحاق بن حسين المنجم (من علماء القرن الخامس الهجري): أكآم المرجان في ذكر المدائن المشهورة في مكان
- ابن بطوطة، أبو عبد الله محمد بن عبد الله بن إبراهيم اللواتي الطنجي: رحلة ابن بطوطة المسمّاه تحفة النظار في غرائب الأمصار وعجائب الأصفار، بتحقيق الشيخ محمد عبد المنعم العربي، دار أحياء العلوم، بيروت - لبنان.
- البلادري، أحمد بن يحيى: فتوح البلدان، نشره صلاح الدين المنجد، ١٩٥٦م.
- البيهقي، أبوبكر أحمد بن الحسين (ت ٤٥٨هـ): تاريخ حكماء الإسلام، تحقيق محمد كرد علي مطبعة الترقي، دمشق ١٣٦٥هـ - ١٩٤٦م
- البيهقي، أبوبكر أحمد بن الحسين (ت ٤٥٨هـ): دلائل النبوة في معرفة أحوال صاحب الشريعة، توثيق وتعليق د/ عبد المعطي قلعجي، دار الكتب العلمية، الطبعة الأولى، بيروت - لبنان ١٤٠٥هـ - ١٩٨٥م
- ابن الأثير، أبو الحسن علي بن أبي المكارم الشيباني: الكامل في التاريخ، تحقيق على شيري، دار إحياء التراث العربي، الطبعة الأولى، بيروت.

- الجعدي، عمر بن علي بن سمرة (كان حياً في سنة ٥٨٦هـ): طبقات فقهاء اليمن، بتحقيق فؤاذ سيّد، دار الكتب العلمية، بيروت - لبنان الطبعة الأولى ١٩٥٧م، القاهرة، ط/ ٢، ١٤٠١هـ-١٩٨١م، لبنان.

- الجندي: أبو عبد الله بهاء الدين محمد بن يوسف: السلوك في تاريخ طبقات الملوك، تحقيق محمد بن علي الأكوع، صنعاء، وزارة الأعلام والثقافة، الطبعة الأولى عام ١٩٨٣م.

- الجهشياري: محمد بن عبدوس (ت ٣٣١هـ): كتاب الوزراء، تحقيق السقا مصطفى و إبراهيم الشلبي، القاهرة، مطبعة مصطفى الحلبي، ١٣٥٧هـ.

- ابن الجوزي: الوفاء بأحوال المصطفى، تحقيق مصطفى عبد القادر عطا، الطبعة الأولى، عام ١٤٠٨هـ، دار الكتب العلمية، بيروت - لبنان.

- حاجي خليفة، مصطفى بن عبد الله (ت ١٠٧٦هـ): كشف الظنون على أسامي الكتب والفنون، بيروت، دار العلوم الحديثة.

- ابن حجر العسقلاني، شهاب الدين أحمد بن علي (ت ٨٥٢هـ): تبصير المنتبه بتحرير المشتبة، بتحقيق علي محمد البجاوي، المكتبة العلمية، بيروت - لبنان.

- ابن حجر العسقلاني: الدرر الكامنة في أعيان المائة الثامنة، دار الجيل، بيروت.

- ابن حجر العسقلاني: إنباء الغُمر بأبناء العُمر، تحقيق حسن حبشي، القاهرة، ١٤١٨هـ - ١٩٩٨م، المجلس الأعلى للشئون الإسلامية، لجنة إحياء التراث الإسلامي.

- ابن حجر العسقلاني: فتح باري شرح جامع الصحيح البخاري، المطبعة السلفية، ط/ ٢، ١٤٠١هـ ٧/ ١٨٧.

- الحسين، أبو عبد الله بن أبيّ بن إبراهيم النزيل: إعانة الطالب الناوي شرح إرشاد الغاوي في مسالك الحاوي، تحقيق الشيخ أحمد عثمان الشاشي المقدشي، والشيخ محمود المتجلي، القاهرة سنة ١٤١٥هـ الموافق ١٩٩٥م.

- ابن حوقل النصيبي: صورة الأرض، منشورات دار مكتبة الحياة، بيروت - لبنان، ١٩٧٩م.
- ابن حوقل النصيب ي: صورة الأرض (ط بيروت، سنة ١٩٦٤م)
- ابن الحيان، أبو حاتم البستي: السيرة النبوية وأخبار الخلفاء، تحقيق عزيز بك، مؤسسة الكتب الثقافية، ط١، ١٩٩٠م
- الخزرجي، شهاب الدين اليمني: العقود اللؤلؤية في تاريخ الدولة الرسولية، عنى بتصحيصه محمد على الأكوع الحوالي، جزآن، مركز الدراسات والبحوث اليمنية، بصنعاء، ١٩٨٣م، دار لآداب، بيروت لبنان..
- ابن خلدون، عبد الرحمن: المقدمة، مكتبة النهضة المصرية.
- ابن خلدون - المقدمة - الطبعة الرابعة، دار أحياء التراث العربي - بيروت -لبنان- ١٤٠١هـ ١٩٨١م
- خليفة بن خياط بن عصفور: تاريخ خليفة ابن خياط، تحقيق الدكتور أكرم ضياء العمري.
- ابن خلكان، شمس الدين أبو العباس أحمد الشافعي (ت٦٨١هـ): وفيات أعيان، تحقيق محي الدين عبد الحميد، القاهرة، ١٩٤٨م.
- ابن أبي خيثمة، أحمد بن زهير (ت سنة ٢٧٩هـ): (أخبار المكيين)وهذا الكتاب حزء من كتاب: (التاريخ الكبير)، تحقيق الشيخ إسماعيل حسن حسين، - طبع بمطابع الوطن بالرط عام ١٤١٨ هـ الوافيق: ١٩٩٧م
- الدمشقي، شمس الدين عبد الله محمد بن أبي طالب الأنصاري المشهور بشيخ ربوة: تحفة الدهر في عجائب البر والبحر، دار إحياء التراث العربي، الطبعة الأولى،١٤٠٨هـ - ١٩٨٨م.

- الذهبي، شمس الدين أبو عبد الله: سير أعلام النبلاء، مؤسسة الرسالة، الطبعة الخامسة، بيروت.

- الذهبي، شمس الدين محمد بن أحمد بن عثمان الذهبي (ت ٧٤٨هـ): معجم الشيوخ « المعجم الكبير »، تحقيق استادنا الدكتور / محمد الحبيب الهيلة، مكتبة الصديق، الطائف - السعودية.

- الزبيدي السيد محمود الحسيني الزبيدي: تاد العروس من جواهر القاموس، تحقيق مصطفى حجازي، مطبع حكومة الكويتية ١٣٧٩/ ١٩٧٧.

- السبكي، تاج الدين أبو نصر عبد الوهاب بن علي الكافي (ت٧٧١هـ): طبقات الشافعية الكبرى، الطبعة الثانية، دار المعرفة للطباعة، بيروت - لبنان ٣/ ٢٥٥

- ابن سحنون محمد بن عبد السلام (٢٥٦هـ): آداب المعلمين، تحقيق حسن حسني عبد الوهاب، الطبعة الثانية، تونس ١٩٧١م.

- السخاوي، شمس الدين محمد بن عبد الرحمن: الضوء اللامع لأهل القرن التاسع، دار مكتبة الحياة، بيروت - لبنان.

- سراج الدين أبي حفص عمر بن علي بن أحمد الأنصاري الشافعي المعروف بابن الملقن(ت ٨٠٤هـ): كتاب قصص الأنبياء ومناقب القبائل، وهو جزء من كتاب (التوضيح لشرح الجامع الصحيح)، تحقيق الشيخ أحمد محمد حاج عثمان، مؤسسة الريان للطباعة والنشر والتوزيع، بيروت لبنان، عام ١٤١٨ - ١٤١٩هـ.

- ابن سعد، أبو االعباس محمد سعد منيع: كتاب الطبقات الكبرى، تحقيق محمد عبد القادر عطا، دار الكتب العلمية، بيروت، ٩٩٠م.

- السمعاني، أبو سعد عبد الكريم بن محمد بن منصور التميمي المتوفي سنة (٥٦٢هـ١١٦٦م): أدب الإملاء والاستملاء، مطبعة ليدن ١٣٧١هـ/ ١٩٥٢م.

- السيوطي، جلال الدين عبدالرحمن: الإتقان في علوم القرآن، ط٢، القاهرة، ١٩٢٥م.

- السيوطي، الجلال الدين عبد الرحمن: حسن المحاضرة، القاهرة، ط٣.

- الشرخي، أبو العباس أحمد بن أحمد عبد اللطيف: طبقات الخواص في أهل الصدق والإخلاص، بيروت، ط١، ١٩٨٦م.

- الشوكاني، محمد بن علي: كتاب البدر الطالع بما حسن من جاء بعد القرن السابع، مطبعة السعادة، مصر ١٣٤٨هـ.

- الشهرزوري، أبو عمرو عثمان بن الصلاح (ت ٦٤٣هـ): مقدمة ابن الصلاح، تحقيق عائشة عبد الرحمن بنت الشاطي، دار المعارف، القاهرة ١٩٨٩م.

- الشوكان، محمد بن علي: بدر الطالع بما حسن من جاء بعد القرن التاسع، مؤسسة السعادة، مصر ١٣٤٨.

- الشيزري عبد الرحمن بن نصر (ت٥٨٩هـ): نهاية الرتبة في طلب الحسبة، تحقيق السيد الباز العريني، دار الثقافة - بيروت.

- الطبري، أبو جعفر ابن جرير (ت ٣١٠هـ): تاريخ الأمم والملوك، تحقيق محمد أبو الفضل إبراهيم، طبعة دار المعارف، القاهرة، ١٩٦١م.

- ابن عبد البر، أبوعمرو يوسف بن عبد البر النمري (٤٦٣هـ): الدرر في اختصار المغازي والسير، تحقيق الدكتور شوقي ضيف.

- الشيخ عبد الرحمن بن عبدالله الشاشي المقدشي: دليل العباد إلي سبيل الرشاد، - طبع هذا الكتاب بمصر عام ١٩٨٧م

- عرب الفقيه، شهاب الدين أحمد بنعبد القادر سالم بن عثمان الجيزاني: تحفة الزمان أو فتوح الحبشة، تحقيق فهيم محمد شلتوت، القاهرة، ١٩٧٤م.

- عروة بن الزبير (ت ٩٣هـ): مغازي رسول الله ﷺ، جمع محمد لقمان الأعظمي، الناشر مكتب التربية العربي لدول الخليج، الرياض، ١٤٠١هـ - ١٩٨١م.
- باعلوي، محمد بن أبي بكر الشلبي باعلوي: المشرع الروي في مناقب السادة الكرام آل أبي علوي، صنعاء، بدون التاريخ.
- عمارة اليمن، نجم الدين عمارة بن علي اليمني: تاريخ اليمن المسمَّى المفيد في أخبار صنعاء وزبيد وشعراء ملوكها وأعيانها وأدبائها، حققه وعلق عليه محمد بن علي الأكوع الحوالي، المكتبة اليمنية للنشر والتوسيع - صنعاء، الطبعة الثالثة، ١٩٨٥م
- العيدروسي، شمس الشموس محي الدين عبد القادر بن شيخ بن عبد الله العيدروسي: تاريخ النور السافر، تحقيق محمد رشيد الصفار، بغداد، ١٩٣٤م.
- الغزالي، أبو حامد محمد بن محمد بن الطوسي (ت٥٠٥هـ): إحياء علوم الدين، دار المعرفة للطباعة، والنشر، بيروت - لبنان.
- أبو الفداء، إسماعيل بن علي بن محمود (ت ٧٣٢هـ): تقويم البلدان، باريس، دار الطباعة السلطانية، ١٨٤٠م.
- الفيروز أبادي، مجد الدين محمد بن يعقوب (٨١٧هـ): القاموس المحيط، المؤسسة العربية، دار الجيل للطباعة والنشر بيروت - لبنان.
- القلقشندي، أبو العباس أحمد بن علي (ت ٨٢١هـ): صبح الأعشى في صناعة الإنشا، المجلد الخامس، القاهرة، ١٩١٣م، المطبعة الأميرية.
- ابن كثير، أبو الفدا إسماعيل بن كثير: السيرة النبوية، تحقيق مصطفى عبد الواحد، دار المعرفة للطباعة والنشر، بيروت - لبنان ١٣٩٣هـ - ١٩٧٦م.
- الماوردي أبو الحسن بن علي بن محمد بن حبيب البصري (ت٤٥٠هـ): أدب الدنيا والدين، نشر دار الكتب العلمية بيروت الطبعة الأولى، ١٤٠٧هـ / ١٩٨٧م.

- بامخرمة، أبو عبد الله الطيب: ثغر عدن، دار التنوير للطباعة، بيروت، الطبعة الثانية، ١٩٨٦م.

- المسعودي، أبو الحسن علي بن الحسين بن علي (ت ٣٤٦هـ): مروج الذهب في معادن الجوهر، تحقيق محمد محي الدين عبد الحميد، مكتبة الرياض، البطحاء.

- المقريزي، محمد بن علي: البيان والإعراب عما ارض مصر من الأعراب، القاهرة، المطبعة المعارف، سنة ١٩١٦م.

- المقريزي، محمد بن علي: البيان والإعراب عما أرض مصر من الأعراب، تحقيق إبراهيم زمرى عن النسخة الألمانية المطبوعة في جونكن ١٩٧٤ القاهرة مطبعة المعارف.

- المقريزي، محمد بن علي: الإلمام بمن بأرض الحبشة من ملوك الإسلام، الطبعة المصرية، ١٩٠٨م

- ابن منظور: لسان العرب، دار إحياء التراث العربي، ومؤسسة التاريخ العرب، الطبعة الثالثة، بيروت - لبنان ١٤١٩هـ - ١٩٩٩م

- المقري، أحمد بن محمد التلمساني (ت ١٠٤١هـ): نفح الطيب في عصن الأندلس الرطيب، القاهرة، مطبعة عيسى البابي الحلبي.

- المهري، سليمان بن أحمد المهري: تحفة الفحول في تمهيد الأصول في أصول علم البحر وشرحه، دمشق، مجمع اللغة العربية، ١٣٩٠ - ١٣٩١هـ/ ١٩٧٠ - ١٩٧٢م.

- المهري، سليمان بن أحمد المهري: العمدة المهرية في ضبط العلوم البحرية، دمشق، مجمع اللغة العربية، ١٣٩٠ - ١٣٩٢هـ/ ١٩٧٠ - ١٩٧٢م.

- ابن الناصر الدين الدمشقي، شمس الدين محمد بن عبد الله بن محمد القيسي (ت ٨٤٢هـ): توضيح المشتبه (في ضبط أسماء الرواة وأنسابهم وألقابهم وكناهم)، حققه وعلق عليه محمد نعيم العرقسوي، مؤسسة الرسالة، الطبعة الأولى، ١٤١٤هـ - ١٩٩٣م.

- نجم الدين سليمان بن عبد القوى الطوفي الحنبلي (ت ٧١٦هـ): كتاب التعيين في شرح الأربعين، تحقيق أحمد حاج محمد عثمان، مؤسسة الريان، بيروت عام ١٤١٩هـ.
- ابن النديم، محمد بن إسحاق (ت ٤٣٨هـ): الفهرست، تحقيق يوسف علي شارح وأحمد مفهرس، بيروت، دار الكتب العلمية، ١٤١٦هـ - ١٩٩٦م
- ياقوت الحموي: شهاب الدين أبوعبد الله ياقوت بن عبد الله الرومي البغدادي: معجم البلدان، دار إحياء التراث العربي، بيروت - لبنان.
- البعقوبي، أحمد بن تعقوب (٢٩٢هـ): تاريخ اليعقوبي، دار بيروت للطباعة والنشر، ١٤٠٠هـ - ١٩٨٠م.

خامساً: المراجع العربية:

- إبراهيم حاشي محمود: كفاح الحياة، مقدشو، المطبعة الحكومية، ١٩٦٥م.
- إبراهيم عبد الله أحمد: تحقة الأوفياء لمسيرة التحرير والتعريب في القرن الأفريقي، مطابع الخليج الشارقة ١٩٦٩م، ونُشر على نفقة الدكتور السلطان محمد بن صقر القاسمي.
- أبو بكر حسن معلم وسماه: الغيث الهطال في شرح اللامية الأفعال، مقدشو - الصومال.
- الدكتورة أجيه يونان جرجس: البحر الأحمر ومضايقه بين الحق العربي والصراع العالمي، القاهرة، مكتبة غريب ١٩٧٩م.
- أحمد برخت ماح: وثائق عن الصومال. الحبشة. إرتريا، مكتبة الطوبجي، القاهرة، ١٩٨٢م.
- أحمد الحفني القنائي: الجواهر الحسان في تاريخ الحبشان، الطبعة الأولى، القاهرة

- أحمد الشنتناوي وآخرون: دائرة المعارف الإسلامية، القاهرة – مصر.
- أحمد شلبي: موسوعة التاريخ الإسلامي والحضارة الإسلامية، الجزء السادس، مكتبة النهضة المصرية، القاهرة، الطبعة الرابعة، ١٩٨٣م.
- أحمد الصوار: الصومال الكبير، القاهرة.
- أحمد عثمان الشاشي المقدشي: كشف المعاني القافية شرح الجوهرة ا لسامية، وطبع في عام ١٤٠٨هـ الموافق ١٩٨٨م
- آدم عبد الله الألوري: الإسلام في نيجيريا، والشيخ عثمان بن فوديو الفلاني، الطبعة الثالثة عام ١٣٩٨هـ ١٩٧٨م.
- القاضي إسماعيل علي الأكوع: هجر العلم والمعاقله في اليمن، دار الفكر المعاصر، بيروت، ط/ ١ ١٩٩٥م.
- بشير بن محمد بن عبد الر حمن: أنيسقة العاشقين في تذكر المحبين. مطبعة المشهد الحسينى، بالقاهرة.
- بشير محمد عثمان المقدشي الصومالي: الغيث الفائض في علم الفرائض، في مطبعة مركز الصومال Somali Printing Center، الطبعة الأولى، مقدشو: عام ١٤٢٠هـ - ١٩٩٩م
- الشيخ جامع عمر عيسى: تاريخ الصومال في العصور الوسطى والحديثة، مطبع الإمام، القاهرة، ١٣٨٥هـ - ١٩٦٥م
- الشيخ جامع عمر عيسى: مقدشو ماضيها وحاضرها، مقدشو، مطبعة الحكومة، ١٩٧٩م.
- جمال زكريا قاسم: الأصول التاريخية للعلاقات العربية الأفريقية، دار الفكر العربي، القاهرة، ١٤١٦هـ - ١٩٩٦م

- حسام الدين السامرائي: المدرسة مع التركيز على النظاميات، بحث مطبوع من أبحاث الفكري التربوي الإسلامي في المجمع الملكي لبحوث الحضارة الإسلامية، ١٤٠٩هـ.
- حسن صالح شهاب: فن الملاحة عند العرب، صنعاء، مركز الدراسات والبحوث اليمني، ١٩٨٢م.
- حسن أحمد محمود: الإسلام والثقافة العربية في أفريقية، القاهرة، ١٩٦٣م.
- حسن مكي محمد أحمد: السياسات الثقافية في الصومال الكبير (١٨٨٦م١٩٨٦م)، المركز الإسلامي الأفريقي، الطبعة الأولي، الخرطوم، ١٤١٠هـ ١٩٩٠م.
- حمدي السيد سالم: الصومال قديماً وحديثاً الدار القومية للطباعة والنشر، مقدشو، ١٩٦٣م
- الرائد وليد محمد جراءات: الأهمية الاستراتيجية للبحر الأحمر بين الماضي والحاضر، الدوحة، دار الثقافة ١٤٠٦هـ - ١٩٨٦م، الطبعة الأولى.
- رجب محمد عبد الحليم: العلاقات السياسية بين مسلمي الزيلع ونصارى الحبشة في العصور الوسطى، القاهرة، إدارة النهضة العربية، ١٩٨٥م.
- سعد مرسي أحمد: تطور الفكر التربوي، عالم الكتب القاهرة ١٩٧٠م
- سعيد إسماعيل علي: معاهد التعليم الإسلامي، درار الثقافة للطباعة والنشر بالقاهرة ١٩٧٨م.
- سعيد بن على المغيري: جهينة الأخبار في تاريخ الزنجبار، القاهرة، ١٩٧٩
- سليمان بن حمد العودة: الهجرة الأولى في الإسلام، الرياض، السعودية.
- سليمان عبد الغني المالكي: سلطنة كلوة الإسلامية، دار النهضة العربية، الطبعة الأولى، ١٤٠٦هـ/ ١٩٨٦م.

- سيد حامد حريز: المؤثرات العربية في الثقافة السواحلية في شرق أفريقيا، دار الجيل / بيروت، ١٩٩٨م.
- السيد عبد العزيز سالم: البحر الأحمر في التاريخ الإسلامي، القاهرة.
- الشريف بن عيدروس الشريف علي العيدروس النضيري العلوي: بغية الآمال في تاريخ الصومال، مطبعة الإدارة الوصية علي صوماليا، مقدشو، الطبعة الأولى، سنة ١٣٧٤هـ - ١٩٥٤م
- شريف صالح محمد علي: أصول اللغة الصومالية في العربية، مكتبة النهضة المصرية، القاهرة، الطبعة الأولى عام ١٩٩٣م.
- شريف صالح محمدعلي: المعجم الكشّاف عن جذور اللغة الصومالية في العربية، المكتبة النهضة المصرية، الجزء الأول، الطبعة الأولى، مكتبة النهضة المصرية، عام ١٩٩٦م.
- شوقي عبد القوي عثمان: تجارة المحيط الهندي في عصر السيادة الإسلامية (٤١-٩٠٤هـ / ٦٦١-١٤٩م
- عبد الرحمن أحمد عثمان: الهجرات السياسية وأثرها في انتشار لإسلام في أفريقيا، المركز الإسلامي الأفريقي في الخرطوم، شعبة البحوث والنشر، إصدار رقم ٥، ١٤٢٢هـ - ١٩٩١م
- عبد الرحمن بن أحمد الكسلاني الزيلعي: فتح اللطيف شرح حديقة التصريف، مطبعة مصطفي البابي الحلبي بمصر، يوم الأربعاء ٢٠ رجب سنة ١٣٥٧هـ
- عبد الرحمن زكي: الإسلام والمسلمون في شرق أفريقية، القاهرة، سنة ١٩٧٠م.
- عبد الرحمن بن الشيخ عمر الأبغاليّ العليّ الورشيخيّ: الجواهر قاعدة الصرف الفاخر، مقدشو، بدون تاريخ.

- عبد الرحمن بن الشيخ عمر الأبغاليّ العليّ الورشيخيّ: كتاب المجموع الحاوي، طبع بالقاهرة سنة ١٣٩٧هـ.
- عبد الرحمن بن الشيخ عمر الأبغاليّ العليّ الورشيخيّ: خاطر الإلهام في تخميس عقيدة العوام.
- عبد الرحمن عثمان الطويل: الصومال تاريخ وحضارة، ط/ ١، القاهرة.
- عبد الرحمن محمد النجار: الإسلام في الصومال أمطابع الأهرام التجارية أالقاهرة سنة ١٩٧٣م أص ٢٣.
- عبد الرحمن محمد النجار: الرحلة الدينية في إفريفيا، الدار النهضة، القاهرة، ١٩٨٠م.
- عبد الرزاق حسين حسن: المسح اللغوي في الصومال وتأثير اللغة الصومالية، جامعة قطر، الدوحة، ١٤١١هـ - ١٩٩١م.
- عبد الفتاح مقلد الغنيمي: الإسلام والمسلمون في شرق أفريقيا، عالم الكتب، القاهرة، الطبعة الأولى، عام ١٤١٨هـ - ١٩٩٨م
- عبد المجيد عابدين: بين الحبشة والعرب؛ القاهرة، سنة ١٩٥٣
- عبد المنعم عبد الحليم: الجمهورية لصومالية « الإقليم الجنوبي وصوماليا، مكتبة الشرق بالعجالة، القاهرة، عام ١٩٦٠م.
- عبد الله حسين حسن محمد فارح: القصة الصومالية و جذورها العربية، مطبعة دار العلوم بدوحة، قطر، عام ١٩٩٦.
- عبد الله الشيبة: دراسات في تاريخ اليمن القديم، صنعاء.
- عبد الله عمر نور: مسيرة الإسلام في الصومال الكبير، الطبعة الأولى ١٤٢٥هـ / ٢٠٠٤م، مطبعة مقدشو للطباعة والنشر، مقدشو، الصومال.

- عبد الله بن معلم يوسف القطبي: مجموعة القلنقولية، مطبعة المشهد الحسينى، مطبعة المشهد.
- عبد الله محمد حسن: صوماليا اليوم، طبع بمقديشو عام ١٩٧٥م
- عثمان بن شيخ بن عمر بن شيخ داوود: المنتخب في شرح أوراد مرحب، طبع بأربع من ذى القعدة عام ١٤٢٢هـ.
- عصام الدين بن عبد الرؤوف الفقي: اليمن في ظل الإسلام منذ فجره حتى قيام بني رسول، دار الفكر، الطبعة الأولى، ١٩٨٢م.
- على إسماعيل محمد: الصومال والحركات الوطنية والأطماع الدولية وأهمية وحدة الصف الوطني، مطابع سجل العرب، القاهرة، ١٩٩٦م
- علي حاج إبراهيم: إرشاد الأذكياء في حكم التوسل بالأولياء، مطبعة الحكومة مقدشو، عام ١٩٧٧م الموافق رمضان سنة ١٤٠٢ هـ في طبعته الثانية.
- علي جاج إبراهيم: المواهب الربانية في حكم تشطحات الجيلانية، مطابع الحكومة الصومالية عام ١٩٨٢م الموافق ١٤٠٢هـ.
- علي الشيخ أبوبكر أحمد: معالم الهجرتين في أرض الحبشة، مؤسسة الوفاء، الرياض، ١٩٩٣م.
- على شيخ عبد الله يلحو: الأدب الصومالى المعاصر، من منشورات المنظمة الإسلامية للتربية والثقافة اسيسكو بالرباط، المملكة المغربية، عام ١٤٠٨هـ ص الموافق ١٩٨٨م
- على محمد بن سعيد الزهران: الحياة العلمية في صقلية الإسلامية (٢١٢-٤٨٤هـ) معهد البحوث العلمية في مكة المكرمة ١٤١٧ هـ-١٩٩٦م، ص ٢٢٥-٢٢٦.
- علي أحمد نور (طرابلسي): ملامح صومالية قديمة، من منشورات سلسلة البونت، القاهرة

- علي أحمد نور (طرابلسي): النزاع الصومالي الإثيوبي، القاهرة، ١٩٧٨م.
- علي بن مومن الشافعي الصومالي: تذكرة أهل اليقين في مناقب الشيخ محي الدين، مطبعة مصطفى البابي الحلبي، القاهرة، ٢٢ ذي الحجة سنة ١٤٠٧هـ، الموافق ٢٢ يولية سنة ١٩٨٧م.
- علي بن مومن الشافعي الصومالي: فتح الغوامض لمريد علم الفرائض، دار العالم العربي بالقاهرة عام ١٤٠٧هـ ١٩٨٧م
- فاطمة السيد علي الزين: التاريخ السياسي لسلطنة زنجبار الإسلامية، من مطبوعات نادي مكة الثقافي والأدبي، الطبعة الأولى، ١٤١٦هـ - ١٩٩٦
- فتحي الغيث: الإسلام والحبشة عبر التاريخ، الطبعة الأولى، القاهرة.
- فوزى عبد المجيد الأزدى: جغرافية المدن والمراكز الحضارية
- لطف الله القاري: الورّاقة والورّاقون في التاريخ الإسلامي، منشورات دار الرفاعي للنشر والطباعة والتوزيع، الطبعة الأولى، جمادي الأولى ١٤٠٢هـ - مارس ١٩٨٢م.
- مجهول: الحزب الفاتحة والدعاء المجربة جامعة، بتصحيح معلم أحمد كبير، مطبعة الحكومة الصومالية يوم الثلثاء ١٣ صفر ١٤٠٠ هـ الموافق ايناير سنة ١٩٨٠م على نفقة الحاج جامع سعيد
- مجهول: سر الأسرار في الشيخ نورحسين طبع بطابع الحكومة بمقدشو.
- مجيب ناهي النجم، الصومال الجنوبي (دراسة في الجغرافية الإقليمية) من منشورات وزارة الثقافة والإعلام لجمهورية العراقية، سنة ١٩٨٢م.
- محاسن عبد القادر حاج الصافي: المسألة الصومالية في كينيا، دار هايل للطباعة والنشر، سنة ١٩٩٨م.

- محمد سعيد ناود: العروبة والإسلام بالقرن الأفريقي، بدون التاريخ والمكان و المطبعة.
- محمد صادق عرجون: محمد رسول الله، بيروت - لبنان
- محمد الصغير غانم: التوسع الفينيقي في عربي البحر المتوسط، القاهرة.
- محمد الطيب بن محمد يوسف اليوسف: ايثوبيا والعروبة والإسلام عبر التاريخ، المكتبة المكية، الطبعة الأولى، ١٤١٦هـ - ١٩٩٦م
- محمد عبد الحميد عيسى: تاريخ التعليم في الأندلس، الطبعة الأولى، دار الفكر العربي، ١٩٨٢م
- محمد عبد العال أحمد: البحر الأحمر والمحاولات البرتغالية الأولى للسيطرة علية، نصوص جديد مستخلصة من مشاهدات المؤرخ اليمني با مخرمة كما سجلها في مخطوط (قلادة النحر)، الهيئة المصرية العامة للكتاب، اسكندرية، ١٩٨٠م
- محمد عبد الفتاح عليان: الهجرة إلى الحبشة، بيروت - لبنان.
- محمد عبد الفتاح هندي: الصومال، دار المعارف، بمصر، سنة ١٩٦١م
- محمد عبد الله حسن: صوماليا اليوم، طبع بمطابع الحكومة بمقدشو، ١٩٧٥م.
- محمد عبد الله النقيرة: انتشار الإسلام في شرقي أفريقية ومنهاضة الغرب له، دار المريخ للنشر، الرياض ١٤٠٢هـ- ١٩٨٢م.
- محمد على البار: سقطرى الجزيرة السّحرية، الطبعة الأولى، مكتبة المركز العربي، ١٤١٧هـ١٩٩٦م.
- محمد ناصر الدين الألباني: سلسلة الأحاديث الصحيحة، المكتب ألإسلامي، دمشق، سوريا.
- محمود أبو عبد البارئ بن محمد الشبلي الصومالي: تحفة الأحباب بآداب الطعام والشارب، مطبعة دار السلام، القاهرة - مصر، عام ١٤٢٥هـ - ٢٠٠٥م

- محمود الحويري: ساحل أفريقيا الشرقي منذ فجر الإسلام حتى الغزو البرتغالي، القاهرة.
- محمود شاكر: الصومال أدار الفتح بدمشق أالطبعة الأولى أ١٣٨٣هـ ١٩٦٤م.
- المنظمة العربية للتربية والثقافة والعلوم: المسح الشامل لجمهورية الصومال الديمقراطية، معهد البحوث والدراسات العربية، بغداد، ١٩٨١م.
- مصطفى محمد مسعد: انتشار الإسلام في قارة أفريقيا، بيروت - لبنان.
- مهران، محمد بيومي: تاريخ العرب القديم، الاسكندرية، دار المعرفة الجامعية، ٢٠٠٤م، الطبعة الأولى.
- نور الدين أبو محمد علي بن أحمد الصومالي الأزهري:هداية المستفيد في علم التوحيد)، بالقاهرة، مطبعة أنصار السنّة المحمدية عام ١٣١٨هـ ١٩٦١م.
- يوسف نور عثمان: حكم من قال لا إله إلا الله) وقام بتأليف هذا الكتاب، باريخ ربيع الأول سنة ١٤هـ.

سادساً: المراجع المرتجمة:

- توماس ارنولد: الدعوة إلى الإسلام ص ١٣٩ ترجمة حسن إبراهيم وآخرون، ط٣
- جورج فضلوا حوراني: العرب والملاحة في المحيط الهندي في العصور القديمة وأوائل القرون الوسطى، ترجمه الدكتور السيد يعقوب بكر، الناشر مكتبة الأنجلو المصرية، من مطابع دار الكتاب العربي بالقاهرة.
- سيبسرترمنجهام: الإسلام في شرق أفريقيا، ترجمه محمد عاطف النواوي، القاهرة، ١٩٧٣م.
- جيان: لسيوجيان شارل الفرنسي: وثائق تاريخية وجغرافية وتجارية عن شرق أفريقيا، ترجمه ملخصاً يوسف كمال الأمير، القاهرة، ١٩٢٧م.

سابعاً: الدوريات المجلات:

- إبراهيم علي طرخان: الإسلام والممالك الإسلامية في الحبشة في العصور الوسطى، ضمن البحوث المجلة التاريخية المصرية، المجلد الثامن، سنة ١٩٥٩م

- أحمد جمعالة محمد: التعليم الإسلامي في الصومال، ندوة التعليم في الصومال (الماضي، الحاضر، المستقبل)، ١٥- ١٦ /٥/ ١٩٩٧م تنظيم: مركز السلام الثقافي، لجنة مسلمي أفريقيا، مقدشو - مكتب الصومال

- زين العابدين السراج: الحياة الثقافية بالصومال في العصور الوسطى ضمن مجلة البحوث والدراسات العربية، العدد ١٣، ١٤، ١٩٨٧.

- صبحي لبيب: التجارة الكرامية وتجارة مصر في العصور الوسطى، المجلة التاريخية المصرية (المجلد الرابع، العدد الثاني) مايو سنة ١٩٥٢.

- علمي طحلو جعل: التفسير الجغرافي في النشأة الفقه الإسلامي عرضاً وتصحيحاً، دراسة منشورة في مجلة " المرابطون " الصادر من جامعة الإمام محمد بن سعود الإسلامية بفرع نواكشوظ في موريتانيا، في عددها الثامن، عام ١٤٢٠هـ/ ٢٠٠٠م. كما نشرت أيضاً في مجلة النور الصادرة في تطوان بالمغرب في عددها ٤٣٣ و٤٣٤ في عام ١٤٢٠هـ/ ٢٠٠٣م

- علمي طحلو جعل: إتجاهات المحدثين في رواية الحديث الضعيف،، وقد نشر في مجلة «المرابطون» الصادرة من جامعة الإمام محمد بن سعود الإسلامية بموريتانيا في عددها الثاني في عام ١٤١٤هـ

- علمي طحلو جعل: وظيفة النقد عند المحدثين، نشر في مجلة المرابطون التابع جامعة الإمام محمد بن سعود الإسلامية بفرعها في موريتانيا في عددها (٤ع) في عام ١٤١٦هـ ٨- غيثان بن علي بن جريس: أثر العرب المسلمين على الحياة السياسية والثقافية في مقدشو خلال العصور الوسطى، مجلة المنهل، العدد ٥١٤٤، شوال، ذو العقدة، ١٤١٤هـ، الموافق أبريل، مايو ١٩٩٤م.

مال من مصادر عربية ص٦، ضمن البحوث في
ـر المكتب الإقليمى بشرق أفريقيا مقدشو التابع
افة والعلوم العدد رقم ١٦. ١٥ / ٤/ ١٩٨٢

- محمد بركات البيلي: التنافس الدولي في منطقة القرن الأفريقي حتى ظهور الإسلام، بحث ضمن أعمال الندوة الدولية للقرن الأفريقي ١- ٧ يناير ١٩٨٥.

- محمد حسين معلم: من ينقذ الأثار الإسلامية في الصومال، مقال نشر في جريدة «المسلمون» في عددها رقم ٥٧٥، ٢٩ رمضان عام ١٤١٦هـ، الموافق ١٩٩٦م.

- محمد حسين معلم: ترجمة عي الشيخ علي نور الدين بن أحمد في جريرة (المسلمون)، العدد ٥٦٥ الجمعة ٩/ ٧/ ١٤١٦هـ الموافق ١/ ١٢/ ١٩٩٥م

- نور الدين أبو محمد علي بن أحمد الأزهري الصومالي: نواقض الإسلام، وهذه الرسالة نشرها في مجلة الهدى النبوي المصرية بمقالات متسلسلة عام ١٣٧٩هـ.

ثامناً: المراجع المكتوبة اللغة الإنجليزية والصومالية:

- Ahmed Hange: Dhulkii udgoonaa. Muqdisho
- Ahmed Hange: Sheeko xariirecd Soomaaliyeed. Swiden 1993.
- Enrico Cerulli: Somali , Scritt Vari Editied Inedit 251,Vel 1, Roma , 1957
- Muhamed Ibrahim Muhamed (Liiq liiqato):Taariikhda Soomaaliya (Dalkii Filka Weynaa ee Punt) , Muqdisho , Feb / 2000.
- Mohamed Haji Mukhtar: Hirtorical Dicitiomary of Somalia , 2003. Usa.
- R.Reush: History of East Africa , New York , 1961-
- T riminhem: Islam in Ethopea , Oxford , 1961